西安市中级人民法院审判实务与理论研究丛书之十

司法视野下的社会管理创新

康宝奇　主编

人民法院出版社

图书在版编目（CIP）数据

司法视野下的社会管理创新/康宝奇主编．—北京：人民法院出版社，2012.3

（西安市中级人民法院审判实务与理论研究丛书；10）

ISBN 978-7-5109-0397-7

Ⅰ．①司…　Ⅱ．①康…　Ⅲ．①社会管理—研究—中国

Ⅳ．①D63

中国版本图书馆 CIP 数据核字（2012）第 025801 号

司法视野下的社会管理创新

康宝奇　主编

责任编辑　贾　毅

出版发行　人民法院出版社

地　　址　北京市东城区东交民巷 27 号（100745）

电　　话　（010）67550542（责任编辑）　67550558（发行部查询）

65223677（读者服务部）

网　　址　http://www.courtbook.com.cn

E-mail　courtpress@sohu.com

印　　刷　三河市国英印务有限公司

经　　销　新华书店

开　　本　890 毫米×1240 毫米　A5

字　　数　405 千字

印　　张　15

版　　次　2012 年 3 月第 1 版　2012 年 3 月第 1 次印刷

书　　号　ISBN 978-7-5109-0397-7

定　　价　36.00 元

编委会名单

前　言

屈指数来，西安市中级人民法院每年一届的“审判实务与理论研讨会”即将走过10年的光辉历程。研讨会所取得的成就有目共睹，卓著可鉴，真可谓：十年磨一剑，不尽法治情。每每翻阅西安市两级法院的每一部法官专著，都能深深感悟到，时光流逝所洗去的只是漂浮的铅华，研讨会积淀下的是经得起历史考验与实践检验的智慧精华，奉献的是基于司法理性的比较思索，谱写的是立足司法现实的问题思考与应对探索的新篇章，是司法视野下法院参与和推进社会管理创新的理性诠释与实践表达。

自2002年开始，康宝奇院长带领西安中院新一届党组，立足社会变革和转型时期社会矛盾凸显的新趋势，立足司法实践的新情况，回应社会公众的新需求，开拓了一条审判实务与理论创新的成功路径。他们始终坚守着司法的理想与信念，关注着社会的新变化和人民群众的新期待，知难而进，迎难而上，从问题应对到机制创新，审判管理创新之路越走越宽。梳理每年的研讨会主题，就会发现西安中院理论创新的基本特点：从“民商事审判的前沿问题”的开局，到“专业化合议庭建设”、“类型化案件研究”、“恶意诉讼的识别与治理”的主题伸展；从开创全面审理“农村集体经济组织收益分配纠纷”的先河，到物权法实施的法律问题应对；从司法技能的“裁判方法论”的探讨，到“司法良知”法官素养的建设……其中的“能动司法”、建设“学习型法院”、衡平司法等理念，更具前瞻性和创新性。可以骄傲地讲，西安中院每一届的研讨会主题，无不彰显着西安中院党组和两级法院法官勇于创新的责任意识和发展眼光，无不彰显着他们敢于担当的职业精神和司法智慧。

改革创新是时代精神。置身坚持科学发展观、构建和谐社会、推进“三项工作”大局中的人民法院，如何科学理性、能动有效地做好司法审判工作一直是西安中院党组一班人近年来深度思考、不断探索的课题。从践行以“十率五快”为核心的审判绩效管理的“十大机制”，到以月结、季结和年结“动态考核”为基本的“均衡结案”；从加强以业务技能为主的法律知识学习，到以“司法良知建设纲要”为统领的“法院文化建设”等一系列探索性的新举措，为西安市两级法院充分发挥审判职能、服务保障西安经济社会稳定、和谐发展提供了充分的助推之力。为了进一步提高全市两级法院党组有效推进“社会管理创新”的组织管理水平，统一全市两级法院广大法官参与“社会管理创新”的积极性、能动性，探索总结全市两级法院社会管理创新的有益经验和行之有效的创新举措，在西安中院研究室的精心组织下，经过反复征求意见和集体研究，西安中院党组又将2011年第十届研讨会的主题确定为“司法视野下的社会管理创新”。该主题已经西安市法学会评审，并成功确定为该学会的“社会管理创新与法治建设”研讨活动专项课题。经过两级法院的精心组织，广大法官的积极参与，参会的调研文章高达323篇，创历年研讨会之最。经过多方仔细审阅、初评和复评，精心筛选获奖中的优秀论文，集结成册，以期为有效推进社会管理创新工作，贡献出西安法院人的思考与智慧。

编　者

二〇一一年九月

目　录

加强调研　深入总结　为法院工作推动社会
管理创新提供有力支持(代序一) …………………… 王松敏(1)
进一步发挥法院审判职能　有力推动我市
社会管理创新工作再上新台阶(代序二) …………… 董　军(1)
思考并实践:人民法院参与社会管理
创新的理念与路径(代序三) ……………………… 康宝奇(1)

理念定位

心态决定眼界:人民法院参与社会
管理创新的角色及功能定位 ……………… 康宝奇　杜豫苏(2)
能动与抑制:知识产权审判在社会管理
创新中的角色定位和推进路径 …………… 杜豫苏　高　伟(17)
在超越与限制之间
——"能动司法"语境下人民法院参与社会管理
创新的法律思考 …………… 贾喜恩　翟全军　陈　捷(35)
能动司法与社会管理创新 …………………… 舒洪水　张　鹏(48)
检验人民法院参与社会管理创新结果的现实思路
——以能动司法"相对合理主义"为视角 ………… 冯林林(66)
人民法院在推进社会管理创新中的
职能定位及理论储备 ……………………………… 李增亮(79)
创新与坚守:论司法管理创新语境下
司法权威的树立 ………………………… 王佑勋　巨西挺(90)

实践探索

司法实践中的社会管理模式创新
——以公司案件为视角 …………………………… 党晓娟(106)
透视法院参与社会管理创新
——以劳动争议处理机制创新为维度 …… 李小鹏 田 雷(117)
司法治理虚假按揭的现实处境与能动举措
——住房金融业务风险控制中的
社会管理创新 ……………………… 唐 洁 马志超(131)
社会管理创新下的刑事能动司法 ………………… 姚 斌(146)
和谐司法视野下的刑事审判研究
——以社会管理创新为视角 ……………………… 王全谋(163)
在困境中前行
——行政审判的社会管理创新之微探 …………… 张 静(172)
论规避执行之防范
——以规避执行现象为视角 …………… 王 勇 郭宝平(184)

机制创新

案例指导:在不确定性中寻求确定的裁判规则
——以创新背景下的知识产权
审判指导案例为样本 ……………………………… 姚建军(196)
带入与融合
——探寻民事裁判契合城市
社区民意之路径 …………………… 张孝民 胡九红(215)
诉调对接在化解社会矛盾中的
功能及机制构建探析 ………………… 赵海峰 陈 平(229)
司法裁判中民意真相的发现与因应 …… 杜豫苏 赵旭忠(243)

自治与开放
——司法与民意契合的进路选择 …………………… 王西平(262)
社会管理创新视角下的网络民意
司法应对 ………………………………… 程振亚 马小丽(272)
司法视野下的“网络虚假舆情”问题研究
——由“网络水军”“网络推手”
现象引发的思考 ……………………… 刘长权 薛永毅(286)
风险管理:基于司法风险案件典型
样本分析的理性考量 ………… 康宝奇 杜豫苏 何育凯(299)
敏感案件的稳妥审理与和谐社会的构建 …………… 崔 春(320)
司法建议在社会管理中的
困境与出路 …………………… 杨克胜 滑智文 纪胜利(328)
社会管理创新视野下的涉诉信访案件分析
——以西安市蓝田县人民法院为样本 … 段红军 张 鹏(343)

管理推进

破解与应对:基层法院审判理论的创新之道
——以西部某省会城市中院司法调研主题活动
为考察蓝本 …… 康宝奇 杜豫苏 姚建军 黄大卫(356)
论执行权分权运行控制机制的建构 ……… 闵合平 吕艳红(374)
人民法院参与社会管理,创设城管
巡回法庭的法律思考 …………………… 翟俊杰 陈丽娜(389)
论法治的社会教育功能
——兼谈司法中的德位相配 ……………………… 高俊岗(405)
参与社会管理创新的拓展路径:
司法伦理建设初探
——以最高人民法院最近两年工作报告
回顾的问题为切入点 ………………………… 严秋亚(419)

能动司法:创新社会管理的基本路径
——西安市法院第十届审判实务与
理论研讨会综述 …………………………………… 杜豫苏(436)
“司法视野下的社会管理创新”研讨综述 …………… 杜豫苏(440)
《西安市中级人民法院关于加强和
创新社会管理工作的实施意见》…………………………… (449)

加强调研　深入总结　为法院工作推动社会管理创新提供有力支持
（代序一）

王松敏*

近年来，西安中院不断加强调研工作，在上级法院的关心指导和院党组的高度重视下，调研队伍不断加强，调研制度机制不断健全，形成了许多紧扣法院工作主题、契合审判实际的调研成果，为实现法院工作科学发展提供了有力的智力支持，全面促进了审判执行等各项工作。2002年以来，西安中院根据审判工作中遇到的热点难点问题，每年确定一个主题组织法官干警和专家学者进行研讨交流，深化认识，找寻路径，解决问题，连续十届先后成功举办了关于农村集体经济组织收益分配、城市房屋拆迁及“城中村”改造、司法良知建设、防止虚假诉讼等专题研讨会，在全省乃至全国产生了广泛影响，在此基础上形成了相关指导性文件，出版了研讨专著，对统一司法裁判尺度，确保司法公正产生了积极作用，取得了良好的效果。我曾参加过西安中院的几届研讨会，深感学术研究氛围的浓厚，深感学术研讨对队伍素质和法院工作显著的提升作用，今天对此又有了新的认识和感受，我诚挚地期望西安中院取得新的更大的成绩。

加强社会管理创新是新时期人民法院的一项重要工作任务，本

---

* 陕西省高级人民法院党组副书记、副院长。

次研讨会以此作为研讨主题，对于深化法官对加强社会管理创新的认识、明确法院在社会管理创新中的功能定位、探索法院参与社会管理创新的路径和方法都具有重要意义。当前，我国正处于社会转型期，社会矛盾趋于复杂，人民群众的司法需求不断增强，人民法院所肩负的任务日益艰巨，司法工作必须有效回应社会关切，以解决问题、减少矛盾为出发点和落脚点，努力推进社会管理创新。人民法院如何加强和创新社会管理，我们已形成一些基本共识，一是必须立足执法办案，以着力化解社会矛盾纠纷，有效维护社会和谐稳定为落脚点；二是必须坚持能动司法，规范社会活动，预警社会风险；三是必须坚持以人为本，司法为民；四是必须坚持司法改革，建立健全制度机制。但是，对于一些具体观点、路径及措施，在理论界及司法实务界还有不同的看法、做法。本次研讨会，共收到来自理论界及司法实务界的相关论文 323 篇，足见大家对这一主题的关注，足见这次研讨会收获的丰硕。我希望大家能够围绕这一主题，广泛参与，深度研讨，形成法官与学者互动、理论与实践交汇的良好氛围，为加强和创新社会管理贡献我们的绵薄之力。

调研工作是人民法院做好各项工作的前提和基础，西安中院加强调研工作的做法经验为全省法院提供了有益借鉴，希望全省各级法院能够以西安中院为榜样，结合实际，围绕为推进经济社会发展、维护社会和谐稳定、创新社会管理、实现社会公平正义提供有效司法保障，进一步加强调查研究和学术研讨，着力研究和解决人民法院面临的各种新情况新问题，为推动法院工作科学发展提供有力的智力支持。

进一步发挥法院审判职能　有力推动我市社会管理创新工作再上新台阶

（代序二）

董　军*

市委、市政府历来高度重视加强和创新社会管理工作，特别是2010年10月我市被确定为全国社会管理创新综合试点城市以来，我们坚持以人为本、服务为先，注重从社会管理的重点难点问题入手，紧抓关键环节，坚持项目带动，实施整体推进，全市社会管理创新综合试点工作正在有力有效开展。作为推动社会管理创新的重要力量，我市法院系统充分发挥审判职能，积极参与社会管理创新，在维护司法公正、打击刑事犯罪、化解社会矛盾、促进社会和谐等方面取得了突出成绩，为维护全市稳定大局发挥了重要作用。

加强和创新社会管理是一项长期艰巨的系统工程，有许多新情况、新问题、新变化，需要我们不断创新探索、研究总结，积极应对、认真解决。希望大家把这次研讨会作为重要平台，广泛交流、深入讨论，互相学习、共同提高，努力为我市加强和创新社会管理工作做出新贡献。借此机会，我就进一步发挥好法院审判职能，推动社会管理创新工作，谈几点意见，供大家参考。

第一，坚持服务大局方向，做社会管理创新的主动参与者。希望大家紧紧围绕推动科学发展、促进社会和谐这个大局，深入研讨

---

*　陕西省西安市委常委、副书记。

新的历史时期法院工作如何在“为大局服务、为人民司法”中，进一步找准创新社会管理的切入点、着力点和结合点，积极适应经济社会发展的新变化新要求，应对人民群众的新期待新期盼，切实提高服务经济发展的能力、服务社会和谐的能力、服务民生建设的能力。要争做创新社会管理的主动参与者，切实把推动社会管理创新与深入推进人民法院司法改革、逐步完善法院管理职能、合理使用审判权协调各种社会利益关系等一系列问题有机结合起来，提出切实可行的解决方案，找出有效管用的应对方法，进一步凸显人民法院参与社会管理的工作效果，实现社会管理工作和法院自身工作双提升，为推动我市社会管理创新试点工作做出突出贡献。

第二，践行司法为民宗旨，做社会管理创新的有力推动者。希望大家牢牢把握维护社会公平正义、促进社会和谐稳定这个主题，深入思考新形势下法院工作在践行司法为民宗旨中，如何进一步创新群众工作的理念方法和途径，切实强化群众观点，全力维护人民群众的合法权益。要争做社会管理创新的有力推动者，在增强工作前瞻性、预见性、创新性和有效性上下功夫，做到办理每个案件都能把法律效果、政治效果、社会效果和经济效果结合起来，把司法为民、公正执法、能动司法的具体措施，落实到接待、立案、审判和执行工作的每个步骤每个环节。特别是对事关人民群众切身利益的社会保障、土地征用、房屋拆迁等案件，要从“三个最大限度”出发，把原则性和灵活性有机结合，既坚持严格依法办事，又考虑实际情况妥善审理，更好地解决群众的合理诉求，更好地保障群众的合法权益，更好地促进社会和谐。

第三，延伸法院工作职能，做社会管理创新的积极促进者。希望大家充分发挥法院司法调解、司法服务的工作职能，主动探索“寓司法服务于社会管理创新中”的新渠道新方法，将司法服务与创新社会管理有机结合起来，高度重视群众诉求，畅通诉讼渠道，以优质的司法服务满足群众司法需求。要做社会管理创新的积极促进者，加大司法救助力度，认真做好涉法涉诉信访工作，加强和规范司法调解，推动建立人民调解、行政调解、司法调解相互衔接、相互联动的大调解工作体系，千方百计化解社会矛盾。积极参与社会综合治理，在构建群众权益保障机制、矛盾纠纷调解处置机制、特殊人群关怀帮扶体系建设等方面下功夫，全力维护社会稳定。加强调查研究，通过执法办案及时发现社会管理领域存在的苗头性、倾向性、普遍性问题，深入总结社会管理经验，为完善社会管理法律法规建言献策，不断提升社会管理科学化水平。

加强和创新社会管理工作意义重大，任务艰巨。希望大家以科学发展观为指导，以更加坚定的信心，更加有力的举措，锐意进取，扎实工作，努力推动我市社会管理创新工作再上新台阶。

思考并实践：人民法院参与社会管理创新的理念与路径
（代序三）

康宝奇*

众所周知，改革开放的三十年，我国的经济和社会各个领域都发生了深刻的变化，在见证了国家取得举世瞩目成就、彰显政府治理能力的同时，也面临着更大的社会期待与治理压力。当前中国社会正处于转型时期，结构转型与体制转轨同步启动，在这一巨大变迁过程中，现行的管理体制与快速流动的社会人口、快速变动的社会结构、与日趋复杂化的利益结构和人民的多元化需求，还有很多不适应的地方。加之，我们过去一直是凭借赶超的方法，以超越原本的承载力的方式发展，才取得今天的成就。到了今天，政府必须回过头来，细致修补各种各样发展过程中产生的问题，以及发展过程中无暇顾及的问题，如贫富差距、利益失衡、社会不公、心态扭曲、诚信缺失、道德危机等。同时，随着社会的发展，人们对于政府的治理水平、信息透明度、言论自由、民主等多种方面的诉求，都在水涨船高，它急切地凸显出政府的治理能力需要快马加鞭，走上国力增长的水平与社会期待相调谐的治理之路。我国目前既处于发展的重要战略机遇期，又处于社会矛盾凸显期，社会管理任务更加艰巨繁重，对整个社会治理模式提出了前所未有的挑战。在

---

* 西安市中级人民法院党组书记、院长。

2011年5月30日中共中央政治局会议上，将加强和创新社会管理，摆在了事关巩固党的执政地位，事关国家长治久安，事关人民安居乐业的高度和重要位置。因此，深刻认识加强和创新社会管理的积极性和紧迫性，是人民法院站在时代发展的高度，以强烈的社会责任感所必须思考和实践的一项重大社会课题和司法重任。

直面中国社会管理面临的挑战，需要认清人民法院参与社会管理创新的独特功能。司法权是国家权力的重要组成部分，司法是社会管理的重要方式。人民法院的每一项工作，都是推进社会管理的重要实践，发挥着其他机关不可替代的作用。从社会总体角度讲，司法解决公共性问题的社会矛盾，让公共的社会秩序得以恢复。从个体角度讲，司法解决民众个体的权利义务归位，实现权利义务的和谐。人民法院参与社会管理创新是其“分内事”和常态化功能的延伸。

首先，人民法院参与社会管理，必须立足审判职能，在自身职权的范围内发挥独特的功能。司法的过程就是将法律中包含的公平、秩序理念以裁判这一“产出的公共产品”的方式救济权利、制约公权、终结纠纷，实现对整个社会的引导、示范、评价、宣示和规制，实现对社会的有效管理。不夸张地说，每一个案件的正确审判都是对社会的一次微型管理，通过化解矛盾、阐释规则、抒缓情绪、释放压力，调适行为，纠正违法，使因诉讼而紊乱的秩序得到理性回归。要认识到：在国家权力架构和市场经济秩序的分工当中，法院参与社会管理和其他机关在权力分工方面存在性质差异。司法视野下的社会管理创新应当遵循一定的准则，摆正恰当的位置，发挥自身的功能。人民法院必须要坚守审判这个阵地，通过自身独有的方式，回归司法机关的本质，回到司法的原点，借助审判权的行使介入社会管理，展现其独特的社会管理功能，不能因为要参与社会管理就逾越司法的界限。

其次，司法还要适度地延伸服务，找准司法与社会管理的外部结合点，以恰当的方式和路径将自身的功能进一步拓展，辐射到社会的其他层面，渗透到社会管理的方方面面。要通过司法职能的良性运转，借助其他与社会管理有关的司法策略，为社会管理创造和谐、稳定、有序的外部环境，推进社会管理完善与改造。人民法院在寻找司法参与社会管理的外部延伸服务时，应着力思考目前社会管理中的突出矛盾和薄弱环节，思考如何立足自身的职权优势与社会期望的对接，在常态化的审判中有序有效地参与社会规则体系的构建，强化司法与其他社会管理机制的联动与协商。要做到这些，人民法院需要有全局观念和整体思维，从社会管理的宏大层面与多维视角出发，以能动和创新的方式探索一些实实在在、看得见摸得着又颇具影响力与权威性的措施，使得司法功能的延伸与社会管理的创新之间形成一种良性的互动与交融。需说明的是，人民法院参与社会管理创新不仅仅是司法向社会的单向输出，是法官的一种社会责任与担当，更是一种双向接收，它与社会期望对接，具有内在的需求和驱动力。随着经济社会不断发展，人民群众日益增长的司法需求与人民法院司法供给之间的矛盾更加突出，案多人少，司法不堪重负。另一方面，法律的滞后和司法权自身的限制，大量社会矛盾纠纷如企业改制、征地拆迁、社会保障等，仅靠法院自身的力量难以解决。人民法院参与社会管理创新，其实是给自身预留发展的空间，也是利用社会力量共同化解矛盾，实现社会的综合管控与治理。

当下人民法院参与社会管理的范围十分广泛，作用的空间也很大。人民法院在寻找介入社会管理的方式和路径上，需要积极探索和敢于创新。创新意味着管理方式上的变革与进步，只有创新才能突破管理上的瓶颈，解决管理上的困局。司法创新要符合法律的根本价值和司法的基本规律，以不损害司法权威为代价，坚持其边界性。唯如此，人民法院在社会管理创新才可能到位又不越位，主动又不盲目，在可为与可不为、能动与克制、延伸与限缩中把握恰当的度，体现司法的智慧与理性。我们的思考是：

人民法院参与社会管理创新，要善于利用司法建议这一延伸司法社会管理服务的触角和“媒介”。一条好的司法建议能发挥好司法参与、强化，甚至创新社会管理的重要作用，是审判职能向社会延伸的切入点和有效结合点，是人民法院参与社会综合治理系统工程的一个重要手段和路径。以司法建议为延伸社会管理服务的触角，具有独特的优势和功效。通过人民法院发出的有针对性、有典型性的提醒警示告诫督促，更能引发特定社会管理主体从外部公正权威的视角对自身存在的社会管理薄弱环节的关注与重视，有助于解决管理漏洞，完善管理机制，促进社会管理健康成熟。法院运用自身优势，将审判中反映出来的社会治理环节中具有典型性、普遍性的治理漏洞，经过分析总结提炼后通过司法建议等方式提交给其他的社会管理机关，有效地延伸了司法服务功能。一些法院紧紧围绕区域特点和社会热点适时向社会发布审判白皮书，成为司法参与社会管理的重要媒介和有力实践。

我市法院目前开展“千件司法建议”活动，就是以司法建议这个载体，对全市法院在审判过程中发现的涉案单位在管理方面存在的缺失或疏漏，积极向涉案单位及相关部门发出协调处理、善后自行纠错、改进管理、堵塞漏洞、完善制度等司法建议。从更长远的眼光，司法建议还要关注司法审判领域中反映出的有关经济发展、社会稳定、社会管理、公共政策等方面存在的普遍问题，找出症结，预测趋势，提出建议，提升社会管理科学化、系统化的水平。

人民法院参与社会管理创新，必须关注社会心态，疏导消极的社会情绪。胡锦涛总书记指出，“社会管理，说到底是对人的管理和服务。”关注人的幸福、关注人的安全感，关注人的表达愿望，将社会消极情绪及时监测、预警、疏导，是社会管理面临的一项新的挑战，也是司法化解社会矛盾的一个突破口。在今天的中国，我们迎来了表达的“黄金时代”，但仍有许多声音未被倾听。在一定程度上，表达上的弱势群体，也是现实中的弱势群体。而在这些未被倾听的声音背后，更多的是未被满足的诉求、待排解的情绪。如果不积极关注，难免会淤塞社会心态，导致矛盾激化。司法要关注弱势群体的诉求，疏导社会心态，通过司法救助让弱势群体感受法律的温暖，并适当延伸服务职能，与政府相关部门及社会力量协力解决他们的特殊困难，缓解社会矛盾和冲突。

人民法院参与社会管理创新要发挥司法预警功能，要有效防范社会风险。“今天的中国，置身于一个‘风险胶囊’之中：浓缩了西方国家几百年的现代化历程，也浓缩着这一过程中的各种风险。”“风险社会”到来之际，也考验着人民法院防范社会风险、化解社会矛盾的能力和水平，是司法参与社会管理的一个重要侧面。司法预警是司法社会化服务体系中从源头上化解矛盾纠纷的首道防线，根据矛盾复杂程度及当事人对抗激烈程度，在审判各个环节进行案件风险评估预警，高度关注拆迁、土地征用、企业破产改制、非法集资、银行借贷等重点领域、重点群体的化解工作，从源头上预防和减少突发性、群体性事件的发生。通过及时警觉、监测、防范、控制社会风险，与政府的社会风险防范体系形成有效对接，共同应对风险社会对国家及社会整体管理能力与水平提出的严峻挑战。

人民法院参与社会管理创新，要为社会诚信体系的构建发挥独特的保障功能。诚信是一切道德的基础，是市场经济的支柱、法治的要求，是一个社会赖以生存和发展的基石，也是中国与世界交流和对话的通行证。只有重信守诺，社会才能和谐发展，民族才有尊严，国家才有希望。当前社会管理和社会建设滞后于市场经济发展，信用体系薄弱是集中体现，不诚信还引发信仰危机、信任危机，触动人们的道德底线，严重危及了正常的生产生活秩序。不夸张地说，诚信危机已经成为破坏市场经济的巨大绊脚石，影响人际关系的毒瘤，摧毁国家民族声誉和形象的杀伤力。社会信用缺失的现象已蔓延到诉讼领域，产生了大量的诉讼失信行为，虚假诉讼乃至恶意诉讼成为司法实践需关注的突出问题。借款、合伙、虚假按揭贷款、银行卡丢失、国有资产打包转让等案件中，诉讼陷阱不再是遥远陌生的话题，“表面合意”的面纱之中，隐藏的是虚假欺诈的目的。诉讼诚信缺失不仅损害司法权威，也损害整个社会经济发展和文明进步。近年来，西安法院在高度的社会责任感驱使下，敏锐觉察并思索研究审判执行中各种诉讼失信甚至恶意诉讼的表象、原因及对策，在全国范围较早且较系统全面地关注研究这个司法领域中的突出社会问题，不仅增强了人民法院对诉讼诚信缺失问题的应对能力，也进一步促进了整个社会诚信体系的治理，是司法参与社会管理创新的又一次有力实践和推动。

在诚信系统的生成机理中，司法参与被认为是一种当然的催生力量。人民法院要善于运用各种法律手段矫治不诚信行为，促进诚信体系建设立法和执法机制不断完善。要善于发挥审判资源的优势，建立诉讼诚信信息管理网络和有效的查询披露交流机制，实现审判、执行征信信息系统体系开放，资源效用的最大化。通过向社会相关管理部门提供诉讼诚信信息，共同搭建信息交互利用的工作平台，将恶意诉讼和不诚信当事人的信息纳入银行、证券、保险、工商、税务、海关、国土、住房和城乡建设局等征信系统，实现信息交互共享，严格限制失信企业或个人贷款融资、注册新公司、购地置产、承揽工程、经营贸易、出境、高消费等行为，全面挤压失信者的空间。必要时向社会公众披露失信诉讼当事人和被执行人信息，以及定期向社会发布人民法院依法制裁失信行为、运用诚信原则进行裁判的典型案例，实现诉讼诚信体系的外部循环与资源共享，与社会合力惩戒矫治失信行为，督促社会各个层面提升信用意识，也大大降低了政府管理社会的成本，使社会管理的效能得到有效提升。

人民法院正面临着人民群众日益增长的司法需求与司法供给之间极不均衡的窘迫境地。特别是那些涉及企业改制、征地拆迁、社会保障等社会深层次问题，仅仅依赖国家审判机关自身的力量是难以管得了、管得好的。在这一社会管理格局中，人民法院在自身职责范围内勇于分担社会管理责任的同时，要有全局胸怀和社会化的视野，要紧紧依靠党委的领导核心作用和政府的主导作用，发挥社会自治组织的力量，培育和推动社会的自我管理，形成解决社会管理突出问题的整体合力。要聚焦矛盾多发高发领域，按照纠纷解决主体多元化的思路，构建人民调解、行政调解、诉讼调解“三位一体”的大调解格局和社会矛盾纠纷联动化解机制；要“协同司法局、公安局、检察院及社区做好社区矫正、特殊人群帮教工作；要协同民政、财政等部门做好司法救助工作；同时协同市政府法制办等行政机关做好行政白皮书、司法建议工作，探索建立涉诉行政争议综合调处机制、重点敏感行政案件报告会商制度。通过建立与相关部门、单位、组织的社会化常态联络协调机制，搭建司法社会化服务平台，实现司法审判资源的社会共享，参与社会治安综合治理网络，推动法院与社会的良性互动。

民主政治最起码的一条规则是：矛盾和分歧应该在体制内按法定程序解决。法治为社会管理创新提供规则和制度的保障，社会管理关键在于法治。从人类发展的历史经验和教训来看，法治是最公平、最有效率，也是最具权威的社会治理方式。从社会管理模式的选择来看，法治是理想的社会管理模式，也是社会管理创新最终要达到的一个终极目标。人民法院掌握着丰富的法治资源，应当充分发挥这些资源对社会的积极作用。坚守法治精神、提升司法权威、增进司法民主、深化司法服务，是人民法院参与社会管理创新的一种信念和境界。在参与社会管理创新的过程中，法官们要秉持对法治的敬仰之心、对民众的关怀之情、对社会的关切之责，洞悉社会发展变化，关注社会治理困局，回应社会治理需求，以一种忧患的意识、自觉的责任、高瞻的远识将具体的司法活动与社会管理有机融合。

加强法院内部管理和自身建设，是我们参与社会管理创新的必由路径和有力支撑。社会转型时期，新事物、新现象的层出不穷，新形势、新任务对法官的司法理念、审判技能和职业品格提出了严峻的挑战。技术层面上的法律常常会有无奈的尴尬，因为任何技术永远都会落后于生生不息的生活。西安中院面对挑战并不畏怯，而是从建立学习型法院入手，在学以致用、加强应对性研究上下功夫、出成果、见实效。通过我们十年来举办十次大型研讨会，标志着西安中院的调研、审判、执法水平有了大的提高，也充分展示了西安两级法院的法官们应对复杂社会问题、解决疑难法律问题的能力和实力所在。我相信，遵循理论与实践相结合的西安两级法院的法官们在面对社会管理创新这一复杂社会和法律问题时，同样能够通过有效的思考、积极的实践，通过法官与学者间的互动交流和智慧分享，收获学习研讨的更加丰硕的成果。

理 念 定 位

心态决定眼界：人民法院参与社会管理创新的角色及功能定位

康宝奇[*]　杜豫苏[**]

【内容提要】　人民法院如何有效参与社会管理创新？这是一个宏大的题目，从不同的角度，可以给出不同的答案。作为从事审判实务多年的司法工作者，经过理性的总结思考后认为，如果要为人民法院参与社会管理创新提供一个角色到位、功能对接的实践样本，既需要司法工作方式的转变与改进，更需要工作理念的契合与跟进。要将“法治”的理念作为司法参与社会管理创新的终极“价值”；要将诉讼诚信和司法预警建设作为司法参与社会管理创新的切入点；要将协调沟通和司法建议作为司法参与社会管理创新的机制载体。唯有如此，才能将人民法院的特有价值与社会管理的宏大要求融为一体，做到功能上的对接、角色上的到位，也才能以能动和创新的方式，探索出一些实实在在又颇具影响力与权威性的措施，构建起司法功能的延伸与社会管理的创新之间良性互动与有机交融的衔接机制。

作为党和国家重大决策部署，社会管理创新是当下使用频率极高的热词。然而，理念认同和行动落实却不是一件简单的事情。至

---

[*] 西安市中级人民法院党组书记、院长。

[**] 西安市中级人民法院党组成员、副院长。

少，作为以研究法律为专长的法官，在繁忙的审判事务中腾出时间和精力，去静下心来思考这个颇具政治色彩的概念以及它可能给法院工作带来的影响，无疑面临着一种心态和眼界的调适，需要一番理性思考和观念认同。尤其是，西安被中央确定为社会管理创新综合试点城市，西安法院立足审判职能，恰当延伸人民法院参与社会管理的触角，为人民法院参与社会管理创新提供一个角色到位、功能对接的实践样本，需要司法工作方式的转变与改进，更需要工作理念的契合与跟进。

（一）据美国全球语言研究所公布全球21世纪十大新闻，其中有关中国作为经济和政治大国崛起的新闻名列首位，报道信息达3亿多条，成为全球最大的新闻。全球金融危机后，中国在国际社会中的地位更是举足轻重，去年正式超越日本成为世界第二大经济实体，又成功举办奥运会、世博会等令世人瞩目的大型国际活动。这些成就有力彰显了国家治理的成功①，同时也意味着政府面临着更大的社会期待与治理压力。因为，“中国过去一直是凭借赶超的方法，以超越原本的承载力的方式发展，才取得今天的成就。到了今天，政府必须回过头来，细致修补各种各样‘发展过程中产生的问题’，以及发展过程中无暇顾及的问题，如环境污染、食品安全、贫富差距等。”② 近日发生的7.23动车追尾事故，更是凸显了经济高速增长与复杂系统危机管理滞后的矛盾。③ 国家也要面对“发展起来以后”的高社会期待值。人们对现实的观察与评断，总

① 作为一个拥有13亿人口的发展中大国，面对人类历史上规模空前的深刻变革和快速发展，能够保持社会大局和谐稳定，充分证明我国社会管理与我国国情和社会主义制度总体上是适应的。参见周永康：《加强和创新社会管理 建立健全中国特色社会主义社会管理体系》，载《求是》2011年5月1日第9期。

② 韩永红：《政府治理能力需与社会期待配套》，载新加坡《联合早报》2011年5月23日。

③ 参见童大焕：《中国，请你慢些走》，载《青年时报》2011年7月25日：文章中称“中国啊，请你慢慢走，停下飞奔的脚步，等一下你的人民，等一下你的灵魂，等一下你的道德，等一下你的良知。”

是与人们的心理期待紧密相连。"随着社会的发展，人们对于政府的治理水平、信息透明度、言论自由、民主等多种方面的诉求，都在水涨船高。"① 当下，它急切地凸显出政府的治理能力需要快马加鞭，走上国力增长的水平与社会期待相谐调的治理之路。可以说，经过30年改革开放，中国社会在转型过程中已进入矛盾凸显期（更有学者称之为社会矛盾暴发性增长期），对整个社会治理模式提出了前所未有的挑战。唯有创新社会管理，方能有效的应对这种挑战。

直面中国社会管理面临的挑战，需要认清人民法院参与社会管理创新的独特功能。司法权是国家权力的重要组成部分，司法是社会管理的重要方式。庞德认为，"法律是一种社会控制的工具。"作为执掌法律实施的司法者而言，不仅应坚持个案审判公正，更应通过行使司法权调控社会关系，维护社会秩序与社会公正，同时必须注重参与和服务经济和社会发展。因此，人民法院的每一项工作，都是推进社会管理的重要实践，发挥着其他机关不可替代的作用。从社会总体角度讲，司法解决公共性问题的社会矛盾，让公共的社会秩序得以恢复。从个体角度讲，司法就是要解决民众个体的权利义务归位，实现权利义务的和谐，通过审判判断是非、惩恶扬善，弘扬正义，发挥行为导向功能来启示公民对社会秩序的共识，促进秩序的良性运行。因此，人民法院参与社会管理创新是其"分内事"和常态化功能的延伸。

司法在社会管理创新中有着十分重要的作用，也与人民法院的历史担当和社会责任感休戚相关。司法权的独立性、中立性、被动性是司法自身的规律，是司法职能作用得以发挥的必要保障。但司法从来不是两耳不闻窗外事，那种司法不带任何政治色彩的想法是极其天真的。当社会管治出现问题，甚至矛盾突出、对抗加剧，作

① 韩永红：《政府治理能力需与社会期待配套》，载新加坡《联合早报》2011年5月23日。

为执掌国家政治权力派生出来的司法权，是不可能无动于衷的。当下，人民法院工作面临法律问题和社会问题相互交织，个体与社会公共利益相互冲撞的大背景，法官要洞悉社会发展变化，关注社会治理困局，回应社会治理需求，以一种忧患的意识[①]、自觉的责任、高瞻的远识将司法活动与社会管理有机融合。唯如此，才能以一种豁达的心态，高远的眼界、明晰的思维去关注、去思考司法与社会管理创新的关联性与结合点，解决观念上消极、理念上困惑和行动上滞缓的问题，也才能使法院的社会责任和历史担当在其职能的常态发挥中以一种润物细无声的境界得以彰显。

（二）社会管理是以政府职能为主的社会活动，政府是社会管理的主体，发挥主导作用。但社会管理是对全社会的管理，也是全社会共同参与的管理。大量社会性、公益性、事务性的社会管理，如果统统由党委和政府来管，是管不了也管不好的。在国家权力架构和市场经济秩序的分工当中，法院参与社会管理和其他机关在权力分工方面存在性质差异。司法在社会管理创新中扮演着多种角色，但司法视野下的社会管理创新应当遵循一定的准则，摆正恰当的位置，追求更妥当的目标价值。法院必须要坚守审判这个阵地，通过自身独有的方式，回归司法机关的本质，回到司法的原点，借助审判权的行使介入社会管理，展现其独特的社会管理功能，不能因为要参与社会管理就逾越司法的界限。

人民法院参与社会管理，常态化的审判职能是最重要的路径。因为，处理案件本身就是发现社会问题、弥补管理漏洞的过程。同时，司法的过程就是将法律中包含的公平、秩序理念以裁判这一“产出的公共产品”的方式救济权利、制约公权、终结纠纷，从而

① “中共以忧患意识迎接90华诞”，这是海内外诸多媒体当下的普遍印象。如果以“忧患”为关键词解读90年历史，一个马克思主义政党生于忧患、成长于忧患、发展壮大于忧患的历程更为寓意深远。参见詹勇：《把忧患作为一种执政心态》，载《民主与法制时报》2011年7月18日。

实现法律对社会的控制，实现对整个社会行为的引导、示范、评价、宣示和规制，实现对社会的有效管理。可以不夸张地说，每一个案件的正确审判都是对社会的一次微型管理，通过化解矛盾、阐释规则、抒缓情绪、释放压力、调适行为、纠正违法使因诉讼而紊乱的秩序得到理性回归。

司法参与社会管理，首先要加强自身的管理。法院内部管理既是社会管理的重要组成部门，也是参与社会管理的有力支撑。通过一系列机制与制度的管理创新，强化法院自身的管理与创新，强化内部监督制约，加强队伍建设管理，解决司法能力不足，公信力不够等问题，以司法子系统的组织结构和功能优化促进社会管理大系统的完善与优化。其次，司法还要延伸服务，找准司法与社会管理的外部结合点，以恰当的方式和路径将自身的功能进一步拓展，辐射到社会的其他层面，渗透到社会管理的方方面面。通过司法职能的良性运转，借助其他与社会管理有关的司法策略，为社会管理创造和谐、稳定、有序的外部环境，推进社会管理完善与改造。

在寻找司法参与社会管理的外部延伸服务时，应着力思考目前社会管理中的突出矛盾和薄弱环节，思考人民法院如何立足自身的职权优势与社会期望的对接，在常态化的审判中有序有效地参与社会规则体系的构建，强化司法与其他社会管理机制的联动与协商。而要做到这些，人民法院需要有全局观念和整体思维，从社会管理的宏大层面与多维视角出发，以能动和创新的方式探索一些实实在在、看得见摸得着又颇具影响力与权威性的措施，使得司法功能的延伸与社会管理的创新之间形成一种良性的互动与交融。需说明的是，人民法院参与社会管理创新不仅仅是司法向社会的单向输出，而是法官的一种社会责任与担当，更是一种双向接收，它与社会期望对接，具有内在的需求和驱动力。社会转型期要求法院通过参与社会管理创新不断弥合社会对司法的新需求，实现法院自身的发展。随着经济社会不断发展，人民群众日益增长的司法需求与人民法院司法供给之间的矛盾更加突出，案多人少，司法不堪重负。另一方面，法律的滞后和司法权自身的限制，大量社会矛盾纠纷如企业改制、征地拆迁、社会保障等，仅靠法院自身的力量难以管得了。人民法院参与社会管理创新，其实是给自身预留发展的空间，也是利用社会力量共同化解矛盾，实现社会的综合管控与治理。

（三）当下，人民法院参与社会管理的范围十分广泛，作用的空间也很大。正如胡锦涛总书记在中央省部级主要领导干部社会管理及其创新专题研讨班上的重要讲话中强调指出的："社会管理的基本任务包括协调社会关系、规范社会行为、解决社会问题、化解社会矛盾、促进社会公正、应对社会风险、促进社会稳定等方面。"在这些方面，人民法院只要立足自身的职责，从社会管理创新的大局和高度，拓宽眼界，寻找恰当的视角，就会对社会管理产生一定的作用和影响力。

在寻找介入社会管理的方式和路径上，需要思考司法与社会管理的结合点，需要进行适度的延伸与机制创新。创新意味着管理方式上的变革与进步，只有创新才能突破管理上的瓶颈，解决管理上的困局。清华大学张卫平教授提出，"社会管理创新这一概念难以摆脱其政治性色彩，但是创新才能带来发展，司法同理于此"。① 司法的秩序价值要实现，同样需要深入的司法创新。但司法创新的概念也易引起对于司法权威的担忧及困惑。司法创新要符合法律的根本价值和司法的基本规律，以不损害司法权威为代价，坚持其边界性。"既不能超越司法职能搞越位创新，也不能脱离司法手段搞越权创新"。② 唯如此，人民法院在社会管理创新才可能到位又不越位，主动又不盲目，在可为与可不为、能动与克制、延伸与限缩中把握恰当的度，体现司法的智慧与理性。

---

① 周曦：《以司法创新全面促进社会管理创新》，载《人民法院报》2011年2月16日。

② 胡云腾：《法院如何推进社会管理创新》，载《法制资讯》2011年第3期。

一、司法建议：人民法院参与社会管理的“媒介”

司法建议虽不是人民法院的法定职权，却是司法连结社会的桥梁与媒介。一条好的司法建议能发挥好司法参与、强化、甚至创新社会管理的重要作用，是审判职能向社会延伸的切入点和有效结合点，是人民法院参与社会综合治理系统工程的一个重要手段和路径。以司法建议为延伸社会管理服务的触角，具有独特的优势和功效。因为，通过人民法院发出的有针对性、有典型性的提醒警示告诫督促，更具说服力和可信度，更能引发特定社会管理主体从外部公正权威的视角对自身存在的社会管理薄弱环节的关注与重视，有助于解决管理漏洞，完善管理机制，促进社会管理健康成熟。司法建议是一种沟通，也是一种监督。“司法建议是中国特色司法土壤上生长起来的一支‘奇葩’，可成为司法监督政府诚信的一种软性力量。”① 法院运用自身优势，将审判中反映出来的社会治理环节中具有典型性、普遍性的治理漏洞，经过分析总结提炼后通过司法建议等方式提交给其他的社会管理机关，有效地延伸了司法服务功能。一些法院紧紧围绕区域特点和社会热点适时向社会发布审判白皮书，成为司法参与社会管理的重要媒介和有力实践。

我市法院目前开展“千件司法建议”活动，就是以司法建议这个载体，对全市法院在审判过程中发现的涉案单位在管理方面存在的缺失或疏漏，积极向涉案单位及相关部门发出协调处理、善后自行纠错、改进管理、堵塞漏洞、完善制度等“个案”司法建议；或者是对在审理某一时期、某一类案件时集中反映出来的带有普遍性、倾向性的问题，向有关单位提出具有前瞻性和可操作性的司法建议。“从更长远的眼光，还要关注司法审判领域中反映出的有关经济发展、社会稳定、社会管理、公共政策等方面存在的问题，找

① 许建兵、薛忠勋：《司法参与社会诚信建设》，载《人民法院报》2011 年 6 月 24 日。

出症结，预测趋势，提出建议"①，提升社会管理科学化的水平。

司法建议作用发挥到位，规范化和实效性是内功。司法建议并不是一项新机制，实践中运行多年，虽取得了一定成效，却面临尴尬无奈的困境：大批量的司法建议产出与鲜少被采用的司法建议；制作单位的热情与被建议单位的淡漠；司法建议发出多与回复少等等的矛盾现状，使司法建议被"虚置"、被"弱化"成为一种现状。如何使司法建议摆脱尴尬，真正成为法院推进社会管理的一座"富矿"是人民法院需要思考的一个课题。除立法上需确立司法建议的法律地位外，司法建议的提起、草拟、审查、批准、发出、跟踪、反馈、督促等程序要规范化。司法建议功能的发挥，重在建议的内容、程序、质量和效果，而不仅仅以数量取胜。

二、打捞社会沉没的声音：司法疏导社会情绪的"出口"

胡锦涛总书记指出，"社会管理，说到底是对人的管理和服务，必须始终坚持以人为本、执政为民，不断实现好、维护好、发展好最广大人民的根本利益。"关注人的幸福、关注人的安全感，关注人的表达愿望，将社会消极情绪及时监测、预警、疏导，是社会管理面临的一项新的挑战，也是司法化解社会矛盾的一个突破口。

最近国外媒体关注中共推出一个新的经济口号：幸福。一些省份也跳上"幸福大篷车"。在地方，各级政府纷纷绘制幸福指数，争当"中国最幸福城市"。② 与此形成鲜明反差的是，国人的"弱

---

① 公丕祥：《人民法院参与社会管理创新大有可为》，载《法制资讯》2011年第3期。

② 中国目前开展的研究以所谓"伊斯特林悖论"为基础。"伊斯特林悖论"得名于经济学家伊斯特林，他曾在20世纪70年代写道，人们一旦拥有足够的钱满足基本需求，更高的收入未必能增加幸福感。研究显示，迅速的变化——即使积极的变化——也可能导致不满。人们富裕以后会迅速适应新现实，理所当然地把过去抛在身后，而以妒忌的目光看着前面的人。不断上涨的物件和房价也是不满的主要原因，很多接受调查的人还把不幸归咎于腐败和社会不公。参见［美］基思·里奇伯格：《中国设法解决幸福感不强问题》，载美国《华盛顿邮报》2011年5月16日。

势心态”却呈上升趋势。《人民论坛》曾做了一次关于什么人有弱势心理的网络调查，结果表明调查对象中的62%的人认为自己属于“弱势”。里面包括很多有权、有钱的人和名人、教授。弱势心态蔓延折射出很多令人深思的问题。不管这些所谓“弱势”的人在他人看来可能是无病呻吟，至少这种“弱势心态”的蔓延在某种程度上是折射出社会缺乏一种安全感的心态。弱势心态其实呼唤的是法治。① 因为，只有法治才能建立一种生活秩序和内心安宁，也才能让人有安全感。

在信息时代，与幸福、安全感休戚相关的一个概念可能就是表达愿望和被倾听的权利了。在今天的中国，能听到各种声音。“我们迎来了表达的‘黄金时代’，但仍有许多声音未被倾听。”② 在一定程度上，表达上的弱势群体，也是现实中的弱势群体。尽管可能人数不少，他们的声音却很难在社会中听到。而在这些“沉没的声音”背后，更多的是未被满足的诉求、待纾解的情绪。如果不主动“打捞”，太多声音沉没，难免会淤塞社会心态，导致矛盾激化。③

当前，由于弱势群体的表达不畅，社会消极情绪开始滋长蔓延，形成新的不稳定因素。特别是主流媒体关注引导不够的情况下，以博客、微博、社交网站、即时通讯工具为代表的新兴媒体推波助澜，让诸如仇富、仇官负面的社会情绪放大，消极情绪极易传染，社会稳定面临新的压力。因此，除了举政府之力，维护弱势人群的表达权，尽可能多地倾听社会各方面的声音外，司法也要利用诉讼化解社会矛盾的功能，主动打捞“社会沉没的声音”，关注弱

---

① 参见李德顺：《法治，是一种生活方式》，载《人民法院报》2011年4月22日。

② 一方面，有些声音被淹没在强大的声场之中，难以浮出水面；另一方面，也有些声音只是“说也白说”，意愿虽表达，问题未解决。这些都可能无效的表达。那些为网络关注、被媒体聚集的热点事件，只是“冰山的一角”，海面之下这些体量更大的冰块，才是让冰尖浮出水面的庞大基石，也才是决定社会心态的“核心层”。《谁来倾听那些“沉没的声音”》，载《人民日报》2011年5月26日。

③ 同上注。

势群体的诉求，通过司法救助让弱势群体感受法律的温暖，并适当延伸服务职能，与政府相关部门及社会力量协力解决他们的特殊困难，这对于缓解社会负面情绪，维护社会稳定大有好处。

司法能否给社会公众提供安全感、幸福感，提供声音被倾听、愿望得以表达的机会，答案是肯定的。幸福感不仅仅是生活富裕，更有安定、安全的需求，有公平、正义的需求，有自尊、尊严的需求和精神愉悦的需求等等。以公平正义为己任的司法在研判民情民意、了解群众司法关切、疏导社会心态、重建社会秩序方面具有自己独到的价值和功能。积极探寻做好群众工作的方法技巧、不断增进群众感情是人民法院加强和创新社会管理的基础性、经常性和根本性工作。

三、司法预警：司法有效防范社会风险的“信号灯”

“今天的中国，置身于一个‘风险胶囊’之中：浓缩了西方国家几百年的现代化历程，也浓缩着这一过程中的各种风险。”① 在“风险社会”到来之际，要求我们具有前所未有的风险意识。胡锦涛总书记在“七一”重要讲话中深刻指出，“当代中国正经历着空前广泛的社会变革。这种变革在给我国发展进步带来巨大活力的同时，也必然带来这样那样的矛盾和问题。”在这些矛盾和问题中，突发性的事件就是各种社会矛盾和问题的集中爆发式的反映。近年来，社会性事件频仍，且呈现出性质复杂、持续时间长、影响范围大的趋势，对经济发展、社会安全、公共秩序、公民生命和财产安全造成了不同程度的损害。② 与此同时，在应对突发事件方面，无论是社会管理理念、机制，还是方法和程序上却严重不适应。沸沸扬扬、令公众质疑不止的7·23动车追尾重大事故，就是一个引人

① 《高速时代尤须系好“安全带”》，载《人民日报》2011年7月25日。

② 参见韩丽丽：《社会性事件应对与社会管理创新》，载《光明日报》2011年8月2日。

深思的社会管理方面的反向事例，它提供了一个值得反思总结和“学错”、“纠错”的血的样本。重大危机的防范和管理，考验着政府的智慧和能力，政府要有敏锐的危机管理意识，保持对社会风险的高度警觉，做好应对各类突发性事件的心理准备和风险防范预案，重视源头预防，加强风险监测和评估，建立以人为本理念下的社会管理创新的有效应对机制，切实提高新形势下应对突发事件的社会管理能力和水平。

审判环节同样面临风险挑战，考验着人民法院防范社会风险、化解社会矛盾的能力和水平，是社会管理的一个重要侧面。司法预警是司法社会化服务体系中从源头上化解矛盾纠纷的首道防线。根据矛盾复杂程度及当事人对抗激烈程度，在立案及审判执行的各个环节进行案件风险评估预警。要强化重点审判领域的风险防范，高度关注拆迁、土地征用、企业破产改制、非法集资、银行借贷等重点领域、重点群体的化解工作，从源头上预防和减少突发性、群体性事件的发生。西安中院目前下发执行的《关于重大敏感案件风险评估和处理暂行办法》就是从人民法院肩负的社会管理创新的重大使命和责任感出发，对进入到法院视线内可能形成突发事件的重大敏感案件通过一整套规范有序的认定、评估、流程和防控、责任追究机制，及时警觉、监测、防范、控制社会风险，并与政府的社会风险防范体系形成有效对接，共同应对风险社会对国家及社会整体管理能力与水平提出的严峻挑战。

四、诉讼诚信：司法参与社会诚信体系构建的“安全阀”

诚信是一切道德的基础，是市场经济的支柱、法治的要求，是一个社会赖以生存和发展的基石，也是中国与世界交流和对话的通行证。[①] 只有重信守诺，社会才能和谐发展，民族才有尊严，国家

① 参见许建兵、薛忠勋：《司法参与社会诚信建设》，载《人民法院报》2011 年 6 月 24 日。

才能希望。近日，国际三大评级机构之一的标准普尔将美国主权信用评级从“AAA”下调为“AA +”，引发全球市场动荡，再次说明：诚信是经济生活的基石。市场经济本质上是信用经济，也显示了当今信用社会对信用评级的高度依赖。然而，诚信在高速发展的中国社会却成了稀缺品，不诚信现象俯拾即是、举目可见，已成为让公众深恶痛绝的社会公害。“当前社会管理和社会建设滞后于市场经济发展，信用体系薄弱是集中体现，”[①] 据商务部统计，我国企业因信用缺失每年损失6000亿。另有数据显示，我国企业坏账率高达1%至2%，且呈逐年增长趋势，而成熟市场经济国家的企业坏账率通常只有0.25%至0.5%；我国每年签订约40亿份合同，履约率50%。[②] 不诚信还引发信仰危机、信任危机，触动人们的道德底线，严重危及了正常的生产生活秩序。不夸张地说，诚信危机已经成为破坏市场经济的巨大绊脚石，影响人际关系的毒瘤，摧毁国家民族声誉和形象的杀伤力。

社会信用缺失的现象又蔓延到诉讼领域，产生了大量的诉讼失信行为。诉讼诚信缺失实质上是社会信用缺失，是社会诚信体系不健全在诉讼领域的具体表现，是社会诚信恶化程度的直接表现。当前，虚假诉讼乃至恶意诉讼成为需要关注的突出问题。借款、合伙、虚假按揭贷款、银行卡丢失、国有资产打包转让等案件中，诉讼陷阱不再是遥远陌生的话题，“表面合意”的面纱之中，隐藏的是虚假欺诈的目的。诉讼诚信缺失不仅损害司法权威，也损害整个社会经济发展和文明进步。近年来，西安中院在高度的社会责任感驱使下，敏锐觉察并思索研究审判执行中各种诉讼失信甚至恶意诉讼的表象、原因及对策，在全国范围较早且较系统全面地关注研究这个司法领域中的突出社会问题，不仅增强了人民法院对诉讼诚信

① 阎继勇：《诉讼诚信：法律与道德的对接》，载《人民法院报》2011年2月17日。

② 参见李克杰：《企业因信用缺失每年损失何止6000亿》，载《中国青年报》2011年5月5日。

缺失问题的应对能力，也进一步促进了整个社会诚信体系的治理，是司法参与社会管理创新的又一次有力实践和推动。

2011年3月5日，温家宝总理在政府工作报告中指出：我国将“加强诚信体系建设，建立相关制度和法律法规。”在诚信系统的生成机理中，司法参与被认为是一种当然的催生力量。[①] 无论是作为一种构建的力量，还是作为一种观察和评价的视角，“司法参与”都是一个绕不开的话题。审判实践中，人民法院要善于运用各种法律手段矫治不诚信行为，促进诚信体系建设立法和执法机制不断完善。在社会诚信监管方面，尽管人民法院不是职能部门，也绝非无所作为。法院可利用审判资源的优势，建立诉讼诚信信息管理网络和有效的查询披露交流机制，实现审判、执行征信信息系统体系开放，资源效用最大化。通过向社会相关管理部门提供诉讼诚信信息，共同搭建信息交互利用的工作平台，将不诚信当事人信息纳入银行、证券、保险、工商、税务、海关、国土、住房和城乡建设局等征信系统，实现信息交互共享，严格限制失信企业或个人贷款融资、注册新公司、购地置产、承揽工程、经营贸易、出境、高消费等行为，全面挤压失信者的空间。必要时向社会公众披露失信诉讼当事人和被执行人信息，以及定期向社会发布人民法院依法制裁失信行为、运用诚信原则进行裁判的典型案例，实现诉讼诚信体系的外部循环与资源共享，让不诚信者面对“人人喊打”、处处受阻的强大社会压力，让不诚信者无处可藏、无形可遁。通过诉讼诚信体系的建设，惩戒矫治失信行为，督促社会各个层面提升信用意识，珍爱自己的信用，提升社会文明和谐程度，也大大降低了政府管理社会的成本，使社会管理的效能得到有效提升。[②]

---

① 参见许建兵、薛忠勤：《司法参与社会诚信建设》，载《人民法院报》2011年6月24日。

② 参见阎继勇：《诉讼诚信：法律与道德的对接》，载《人民法院报》2011年2月17日。

五、协调沟通：司法参与社会管理创新的“平台”

当前，伴随我国进入“诉讼社会”，人民法院正面临着人民群众日益增长的司法需求与司法供给之间极不均衡的窘迫境地。特别是那些涉及企业改制、征地拆迁、社会保障等社会深层次问题，仅仅依赖国家审判机关自身的力量是难以管得了、管得好的。胡锦涛总书记强调，“要完善党委领导、政府负责、社会协同、公众参与的社会管理格局，全面提高社会管理科学化的水平。”在这一社会管理格局中，人民法院是中坚力量之一，要定位好司法的角色，在自身职责范围内勇于分担社会管理责任，同时要有全局胸怀和社会化的视野，依靠党委的领导核心作用和政府的主导作用，发挥社会自治组织的力量，培育和推动社会的自我管理，形成解决社会管理突出问题的整体合力。

在社会管理这个大平台，人民法院有很大的作用空间，通过工作机制的创新实现与其他社会力量的协同配合，使司法参与社会管理的触角得到伸展。比如，聚焦矛盾多发高发领域，按照纠纷解决主体多元化的思路，构建人民调解、行政调解、诉讼调解“三位一体”的大调解格局和社会矛盾纠纷联动化解机制；“协同司法局、公安局、检察院及社区做好社区矫正、特殊人群帮教工作；协同民政、财政等部门做好司法救助工作；协同市政府法制办等行政机关做好行政白皮书、司法建议工作，探索建立涉诉行政争议综合调处机制、重点敏感行政案件报告会商制度；协同金融、税务、工商、新闻媒体等进行社会诚信体系建设工作等等”。[①] 通过建立与相关部门、单位、组织的社会化常态联络协调机制，搭建司法社会化服务平台，实现司法审判资源的社会共享，参与社会治安综合治理网络，推动法院与社会的良性互动。

---

① 吕华、毕经纶：《泰安，社会管理创新的能动实践》，载《人民法院报》2011年6月12日。

六、法治：司法参与社会管理创新的终极“价值”

化解矛盾、维护稳定，是社会管理的一个重要方面，但非社会管理创新的终极价值。公平正义、民主法治，才是社会治理的一个价值取向，也是社会管理创新最终要达到的一个终极目标。法治是一个国家的核心竞争力。从人类发展的历史经验和教训来看，法治是最公平、最有效率、最具权威的社会治理方式。“从社会管理模式的选择来看，法治是理想的社会管理模式，人民法院掌握着丰富的法治资源，应当充分发挥这些资源对社会的积极作用”。[①] 美国学者比克尔认为，“美国社会乃是由法律原则所统治，法院在提示、适用这些法律原则的过程中扮演不可替代之重要角色。”

法治不仅是社会治理的方式，更应成为一种文化，一种精神理念，要让法治“成为我们的一个目标和理想，成为中国未来社会人们普遍的基本的生活方式和生活样式”。[②] 民主政治最起码的一条规则是：矛盾和分歧应该在体制内按法定程序解决。法治为社会管理创新提供规则和制度的保障，而规则、制度要靠司法权公正权威的行使去建立、维系和得到社会公众普遍的信奉。坚守法治精神、提升司法权威、增进司法民主、深化司法服务，是人民法院参与社会管理创新的一种信念和境界。在参与社会管理创新的过程中，法官对法治的敬仰之心、对民众的关怀之情、对社会的关切之责将在他持之以恒对法律的信仰、对公正恪守的职业品性和精神追求中得到伸展和释放。中国特色的社会主义法律体系已经形成，但我们离法治究竟还有多远？法治在社会管理创新中究竟占据多么重要的位置？以及如何实现社会管理创新的法治化？这些问题已清晰地摆在我们面前，也是人民法院参与社会管理创新中需要深入思索的问题。

---

① 吕华、毕经纶：《推进社会管理创新法院大有可为》，载《人民法院报》2011年6月12日。

② 李德顺：《法治是一种生活方式》，载《人民法院报》2011年4月22日。

能动与抑制：知识产权审判在社会管理创新中的角色定位和推进路径

杜豫苏* 高 伟**

【内容提要】 人民法院在社会管理中具有不可替代的重要作用。法院应该如何应对社会管理创新的需求与期待？法院能做什么、应该怎么做才能更优化地发挥审判功能？对此，笔者拟以知识产权审判工作为视角，对法院和法官在社会管理创新中的角色进行思考、诠释和定位：首先，对知识产权审判参与社会管理创新的作用方式进行作用机理分析；其次，结合实践对司法审判参与社会管理出现的误区和不足进行现实考量，并剖析了其主要原因是缘于法官及法院的多重角色冲突以及对司法能动的认识出现偏差；最后，从六个方面重点思考了法院参与社会管理创新的定位以及推进法院参与社会管理创新的着力点和路径。笔者提出，法院参与社会管理创新的核心是准确把握“一个中心、两个基本点，一个落脚点”，即以遵循司法审判规律为中心（或杠杆支点），以充分发挥审判职能和社会矛盾纠纷化解为两个基本点（或杠杆的两端），落脚点是最大化地实现社会秩序的规范化治理。

---

* 西安市中级人民法院党组成员、副院长。

** 西安市中级人民法院研究室主任。

一、问题的提出

随着我国经济社会的迅速发展，转型时期的社会治理呈现出多元化的挑战和需求，如何应对？胡锦涛总书记在党的十六届四中全会上提出“要深入研究社会管理规律、加强社会建设和管理，推进管理体制创新”，并在几年来多次强调；2009 年全国政法系统大力开展了“深入推进社会矛盾化解、社会管理创新、公正廉洁执法”三项重点工作。毋庸置疑，党中央已将社会管理创新作为我国新时期促进经济发展的重要战略决策。社会管理是通过多种方式实现的，法治是其中尤为重要的治理方式之一，而司法在法律这一社会治理方式中更是重中之重。正如最高人民法院江必新副院长所总结的，“在法治条件下，司法是国家运用法律管理社会的重要渠道和有效手段，人民法院在社会管理中具有不可替代的重要作用。人民法院的每一项审判工作都是社会管理的重要内容，是通过司法手段、通过对司法事务的管理，实现对社会的管理。”① 那么，人民法院应该如何应对社会管理创新的需求与期待？法院能做什么、应该怎么做才能更优化地发挥法院的功能？对此，笔者拟以知识产权审判为例，对法院和法官在社会管理创新中的地位、角色进行思考、诠释和定位。

二、机理分析：知识产权审判参与社会管理创新的作用方式和效果

（一）作用方式分析

1. 打击侵权、保障权益，引导和规范社会市场秩序

人民法院肩负着知识产权民事、刑事、行政审判三大职能，通过运用知识产权民事、刑事、行政审判三种审判职能，严厉打击知

---

① 江必新：《拓宽行政审判职能　推进社会管理创新》，载《法律适用》2011 年第 3 期，第 3 页。

识产权侵权行为，使知识产权侵权损害及时得到救济，保障知识产权权利人的合法权利，修复被破坏的法律秩序，实现通过司法手段维护公平竞争，引导和规范社会市场经济秩序。比如，一些企业不正当地追求名牌效应，傍名牌、搭便车，恶意抢注其他企业的驰名商标，人民法院通过对此类案件的审理，将复制、模仿、翻译他人注册的驰名商标或其主要部分在不相同或者不相类似商品上作为商标使用，误导公众，致使该驰名商标注册人的利益可能受到损害的，法院认定其为侵犯注册商标权的行为，可以判令侵权人停止侵权、赔偿权利人的经济损失等；对于被诉企业名称侵犯注册商标专用权或者构成不正当竞争的，人民法院可以根据权利人的请求，确定侵权人承担停止使用、规范使用等民事责任，加强了商标和驰名商标的保护，引导和规范社会市场秩序。

2. 激励自主创新，推动社会进步

“知识产权审判担负着调节创新关系，保护创新成果、激励自主创新、规制知识产权滥用和促进知识产权文化建设的特殊职责。”① 专利、技术秘密、计算机软件、植物新品种、集成电路布图设计等科技类知识产权是国家和企业核心竞争力的集中体现，对这些案件的审判，对促进科技进步、加速科技创新成果转化和应用、促进产业发展具有最直接、最重要的推动作用；通过对作品、歌曲、电影、电视等以著作权为核心内容的知识产权案件的审判，已经成为促进文化产业创新、推动经济发展方式转变、增强国家软实力的重要推动力；而商标案件的审判，则推动了知名品牌对产业结构升级和经济结构调整的拉动作用，对增强企业的核心竞争力具有不可或缺的作用。通过依法审查和支持先用权、现有技术、合理使用等案件，制止垄断行为；通过审查确认不侵权诉讼和滥诉反赔之诉，规制知识产权恶意诉讼，促进和保障社会诚信体系的构建，

① 参见最高人民法院原副院长曹建明在第二次全国知识产权审判工作会议上的讲话。

实现社会的有序发展。

3. 形成社会管理的长效机制，促进社会秩序的良性运行

正是基于司法对公民和社会的规范、指引、评价和预测功能，司法成为了社会治理的重要方式。最高人民法院院长王胜俊强调："人民法院审理每一起案件，出台的每一个司法解释和司法政策，都是参与社会管理的具体实践，都要从有利于弘扬良好社会风气、有利于树立正确导向、有利于为维护稳定和谐出发，研究采取切实可行、行之有效的工作方式方法，使人民法院的审判活动成为教育群众遵纪守法、维护良好社会管理秩序的生动实践。"① 一方面，人民法院通过审判解决纠纷的活动，启示公民和社会遵守法律，促进社会秩序的良性运行，确保法律的统一性和权威性，使宪法和法律得以具体实施，使法治得以实现；另一方面，人民法院的审判活动是以法律的稳定性、程序上的严格性以及审判权行使的独立性为保障的，因此能够对社会秩序发挥持久的约束作用，形成社会管理的长效机制。

（二）作用效果评述

近年来，我国知识产权司法审判工作全面贯彻落实国家知识产权战略，取得显著成效：

1. 司法保护知识产权审判职能进一步发挥，引导和规范社会市场秩序的效果增强

（1）全国地方法院"从 1985 到 2008 年 9 月底，共受理和审结知识产权民事一审案件 135475 件和 124851 件"②，2009 年为 30626 件和 30509 件③，2010 年为 42931 件和 41718 件，比上年增

---

① 江必新：《拓宽行政审判职能　推进社会管理创新》，载《法律适用》2011 年第 3 期，第 3 页。

② 该数据来自奚晓明：《发挥司法保护主导作用　促进创新型国家建设》，载《知识产权审判指导》2009 年第 1 辑，第 18 页。

③ 该数据来自最高人民法院副院长奚晓明 2010 年 4 月在全国法院知识产权审判工作座谈会上的讲话。

长 40.18% 和 36.74%[①]，充分发挥了知识产权审判在保护知识产权、激励自主创新、引导和规范社会市场秩序方面的主导作用。(2) 全国地方法院从 1985 到 2008 年 9 月底，共受理和审结知识产权行政一审案件 4249 件和 3847 件[②]，2009 年为 2072 件和 1971 件[③]，2010 年为 2590 件和 2391 件，同比上升 25% 和 23.1%，[④] 有效监督和促进了知识产权行政机关依法行政。(3) 2007 年，全国地方法院共审结知识产权刑事案件 2684 件，判决发生法律效力 4328 人，其中有罪判决 4322 人[⑤]；2009 年为 3660 件[⑥]，2010 年为 3942 件，判决发生法律效力 6001 人，其中有罪判决 6000 人[⑦]，严惩了假冒、盗版等严重侵害知识产权的犯罪。

2. 司法调节社会创新关系、激励自主创新的管理职能作用凸显

近年来，我国知识产权司法保护的领域不断拓宽，从对专利、商标、著作权等传统知识产权的保护扩大到植物新品种、计算机软件、网络著作权、集成电路布图设计、民间文学艺术、地理标志、驰名商标的认定企业名称、网络域名、不正当竞争、确认不侵权等类型，“已经覆盖到所有类型的知识产权领域，涉及到知识产权的创造、运用、保护和管理的全过程。”[⑧] 同时，我国法院高度重视

---

① 该数据来自中国法院网 file：///G：/2011 知产发言/最高人民法院关于印发《中国法院知识产权司法保护状况（2010 年）》的通知【2011 - 04 - 12】. shtml，2011 年 8 月 21 日访问。

② 该数据来自奚晓明：《发挥司法保护主导作用　促进创新型国家建设》，载《知识产权审判指导》2009 年第 1 辑，第 18 页。

③ 该数据来自最高人民法院副院长奚晓明 2010 年 4 月在全国法院知识产权审判工作座谈会上的讲话。

④ 同注①。

⑤ 同注②。

⑥ 同注③。

⑦ 同注①。

⑧ 同注②书，第 20 页。

损害赔偿的判赔作用，加大侵权人侵权成本，保障权利人获得足够的赔偿，注重发挥刑罚惩治和预防知识产权犯罪的功能，保护力度不断加大。

3. 知识产权保护制度逐步完善，参与社会管理创新的长效机制基本形成

2000 年以来，最高人民法院先后出台 22 件司法解释，出台了 30 余个具有普遍意义的司法指导性意见，涉及知识产权的方方面面，使知识产权审判制度和审判机制不断完善[①]，参与社会管理创新的长效机制基本形成。

三、现实考量：知识产权审判参与社会管理的误区和不足

（一）误区表现

说到法院参与社会管理创新，主流观点认为“坚持能动司法与推进社会管理创新是内在统一、相辅相成的，能动司法是推进社会管理创新的必然要求，推进社会管理创新是能动司法的应有之义。”[②]“尽管对司法能动正当性标准的认识或难统一，尽管对滥用司法能动所持的担心经常伴随左右，但司法能动在多数时候确实发展了法律，推动了社会进步。”[③] 然而过度的司法能动则会使法院参与社会管理创新产生偏差、陷于误区，主要表现在：

1. 能动司法与主动服务的误区

我国宪法和法律均规定了司法行使权利和调整社会关系的范围，司法具有中立、被动和抑制的特性。能动司法要求法院对法律规定其主管的纠纷积极进行司法救济，保障当事人诉权的有效行

---

① 该数据来自奚晓明：《发挥司法保护主导作用　促进创新型国家建设》，载《知识产权审判指导》2009 年第 1 辑，第 18 页。

② 参见沈德咏：《人民法院推进社会管理创新的几点思考》，载最高人民法院编写组：《当代中国能动司法》，人民法院出版社 2011 年版，第 25 页。

③ 高翔：《能动型司法与回应型司法的契合与转换》，载万鄂湘主编：《公正司法与构建和谐社会》，人民法院出版社 2006 年版，第 57 页。

使，保障当事人的合法利益得到保护。但由于我国法院在发展过程中，受行政管理因素的影响，现实中出现了一些法院主动上门揽案、对知识产权纠纷介入咨询、甚至为某些企业挂牌服务等，做出了一些不该法院管或者管不了的事情，违背了司法中立，陷入了超越审判职能主动服务的误区。

2. 能动司法与司法万能的误区

能动司法是一种相对的、适度的积极司法，是在遵守司法规律的基础上，积极、正确地履行审判职能解决纷争，通过裁判实现对社会行为的规范、引导、约束和实现政策等功能。“司法源于自身特性而产生的内在限制性，决定了司法存在一定的限度。”① 能动司法应避免陷入司法万能的误区。自古以来，我国人民传统中对“青天”的膜拜和期待使法院的职能被神化，断案高手包拯被尊称为“包青天”，现代法官也常常被期待或被幻想成无所不能，无限夸大了司法的能动作用；同时，法院在能动司法时也存在“司法浪漫主义，认为司法是万能的，能够解决一切社会问题，可以化解一切社会矛盾，而所有的社会问题和矛盾也必须经由司法解决。同时强调司法无所不能的政治功能，可以干预政治生活的任何领域，在政策出台、公共决策、法律制定方面发挥主力军作用。”② 对此，最高人民法院江必新副院长强调：“对审判之外的活动要有所节制。要充分考量法律的局限性、司法的中立性，量力而行、适度参与，避免做出一些不该管、管不了的行为，甚至因职权滥用干扰行政机关、社会组织的正常运行，做到不缺位、不越位、不错位。”③

---

① 夏锦文、徐英荣：《现实与的偏差：论司法的限度》，载《审判研究》2004 年第 2 辑，法律出版社 2004 年版，第 21 页。

② 高翔：《能动型司法与回应型司法的契合与转换》，载万鄂湘主编：《公正司法与构建和谐社会》，人民法院出版社 2006 年版，第 59 页。

③ 江必新：《拓宽行政审判职能推进社会管理》，载《法律适用》2011 年第 3 期，第 5～6 页。

3. 能动司法与司法功利的误区

能动司法强调司法对社会的促进作用和有效性，往往因过分"注重司法机关服务于政治经济的工具性功能而陷于司法功利主义"①，"或急功近利地追求现实利益以至于丧失司法应有的品格，或浅尝辄止地局限于眼前事务而放弃对长远可持续发展的谋划，或背上了过于沉重的功利主义包袱而违背了司法固有的运行规律。"②比如驰名商标的认定和保护是加强商标权保护的一项重要制度，驰名商标的认定主要由国家工商机关进行认定，司法的认定和保护，是在制止抢注和侵权行为中加强对驰名商标的保护。但是一些经营者不正当地追求法律保护以外的其他意义，试图通过司法认定驰名商标达到其不适当的商业目的，如通过驰名商标获取政府大额奖励、获取更多的利润等，一些法官和法院因对驰名商标法律制度设立的目的认识不清、驰名商标司法认定的范围模糊、驰名商标司法认定和保护范围的标准和尺度不统一等等，导致不正当地将驰名商标司法认定当作单纯追逐荣誉称号等消极现象的发生，已成为司法认定驰名商标面对的复杂形势和迫切任务。为此，最高人民法院2009年公布《关于审理涉及驰名商标保护的民事纠纷案件应用法律若干问题的解释》③，依法规范了驰名商标的司法认定和保护。

(二) 不足之表现

1. 有效性尚存不足

司法的有效性是法院参与社会管理创新的核心价值体现。司法审判不仅具有解决个案争端的功能，而且还负有对社会行为进行引导、示范，评价和规制的功能。但是我国目前司法审判的主要功能发挥主要集中在解决个案争议上，而对司法的后一功能发挥尚存不

① 范愉：《司法监督的功能及制度设计》，载《中国司法》2004年第6期，第19页。

② 该数据来自奚晓明：《发挥司法保护主导作用　促进创新型国家建设》，载《知识产权审判指导》2009年第1辑，第58页。

③ 参见《遏制"驰名商标"的"异化"——有关驰名商标新司法解释问答》，2009年4月30日新华网，2011年4月10日访问。

足。因为“有效性司法要求人民法院要善于从司法活动中发现经济发展中带有普遍性、倾向性的问题，为党委、政府决策提供有价值的参考，为司法决策提供可靠的依据”[①]。法院这一功能的发挥主要通过司法建议来实现，但是从知识产权审判来看，一是法官发司法建议的意识普遍不强，比如笔者所在西部某省会中级人民法院2008年—2011年6月共审结知识产权案件978件[②]，但未发过一件司法建议；二是司法建议发出后，法官跟踪不够，致使司法建议的实际作用和效果发挥不足。

2. 司法依法保障权利、打击侵权的宣传、引导不足

司法宣传是司法对社会发挥规范、引导功能的重要载体。但是我国知识产权审判在这方面尚有不足，突出表现在：（1）宣传的长效性不足，很多法院都是集中在每年的知识产权日前后进行比较“隆重”的宣传，而其他时间的宣传很少或者没有力度；（2）典型案例的指导作用发挥还不够。虽然近年来知识产权审判通过裁判文书上网、发布年度报告等方式，在案例引导方面有了长足的进步，但其发布范围、载体有限，仍不能满足当今形势的需要。比如对那些不会上网或者无条件上网的群众来说，如何让他们受到典型案例的教育？

3. 主动服务性不够

“在司法实践中，有些法官严格按照司法的被动性处理案件，表面上程序合法，但缺乏一种主动服务的精神，这样‘书本式’的处理，背离了中国的国情和实际，谈何司法为民？”[③] 有些法官片面理解“谁主张、谁举证”，回避调查取证的责任，特别是在知识产权案件中权利人本身就存在取证困难的情形，在其申请法院调

---

① 李后龙：《能动司法的内涵、机制与限度》，载最高人民法院编写组：《当代中国能动司法》，人民法院出版社2011年版，第301页。

② 参见该院2008～2011年民事知识产权一审案件统计报表。

③ 田成有：《能动司法如何能动》，载最高人民法院编写组：《当代中国能动司法》，人民法院出版社2011年版，第289页。

查取证或者证据保全时，有的法官以各种借口进行推托，主动服务的意识和责任不强。有些法官在传不到被告时没有亲自去送达寻找被告而是劝原告撤诉等等。

4. 司法协同性不够

针对当前社会转型时期社会矛盾多发的现状，司法参与社会治理，要努力将司法手段和其他手段结合起来，整合社会资源，形成合力，才能有效化解矛盾纠纷。但是目前我国法官在发挥司法协调性方面的意识较弱。在知识产权审判中，有很多案件是权利人告很多侵权人，如对网吧侵权的案件、针对同一专利产品的侵权案件等等，常常是一批案件几个甚至几十个，法官可以和当地文化管理机关、工商管理机关协同执法，加大侵权打击力度，规范网吧和市场管理。但现实中却是法院、行政机关各行其责，协同性执法欠缺，难以形成合力。

（三）出现误区和不足之原因分析

笔者认为，司法审判参与社会管理创新在实践中之所以会陷于误区、出现偏差和不足，其中的原因是多方面的，比如对法院参与社会管理创新的认识不到位、重视不够，案件压力大、法官人手不足、资源配置不尽合理，法官管理、业绩考核对此尚存盲区等等，因为对这些方面，已有较多的研究和论述，限于篇幅，笔者在此不再赘述，仅对其中笔者认为最主要的原因即缘于法官及法院的多重角色冲突以及对司法能动的认识出现偏差进行分析：

1. 法官及法院的多重角色冲突引起的认识偏差

角色理论的基本原理是，把个体看作是在一个大的社会位置网中扮演着与某一个位置相联系的角色。法官角色组成的职业群体就是法院。① 角色包含客观愿望和个体的主观表演两种主要成分，“是处于一定社会地位的个体，依据社会客观愿望，借助自己的主

① 参见唐静：《谦抑与能动：论转型社会司法角色定位》，载万鄂湘主编：《公正司法与构建和谐社会》，人民法院出版社 2006 年版，第 65 页。

管能力适应社会环境所表现出来的行为模式。"① 法官的个体性及法官组成法院的群体性社会属性决定了法官在社会中扮演着多重角色，也就决定了社会对法官的多种角色期待。就当代中国法官而言，其角色多元是非常明显的。首先是"法律人"的角色期待，要求法官是裁判纠纷、主持正义分配的司法者；其次是"单位人"的角色，"单位制度对法官影响突出表现为法官在获得单位物质生活、文化生活、政治地位等各种资源的同时，积极寻求本单位利益的最大化，从而表现为司法行为的单位化。"② 其次是"经济人"角色期待，法官作为个体需要生活、需要养家糊口，使法官在制度约束不严时会寻求利己行为；第四是"社会人"的角色期待，法官不是生活在真空中而是生活在现实社会，法官的裁判结果不仅要考量法律效果，还要考虑社会效果，要考量当代社会的价值观、社会的可接受度等等。法官的这四重角色期待并不是完全统一的，"当各种角色期待指向一致时，则有助于法官行为模式的协调统一，一旦发生抵触或背离，就会导致法官的角色冲突，进而阻止法官行为模式的运行。"③ "角色冲突不仅指角色紧张，即当法官所承担的多种社会角色同时对其提出要求时，使他难以胜任并在时间与精力上出现紧张感，同时亦包括法官所承担的几种角色间出现了行为规范互不相容的情况。此时，法官的多重角色期待中哪种期望对法官的压力大，法官自我认同的显著性层级就越高，法官就倾向于采取迎合哪种期望的行动，以导致依法裁判功能的异化；角色认识的越位会导致司法功能的泛化，角色认识的模糊，则会导致司法功

---

① 周晓红：《现代社会心理学》，上海人民出版社 1997 年版，第 361 页。

② 吴英姿：《民事诉讼法学专题》课程讲义，转引自唐静：《谦抑与能动：论转型社会司法角色定位》，载万鄂湘主编：《公正司法与构建和谐社会》，人民法院出版社 2006 年版，第 65 页。

③ 陈创东：《军事法官的军事冲突与重构》，载《西安政治学院学报》1996 年第 6 期，第 63 页。

能的弱化。”①

2. 对能动司法的认识偏差

“转型时期的中国司法角色处于传统与现代交锋、本土与域外交融的重塑期、转型期，更是一个茫然期。”② 转型社会呼唤司法回应社会的新需求、新期盼，要求法官能动司法，积极回应社会需要，司法的本质属性则要求司法中立、被动、消极，那么，法官究竟如何司法才能不越权、不越位，又能有位又有为？很多法官均感到困惑。笔者认为，积极能动司法，并不意味着法官或法院要大包大揽，更要避免陷入司法万能的误区；司法的中立也并不意味着司法可以不顾社会的司法需求而固步自封、消极懈怠，片面理解司法的被动性，无视当事人的合理要求，比如一些案件通过法官的实地调查就能搞清楚，但是有的法官可能因案件过多或者强调当事人举证等原因未能去调查，致使错过调查取证的条件或时机，引发错判、上访等等。

四、完善思考：法院参与社会管理创新的定位与推进路径

（一）误区消弭：法院参与社会管理创新的定位

人民法院作为推进社会管理创新的推进主体，必须准确把握司法审判在社会管理创新中的角色定位，“需要结合人民法院自身审判职能的发挥找准社会管理创新的结合点和着力点”③，才能消弭误区、切实发挥人民法院参与、推动、保障社会管理创新的作用，使社会管理创新在人民法院的助航下有序推进。笔者认为，法院参与社会管理创新的核心是准确把握“一个中心、两个基本点，一

---

① 最高人民法院副院长奚晓明2010年4月在全国法院知识产权审判工作座谈会上的讲话，第69～70页。

② 奚晓明：《发挥司法保护主导作用　促进创新型国家建设》，载《知识产权审判指导》2009年第1辑，第18页。

③ 江必新：《拓宽行政审判职能　推进社会管理创新》，载《法律适用》2011年第3期，第7页。

个落脚点”，即以遵循司法审判规律为中心（或杠杆支点），以充分发挥审判职能和社会矛盾纠纷化解为两个基本点（或杠杆的两端），落脚点是最大化地实现社会秩序的规范化治理。从杠杆原理来说，只有支点选准了，才能取得平衡，才能充分发挥杠杆的作用，因此，在人民法院参与社会管理创新的定位中遵循司法审判规律是核心，是关键；充分发挥审判职能和社会矛盾纠纷化解是方法，是载体。分配公平正义、定分止争是设立司法的目的，是人民法院的基本功能，也是法院最基本的角色定位，人民法院的一切活动都要围绕这个基本功能的发挥而展开；化解社会矛盾是人民法院参与社会管理的主要任务，是人民法院发挥审判职能的基本点；社会秩序的规范化治理是目标，也是目的。“社会管理创新的重要使命是创制社会规则，规范社会行为，构建社会秩序。”① 只有审判职能发挥和社会矛盾纠纷化解达到最优化的结合，才能最大化地实现社会管理创新的目的。

（二）完善思考：法院参与社会管理创新的着力点和推进路径

1. 坚持知识产权适度保护制度，确立有限司法最终解决制度

由于法律的局限性和司法职能范围的有限性决定了并非所有的纠纷都可以纳入司法解决途径，否则司法也难堪重负，因此各大诉讼法均规定了法院主管的范围。“但是如果不保证社会纠纷能够及时反映到司法层面，司法又会失去敏锐的洞察社会现象和社会问题的眼睛成为社会发展中的‘盲人’。确立有限司法最终解决制度，是指当社会冲突剧烈或复杂到不能或不宜寻求其他途径解决时，司法能够为这些冲突提供最后的救济。也就是说，司法不是解决纠纷的唯一选择，却是最权威的终局解决方式。让司法成为真正意义上

① 李方民：《遵循司法工作规律 把握参与社会管理创新的切入点》，载《人民司法》2011 年第 1 期，第 40 页。

的‘社会公平正义的最后一道防线’。”① 因此，法院参与社会管理创新必须把握必要的限度。最高人民法院《关于贯彻实施国家知识产权战略若干问题的意见》中也明确要求知识产权审判“处理好依法保护与适度保护的关系，充分考虑和把握我国经济社会和科技文化发展状况，善于利用司法政策、自由裁量权和法律适用技术，使司法保护既合法，又适度；既能激励科技创新和经济发展，又有利于促进知识传播和运用；既能切实保护创新成果和创新权益，又能促进企业提高自主创新能力。”比如对驰名商标，法律加强保护的范围和限度都是明确的，即只能在制止抢注和制止侵权行为上强化保护，法院只能在认定案件事实时对达到驰名度的商标依法认定，“如果离开认定案件事实的立法本意而追求荣誉称号、广告效应等商业价值，就会使驰名商标认定制度异化，会产生一系列不良后果和影响。”② 因此，坚持知识产权适度保护，才能保证司法认定的准确性，维护司法权威。

2. 创新审判方式和组织管理，不断激发知识产权审判职能发挥

法院审判方式的创新和审判管理的创新，是法院参与社会管理创新的重要组成。只有坚持审判组织管理创新，加强知识产权审判队伍建设，才能不断激发知识产权审判活力，充分发挥知识产权审判保护知识产权、激励自主创新、维护公平竞争的职能作用。近年来，全国各地法院均加大了知识产权人才的培养，探索适应知识产权审判特点的审判组织模式，夯实审判基础。比如西安市知识产权审判在全国率先实行了知识产权审判专业化合议庭，又实施了知识产权审判刑事、民事、行政合一的“西安模式”，湖北法院构建了

---

① 奚晓明：《发挥司法保护主导作用　促进创新型国家建设》，载《知识产权审判指导》2009 年第 1 辑，第 64 页。

② 最高人民法院原副院长曹建明 2007 年在全国法院知识产权审判工作座谈会上的讲话。

知识产权民事、刑事、行政三类诉讼合一的“武汉模式”，最高人民法院已在全国 78 个法院试点这项工作，因此，笔者建议最高人民法院应对该项试点工作抓紧调研、总结经验得失，及时推广普及好的做法和经验，避免其他法院走弯路、摔跟头，同时也能进一步优化整合审判资源，缓解许多地方法院人少案多的压力，适应知识产权案件新类型多、新问题、疑难复杂问题不断涌现的需要。

3. 加强诉讼制度创新，进一步加大诉权保障制度

要发挥人民法院通过司法手段积极参与和推动社会管理创新的职能作用，就必须进一步加强诉权保障，畅通诉讼渠道。比如，对符合受理条件的起诉均应及时受理，建立和完善知识产权司法鉴定、专家证人出庭、诉前临时措施等诉讼制度，切实解决知识产权审判中科学技术事实认定问题。完善各种诉讼制度，积极采取各种便民、利民措施，增强司法救济的有效性，就是增强社会管理创新的有效性。

4. 适度积极司法，进一步促进纠纷的实质性解决

转型时期的中国，当事人的法律意识虽然较从前有了很大提高，但是，多数当事人仍然缺乏证据规则意识，“当官应为民做主”的传统思想根深蒂固地影响着基层社会，他们认为法官就应当为他们查清案情，正如莫兆军案中，被告认为法官就要还他清白。因此，作为一名中国当代法官，应当更多考虑法律规范及其适用如何满足大多数群众的司法需求，实现既合法又合理的事实发现。[①]“法律的终极原因是社会的福利”[②]，因此，司法必须回应社会的需要，司法能动的基础就是不仅仅关注程序正义，而且同时着力于实质正义。尤其是在处于社会转型的现阶段，法官应当坚持群

① 参见杭涛：《转型社会基层民事审判中的事实发现》，载万鄂湘主编：《公正司法与构建和谐社会》，人民法院出版社 2006 年版，第 1010 页。

② ［美］本杰明·卡多佐：《司法过程的性质》，苏力译，商务印书馆 1998 年版，第 39 页。

众观点、增强服务意识，而不能简单、机械地适用证据规则，在必要的情况下仍然要依职权调查取证，尽力查明案件事实；在法律缺位或存有漏洞的情况下，法官也要依据法律原则和精神，能动解释法律、裁判纠纷而不能以法无明文规定而拒绝裁判，促进纠纷的实质性解决。

5. 完善诉讼与非诉讼纠纷的衔接和协调机制及协同执法

“司法创新要着重支持和规范其他社会管理机构的管理行为。实践证明，协调执法是卓有成效的，比如法院执行的联动机制，就是在争取其他机关的支持下取得了良好的效果。”① 由于多数知识产权作为智力成果在相应的行政管理部门都有申报和备案，行政机关在纠纷的处理中有着其独特的资源优势，因此，法院在审理一些复杂的知识产权权利纠纷时，尤其是对是否构成侵权行为的确认过程中，主动和相关权利登记、管理部门、科委、大专院校的鉴定机构、版权协会等进行沟通协调，借鉴行政处理的做法和经验，会使案件处理取得更好的效果，使知识产权审判工作形成联动机制。因此，加强人民法院与其他社会管理机构的沟通与联动，不仅能够完善知识产权司法保护标准和制度，保障知识产权审判工作提高质量和效率，而且通过协调联动，能够促进知识产权的全方位保护。

6. 积极开展司法建议，推动市场体系的完善

司法建议是人民法院通过审判工作发挥对社会进行示范、指引功能的重要方式，是人民法院审判职能的延伸。与法院其他审判工作相比，知识产权审判工作对社会行为的辐射面更广，参与社会管理的范围更大。因此，在知识产权审判中如果发现行政机关、企业、科研机构等在知识产权工作中存在问题，法院应当及时向行政主管部门、行业协会和企业、科研机构提出司法建议，督促其健全

---

① 周曦：《以司法创新全面促进社会管理创新》，载《人民法院报》2011 年 2 月 16 日第 5 版。

制度，加强管理、堵塞漏洞，消除隐患，为地方党委、政府制度相关政策提供依据。[①] 同时，针对当前法院在这方面存在的问题，笔者认为：一是要强化法官的司法建议意识，采取奖励机制、考核机制等措施进行有效推进；二是积极探索司法建议的方式和效果，如除了案后发司法建议，也可以在案件处理中发司法建议；三是加强和收取司法建议部门的沟通，落实司法建议的实施。

7. 进一步完善知识产权案例指导制度

“中国特色案例指导制度的建立，是人民法院推进社会管理创新的一项重要举措。”[②] 近年来，最高人民法院在知识产权审判指导案例方面做了大量的工作和积极探索和尝试，取得了一定成效。笔者认为，针对前述不足，应当扩大指导性案例的发布载体，扩大宣传范围，坚持反复和连续性报道宣传，形成打击知识产权侵权的强大舆论攻势和对侵权、犯罪的强力威慑。比如将指导案例制作成每日说法的电视片连续播出，教育广大公民从中领略法院对此类案件的处理态度，调整自己对于涉知识产权成果的态度和行为，从源头上预防和减少知识产权纠纷及犯罪。

结　语

司法特质的主动与被动、消极与积极是一个有机体，在当代，无论是大陆法系还是英美法系，都积极主张二者的兼容性、平衡与互动。因此，作为法官，面对社会转型时期的司法需求，应当对自己的角色有明晰的定位，准确把握能动与抑制的司法特质，发挥职能作用。知识产权的司法保护程度和水平是国家管理创新的一个重要标志。人民法院充分发挥知识产权的司法保护职能作用，就是用

① 最高人民法院《关于全面加强知识产权审判工作为建设创新型国家提供司法保障的意见》中对此也提出了明确要求。

② 苏泽林：《充分发挥中国特色案例指导制度作用　积极履行人民法院历史使命》，载《法律适用》2011年第7期，第5页。

司法手段保障全社会的创造活力和创新能力，就是促进和保障社会管理秩序。因此，人民法院在社会管理创新中大有作为，需要我们广大法官立足审判工作，遵循审判规律，在能动司法的同时，把握好主动与被动的界限，科学发挥知识产权审判促进社会管理创新的职能作用。

在超越与限制之间

——“能动司法”语境下人民法院参与社会管理创新的法律思考

贾喜恩[*]　翟全军[**]　陈　捷[***]

【内容提要】　能动司法是社会主义司法制度本质属性的必然要求，是新形势下人民法院服务经济社会发展大局的必然选择，是人民法院司法理念的重大创新。就法院工作而言，推进社会管理创新与当前能动司法的要求有着内在契合性。推进社会管理创新是发挥审判职能作用的重要领域，是审判机关的全新职责，更是审判机关维护社会和谐稳定、服务经济社会科学发展、推动自身工作科学发展的关键所在。如何在本土法律文化背景下，根据当前社会管理中出现的新情况、新问题，确定人民法院在推进社会管理创新中的角色、职能以及发挥人民法院在推进社会管理创新中参与者、推动者、保障者、引领者的作用和应当选择的路径，是当前各级人民法院都在深入思考与实践的重大课题。人民法院参与社会管理创新，既不能超越司法职能搞越位创新，也不能脱离司法手段搞越权创新，必须恪守司法职能，依法进行，运用法律允许使用的社会管理创新手段。

---

* 西安市碑林区人民法院党组书记、院长。

** 西安市碑林区人民法院研究室主任。

*** 浙江省温州市龙湾区人民检察院检察官。

引　言

当代中国语境下的“能动司法”，既不完全等同于西方国家的司法能动主义，也不完全是某些学者所说的积极司法，而是既包括积极司法，也涵盖主动司法以及有效司法的司法形态。其所指称的是司法主体在司法活动中，既不能因法律没有规定而拒绝裁判，也不能绝对中立、被动，而应着眼于社会纠纷的解决和社会秩序的安定，积极行使权力，创造性地弥补法律与现实之间的脱节，主动采取灵活多样甚至是诉讼外的手段解决纠纷，实现法律效果与社会效果的有机统一。微观上，能动司法是指法官不应仅仅消极被动地坐堂办案，不顾后果地刻板适用法律；在尚处于形成进程中的中国司法制度限制内，法官可以并应充分发挥个人的积极性和智慧，通过审判以及司法主导的各种替代纠纷解决方法，有效解决社会各种复杂的纠纷和案件，努力做到“案结事了”，实现司法的政治效果、社会效果和法律效果的统一。[①] 宏观上，“简而言之，就是发挥司法的主观能动性，积极主动地为大局服务，为经济社会发展服务”，“服务性、主动性、高效性，是能动司法的三个显著特征”。这是王胜俊院长在2009年调研时讲的一段话。

社会矛盾化解、社会管理创新等重大理论的提出，进一步拓展了人民法院的职能空间，实现了司法职能的真正回归。在“能动司法”理念指导下，人民法院面临着积极参与社会管理创新的重大课题。如何明确人民法院在参与社会管理创新工作中的指导思想、目标任务、功能定位和路径选择，都需要我们深入研究，积极探索。

一、角色定位：到位而不越位

社会管理创新是一个复杂的系统工程，关系到社会结构的各个

---

① 参见苏力：《关于能动司法与大调解》，载《中国法学》2010年第1期。

层面，渗透到社会生活的每个角落。任何一个单独主体、单一举措，都不可能把社会管理好、为社会服务好。对每一个社会领域都要运用系统化的观念去审视，对每一种社会形势都要运用系统化的思路去分析，对每一个社会问题都要采取系统化的措施加以解决，才能构建一个“多方参与、共同治理、统筹兼顾、协调配合”的社会管理体系。[①]

正确把握人民法院在社会管理创新中的角色定位是发挥法院职能作用的前提。[②] 司法是党领导人民管理国家与社会事务的重要方式之一，法院作为解决矛盾纠纷的机构，其职能主要体现为救济民生权利，化解社会矛盾，制约公共权力，工作本质是对社会关系的调整和管理。因此，法院首先是社会管理创新的“参与者”。同时，法院还担负着为社会管理创新提供保障、为社会确立行动规则和行为导向、推动社会公共政策实施等作用，充当着社会管理创新“保障者”、“引领者”、“推动者”等多种角色。[③]

法院是社会管理创新的重要“参与者”。社会管理的首要目的是调节社会利益关系，化解社会矛盾，实现社会秩序。[④] 行政、司法、仲裁、民间调解等都是化解矛盾纠纷的途径，但只有法院是专司解决社会纠纷的国家机关。虽然不同国家对法院功能的设置有不同的要求，但解决纠纷是设置法院的唯一共同目的。同时，保持畅通的民意表达渠道也是社会管理的重要内容，法院也为民众表达利益诉求提供了一条重要途径。

法院充分发挥司法审查职能，妥善化解行政争议，监督和支持

---

① 参见卫星：《区别对待醉驾是社会管理创新的必然要求》，载《人民法院报》2011年5月21日，第2版。

② 参见董治良：《法院是社会管理创新的参与者和推动者》，载《大法官论坛》2010年11月。

③ 参见高其才：《能动司法视野下人民法院社会管理创新思考》，载《广西政法管理干部学院学报》2010年11月。

④ 参见吴鹏飞：《创新社会管理，维护社会稳定》，载《求是》2010年第13期。

行政机关依法行政，切实保护公民、法人和其他组织的合法权益，是社会管理创新的“保障者”。政府是社会管理最重要的主体。法院可以通过对违法行政行为予以撤销、变更或者对行政不作为判定履行职责，促使行政机关依照法定权限管理社会事务，认真履行社会管理和公共服务职能；还可以通过司法程序对合法行政行为的效力进行确认，为合法行政行为提供法律支撑，促进行政机关有效发挥各项社会管理职能，从而实现对行政权力的监督和制约。

法院是社会管理创新的“引领者”。社会管理与司法有着异曲同工之处。社会管理通过制定社会政策和行为规范，将各种社会行为纳入或引导至预定的轨道，避免社会“失范”引起的社会混乱和动荡，同时也在这一过程中实现管理主体自身行为的规范化和决策的稳定性。而法院的基本职能是通过对个案裁判定分止争，化解矛盾纠纷，维护社会秩序，其主要功能当然还包括通过对具体的个案进行法律评判，阐释法律内涵和精神，使法律成为人们应该如何作为和不应该如何作为的指示和路标。

法院是社会管理创新的“推动者”。司法可以通过个案裁判、司法解释或者司法政策的方式来影响公共政策。由于立法意图的不确定性、语言的模糊性，法官在适用法律、解释规则时一般会参入公共政策或社会效果的考量，而且个案判决普遍影响着其他同类案件的处理，特别是上级法院的案例对下级法院同类案件判决的影响有时几乎是决定性的。因此，人民法院可以通过个案裁判、司法解释或者司法政策的方式来推动社会管理创新。

二、职能定位：能动而不乱动

在现代国家，法院在社会管理中的角色越来越重要，用司法决策规制社会生活的实践越来越普遍，法院不仅要履行传统的解决纠纷的职能，而且要调控社会秩序、实施权力制约、制定社会政策，在坚持法定的职责权限、遵循司法规律的前提下，更新理念，突出重点，强化措施，为加强社会建设、创新社会管理，维护重要战略机遇期的社会和谐稳定提供有力的司法保障和服务。

人民法院参与社会管理创新，必须深入贯彻落实科学发展观，紧紧围绕“为大局服务，为人民司法”的工作主题，牢牢把握最大限度激发社会活力、最大限度增加和谐因素、最大限度减少不和谐因素的总要求，以解决影响社会和谐稳定的突出问题为突破口，以执法办案为立足点，在遵循司法客观规律的基础上，最大限度地发挥司法能动作用，促进社会管理科学化水平的提高。在现阶段，更好地通过司法保障社会民主、维护社会稳定、规范社会秩序、促进依法行政、调控社会矛盾、实施权力制约、规制社会政策，已成为时代发展对人民法院提出的迫切需要。

人民法院是社会组织系统中的子系统，在加强与创新社会管理中，人民法院承担双重责任：首先，要履行好法院这个子系统或小社会的管理创新责任。只有把人民法院的司法行政事务管好，把法院受理的各类案件审判执行好，把法院工作人员队伍管好，使国家投入的司法资源发挥最大的社会效益，使宪法和法律赋予人民法院的审判职能发挥到极致，使人民法院的创新社会管理的能力与水平始终处于领先水平，才算基本履行了创新社会管理的职能与责任。反之，如果一个法官、一个法院连自己的事情还没有做好，管理没有搞好，案子没有办好，反而去高谈阔论社会管理创新，这就失去了社会管理创新的出发点或立足点。其次，要以能动司法理念为指导，履行促进或推动社会管理创新的责任。从管理的角度讲，法院既是审判机关，也是公共管理部门，负有维护社会秩序、管理社会事务的社会责任。实践证明，充分发挥司法职能作用，不仅能够实现法院管理创新，而且能够推动、引领社会管理创新。最高人民法院出台的很多司法解释和规范性文件，全国法院创造、总结的大量管理经验及提出的很多司法建议，对于创新经济管理和社会管理，发挥了十分重要的作用。①

三、存在问题：正视而不回避

按照中央关于加强社会建设、创新社会管理的决策部署，全面推进人民法院审判执行各项工作，充分发挥人民法院在加强社会建设、创新社会管理中的职能作用，为推动社会治安综合治理工作不断取得新进展、维护社会和谐稳定做出积极的贡献。但是，相比较人民法院的传统职能而言，社会管理创新还是个新生事物，在司法领域缺乏相应的规范的工作方式和工作机制，因而在人民法院参与社会管理创新工作上不可避免地会存在一些问题，主要表现如下：

1. 把握不住分寸。人民法院推动社会管理创新存在如何把握“度”的问题。推动社会管理创新既不是人民法院“包打天下”，独揽一切，也不是无能为力，无所作为。② 实践中，一些法院往往处理不好，搞得工作很被动。怎样把握和处理好这二者之间的关系，值得考虑。

2. 舍本逐末。实践中，一些法院为追求轰动效应，忘了“执法办案是人民法院的第一要务”，抛开本职，另搞一套，结果弄巧成拙。

3. 立场不稳。守不住法律的底线，成为非法行政行为的帮手。如有些地方的法院打着社会管理创新的幌子，参与“拆迁执法大队”，为一些所谓的依法拆迁保驾护航，导致怨声载道，声誉受损。

4. 自身缺陷。人民法院自身在推动社会管理创新中也存在一些问题和障碍，手段不足，能力有待提高。当前，人民法院在审判

---

① 参见胡云腾：《法院如何深入推进社会管理创新》，载 www. chinacourt. org/html/article/201103/10/444065. shtml，于 2011 年 5 月 6 日访问。

② 参见吕瑶：《人民法院参与社会管理创新初探》，载《中共乐山市委党校学报》2010 年第 4 期。

质量、工作作风、队伍建设、廉政建设等方面还依然存在这样或那样的问题，特别是个别干警违反“五个严禁”、“六个不准”的规定，甚至违法犯罪。这些问题的存在，严重损害到司法权威和司法公信力，也使得人民法院推动社会管理创新的力度和效果大打折扣。

四、路径选择：务实而不守旧

人民法院作为国家审判机关，身处矛盾纠纷化解第一线，面对各类社会现象，其参与社会管理的方式也日趋多方位、多渠道化。司法的能动性要求法院在参与社会管理中，必须深入研究、把经济社会发展变化可能反映在司法领域的各种情况和问题，预警在前，应对在前。人民法院参与社会管理创新，要恪守司法职能，依法进行，运用法律允许使用的社会管理创新手段。既不能超越司法职能搞越位创新，也不能脱离司法手段搞越权创新。要在履行审判、执行职能的基础上和过程中，用活、用足司法手段创新社会管理，不仅要履行好传统的解决纠纷的职能，更要延伸社会管理职能——调控社会秩序、实施权力制约、推进社会政策完善等等，从而有效参与社会管理。

（一）执法办案是人民法院的第一要务

王胜俊院长指出，“执法办案是人民法院的第一要务”。因此，人民法院参与社会管理创新，必须立足于“第一要务”，公正高效能动地审执好每一起案件，通过审理案件解决当事人在诉讼中提出的请求，有效化解矛盾，在办案中全面落实社会管理创新。

人民法院通过行使审判职能，调节各种社会关系，规范人们的行为，促进社会秩序的建立，保障社会生活的正常运行。人民法院依托审判职能，以间接的方式参与社会管理：通过审理刑事案件，惩治刑事罪犯，打击和抑制犯罪分子及其犯罪活动，对社会起到警示教育作用，从而达到维护和保障社会稳定的目的；通过审理民事、行政案件，平息和化解各种利益纠纷和冲突，调节和平衡各种社会经济利益关系，从而稳定社会经济秩序，并防止由于经济利益冲突引发的社会政治矛盾；通过执行工作，依法保护当事人的合法权益，维护司法权威。

法院参与社会管理创新要紧紧围绕社会矛盾化解这一主线开展，不断拓展化解矛盾的广度和深度。在理念上要变“案结了事”为“案结事了”，避免简单案件复杂化、当事人矛盾社会化。在思路上要变“事后解决”为“源头活水解决”，要建立完善矛盾预警处置机制、案件风险评估机制，及时消除不稳定隐患。在裁判的价值取向上，要变“单一、单向度”为“多元、多层次”。[①] 要强调遵循利益衡量原则，实现实质判断的合理性与法律判断的合法性的有机统一，注重利益兼顾与平衡。在方式方法上要加强审判权力运行、审判管理调度、审判绩效考核等审判管理机制建设，加强司法民主、司法公开，优化内外司法环境，优化解决矛盾纠纷的实际效果。要引导法官以和谐思维妥处纠纷，以和谐方式化解矛盾，以和谐价值去处理案件，通过每一次审判，每一次执行，每一项工作，最大限度地增加和谐因素，最大限度地减少不和谐因素，更加注重矛盾的化解，更加注重诉讼程序安定感和温暖感的追求，更加注重司法信任和认同，更加注重执法效果。[②] 注重案结事了，达到诉讼目的和诉讼效果的最大一致化，达到“与时俱进，与理相通，与法相合，与社会相融”的境界。

（二）整合社会资源，推动各方参与社会管理创新

社会结构转型后，呈现出社会关系不稳定，大量的社会纠纷涌向法院，在案件数量大量增加的同时，案件的处理难度和复杂性不断增大，可以说司法陷入了某种程度的“过载”状态[③]，矛盾纠纷

① 参见王继青：《人民法院参与社会管理创新的路径思考》，载《山东审判》2010 年第 5 期。

② 参见陈勇：《能动司法与司法社会化——基层法院促进社会管理创新路径选择》，载《人民法院能动司法论坛论文集》（江苏·盐城，2010 年 5 月），第 65 页。

③ 参见赵东：《创新治安管理服务，构建和谐社会》，载《学理论》2010 年 8 月。

解决的大量需求与司法供给的严重不足形成了尖锐的矛盾。一把钥匙开一把锁，不同的矛盾纠纷发生的背景不同、性质不同、特点不同，应当采用不同的手段去解决。如果什么纠纷都要打官司、上法庭，既不符合中国的传统文化，实际效果也不好。[①] 新的形势下呼唤多元化的治理主体，呼唤社会治理力量的整合。而人民法院依凭政治优势、体制优势和掌握的司法资源优势，在整合社会资源、形成社会管理合力优化管理效果上能够起到承前启后、贯穿全程的作用。

在司法实践中依靠多元纠纷解决机制，既能解开当事人之间的"法结"，又能解开当事人之间的"心结"，促使大量简单的矛盾纠纷最终化解在基层，使有限的司法资源发挥出了最大功效。完善多元化纠纷解决机制是成熟的法制社会的必然选择，人民法院基于其为多元化纠纷解决机制提供最终司法保障的职能地位，在完善多元化纠纷解决机制中必将大有作为，大有可为。

（三）走进社会，充分发挥司法的能动作用，积极拓展和延伸审判职能

司法的能动性和服务的主动性，要求我们在审判实践中不能消极地就案办案，而是能动司法，自觉从维护社会稳定、促进经济发展的大局出发，积极地运用各种技术性、程序性的法律手段和措施使社会纠纷的解决更能符合中心工作和经济发展大局的要求。充分发挥主观能动性，不应将解决纠纷的场域局限于法庭，而是主动地走向社会，促进纠纷的解决，引导秩序构建。具体而言，就是法官代表法院，走出法庭，走向社会，服务人民，服务社会，在更广阔的领域彰显公平和正义。正如最高人民法院院长王胜俊指出的那样："要组织和鼓励广大法官深入企业、社区和农村进行调查研究，了解涉及企业、社区和'三农'案件的特点和成因，分析和

① 参见最高人民法院副院长景汉朝《司法改革带来人民法院新风貌（2）》，载www.people.com.cn/GB/32306/143124/147550/14113542.html，于2011年3月26日访问。

归纳人民法院自身工作中存在的不足和问题，为加强和改进司法应对工作提供决策参考；要继续推进大法官下基层和各级法院院长基层联系点制度，面对面地听取基层群众代表的意见，准确把握人民法院工作全局中面临的主要矛盾，始终将人民群众的呼声作为确定人民法院工作思路的重要依据。”① 在实践中涌现出许多典型：陕西省法院系统开展的审判“五进”活动②、西安市碑林区人民法院开展的“法官进社区”活动③、陕西省陇县人民法院创造出的“八四司法模式”④ 等等。

（四）充分发挥裁判的导向作用，通过指导性案例或典型案例等形式创新社会管理

司法不仅仅是为了解决纠纷，更主要是为了通过解决纠纷来维护法律所宣示的社会主流价值观；法官不能仅仅以机械地适用法律、表面地解决纠纷⑤作为自己的职业目的，而应关注裁判的社会价值取向，重视自己的审判行为可能带来的各种社会后果，重视社会公众对社会公平正义的现实需求，充分发挥裁判的行为指引作用——导向作用。我们法官要在审判实践中自觉考量社会道德和主流民意，坚决杜绝与社会主流价值观明显相违背的案件发生，以最能反映广大人民群众普遍民意的理由回应社会关切，作出公正的、有

① 《充分发挥司法能动作用，保障经济平稳较快发展》，载 http：//blog. chinacourt. org/wp－profile1. php？ cat＝10&author＝1494，于 2010 年 10 月 18 日访问。

② 指 2008 年 10 月以来，陕西省法院系统开展的审判工作“进农村、进社区、进企业、进学校、进军营”活动。

③ 参见翟全军：《关于西安市碑林区人民法院开展“法官进社区”活动的调研报告》，载《西部法学》2011 年第 2 期。

④ 参见李亚凝：《妥协与耦合：评“能动主义八四司法模式”》，载《中山大学法律评论》2010 年第 2 期。

⑤ 作为法官，应该明白这样的道理：“如果一个纠纷未得到根本解决，那个社会机体就可能产生溃烂的伤口，如果纠纷是以不适当的和不公正的方式解决的，那么社会机体上就会留下一个创伤，而且这种创伤的增多，又有可能严重危及对令人满意的社会秩序的维护。”参见［美］博登海默著：《法理学——法哲学及其方法》，邓正来、姬敬武译，华夏出版社 1987 年版，第 490 页。

说服力的判决。

指导或典型案例具有示范、规范作用，能够起到审判一案、教育一片、改善管理的重要作用。一个典型判例，能够使许多同类的纠纷从中获得权威性的解决方案，间接地影响到更多的、普遍性的纠纷解决（包括私了）。因此，每一个诉讼和判决并不仅仅是解决当事人之间的私人纠纷，而是在维护、确立甚至建立秩序。[①]

（五）更好地发挥司法对社会公众行为的指引、规范功能，推动社会诚信价值体系的完善

社会管理是一种人性化的规则之治，法官作为裁判权的行使者，在处理案件时会通过裁判行为完成对规则的选择适用，在某些情况下会创制规则和引领风尚。没有司法实践，复杂的法律规则无法变成活生生的生活规则，社会价值取向无法得到有效的倡导，人们的行为规则得不到有效的确立。[②] 在适用法律规范时，法官要在深刻把握法律精神的前提下，选择更加符合公平正义价值的条文，在法律规定不明确的情况下要能够适用法律基本原则对争议作出裁判，填补法律漏洞。在审理案件时，要对符合公正、法治精神的行业规则大胆支持，对于明显违反法律规定、不合情理、显失公平的，要坚决依法纠正，从而更好地规制社会生活。在调解案件时，要尊重“公序良俗”，要把政策方针、风俗习惯、民间规范、伦理道德、公众情感等，都作为重要参考因素，要通过调解树立导向，增强群众法治意识，引导正确行使权利，促进经济社会管理事务进入民主法治轨道。

法院判决作为最终的价值判断，是体现社会价值基石的基本尺度，在完善社会价值体系中占有重要地位。[③] 而诚信是其核心价值

---

① 范愉：《泸州遗赠案评析——一个法社会学的分析》，载北大法律信息网。

② 黄超：《检察机关参与社会管理创新要坚持五个原则》，载《人民检察》2010年第4期。

③ 丁元竹：《我国社会管理创新的重点与方向》，载《开放导报》2010年第4期。

之一。通过个案裁判维护进步的价值体系，完善并维护社会的法律秩序，增强人民群众的政治经济和社会生活的规则可预见性，是司法职能的一部分。[①] 在审理案件中，人民法院要通过公正裁判旗帜鲜明地支持、保护诚实守信一方当事人的利益，制裁、惩罚失信一方，引领社会诚信风尚。在执行案件中，利用执行信息管理系统平台及与工商管理、土地管理、房产管理、车辆管理等部门的联动机制，形成强大威慑，确保生效裁判文书得到有效执行，维护法院公信力。同时还要积极推动法院执行信息管理系统与公安户籍管理、银行征信系统的信息共享，构建社会诚信体系的基本框架。

（六）通过司法文件、司法建议等形式促进社会管理创新，使之成为人民法院服务大局、为民司法的重要手段

最高人民法院出台的很多司法解释和规范性文件，全国法院创造、总结的大量管理经验及提出的很多司法建议，对于创新经济管理和社会管理，发挥了十分重要的作用，出现了很多“一条司法建议堵塞了一个管理漏洞”、“一件司法解释提升了一个行业管理水平”的生动事例。[②]

从微观上看，司法建议制度是司法机关对在司法活动中发现的、不属于司法机关处理的问题，向有关机关或单位提出的解决问题的意见和建议。从宏观上看，法院在认真履行司法审判职责的同时，密切关注司法审判领域中反映出的有关经济发展、社会稳定、社会管理、公共政策等方面存在的问题，找出症结，预测趋势，及时向有关部门提出司法建议。它是中国特有的司法制度，是人民法院主动参与社会管理的重要手段。实践证明，人民法院积极开展司法建议工作，不仅有利于有关单位和部门及时有效地堵塞工作中的

---

① 参见闫镇国：《履行法律监督职能，参与社会管理创新》，载《人民检察》2010 年第 14 期。

② 参见胡云腾：《法院如何深入推进社会管理创新》，载 www. chinacourt. org/html/article/201103/10/444065. shtml，于 2011 年 5 月 6 日访问。

漏洞，弥补工作过失，健全各项规章制度，预防和减少各种违法犯罪及各种纠纷的发生，而且有利于引导单位和个人更好地知法、懂法、守法，在客观上起到法制宣传的作用，真正达到审理一案、教育一片的目的。

结 语

在由传统社会向现代社会转型的时期里，在推进社会管理创新的进程中，人民法院作为社会管理的重要主体，责无旁贷。深入推进社会管理创新，是能动司法的时代内涵。法院在强化审判职能的同时，要自觉承担社会责任，推动社会管理创新。当然，在这一过程中，很多问题还需要再探索，许多方式方法还需要进一步更新。但是，我们相信通过各方面的共同努力，人民法院一定能通过能动司法的实践，在深入推进三项重点工作中创造新业绩，再上新台阶，取得新突破。

能动司法与社会管理创新

舒洪水[*]　张　鹏[**]

【内容提要】　目前，我国正处于社会转型的关键时期，新的利益分配格局正在形成，各种社会矛盾凸显，我国传统的社会管理方式已无法完全适应我国社会的发展需要，社会管理亟待创新。司法机关因其定分止争之性质，在社会管理创新的过程中势必居于重要的地位，而能动司法正是司法机关参与社会管理创新的主要方式。在大力推行能动司法的同时，更要注重立足于司法本位，准确把握能动司法的限度，充分发挥能动司法在社会管理中的积极作用。

一、社会管理创新概述

（一）社会管理创新的必要性

所谓社会管理创新，是指依照社会自身发展特点和运行规律，对旧有的社会管理理念进行更新，对旧的社会管理体制和管理模式进行完善和改进，以适应社会发展变化的需要，促进社会新目标的实现。①

随着我国经济社会的深刻变革，我国的社会管理正面临着许多新的问题和挑战，社会管理创新正是要从解决这些问题入手，尽快

---

* 西北政法大学教授、硕士研究生导师。

** 西安市雁塔区人民法院刑庭庭长。

① 刘作明：《社会管理创新与司法行政工作》，载《中国司法》2011 年 1 月。

突破原有的不合理的管理格局和机制，从而推动社会的成功转型。[①] 我国之所以需要社会管理创新，原因如下：

1. 当代中国正处于急剧的“社会转型”期，社会各层面变化巨大

一般认为，社会转型是指社会从传统型向现代型的转变，具体说就是从农业的、乡村的、封闭的半封闭的传统型社会，向工业的、城镇的、开放的现代型社会的转型，其实质就是传统和现代张力作用下的社会变迁和发展。在社会转型期内，社会结构发生变革，社会结构系统不断分解成新的社会要素，各种社会关系分割重组最终形成新的结构及功能专门化的过程产生了社会分化。[②] 我国目前正处于社会转型时期，各方面都发生了深刻的变革，社会形态复杂多变。正如有些学者所指出的，我国目前的社会形态既不是纯粹传统的，也不是纯粹现代的，而是一种混合形态的社会。[③]

我国的社会转型除了与世界上其他民族、国家有共同性的一面外，还有其自身的特殊性。这表现为：从社会制度上看，我国的社会转型是建设有中国特色社会主义制度的自我完善；从经济结构上看，我国的社会转型是计划经济向市场经济的转变；[④] 从政治角度看，建立在民主、法制基础上的“法制”社会是由建立在伦理基础上的“人治”社会转型来的。由此可见，社会转型是一种有着多方面和多层次内容的复杂的社会经济、政治、文化现象。[⑤]

2. 社会矛盾复杂多样，利益冲突升级，给社会管理提出了新问题和挑战

（1）贫富悬殊持续加大，社会心理趋向失衡，仇富、仇官心

---

① 参见应松年：《社会管理创新引论》，载《法学论坛》2010 年第 6 期。

② 参见郑杭生：《社会学概论》，中国人民大学出版社 2000 年版，第 288 页。

③ 参见郑杭生、洪大用：《中国转型期的社会安全隐患与对策》，载《中国人民大学学报》2004 年第 2 期。

④ 参见刘祖云：《当前中国社会转型特征再探讨》，载《武汉大学学报》2002 年第6 期。

⑤ 参见章辉美：《社会转型与社会问题》，湖南大学出版社 2004 年版，第 9 页。

理蔓延。目前，中国已经成为世界上贫富差距最大的国家之一。贫富悬殊持续加大，造成社会心理失衡，传统的价值观念受到冲击和质疑。“今天我们生活在一个剧变的年代，有人说，我们的生活方式，人生哲学都有了激变；我们目睹古老文化传统的碎裂以及完全不同的思想流入；我们不得不在一个全球性，以及无止境的思想多元化的世界寻求我们自己；我们被卷入各种不同的世界观相互冲突的旋风里，渴望对这个世界以及我们自己有更深刻的理解，却不知何去何从。”①

道德危机和道德失衡冲击着人们的道德底线和观念。日益弥漫的仇富、仇官心理，极易导致个案演化为群体性事件。生活处于贫困状态并缺乏就业保障的工人、农民和无业、失业、半失业者在群体性事件中比例较大。2009 年 1 至 9 月，群体性事件参与人员中，国企职工上升62.6%，教师上升60.1%，个体工商业者上升31%，农民上升 19.6%。而与此相对的官员、富人等优势群体，手中拥有丰富的社会资源，进一步加剧了社会阶层之间的矛盾，导致群体性事件频发。

（2）利益冲突日益复杂、尖锐，群体性事件多发，恶性案件频发。当前，个体之间、阶层之间的利益冲突日益复杂化、尖锐化。劳资矛盾、拆迁冲突接连不断，看病贵、房价高、就业难、农民工权益频受侵犯、教育资源分配不平等、垄断行业暴利成为社会热门话题。这些问题的产生有自然的、历史的、政策的、体制的原因，不可能在短期内彻底缓解。但恰恰正是这些领域，最容易成为社会矛盾的集中爆发点。近年来，云南孟连事件、贵州瓮安事件、湖北石首事件、甘肃陇南事件、三聚氰氨事件、安徽阜阳毒奶粉事件、陕西宝鸡的工业污染事件、被拆迁户自焚事件、富士康员工 15 人连续跳楼事件等等群体性事件，集中地暴露出深层次的社会矛盾。比如在贵州瓮安事件中，原本是一个普通的刑事案件，但

① 张雷等：《转型与稳定》，学林出版社 1999 年版，第 108 页。

是，与案件无关的那些在矿权纠纷中吃亏的乡民、移民拆迁中失意流离者、为治安忧心忡忡的居民、狂热的年轻人却在这一案件中产生了共鸣，并集中爆发。理论上将这种现象称为“非直接利益冲突”。此外，一些社会生活的失意者，在得不到及时的社会关照和心理疏导的情况下，将自身的不顺迁怒于社会和政府机关。

（3）边疆少数民族地区出现严重不稳定事件，影响了社会的和谐稳定。2008 年拉萨“3·14”打砸抢烧事件和 2009 年乌鲁木齐“7·5”打砸抢烧严重暴力犯罪事件，引起大家对国家安全的严重关切。虽然此类事件存在民族的、宗教的因素，但就本质而言，新疆和西藏同全国一样，社会主要矛盾仍然是人民日益增长的物质文化需要同相对滞后的社会生产力之间的矛盾。2010 年新疆工作会议确定了 11 项发展总任务，“着力解决民生突出问题”被视为首要任务。值得注意的是，在 2008 年拉萨“3·14”打砸抢烧事件中，参与打砸抢烧的人员几乎都是牧区的农牧民，而拉萨市市民，无论藏汉参与的人员很少。

（4）维稳的经济成本和社会成本很高，但效果并不尽如人意。从地方政府财政预算执行情况来看，许多地区公共安全的支出均超出社会保障与就业、教育、环保、科技创新、保障性住房支出。而如此巨大的社会维稳支出，并没有从根源上解决问题，反而更多得用于应急工作，如用于各地政府的进京截访。

此外，农村土地征用、城镇房屋拆迁、劳资纠纷、医患矛盾、环境污染等领域也一直是社会矛盾和社会冲突集中的地方。与此同时，刑事案件高发、新型犯罪不断增加，域外恐怖势力和敌对势力不断渗透，这些都给我们的社会管理带来了许多新问题、新课题，增加了许多难度。①

---

① 参见张纯俐：《社会控制与社会建设》，载郑杭生主编：《走向更讲治理的社会：社会建设与社会管理（中国社会发展研究报告 2006）》，中国人民大学出版社 2006 年版，第 124～129 页。

3．传统的社会管理方式无法完全适应当代中国社会的发展需要，社会管理模式亟待创新

传统社会管理模式的主要特点为：在市场竞争领域中，行政化色彩过于浓厚（过度主动）；而在社会服务和社会公共产品提供方面，行政权力又存在严重的缺位（过度缺位）。

首先，建国以后到改革开放之前，我国社会管理体制的特征是高度行政化。其一，国家是无所不包、无所不能的“全能国家”，社会依附于国家。其二，国家是社会管理的唯一主体和社会服务的唯一提供者。其三，社会管理体制具有浓厚的计划经济色彩，行政手段是主要的社会管理手段，“压制——命令——服从”的社会管理模式占据着主导地位。因此，在“全能政府”模式下，政府在社会管理和社会事务领域也俨然是个全能的管理者，实行政府、企业、社会一体化，政府用政治化、行政化的管理方式对企业、社会进行全方位的统一管理和分配。①

其次，改革开放以来，我们的社会管理主要交给了自发的市场，即主要采取了市场化的管理模式。市场化的管理模式与计划化的管理模式相比，虽然具有灵活性和科学性，在很大程度上解放了生产力，推动了经济的快速发展，但是单纯的市场化管理仍存在很多问题。其一，市场容易出现失灵问题。其二，政府的精力主要集中于单纯的GDP增长上，容易忽视社会问题特别是弱势群体的利益诉求。历史发展证明，许多领域是不适宜走市场化道路的。例如，环境污染严重、农民工权益不断受损、食品安全、医疗问题、大学生就业难等问题，都是单纯市场化管理思路引发的社会问题。随着市场经济建设的深入，政府需要重点弥补市场的缺陷和不足。

总之，传统的社会管理模式无法适应中国社会的发展需要，社会管理模式亟待创新。其一，必须将经济发展和社会发展协调起

---

① 参见“政府社会管理”课题组：《我国政府社会管理的现状及问题分析》，载《东南学术》2005年第4期。

来。其二，政府不仅应当注重市场监管和经济调节，而且应当重视社会管理和公共服务，向社会提供较充足的公共产品。主要包括：维护国家安全、公共安全、制定良好的公共政策、发展和维护公共设施、提高和改进公共卫生、促进国家科技发展水平、促进环境保护等。当然，最重要的是促进社会公平。其三，社会管理手段需要从单纯的行政手段，转向综合运用行政手段、法律手段、市场机制以及社会自助和互助等多种手段。其四，社会管理应当与法治建设紧密结合。政府，包括社会管理的各方参与者，需要学会并适应严格依据法律来管理社会。在此过程中，司法机关可以通过自己的司法功能的发挥，为社会管理做出自己的贡献。

（二）社会管理创新的目标

社会管理的目标是维护社会秩序和社会稳定、有效化解社会矛盾、消除或减少社会不公、保障人民的生活水平随着经济发展不断得到提升、促进社会公平正义，使社会能够形成更加良好的秩序。如果按照洛克的观点表述就是：保障安全、维护生存、促进自由、增进平等。

当下最关键的是缩小贫富差距、促进社会公正。其一，贫富差距已经很大并且目前还在扩大这是一个社会现实。其二，社会公正反映的是人们的理想追求。“不患寡而患不均”也中国人固有的一种传统观念。第三，贫富差距的扩大，引发了社会公正的合法化危机。当然，社会公正问题，不仅仅是一个经济问题，它还体现在经济发展、政治民主、社会公平竞争，以及招生就业、司法审判、制度正义等诸多领域。

缩小贫富差距、促进社会公平，应当是我们加强社会管理创新的基本目标。也就是说，从宏观方面考虑，我们的社会管理一方面需要通过收入分配体制的改进缩小贫富差距。另一方面，我们的社会管理需要给社会大众提供“公正”的理想和价值、公平竞争的制度和程序、维护公正的救济机制、在全社会建立起“公正”和“公平”的社会信仰——而维护社会公正、公平和正义，正是司法机关的本分和责任，也正是我们这些法律人关注的永恒话题、永远应当怀有的法治情怀。

二、能动司法与社会管理创新

(一) 司法机关参与社会管理创新的必要性

在社会转型的关键时期，司法机关作为社会公平正义的裁判者，在缓和利益冲突和解决社会矛盾，引导社会成功转型，参与社会管理创新中可以说责无旁贷。

1. 司法机关参与社会管理创新是人民法院司法理念的重大创新

法院是社会秩序的守护者，是各种利益要求和利益冲突的平衡者和裁判者。在现代国家，法院在社会管理中的角色越来越重要，法院不仅要履行传统的解决纠纷的职能而且要调控社会秩序、实施权力制约、制定社会政策，引导民意方向。以往，在观念上受制于司法中立、被动特性，使得司法本身在参与社会管理创新时应有一定的维度和限度。这正如法国政治思想家托克维尔所言，“从性质来说，司法权自身不是主动的。要想使它行动，就得推动它。”① 所以，司法手段仅仅是解决但这并不意味着人民法院在社会管理创新中就无所作为。社会建设和管理是通过多种部门、多种方式实现的，在推动社会建设和管理进程中，司法处于社会治理体系的关键环节，发挥着举足轻重的作用。特别是党的十五大提出依法治国方略以来，越来越多的纠纷提交至法院，越来越多的领域纳入到司法调整范围，司法在社会建设和管理中的作用不断得到凸显。尤其是一些典型案例证明了司法机关并非在社会管理中处于被动消极的地位，充分表现出司法机关在社会管理中的积极能动性。

2. 司法参与社会管理创新体现了司法的发展规律

发端于18世纪的概念法学，容易导致机械司法，已逐渐被社

---

① ［美］托克维尔著：《论美国的民主（上册）》，董果良译，商务印书馆1988年版，第110页。

会法学所取代。西方的社会法学将法官视为社会利益的发现者。这是因为社会变动不居，必然导致法律的滞后性，因此，需要法官通过自己的积极主动的司法行为，回应社会现实的需要；或者是捍卫法官们自认为正确的宪政精神、社会道德、公共福利，乃至社会价值。

随着西法东渐，结合乡土国情，实质的社会法学的观念，已经成为影响我国立法、司法甚至民众法治观念的重要因素。因此，强化“造法性”司法，重实质解释、轻形式解释的立法性司法，通过发布刑事、民事、行政等指导性案例创制先例，对行政行为展开司法审查，创造性地弥合法律规定和社会现实之间的矛盾，就成为我国司法回应社会现实的理性选择和基本形式，体现了司法发展的自身规律，顺应了国际司法发展的大趋势。

3. 司法机关参与社会管理创新，在人类司法史上具有成功经验

历史发展表明，随着案件数量的激增，社会的急剧变迁，需要司法机关由一种保守的社会力量演变为一种社会变革的强大推进力量，成为促进和实现大规模社会变革的代言人。在我国，从延安时期的“马锡五审判方式”，到今天陕西的“陇县经验”、浙江诸暨的“枫桥经验”，畅通了司法为民的纠纷解决渠道，建立了多元化的社会纠纷解决机制，就是司法能动的成功经验。

在美国，1803 年，美国联邦最高法院审理的案件只有 51 件。1900 年，案件数量增长为 723 件；1969 年为 3357 件，到了 1985 年则增长为 4289 件。正是因为美国社会对于司法的期待不断增加，美国的司法才不断打破传统束缚，通过能动的司法方式，积极回应了美国社会发展的需要。美国的司法能动之所以成功，是因为人们清楚地意识到，随着社会的发展、民主运动的高涨、科技的进步、大众经济公平意识的觉醒、权利保护法律的增多、司法诉讼范围的日渐扩大，通过诉讼来推进社会进步成为了一种趋势。因此，司法追赶社会现实成为了一种必然。并且在诸如反对种族歧视、保障言

论和集会自由、堕胎、宗教自由以及保护刑事被告人的人权等许多问题上都通过判决改变了原有的相应法律，此时的司法能动主义也被发展到了一种极致。例如，在 1954 年的“布朗诉教育委员会案”中，美国最高法院借助黑人的民权问题，推动了联邦政府干预各州的“公共福利”事务，实际上是以司法裁判的形式，代表联邦政府宣告了南方州实行的种族隔离制度违宪，从而将联邦政府的干预引入了州级民权保护领域。①

4. 司法机关参与社会管理创新是时代发展、社会变迁和社会转型不断向人民法院提出的新要求、新期待

最高人民法院公报公布的统计数据显示：1985 年，全国各级法院共受理一审案件总数为 85.3 万件。到了 1996 年，全国法院共受理刑事、民事、经济、行政、海事等各类一审案件 526 万件。而在 2003 ~2007 年这 5 年间，全国法院共受理刑事、民事、行政、申诉、再审、赔偿、执行、减刑和假释案件，合计 4200 万件，平均每年审理案件总数达到了 840 多万件。案件数量的激增，表明社会矛盾在集中爆发。而社会管理的首要目的就是化解社会矛盾，稳定社会秩序。化解矛盾纠纷的途径有多种：行政、司法、仲裁、民间调解等。这其中只有司法机关是专司解决纠纷的国家机关。司法机关不仅要对案件进行裁判，还要承担化解当事人之间、当事人和社会之间的矛盾，尽可能修复被破坏的社会关系的重任。2009 年 1 月，国家统计局公布：经初步核算，中国 2008 年的国内生产总值（GDP）为 30.06 万亿元人民币。这意味着，我国的人均 GDP 首次突破 3000 美元，中国由此进入人均 GDP“后 3000 美元时代”的社会转型关键时期。如何正确化解社会矛盾，维持社会稳定，继续推动经济平稳增长，实现社会成功转型，司法机关在社会管理中的地位必须予以强调。因此，在当代中国，通过司法保障社会民生、

---

① 参见白雪峰：《美国沃伦法院述评》，载《南京大学学报（人文社会科学版）》2005 年第 4 期。

维护社会稳定、规范社会秩序、促进依法行政、调控社会矛盾、实施权力制约、规制社会政策，是时代发展的迫切需要。

5. 司法机关参与社会管理创新具有许多优势

司法机关具体担负着案件裁判、法律监督、罪犯的改造教育、人民调解、安置帮教、社区矫正等重要职责，在社会管理中发挥着独特的作用。[①] 司法机关的许多社会管理功能是政府机关或者其他主体无法替代的。例如，司法机关参与社会管理创新可以给社会弱势群体提供权利救济。随着行政权力的不断扩张，司法对人权的保护更具有了独特和积极的作用。通过司法判决，还可以校正抽象行政行为的不足，保护行政相对人的实体权利。司法机关参与社会管理创新还有助于促进社会的实质公正。

（二）司法机关参与社会管理创新的主要方式——能动司法

1. 能动司法的概念与内涵

要明确能动司法的概念，首先必须弄清楚“司法能动主义”的概念。关于司法能动主义的概念，《布莱克法律词典》是这样定义的：司法能动主义，是指司法机构在审理案件的具体过程中，不因循先例和遵从成文法的字面含义进行司法解释的一种司法理念以及基于此理念的行动。[②] 美国学者克里斯托弗·沃夫尔则对司法能动主义作出这样的解释：“司法能动主义的基本宗旨就是，法官应该审判案件，而不是回避案件，并且广泛地利用他们的权力，尤其是通过扩大平等和个人自由的手段去促进公平——即保护人的尊严。能动主义的法官有义务为各种社会不公提供司法救济，运用手中的权力，尤其是运用将抽象概括的宪法保障加以具体化的权力去这么做。”[③] 一般认为，司法能动主义的源头是“马布里诉麦迪逊”

---

① 这方面的成功案例有很多，笔者在此不再赘述。

② Black/Henry Campbell, Black Law Dictionary, 6th ed., West Publish Co., 1990, 847.

③ ［美］克里斯托弗·沃尔夫著：《司法能动主义——自由的保障还是安全的威胁?》，黄金荣译，中国政法大学出版社2004年版，第3页。

一案，这也开启了司法审查制度的开端。因此，司法能动主义的本质是“司法立法权”，其意义在于实现司法权对立法权和行政权的制约，解决的是司法权与立法权、行政权关系的问题，是“三权分立”制度的产物。

而关于能动司法，则是根据我国的政治体制和司法实践所提出的，其与司法能动主义不可等量齐观。在我国，立法权由全国人大及其常委会行使，而行政权由政府行使，司法权则由法院行使。全国人大作为最高权力机关，政府和法院都由其产生，对其负责并受其监督。而非像“三权分立”制度一样，三者是并列关系。因此，能动司法并非用来解决司法权与立法权、行政权关系，而是用以界定司法机关功能的问题，并不同于司法能动主义。

当代中国能动司法的内涵主要包括三个方面：即围绕服务经济社会发展、维护社会和谐稳定、保障人民合法权益的要求，运用政策考量、利益衡平、柔性司法等司法方式履行司法审判职能的服务型司法；分析研判形势，回应社会需求，参与社会治理的主动型司法；根据经济社会发展要求，未雨绸缪，超前谋划，提前应对，把矛盾纠纷解决在萌芽状态的高效型司法。[①] 可以说，“能动司法”这一命题的提出，是当代中国法律人的智慧结晶，它是中国的“本土资源”，而不是所谓的“舶来品”。[②]

能动司法必须符合中国国情和时代需要：第一，必须坚持司法亲民、便民、利民。第二，完善诉讼与非诉讼衔接的矛盾纠纷解决机制；多元纠纷解决机制，包括人民调解、行政调解、司法调解。第三，积极提出司法建议。以利于政府决策，以及司法政策的完善。第四，构建社会稳定风险评估机制。尤其是处理敏感案件，必

① 参见2009年8月28日最高人民法院王胜俊院长在江苏省高级人民法院调研座谈会上的讲话：《坚持能动司法，切实服务大局》。

② 参见公丕祥：《当代中国能动司法的意义分析》，载《江苏社会科学》2010年第5期。

须进行风险评估，防治措施不当，激化社会矛盾。第五，强化司法调研，完善审判预警机制。第六，建立畅通的民意沟通表达机制。尤其是，需要重点针对外来人口服务管理、特殊人群帮教管理、社会组织管理、网络虚拟社会管理和公共安全监管等问题，紧密结合司法审判工作实际，大力开展司法建议工作。

2. 能动司法的核心

要贯彻和落实能动司法必须正确把握能动司法的核心。首先，必须敢于坚持法律标准，注重通过个案的公正审判，维护个案正义。通过一个个个案正义的累计，树立司法的权威形象，维护社会的公平、公正。其次，在处理行政违法案件中，要敢于树立法院的权威，让法院成为公众可以信赖的亲民机关。再次，要敢于通过重大案件的审理判决，引导社会主流价值观，守护国家、民族和时代的良心。纵观美国200多年间的司法发展，可以发现马歇尔法院（1801～1836）、沃伦法院（1953～1969）、伯格法院（1969～1986）是美国司法能动的代表性时期。美国的司法能动，注重通过司法审查来校正行政行为的不足，促进和实现社会正义；同时也关注社会舆论和公众需求，注重依据民众的司法诉求进行判决；在此进程中，逐步确立了司法机关的权威地位。例如，在马布里诉麦迪逊案中创立了司法审查制度，在布朗诉教育委员会案中宣布种族隔离违宪，在罗伊诉韦德案中确立了妇女的自由堕胎权，在米兰达诉亚利桑那州案中确立了被告的辩护权利，等等。总之，通过对奴隶制辩论、种族歧视和种族隔离的全国性争论、宣布种族隔离制度违宪、妇女自由生育控制权的确立、政府资金使用的合理性的监督、社会的平等保护和分配公平等重大问题的判决，引导了美国社会主流价值观的形成和塑造。这些都是值得我们深思和借鉴的。

3. 能动司法的具体应用

目前各地通过能动司法参与社会管理创新，涌现了不少成功做法，许多都是值得肯定的。

陕西省高院推行的“假释一体化”做法——由法院、检察院、司法行政部门，成立联合领导小组，对假释人员进行考察，并听取多方意见后再作决定。假释以后，由相关村委会、居委会进行帮教，防止其重新犯罪。这一做法改变了以往仅由执行机关单一考察的做法，假释犯监管缺失的问题，使得假释落到了实处。

山东省阳信县检察院的一系列做法也值得我们推广和借鉴。其一，针对农村基层干部贪污、挪用征地补偿款等职务犯罪案件高发的态势，联合纪委、国土、农业相关部门，成立了农村基层职务犯罪调研课题组。其二，全面实行了“村账代管制度”——村干部很难从中作假，村民再也不用为征地拆迁补偿问题上访了。

江苏法院在践行能动司法方面也有着自己的成功经验。其一，建立流动人口巡回审判点，对涉及流动人口的案件优先审理，及时裁判。其二，注重维护城镇化进程中失地农民的合法权益。其三，选择典型案例，在城中村、城乡结合部召开宣判大会，加强警示威慑。扬州中院则针对企业主弃企避债、企业破产、征地拆迁、劳动争议等引发的群体性纠纷，采取了及时向党委政府提出预警防范建议和纠纷解决方案的方法，从而有效解决了纠纷矛盾，得到了当地民众的一致好评。在江苏省仪征市，则探索创立了“五大员机制”，即在全市140个行政村设立“民情信息员、特邀调解员、法制宣传员、巡回审判（接访）员、执行联络员”，通过这一机制实现司法机关与民众的互动，使司法机关真正参与到社会管理之中。①

（三）司法能动的限度——能动司法应当注意的问题

由于司法资源的有限性、司法对法律关系调解能力的有限性和司法活动的内在规律性和科学性，决定着司法不能无限地向社会延伸，必须保持克制和谦抑的态度。在强调司法能动、司法为民的同时，应当通过司法活动建立公民的规范意识，以司法权实现对行政

① 相关的成功范例笔者在此不再赘述。参见罗东川、丁广宇：《我国能动司法的理论与实践评述》，载《法律适用》2010年第2～3期。

权力的法律制约，强调司法程序的正当性，保持审判的相对独立性，维护审判权威，防止对司法公信力的损害。因此，不能赋予司法过高的、不现实的社会管理功能。

1. “执法办案是人民法院的第一要务”

王胜俊院长指出，“执法办案是人民法院的第一要务”。因此，司法机关参与社会管理创新，必须立足于“第一要务”，公正高效能动地审执好每一起案件，通过审理案件解决当事人在诉讼中提出的请求，有效化解矛盾，在办案中全面落实社会管理创新。司法机关的基本职责是向社会输送社会正义。从根本上讲，当前的主要社会矛盾体现在，人民群众日益增强的权利意识和公民意识与缺乏制约、监督的公权之间的矛盾。解决纠纷应该成为人民法院参与社会管理最基本、最直接的角色定位。这就要求人民法院在践行能动司法的过程中必须贯彻和落实以下几点要求。

首先，通过严格适用法律，为社会提供稳定的预期。其次，定分止争，为个案提供权利救济，恢复社会正义。再次，为社会提供信任的底线。近年来，诉讼大量涌入法院，甚至出现了井喷趋势。有人担心诉讼过多地涌入法院会激化社会矛盾，所以倡导弱化法院的审判功能，强化社会调解、行政调解等。强调调解本身没有错，但也必须认识到，大量案件涌入法院，在一定意义上反映出一个现实——那就是，老百姓对法院还是信赖的——他们相信法院的审判基本还是公正的，相信社会上还存在一个能够“要个说法”的地方，一个可以获得社会正义的地方，一个可以为社会提供公正的场域，也表明法院还是有权威的，我们不应当将这一现象视为坏事情。最后，对行政行为进行审查。包括抽象审查和具体审查。对抽象行政行为进行司法审查，可以防止大规模的制度性侵权；对具体行政行为进行司法审理，可以有效化解“官——民”之间的矛盾。

2. 司法机关必须守护法律的底线，防止成为部分非法行政行为的助推器

司法机关尤其是法院，虽然必须考虑司法的社会效果，但必须

坚持维护法律标准。敢于抵制“舆论审判”、“媒体审判”，坚持严格依法办案，防止舆论媒体“绑架”法院。在践行能动司法的过程中，法官既需要积极推动规则之治，也不能就此忽视，甚至通过此来压制住纠纷解决这一极为现实的考量与追求。① 当然同时也必须做好社会舆论引导。在这一点上，我们应当积极借鉴美国司法实践中的成功典例。② 尤其是针对我国目前社会转型时期，传统的道德观念已被打破，新的社会观念正在形成的关键阶段，司法机关必须正确引导社会舆论，推动主流的社会观念的形成。

3. 司法机关参与社会管理创新必须注意差异性

法社会学理论强调，有什么样的社会，就有什么样的司法制度。“能动司法”理念的提出是根据我国目前的社会状况，其必然会导致我国司法制度“本土化”进程的加速。由于我国各地区之间经济生活的差距比较明显，必然会使司法制度在不断“中国化”的同时，也会呈现出“地方化”的趋势。③ 这就决定了司法机关在参与社会管理创新的过程中必须注意差异性的正确把握。如，在农村地区的社会管理创新与在城市的社会管理创新就不一样。因此，司法机关参与社会管理创新的内容，所要解决的问题也就大不相同。城中村问题，主要就是城市管理中的问题，虚拟社会管理也主要是城市管理中的问题。而这些问题在农村地区的社会管理中则不存在。此外，西部地区的能动司法和东部沿海地区的能动司法要求也不完全相同。例如，据报道，2009 年江苏流动人口高达 1800 万。大规模、大范围人口流动的态势，给流动人口的服务管理和社会治安带来了新的压力和挑战。而西部地区人口流动较少，多为少数民族集散区，解决该地区的经济发展和民族和谐问题则成为了能

① 参见苏力：《送法下乡》，中国政法大学出版社 2000 年版，第 176 ~ 237 页。转引自方乐：《能动司法的模式与方法》，载《法学》2011 年第 1 期。

② 关于这一问题前文中已有所论述。

③ 参见李滔：《法社会学视角下的能动司法》，载《广西政法管理干部学院学报》2011 年第 1 期。

动司法的重要任务。

三、对能动司法和社会管理创新的几点建议

1. 司法机关参与社会管理创新需要与其他机关配合

正如最高人民法院王胜俊院长所说：“化解矛盾纠纷，维护社会和谐稳定不是法院孤军奋战，而应当与其他社会组织密切配合”。尤其是，社会管理创新需要行政机关认真贯彻依法行政，这是一大前提。陕西陇县的能动司法模式之所以取得成功，与地方党委、上级法院的大力支持是分不开的。作为基层法院院长，冯华同志身兼县委常委、政法委书记，这在各级人民法院院长中是罕见的。这是陇县法院改革能够成功的组织保证。

2. 健全便民诉讼机制，努力践行司法为民

曾几何时，“打官司难”成为社会的热点话题。要解决这一问题，根本途径是坚持人民法院的人民性，努力建立健全便民利民的诉讼机制，使司法服务更加贴近民众，方便群众进行诉讼，这也是中国国情下能动司法的应有之意。这就要求各级人民法院进一步增强服务意识，拓展服务领域，丰富诉讼服务的方法和措施，提高服务水平，真正让人民群众感受到司法以人为本，享受到司法人文关怀。例如，陕西省西安市的多家法院，就在近几年紧锣密鼓地推动了法庭进校园、进工厂、进农村、进社区、进市场，采取了邮寄立案、上门立案、电话预约立案等新的立案方式，便民立案。又如，重庆、江苏等地的法院积极设立便民邮箱、公布院长电子邮箱，拉近了与民众的距离，便利了民众启动诉讼机制解决法律纠纷。

3. 强化调解结案，能动地化解社会矛盾

在社会主体之间的利益冲突加剧的现实状况下，矛盾呈现敏感性和易激化性，需要以更加和谐的方式司法。“调解优先，调判结合”调解政策的适时调整，正是能动司法、化解矛盾，减少冲突和对抗的典型体现，体现了能动司法对人民法院优先考虑效果，用

最好的方式化解社会矛盾的具体要求。例如 2010 年 1 月到 9 月，陕西省西安市雁塔区人民法院民事案件一审调解率达到了 65%。山东也有基层法院采取进行诉前调解，加强开庭前调解，力促当庭调解，庭审后迅速调解，判决后，也不放弃再进行调解的努力，调解率高达 85.5%。这些数据清晰地说明，调解是高质量的审判，调解是高效益的审判。

4. 积极开展“无执行积案法院”活动，能动地化解执行难

人民法院执行难问题是一个社会的怪圈，成为全社会的焦点、热点问题。少数当事人故意规避法律，和法院执行法官躲猫猫，拒不执行生效判决，有的则钻法律空子，破坏了法律的权威。而原告官司打赢了，合法权益不能实现，手里拿着一张法律“白条”，四处上访，或者求告无门，这些给社会和谐带来不稳定因素。

陕西省高级人民法院充分发挥司法能动性，从 2010 年初在全省法院开展创建“无执行积案法院”活动，一是积极探索和创新执行工作方法，改进和完善“执行小组 + 法警 + 新闻媒体”等行之有效的执行组织方式，优化执行力量配置，形成合力，不断提高执行工作效率。二是灵活运用公开曝光、财产报告、审计执行、依法搜查、异地执行、执行威慑等法律赋予的执行手段，使有条件可以执行的案件及时得到执行，充分保障债权人的合法权益得到切实兑现。活动开展后，执行工作适应了社会发展潮流，顺应民意，取得了法律效果和社会效果的统一，受到社会各界的欢迎。

5. 提出司法建议，强化对重大社会潜在问题的法律预警

司法建议工作是人民法院参与社会管理的重要方式，是“为大局服务、为人民司法”的重要任务，也是能动司法的具体体现。

例如，保险公司现在在农村地区大力推行商业保险，许多商业保险合同中存在不当免责条款和陷阱条款，而广大的农民对这些条款并没有甄别能力，他们也没有能力去区分社会保险和商业保险的区别。但是，一旦发生保险事故而得不到适当理赔，就会诱发新的社会矛盾。这给未来社会发展埋下了很多隐患，应当提前预防。再

如，在不少地方连续出现的非法集资案件，给社会稳定造成了极大的困扰，法律预警机制的缺乏可谓重大诱因。法院在审判活动中发现类似潜在危机，要积极向保监会、证监会等管理机构、工商局、公安局等政府部门提出司法建议，未雨绸缪，防患于未然。

6. 加大权力腐败的查处力度

强力反腐，是执政党的命运所系，是广大人民的殷切期待，也是能动司法的题中应有之义。在这一问题上，不能采取鸵鸟政策，不能一方面大谈特谈能动司法，另一方面对权力腐败视而不见。司法机关不能够一边放着自己的主业不做，一边又去做一些不属于自己分内的事情，否则我们的工作就无法得到老百姓认同。我们必须发挥人民法院的应有作用，通过司法清除腐败的乌烟瘴气，还民众以朗朗乾坤。这一点，新加坡、香港司法体系的一些成功做法，可资借鉴。

7. 加快公益律师制度建设

当前的能动司法推行过程中，部分法院积极主动地向弱势群体提供法律咨询和法院帮助，出发点是好的。但是从制度设计来说，最好还是国家建立公益律师制度，建立、健全、规范法律援助制度。这样既解决了社会问题，也可以避免能动司法超越了边界。

检验人民法院参与社会管理创新结果的现实思路

——以能动司法“相对合理主义”为视角

冯林林*

【内容提要】 当前形势下，社会管理创新是推动政法工作的“动力”，也成为人民法院的三大职责任务之一。人民法院在参与社会管理创新中定位于推进社会管理创新的新生力量，是实施社会管理创新的关键性环节和纽带。目前，人民法院参与社会管理创新有一定的积极意义，各地人民法院进行了广泛的探索。一方面，人民法院参与社会管理创新的能动实践有效弥补了社会管理“法律/司法控制”需求与供给的差距，另一方面，也面临着实践理性的“拷问”。本文认为人民法院参与社会管理创新实践符合我国转型期政治、经济、社会和文化发展需要，但中国的司法现实要求，人民法院参与社会管理创新的能动实践应采用“相对合理主义”即相对合理的准则来检验其结果，根据结果不同进行适度调整，并把握好其分寸。

引　言

当代中国的控制机制正在经历由意识形态控制向法律控制的转

* 西安市莲湖区人民法院法官。

变过程，需要具备理性规约能力的控制机制来满足社会发展的需要，客观上催生和促进了法律或司法控制的发展。[①] 在这一历史性转型时期的重大命题前，社会管理创新也就成为2009年底全国政法工作电视电话会议所强调的“社会矛盾化解、社会管理创新、公正廉洁执法”三项重点工作的组成部分之一。社会管理领域“法律/司法控制”的需求与中央政法委积极地回应引发了近两年来人民法院参与社会管理创新的“持续升温”，本文以人民法院参与社会管理创新的能动实践结果应采用“相对合理主义”[②] 进行检验的主张为出发点，就人民法院参与社会管理创新中的能动实践结果的现实理性问题进行一些探讨。

一、问题的起点：社会管理创新与人民法院参与社会管理创新

要通过一定标准合理检验人民法院参与社会管理创新实践结果，首先必须透彻分析其基本内涵。

（一）人民法院的重要社会职责：参与社会管理及其创新

1. 社会管理及其创新

有关社会管理的概念各学者均有自己的观点，但是，通过研究

① 参见王继青：《人民法院参与社会管理创新的路径思考》，载《山东审判》2010年第5期，第19页。

② 所谓“相对合理主义”，主要是相对于我们比较熟悉的“司法改革”而提出的一种总体思路与策略，笔者本想运用一个读者相对熟悉的主张，试图让读者更容易接受。然而，笔者经反复考量，其他的主张均不全面，同时笔者相信即便引入“相对合理主义”，基于“司法改革”与“司法创新”的天然亲切感，相信读者也一定能够理解笔者的用意，特别是在本文的阐述环境中。与此同时，本文引入“相对合理主义”而不是其他，是笔者基于当前中国社会和中国法治的双重转型性的背景下，根据以其“认识论”和“条件论”为其方法论基础的相对合理的理念（龙宗智教授在《论司法改革的相对合理主义》一文中针对中国司法改革提出来的，笔者在此将其引入到对人民法院参与社会管理创新能动实践结果检验标准的分析当中）审慎考虑后作为一种可操作性希望较大的“实践技术”提出来的，注重的是一种功能和作用的借鉴与引入，而非其他，同时也是为了回避自己在构建制度方面的力不从心，而突显出笔者起意于实践需求而终于实践操作的单纯动机。

可以得出这样的结论：大部分学者认为社会管理是政府职能的重要组成部分，并依据界定主体不同对社会管理概念作广义和狭义之分。作为政府职能之一的社会管理，是指政府通过制定一系列社会政策和法律规范，对社会组织和社会事务进行规范和引导，培育和健全社会结构，调整各类社会利益关系，回应社会诉求，化解社会矛盾，维护社会公正、社会秩序和社会稳定，维护和健全社会内外部环境，促进政治、经济、社会、文化和自然协调发展的一系列活动以及这些活动的过程。① 以上是狭义的概念，广义上的社会管理则是多元主体以多样化形式对上述活动进行组织、协调、服务、监督和控制的过程。

本文从广义上使用社会管理这个概念，认为：社会管理主要是指国家、政府和社会组织对社会生活、社会结构、社会制度、社会事业和社会观念等各个环节以多样化形式进行组织、协调、服务、监督和控制的过程。②

相应的，社会管理创新，是指在现有社会资源和管理经验的基础上，引入新的社会管理理念、知识和方法，对传统的社会管理模式及管理方法进行完善，从而建构新的社会管理机制，更好地实现社会管理新目标的活动或者这些活动的过程。③

2. 人民法院是社会管理创新的重要主体之一

通过分析可见，社会管理主体中所称的“政府”，不仅限于传统的狭义政府即行政机关，而应该指广义上的，也即社会管理的主体构成已从传统的政府扩展到了所有的公共部门（国家、政府、第三部门、非盈利组织或中介组织等），同时也涉及公民个人。社会管理变成了一种包括政府管理在内的全社会的“多中心主体”

---

① 参见董志良：《法院是社会管理创新的参与者和推动者》，载《大法官论坛》2010 年第 11 期，第 54 页。

② 参见应松年：《社会管理创新引论》，载《法学论坛》2010 年第 6 期，第 25 页。

③ 参见杨建顺：《社会管理创新的内容、路径与价值分析》，载 http：//news. sina. com. cn/o/2010 - 02 - 02/012317028767s. shtml，于 2011 年 4 月 5 日访问。

的开放式公共治理。[①] 因此，作为国家机构组成之一的审判机关——人民法院理应是社会管理的重要主体。由此可以得出：在深入推进社会管理创新方面，人民法院是一个重要的力量，且责无旁贷。

（二）“相对合理主义”补强：人民法院参与社会管理创新的实践需要

随着社会管理创新成为审判机关的三大职责任务之一，人民法院参与社会管理创新已经成为不可阻挡的社会现实。笔者对目前所收集到的近年来人民法院参与社会管理创新的各种文献资料（最高人民法院[②]出台的司法解释、司法意见、工作部署、领导讲话以及各地法院推出的司法工作新措施、新制度等）进行了较为系统的整理和分析，以此为基础，集中对一些问题进行了详细的分析。这一过程留给我的强烈印象或结论是：人民法院参与社会管理创新所依循的是一条能动主义的发展路线。

其实，自从2009年8月最高人民法院王胜俊院长明确提出了能动司法的主张要求后[③]，各地法院便推出了许多践行能动司法理念的司法工作新措施、新制度。总体看来，在学术界之前的研究当中，对我国能动司法内涵的讨论更多集中于裁判方法的角度[④]，事实上，当前我国实务界所总结和提炼出的能动司法的含义显然超出

---

① 参见褚红军：《社会管理创新是人民法院分内事》，载 http：//news. sina. com. cn/o/2010 - 09 - 26/071218160484s. shtml，于2011年4月3日访问。

② 近几十年来，人们已经习惯了一种思维方式：中国的法治看司法，中国的司法看法院，中国的法院则看最高人民法院。

③ 参见王胜俊：《坚持能动司法、切实服务大局》，见2009年8月28日在江苏省高级人民法院调研座谈会上的讲话。

④ 参见王国龙：《通过司法方法实现社会的和谐——2007年全国司法方法与和谐社会建设学术研讨会综述》，载《法律方法（第7卷）》，山东人民出版社2008年版，第46页。

了能动司法裁判意义上的理解。[①] 能动司法在当下有很多积极价值，但这种积极、主动的司法姿态，实际上隐藏着诸多风险，如果法院稍有不慎，人民法院参与社会管理创新的实践结果必然伴随着能动司法的无限扩张甚至滥用而背离初衷。那么如何才能既保证人民法院参与社会管理创新的实践理性正常进行又切实维护司法权威和司法公信力？笔者认为，通过选择“相对合理主义”相对合理的标准检验人民法院参与社会管理创新实践结果来调控其能动性的发挥是法治的一个重要内涵，也是实行法治的有效途径。[②]

二、现实的观察：人民法院参与社会管理创新的实践及其特点

（一）能动探索：人民法院参与社会管理创新的主要表现形式

近两年来，各地人民法院秉承能动司法理念参与社会管理创新，诸多改革措施、规章制度纷纷出台，并经由新闻媒体及网络报道后，形成了“放大”宣传效应，也引发舆论持续关注和社会各界的广泛议论。经调研和分析，能动司法目前在中国的表现类型有三种，以江苏省南通市崇川区人民法院为代表的全面实践型[③]、以浙江省高级人民法院为代表的职能拓展型、以陕西省西安市莲湖区人民法院为代表的专项建构型等；表现形式主要有九种，主动调研、提出司法建议、强化司法调解、健全便民诉讼机制、加强民意沟通、统一法律适用、创新机制促进农村建设、构建诉讼与非诉讼

---

① 这与美国的司法能动主义是不同的，美国的司法能动主义更多的是每个法官对司法裁判理念的选择以及其本人的价值取向，而不是司法机构运行的基本指导原则或规律。司法能动主义在美国的主体是法官而不是法院。

② 笔者认为，“相对合理”是法治的评价标准与内在特征。

③ 参见高其才：《能动司法视野下人民法院社会管理创新思考》，载《广西政法管理干部学院学报》2010 年第 6 期，第 40 页。

衔接机制以及建立执行联动机制等。①

人民法院参与社会管理创新的能动实践不仅解决了转型期凸显的各种社会矛盾与冲突，弥补了社会管理“法律/司法控制”旺盛需求与现实法律制度缺失的不足，同时对于推动我国法治发展、司法体制改革都具有深远意义。

（二）当下能动司法的特点：对照能动司法本义和美国司法能动主义

总结各地人民法院坚持能动司法参与社会管理创新的具体实践，在与能动司法的本义②和美国司法能动主义③相比之下，可以得出当下中国语境中能动司法具有以下特点：

1. 能动司法是法院的“能动”，非其本义和美国司法能动主义单指的法官能动。我国司法能动是对人民法院的整体要求，在强调充分发挥法院职能的同时，也又强调充分发挥全体干警的主观能动性。

2. 能动司法是法院的“全面能动”，非单纯的司法权行使上的能动。除审判工作以外，法院工作的其他方方面面都能体现为能动司法。④

---

① 参见罗东川、丁广宇：《我国能动司法的理论与实践评述》，载《法律适用》2010年第2~3期，第19~21页。其中，最高人民法院罗东川、丁广宇两位法官的概括并未涵盖司法联系企业、要案快报党委、城管开罚单法院来执行等存有争议的实践形式。

② 参见董皞、郭建勇：《现实语境中能动司法的价值与风险》，载《法律适用》2010年第10期，第11页。董皞、郭建勇认为“司法能动”是司法权的行使；判断“司法”是否能动，取决于法官对司法角色、功能和方法的理解和看法；“司法能动”与“司法克制”相伴而生。

③ 参见罗东川、丁广宇：《我国能动司法的理论与实践评述》，载《法律适用》2010年第2、3期，第17页。罗东川、丁广宇认为：美国司法能动主义的目的是提高社会福祉，主体是法官，范围在审判职能之内，实现路径是每个法官对司法裁判理念的选择以及其本人的价值取向。

④ 参见江必新：《能动司法：依据、空间和限度——关于能动司法的若干思考和体会》，载《人民司法·应用》2010年第1期，第7、8页。

3. 能动司法更多的是与“被动司法”相对应，既非“法条主义”①，也非“司法克制”②。虽然，最高人民法院基于“被动司法”的局限性而提出能动司法理念，但其并不否认“被动司法”的合理性，其着重点在于批判被动司法中僵守、滞后等缺陷。主要强调“不能因循守旧、被动应付，必须主动服务、积极作为”。③

三、客观的考察：相对合理在人民法院参与社会管理创新中的展开

（一）方法论本体：相对合理的理论前提、条件和思想

相对合理主义以“公理化思想”为理论基础与价值预设，以“初级论和有限理性”为理论出发点，以“条件论”和“相对合理的思想”为方法论基础与本位。

相对合理主义的理论前提是承认具有公理性和普适性的基本准则。它是一种建立在现实基础上的应对理论，其理论出发点是我国法治尚处于初级阶段的现实。法治初级阶段最为突出的特征，就是支撑通常所谓现代法治的某些基本的条件还很不充分。④ 由于我国尚不具备支撑现代法治的基本条件，我们的法治战略必须通过一种特殊的方式予以进行，关于法律与司法的改革和创新也要用一种特殊的方式进行思考。这可以称为一种“变形虫式的思维方式”，即

---

① 顾培东：《能动司法若干问题研究》，载《中国法学》2010 年第 4 期，第 7 ~ 9 页。顾培东认为恰当理解司法能动意义与内涵的反向参照是法条主义。

② 对于司法克制主义这一概念，国内学者占主导地位的观点主要是把法院或法官的“被动”、“消极”、“中立”表述为司法克制。而这些其实正是司法的基本特征和规律。当然作为基本规律或基本原则，即使又是被称为“最低限度”标准，也仍然具有执行的上限和下限。

③ 王胜俊：《深入推进三项重点，努力实现人民法院工作新发展》，载 http://www.cnr.cn/allnews/201007/t20100718_506750716.html，于 2011 年 4 月 9 日访问。

④ 支撑现代法治的基本条件是：司法独立性较强、全社会规则意识较为明确、法官职业化制度成熟。无论是当下还是长远，中国社会都未必能满足这样的条件。

在一定时段内以某种方式变通某些基本准则却不藐视它的公理性权威，随着条件的具备再进一步实现该普适性要求。①

龙宗智教授认为，“相对合理主义”是指在一个不尽如人意的法治环境中，在多方面条件的制约下，无论是制度、理念创新还是程序操作，都只能追求一种相对合理，不能企求尽善尽美。具体说来，它主要包括以下三方面的内容：

1. 渐进论。从总体上来说，司法改革宜采取渐进的改良的方式进行，而不是“一步到位”。

2. 较好论。在实际的司法改革过程中，不能祈求司法脱离现实达到理想的合理化程度，而是在确保改革的有效性的前提下，使其在原来的基础上前进一步，达到一种相对合理性。

3. 从技术到制度。要求尽量使每一个司法技术问题趋于合理化，通过逐步的技术性改良走向制度的变革。②

(二) 相对合理：检验能动司法实践结果的较好标准

1. 偏差或风险：能动司法的可能结果

前述一、二部分的分析大体可以表明，在中国当下人民法院参与社会管理创新采取能动司法的形式，具有很强的现实理由和依据，人民法院按照能动司法要求积极进行了社会管理创新的探索并取得了一定的效果。然而，这些理由与依据的存在并不能避免和消除在中国社会条件下奉行能动司法所可能面临的特殊困难，尤其是难以避免能动司法实施中已经出现的偏差或可能出现的风险。③ 我

---

① 千叶正士在《法律多元》中将日本人那种在法秩序中“超越官方法的规则却不藐视它的权威”的特点，称之为“变形虫式的思维方式”。

② 贺卫方先生认为：“制度建构也仿佛积薪，需要累积性的努力。如果具体制度的建设长期被忽视，只是一味地寄希望于所谓根本性的改革，那么，改革充其量只能获得一些表层的成果。”

③ 例如：基于司法是政府实现其经济社会发展以及社会治理的重要保障或重要手段，能动司法积极配合地方政府实施对本地的社会治理无可厚非，但是一小部分，仅仅是一小部分法院的能动创新却使得其落入了地方保护主义的俗套，丧失了司法机构应有的公正性和独立性。

赞同董皞、郭建勇两位同仁在《现实语境中能动司法的价值与风险》一文中对能动司法可能存在的偏差或风险所进行的梳理[①]，主要有五种情况应当认真重视：盲目乱动、无章可循；违背中立、丧失诚信；过度调解、背离法治；不务正业、贪多不烂；逾越权能、陷入被动。

2．相对合理：较司法克制更为全面的检验标准

针对可能出现的风险或偏差如何辨别以及检验出之后又如何防控？又是哪一种方式在当下更具有可行性？由前文可知当下能动司法的对应面并非反映司法权行使理念的司法克制主义，那么，采用“司法克制主义”的立场是不是就能处理好能动司法所带来的潜在偏差或风险？其实，我们是可以汲取“司法克制主义”之长，适当的采取司法克制的方式[②]，但是，这并不能全面有效地防控能动司法所带来的偏差或风险。笔者认为，目前，人民法院参与社会管理创新中出现的问题都是因基于种种现实条件的逼迫而采用一些不尽合理的能动方法，以求保证大致的结果合理而造成的。因此，目前情况下，具有现实合理性的方式才是司法创新的适当方式，所以，法治推进和能动司法只能采取一种渐进的、逐步改良的方式，即“相对合理主义”。同样，能动司法实践结果的检验标准也只能采取相对合理标准。

3．多元的问题视角：相对合理的检验路径

从目前个别法院的实践结果看，人们所企求的、法律所规定的理想的法制状态尚缺乏充分的条件支撑，因而对司法的改革或创新结果寄予过高的期望是不现实的。因此，由某些单方面的报道所激

---

① 参见董皞、郭建勇：《现实语境中能动司法的价值与风险》，载《法律适用》2010 年第 10 期，第 15 页。

② 参见江必新：《能动司法：依据、空间和限度——关于能动司法的若干思考和体会》，载《人民司法·应用》2010 年第 1 期，第 4 页。江院长认为，长期以来，司法就在司法能动与司法克制两种观念的影响和并存下前进。

发起的义愤应当被更冷静和理性的分析所代替，应当区别[①]对待能动司法实践所衍生出的问题。

（1）绝对理性。即是能动司法实践结果完全符合“相对合理”标准前提的公理性和普适性的基本原则规定。能动司法拉动的效果非常好，在现有制度与相关社会条件距离不太大的情况下，能动司法“先走一步”所产生的实践结果对社会条件，也即是法治社会形成的基础性条件产生了一种正向的拉动作用。对于此类结果，应当及时总结经验，并由相关部门尽快形成对人民法院参与社会管理创新具有指导意义的规范性文件。

（2）有限理性。[②]“适度宽容违法”，是指对某些“善意的”、不得已的技术性违规的能动司法行为或制度，在充分注意分寸把握的情况下持一种理解甚至适度宽容的态度。因为我们实行这些不尽合理的能动司法创新制度，正是为了在逐步创造好法治社会需要的基础性条件而最后抛弃这些目前不尽合理的制度，或者说是最后能够剔除其中的不合理因素。当然，“适度宽容违法”也有原则性，必须要坚守最低限度原则，也即是“相对合理主义”理论前提所要求的公理性和普适性原则[③]。对于此类结果的调整如何把握其分寸，文中第四部分“理性的反思”将做详细分析。

---

① 区别也即是视角的多元，意味着在实践的理念上不要求过程和结果符合某种单一标准，而是要求在特定时空及各种因素制约下，具有实际可行性和尽可能的合理性，也就是采取相对合理的操作方法和评判标准。

② 参见千古洲：《追求相对合理主义之路——龙宗旨访谈录》，载《中国律师》2000年第5期，第25页。龙宗智教授认为，人的理性无疑都是有限的，但其推崇的相对合理主义中所指的“有限理性”是指一种历史的短视和认识的不清醒。从某种意义上可以说绝对理性是在相对合理性中体现的。

③ 就本文的能动司法而言，笔者认为，下列要求具有“相对合理主义”理论前提的公理性和普适性：司法成为社会正义的体现，成为社会关系有效的调节器和平衡器，成为保护公民权利的最后屏障等；在合理社会监督下的司法独立、崇高而高明的法官、阳光下的司法公开等；程序正当化、法官中立以及利益规避、诉讼的参与性、诉讼的及时终结性等等。

（3）不合理性。明显不合理性[①]的结果，也即是严重超越法律或司法基本规律的能动司法行为结果。对于某些明显不合理的结果，超过能动司法运作底线要求产生的制度或措施应当不再容忍，坚决剔除、严惩从而宣示司法正义。

四、理性的反思：相对合理性的把握与能动司法调整的思路

“相对合理主义”在实际运用时的难点和决定其作用正负的关键在于分寸的把握。能动司法下创新的制度或措施虽不能迁就现实，但也不能过分超前以致造成能动司法实践所形成的制度、措施在当下社会虚置、空转，甚至是浪费。那么，如何把握相对合理的分寸以达到有效调整能动司法可能存在的有限理性结果呢？

（一）司法操作层面

对根据标准检验出的现实有限合理结果进行深刻的反思和努力的校正，为其提供相对合理的思路，并非“纯粹理性”的思辨，而是在“实践理性”甚至“技艺”的层次上提供某些策略或战略上的操作指导[②]，要点包括：

1．灵活“擦边战术”的策略

首先，可根据现实需要进行一定的灵活性判断，即看有限合理结果是否属于充分利用法律的余地来实现合理的社会目的。如果是，则进行下一步的选择；如果不是，则立即坚决剔除。其次，在为了实现法律的目的或者维护基本法律价值的情况下，可以采用损害一种法益的方法保护一种更大的法益予以保留，也即是适当妥协，以便在逐步创造好法治社会需要的基础性条件而最后抛弃这些目前不尽合理的制度，或者说是最后能够剔除其中的不合理因素。

---

① 相对理性的合理性包括合规律性、合目的性以及事实把握的准确性等，其中包括公正、公平等含义。不合理性当然不属于“相对合理主义”应当拥护的范畴。

② 亚里士多德曾将知识分为纯粹理性、实践理性和技艺三类。

2. 严格“底线控制”的战略

在调整能动司法有限理性结果的实际操作中，灵活与妥协对行为规范、工作措施或规章制度的影响应限于迫不得已时在某些技术性的、非根本性的规范上做特定方式的变通，不适用于价值性规范和基本规范。[①] 为了维系法的正当性，决不能使实际操作跌落于“底线”[②] 之下。司法行为的“底线”，也即是能动司法的底线是基本的法律原则和法律规范及司法基本规律，只有坚守这一底线，才能使法院的社会管理创新既符合宪法和法律规定，又能得到民众的认同和社会的肯定。

（二）政策层面

对已经检验出的现实有限合理结果在“相对合理”的思路下进行总结、调查和研究，并在此基础上建立能动司法风险评估机制。把其作为下一步出台能动司法举措的前置程序，从源头预防、减少风险转化为不利后果的可能性。

1. 经综合判定的合法性、合理度

合法性，即能动司法创新措施或制度是否符合国家法律规定，是否有法律依据。如有相关法律根据，则法院可在自身可以“能动”的事项范围内展开创新活动。如果没有法律依据，对于是立法不够完善，需要修改、补充的问题，由立法机关修改或创设新的法律之后再行创新司法行为；对于原本就是不合法、甚至是违法的能动创新司法行为，坚决不予启动。

合理度，是从法理上分析其合理性，主要指根据制度内的各类操作人员、制度外的监督、观察以及参与者的直接感受和理性分析，同时，参照一般认可的公理性标准，进行综合性判断。将根据综合判断确定的悖理程度比较高的能动司法制度、措施列为控制重

---

① 参见胡绍宝：《检察改革的“相对合理主义”路径》，载《中国刑事法律杂志》2009 年第 8 期，第 116 页。

② 即是“合理相对主义”的理论前提：承认具有公理性和普适性的基本准则。

点，并进行较大力度地控制。

2. 经分析验证的执行度及可能后果

所谓“执行度”，即是某种程度的可行性，是指某项能动司法制度可能被执行的程度。新制度的有效实施往往是一个曲折的过程，因此，制度设置后不能苛求其立刻被充分有效地执行。然而，再好的制度如果基本难以执行或根本不可能执行也会失去效用。因此，制度的可执行程度也应当作为能动司法风险评估机制构建中防控分寸把握的一项重要标准。执行度的确定，可以采取分析验证论证、分析、测试的方式，包括试点、实验等。

可能后果的判断，指应善于并注重倾听不同的声音，开展更为细致深入的“不可行性”论证，主要看其是否可能产生负面效果，如有可能产生负面效果，再看此负面效果是否可以防止可以控制，对于存有可防可控潜在负面效果的能动司法措施，提前做好防范，尽量使能动司法创新行动变得更加清醒，更为理性。同样，对于将会带来不可防不可控的可能后果的能动司法创新行为，也应坚决不予启动。

结　语

只有那些以某种具体和妥协的方式将刚性与灵活性完美结合在一起的法律制度，才是真正伟大的法律制度。[①] 人民法院参与社会管理创新能动司法的理念本身无可厚非，关键在于能动司法实践结果能够给我们带来什么。这一问题不能通过单纯的理论演绎得出答案，而应当在中国当下司法语境中予以把握、考察，并在充分反思的基础上总结经验，寻找答案。关于此命题的研究视角是多样的、自由的，笔者在本文选择“相对合理主义”作为一个基本视角，相关思考仍是初步的，但愿是相对理性的。

---

① 参见［美］E·博登海默著：《法理学、法律哲学与法律方法》，邓正来译，中国政法大学出版社2004年修订版，第424页。

人民法院在推进社会管理创新中的职能定位及理论储备

李增亮*

【内容提要】 司法与社会生活应该互动，面对我国社会生活中出现的新问题，司法必须予以回应，由此引发对人民法院进行职能定位的思考。本文把人民法院职能定位为社会矛盾的能动调和者，这种提法可能他人也说过，从形式上看是我对他人的重复，但实际上表明我的意识与这种社会意识合流。本文不是为了表达这种观点的特殊性，而是为了论证这种观点的正当性。文章第二部分论述职能定位的意义，试图从探析人民法院职能的逻辑起点，总结司法模式进化的规律中论证这种观点的正当性，并用鲜活的实践予以印证。文章第三部分对一些观点的解释和理解是对人民法院进行职能定位的思想准备，不具备这些思想，不产生这些意识，就不能有效实现职能定位。文章的材料是零散的，而把这些零星的材料串读起来，你会看到一幅人民法院在推进社会管理创新中进行职能定位转变司法模式的动感画面。

一、问题的提出

社会在不断地变动和发展，反映并用以调整社会关系的法律手段如果已经不能解决当前的社会问题，就应该摸索新的方法。

---

* 西安市蓝田县人民法院法官。

（一）政治调控资源贫乏需要司法援手回应

司法问题不是简单的法律问题，而是和政治、文化、社会高度关联，本质反映经济问题。改革开放三十年间，我国社会积累了财富，也积累了矛盾；建立有中国特色的社会主义市场经济过程中，国家对经济的干预有助于克服市场经济秩序固有的缺陷，避免走弯路，但又会产生与公民的矛盾。而且随着改革开放不断深入，市场化程度日益加深，社会利益格局分化不断加大，社会关系日益呈现多元化，利益格局复杂化，利益冲突扩大化。一个很小的社会事件，如果得不到妥当（实质性）的处理，就可能引发相关利益群体的强烈反应，激化社会矛盾。市场经济导致的社会信仰危机、贫富分化、环境污染、乡村荒废……大量的社会问题导致国家（政府）正当性削弱，政治家赖以利用的调控资源日渐贫乏，于是政治呼唤法律，要求法律功能扩张，要求法律与政治秩序和社会秩序互动进化，要求司法行为由以坚持程序正义为目的向以解决问题为目的的转变。

（二）法律模式的缺陷要求司法机构自我修正

市场经济就是法制经济，我国建立社会主义市场经济秩序使得法律和社会紧紧捆绑在一起。法院被底层的利益诉求所包围，由此导致的关联案件处理的复杂性关联性敏感性增强。反观我们的司法模式，由于前些年引进的西方司法理念脱离国情，缺乏中国社会历史传统、价值观念、文化心理的支撑，而使司法的有效性大打折扣，司法在面对激荡纷杂的社会现实面前脆弱无力，导致审判危机：第一，被动中立的理想破灭。按照西方司法理念，法律秩序的典型功能是裁判而非参与，由此要求法官保持中立，司法行为被动地演绎程序，司法行为注重过程的公平而不追求目的的正当性，这与我国传统文化中追求实质正义的价值取向严重背离，由此导致司法公信力的下降。第二，人民群众对审判的期望落空。一般人认为审判就是把法律适用于事实（客观的真实的事实）这一过程，却不了解由于程序的抑制，审判过程中自身也创制事实（如拟制事实，或因无法还原真实而产生了与当事人信念中真实事实相反的法律事实等）。由于人们在牵涉自身利益时对审判创制事实无法给予适当理解，同时由于程序限制了人们对司法过程的参加或同司法接触，并抑制关于审判信息的流动，于是，人们对审判的正当性发生怀疑，从而导致审判游离于民众的思维之外，从而阻碍了审判功能的积极发挥和展开。人们心中对审判的不再那么寄予厚望，除非不得已是不会将纠纷提交法院审理的。

社会经济活动的膨胀和司法职能的有限性使得在守法和变法之间渲染上了一层紧张气氛，使法律机构承受着新的社会担负，这就迫切要求人民法院摆正自身的位置，加强与其他社会部门的横向联系，要求人民法院进行全新的职能定位，就是重新构筑政治权力与法律的关系，用法律正当性来修饰政治行为的正当性，使法律机构成为社会调整和社会变化的能动工具。正如周永康同志指出的，化解社会矛盾是政法机关的基本职责。法院应该成为我国社会吸纳并解决矛盾的主导机构，结合我国国情，特别是基层社会的实际，我认为，应把人民法院的职能定位为社会矛盾的能动调和者，而不是被动中立的裁判者。这是推进社会管理创新对司法的要求，是人民群众对法院的要求，是法律价值自我实现的要求。司法追求公平正义，促进社会和谐稳定的精神和原则当是永恒的。

二、职能定位的意义

（一）探析法院职能的逻辑起点

半个世纪以前，美国法学家塞尔兹尼克（请注意，塞氏生活在典型西方司法模型的国度）就深刻指出：法院确实特别适合成为这样一种职责承担者，作为纠纷的解决者，法官鼓励和平的解决民间冲突来服务于政治秩序。无论他们做出“调解”或者“判决”，他们的职能都应该把争端非政治化，要不然这些争端就可能以民间争端或其他对抗形式爆发。因此，解决纠纷应是法律程序的最主要贡献。①

日本法学家棚濑孝雄指出，有社会便有纠纷，于是需要防止和解决纠纷的场所、机构、程序及规则，法庭、法官、法律便应运而生。如何妥善解决纠纷，是法解释学的中心课题。从社会学角度看，所谓诉讼案件实际上是纠纷本身，审判制度的首要任务就是解决纠纷。②

我国在辛亥革命以前，政法合体，司法的唯一功能就是解决纠纷。辛亥革命以后，司法机构从行政体里分离出来，但其职能没有变化。因此，可以说化解社会矛盾是人民法院职能定位的逻辑起点。尽管在当今社会法院还有其他功能，如调控社会秩序，制约行政权力的滥用，参与公共政策的形成等，但人民法院最直接、最根本的职能就是化解、调和社会矛盾，其他职能可以看作这一职能的延伸和拓展。

一位西方哲人说过，如同任何事物的现实存在都只能是一种特定化了的具体的存在一样，法律的真实面目也只有经过相当数量的纠纷的解决，多次反复的确证才能显示出来。

（二）在总结司法模式进化的规律中探究司法行为的性质

回顾法律发展的历史，我们清晰地看到法律的发展已经经过了三个阶段。第一阶段是压制型法律阶段。对压制一词要这样理解，任何既定的法律秩序都可能是凝固的非正义，在某种程度上，法律总是极力维持现状。因此，每种法律秩序都有产生压制的可能性。压制不是强制，更不是镇压。他是法律维护自身正统性的惯性，有时政府的善良动机也可能不知不觉的产生压制。压制型法律的主要特征是，第一，政法合体。第二，放纵裁量，人治痕迹严重。这种

---

① 参见［美］赛尔兹尼克著：《转变中的法律与社会：迈向回应性法》，张志铭译，中国政法大学出版社 2004 年版，第 64～65 页。

② 参见［日］棚濑孝雄著：《纠纷的解决与审判制度》，王亚新译，中国政法大学出版社 2004 年版，第 1 页。

法治产生的根源是社会分工程度不高，制度资源不足，这种法的形态难以获得社会认同。为了弥补压制型法律缺陷，限制恣意裁量，于是法律形态进化到第二阶段，自治型法阶段。他通过设置一套严密的程序来限制自由裁量，强调审判独立，法律秩序的典型功能是裁判而非调整，因此，强调法官中立、程序被动。这种法治的好处是司法通过程序的正当性获得了国家权威，其缺憾是把过多的能量消耗在维持程序的纯洁性方面，而忽略了正义的目标。自治性法在事实认知和法律理解方面强调当事人的自我主张，法律机构则退隐于规则之后，这就是我们通俗指称的当事人主义。这种法治以程序正义为基点，但其司法效果往往超越程序正义而异化，导致法律人文主义蜕变，于是回应型法应运而生，法律进化到第三个阶段，回应型法阶段。庞德认为法律应更多的回应社会需要，好的法律应该既强有力又公平，应该有助于界定公众利益并致力于实体正义。回应型法律的一个独特特征是探求规则和政策的内含价值，要求法律行为具有目的性，目的性就是探求事物的起源和本质。法律行为追寻目的就限制了法院退隐于规则之后和逃避责任的倾向，目的性使法律判断的逻辑与道德判断和实际判断的逻辑变得紧密起来，他要求法律对公共秩序的危机采取一种以问题为中心的社会一体化态度。回应型法律的典型功能是调整而非裁判，调整就是追问目的，解决问题，裁判是终结程序。回应型法要求法院成为社会调整和社会变化更能动的工具，要求给法官留下更广泛的领域以显示他们在选择方法和手段方面的首创精神。当前，我们寻求人民法院的职能定位，就应当摆脱当事人主义模式的束缚，主动回应政治和民众的诉求，积极参与社会生活，因此，能动司法就是我们行为的性质。

（三）在明白我们行为的意义中确立行为理念

确立人民法院主导化解社会矛盾的理念，就能稳健有力地化解社会矛盾，恢复社会和谐。法官要把坐堂问案与能动办案结合起来，采取灵活多样、因案制宜的审判方式，在实现定分止争、案结事了的同时主动回应关切人民群众的司法需求，通过调控社会秩序，实施权力制约，规范社会行为等现代司法职能的有效发挥，依法解决影响社会稳定的源头性、根本性、基础性问题，促进社会和谐稳定，使司法成为每个公民都能平等享受的社会福利。

（四）在鲜活的实践中坚定我们行为的方向

实践已经证明并将继续证明，把人民法院职能定位为社会矛盾的能动调和者就能取得人民群众的认可，提振司法权威。比如，我办理过这样一起案子：村民贺某拆除旧房，承包给了同村人刘某，刘某违章作业致其右上肢残疾失去功能，丧失劳动能力。贺某作为受益人给刘某完成了医学治疗，贺某支付了全部费用，承担了足够的责任和情分，当贺某继续施工时刘家亲属执意阻拦，贺家无奈起诉要求判令刘家不得阻挡。走访中发现，刘妻为聋哑人，两个儿子年幼，刘家人未亡但家已瘫。这个案件，法律关系简单明了，径直判令刘家不得阻拦施工，符合法律规定，也有正当性。但若就案办案，难以取得村民对司法裁判的政治认同和情感认同，这样的正义很孤独，也很浅薄。毕竟刘某是为贺家拆房而受伤，面对刘妻聋哑人和未成年儿子的阻拦，法律不忍心对他们采取强制措施，于是，我们给贺家做工作，贺家又给了刘家4000元补偿金，刘某岳丈亲自到法庭担保刘家不再阻挡贺家施工，问题圆满解决。这个案子若片面从裁判角度很好结案，但会造成更大的社会不和谐，从调和社会矛盾角度处理，对弱势群体予以深层的关注和关怀是不能不考虑的另一层面正当性。不关注这一层面正当性，会给正义的实现增添很大的麻烦。再次给刘家以深度关爱，无需法律之手，刘家就将正义送到了贺家，这样的正义富有乡土气息，因而显得很饱厚，很有人性的穿透力。

再从大的方面看，我省陇县人民法院摸索出的“一村一法官”的工作模式，法官不是去挖掘案源，而是着眼于对矛盾的早发现早解决，河南高院倡导法官下大力气调解使信访案件大为减少。

鲜活的实践昭示了我们对法院职能定位的正确性，我们会沿着这条路坚定地走下去。

三、实现职能定位的理论储备

(一) 引进一组概念，加深对功能定位的法理学认识：法律批判、法律发展、法律衰亡

任何一种法律都会自觉不自觉地自我保护自我独立，但随着法律认识的扩大，人们越来越不能容忍他们在法律中发现的一切不合时宜的东西。若社会膨胀，法治的框架内就会出现各种张力、机遇和期待，他们势必打破自制，并使法律和政治重新整合（这里要认识到法律与政治交往的不可避免性），这样既侵蚀了原法治的基础，又产生了一种形成新法律秩序的努力的力量，这就是法律批判和法律发展，他们的作用就是把一种变化的动力注入法律秩序并形成对法律灵活回应各种新问题的期待，就是说法律要回应社会。

法律批判导致法律衰亡——法律失去独特个性，从而寻求与政治社会的重新整合，产生新的法律模式。

例如，古老的职权主义司法模式虽然强大而有力，但其中饱含压制和恣意，于是人们设置了严格的程序，本为限制恣意，但却又限制了诉讼资格，强调当事人的主动性和责任，实施严格的法律相关性准则，限定法官行为于当事人的诉讼请求，把法官的注意力聚集于形式和细节，把大量精力消耗在维持程序的超然性方面，导致法律和社会的隔离，使法律成为冷漠的、代价高昂的、不透明的东西。于是，人们把目的分析引入到法律推理中，鼓励法官对公共秩序的危机采取一种以问题为中心的社会一体化态度，用实证经验清除法庭上神秘的语言、虚构的证据和歪曲的类比，使法律判断的逻辑与实际判断的逻辑变得紧密和谐起来，因案制宜进行实际选择，从而使法律机构成为社会调整和社会变化的能动工具。认识法律批判、法律发展、法律衰亡的规律，就会加深对人民法院新的职能定位的法理学认识。

(二) 定义人民性，加深对职能定位的社会学认识

人民性是对中国特色法治的一种理解。坚持人民性是法官群体

的核心价值和根本追求，人民性这一概念对法官群体来说已是耳熟能详、深入人心。有关人民性的论述说法很多，但大都是论述为什么要坚持人民性、怎样坚持人民性。就我本人了解还没有一篇文章对人民性从定义角度进行论证，搞不清一个概念的定义就不能认识其最本质、最精髓的东西，有时会造成随意理解，各取所需，滋生司法机会主义。

我认为，人民性就是对人民的认同。这里既要把人民理解为一个群体，又要理解为一种社会意识现象。认同是什么呢？墨西哥法学家帕兹说，认同简直等同于现实性。归根究底，所有的事物都必然、绝对而且必须服从于现实性，只有现实性才是难以被理性的牙齿动摇的硬骨头。狂欢、嚎叫、沮丧，是一种肉体性、物质性、社会性、宇宙性参合在一起的现实性，小丑就是试图用头撞翻现实性所引起的哄笑。我坚信上述论述会使我们对人民性产生一种根本性的理解，从而理解对人民法院进行职能定位的现实合理性，强化能动司法的自觉性。

（三）诚实解读“三个至上”，加深对功能定位的政治学理解

“三个至上”体现了我们行为的政治性、人民性和法律性，是对社会主义法治理念的提炼和升华。对“三个至上”的理解，往往众口一词地认为三者是一回事情，党的事业就是人民的利益，宪法法律是党的意志又是维护人民利益的工具。这种理解是正确的，但是，这种理解只抽象出了普遍性，没有分析出特殊性，甚至是一种口号式的情绪化的理解，很肤浅，有望文生义之嫌，下面谈谈我的理解：

党的事业至上。司法问题不是简单的法律问题，而是政治问题，司法是在政权框架内执行政治任务，因此，坚持党的事业至上就是要求人民法院必须把自己置身于党和国家大局中加以考虑，必须转换司法模式，脱下被动中立的法袍，积极参与社会生活，主动化解社会矛盾，以对党的事业的忠诚来取得自身的政治合法性。

人民利益至上。诚然，法院是维护人民利益的机构，但在社会分工中法院也有自身的利益追求。坚持人民利益至上，就是要求法院在追求自身利益最大化时，不以损害人民利益为补偿。比如，《民事诉讼证据规则》就是法院追求自身利益最大化的产物，它有积极的一面，加速了司法现代化的进程，但又有不符合“现实性”的一面，这个东西使法院退隐于证据之后，摆脱了证据责任，从而提升了诉讼成本，加重了人民群众的诉讼负担，滋生了诉讼机会主义，使弱势群体对诉讼产生了莫名的恐惧。我们应当记住并理解香港终审法院首席法官李国能的忠告：法律机构若要受市民尊重，必须以公众利益为先，以同业利益为次，让市民看到你们公而忘私。因此，对人民法院进行职能定位，就是要求法官敢于承担责任，法官不必借由被动中立的表象来获取形式上的权威和认可，必须以对广大人民群众根本利益的彻底忠诚和自觉维护来取得人民群众对司法权威的认可和尊崇。

宪法法律至上。诉讼是解决纠纷的最后选择而不是首先选择。在解释和运用法律时，法官是原则的客观代言人。人们认为他们的裁判服从某种外在意志而不是他们自身的意志，因此，在各种解决纠纷的手段中，法律具有最后的发言权。这就是法律至上的含义。它要求我们要把调解、息讼作为工作思路的首选。

(四）能动性、合法性、正当性之间的牵连

根据汉语语法解释，名词+性就动词化了，因此，能动性、合法性、正当性既表达着一个概念，更表征着一种行为的趋向性。

能动是相对于程序的被动性和规则的僵化性、抽象性而言，是人的一种意识，一种行为的趋向性，不能用物理运动的“动”来理解能动的“动”。司法能动化最本质的含义就是法官在法律适用过程中的法律解释。比如，引导当事人意思自治而阻断程序的干预，诉讼中的调解等方法能加速程序运转。能动性还表现在开放法律原则，吸纳习俗和民意，充分利用法律类比使每个独特的理由都能取得合法性。

合法性是指一种行为状态的存在合乎制定法的原则和规范，是一种形式合理性，是静态的东西。而正当性指自然、理性、道德、正义等实质性的道德价值。正当性的功能是补救实体法的漏洞，修正实体法的错误，使每个实体法之外的理由都能取得合法性。完成这一过程就需要法律机构的能动性作用。可见，能动性把正当性和合法性沟通到了一起，可以说，能动司法是把价值判断带进法律原则中的一种努力。

正当性的取得，一是通过道德论证，司法行为状态符合某种社会价值。二是得到人民的认可，该行为状态迎合了人民群众偏好和习惯。一个制度如果不能昭示社会公正，就会失去正当性；一种秩序，即使为人们设计了壮美的生活图景，如果以一种未经人民认可的方式去实现，他也缺乏正当性；一种秩序，要取得人民的认可，必须在价值上具有优越性。可以这样理解，即使我们能够确证一个游戏、一个制度在技术或程序上是无懈可击的，但若不能推证其在价值上的优越性，则他仍然没有正当性。至此，你就不难理解能动司法对于实践人民法院职能定位的意义了。

片面强调合法性，司法行为往往得不到人民群众的认可，过分追求正当性则可能使裁判的执行力减弱。因此，我们要以能动调和的工作理念积极介入每一起纠纷。

结　语

对人民法院进行新的职能定位归根结底就是要求我们能动司法。我国传统法制中饱含着司法能动主义的因素，传统的司法官集司法、行政等功能于一身，其运用法律的过程往往十分主动，调查取证、做调解工作，还兼具思想教化职能等等，可以说是无所不包。这种传统方式当然具有权力过分集中、导致司法专断、引发司法腐败的弊端，但同时也含有以案结事了为中心，创建和谐社会的良好夙愿。马锡五审判方式，也包含了司法能动主义的明显倾向，以方便群众诉讼为出发点进行巡回审判，走群众路线，倾听群众意见，使审判工作真正适应当时的社会需要。今天，我国社会进入了矛盾凸显期，为此，对能动司法的需求日渐浓厚。我们要使能动的司法模式更加完善，能够更加适应党和国家的需要，更加适应社会主义法治建设的需要，更加适应人民的需要。

创新与坚守：论司法管理创新语境下司法权威的树立

王佑勋[*]　巨西挺[**]

【内容提要】　创新和坚守是事物发展的两个方面，没有创新也无所谓坚守。社会的发展与进步，需要社会管理模式的创新。司法作为社会管理的重要方式，也需要紧跟时代的发展需求，不断进行创新。失当的司法管理创新不利于司法权威的树立，也不利于司法参与社会管理。本文从司法管理创新与司法权威的树立角度出发，通过对司法管理创新语境下司法权威的树立的分析，认为我国当前司法机关的司法管理创新和司法权威的树立对促进社会管理和和谐社会建设将起到积极的指引作用，对司法能够更好的参与社会管理与服务于社会公众进行了透彻的分析。

市场经济的高速发展，对社会管理模式提出了前所未有的挑战。司法权是国家权力的重要组成部分，司法是社会管理的重要方式，在社会管理中起着重要的作用。唯有创新才能应对市场经济高速发展对社会管理模式提出的新的挑战。时代的发展也逼迫着司法机关进行司法管理创新，以应对纷杂多变、矛盾复杂的社会现实，司法管理的创新也才能适应市场经济高速发展的需求。

---

* 西安市户县人民法院党组书记、院长。

** 西安市户县人民法院办公室副主任。

创新是对原有的事物或者方式、制度的一种改变；坚守是对原有存在的事物或者方式、制度的一种保持。从辩证法的角度分析，创新和坚守是一种矛盾，是事物发展的两个方面，没有坚守也就无所谓创新。司法在国家政治中具有特殊的地位，具有一定的权威性，是法治社会赖以生存的基础。遵守规则的司法管理创新对推进社会管理和司法权威的树立具有良好的促进作用，反之，则会造成社会管理的混乱和司法权威的丧失。

一、合法与非法：司法管理创新的现实语境

创新是人类特有的认识能力和实践能力，是人类主观能动性的高级表现形式，是推动民族进步和社会发展的不竭动力。口语上，经常用“创新”一词表示改革的结果。[①] 从司法权威的树立角度出发，本文所研究的司法管理创新仅指司法实践中的新的工作方法和思路，不涉及司法权运行等基本司法制度改革的司法管理创新。

（一）司法管理创新的必要性

市场经济进入高速发展期，各种社会矛盾也随之进入凸显期，唯有不断创新社会管理模式，才能化解各类社会矛盾，促进社会发展。诉讼是调节社会关系的重要手段，司法管理是社会管理的重要组成部分。守护法律规范、调控社会秩序是人民法院通过司法解决社会纠纷，以维护社会秩序和法律权威的司法目标，这也正是法院参与社会管理的核心。[②] 社会矛盾的多样性和复杂性也对司法管理提出了新的挑战，一成不变的司法管理模式也难以应对纷杂、多变的社会矛盾，从而不利于整个社会管理。社会矛盾的多样性和复杂性要求司法管理进行创新来适应社会管理。因此，社会管理需要司法管理创新。

---

① 参见百度百科：载 http://baike.baidu.com/view/15381.htm，于2011年4月8日访问。

② 参见王逸吟：《中基层法院执法办案：既善“借力”又勤“助力”》，载《光明日报》2010年9月16日第9版。

（二）司法实践中司法管理创新的现实语境

应当承认，我国现行法律规定在程序设计上存在着不少瑕疵，不能完全满足司法实践对诉讼公正和诉讼效率的要求。[①] 在司法管理实践中，很多司法机关从司法关注民生等角度出发，锐意进取，积极改革创新，推出了许多司法管理的新举措。为了应对“执行难”问题，很多法院将法院执行庭改造为执行局；为了提高案件质量，很多法院从加强管理入手，成立了审判质量管理办公室；浙江省宁波市北仑区检察院对应当负刑事责任的犯罪嫌疑人，认为可以不立即追究刑事责任时，给其设立一定考察期，如其在考察期内积极履行相关社会义务，足以证实其悔罪表现的，将作出不起诉决定，推行“附条件不起诉”制度；[②] 辽宁省抚顺市出台了《主诉检察官办案零口供规则》；[③] 黑龙江省牡丹江铁路运输法院开庭审理了所谓的“中国辩诉交易第一案”，在我国试行“辩诉交易”制度[④]，等等。这足以说明当前我国的司法机关积极应对社会变化、化解社会纠纷、参与社会管理的主动性和急迫性，也是我国当前司法管理创新的现实语境。

（三）司法管理创新的法律考量

从以上我国部分司法机关的创新举措来看，法院执行庭改造为执行局、设立审判质量管理办公室等是在不违背我国现行法律规定前提下的一种有益尝试。然而有些司法机关在司法管理中推行的“附条件不起诉”制度、主诉检察官办案零口供规则、“中国辩诉交易第一案”等司法管理创新，从我国现行法律规定来看，其

---

① 参见谢佑平、万毅：《法律权威与司法创新：中国司法改革的合法性危机》，载《法制与社会发展》2003 年第 1 期，第 34 页。

② 参见刘科：《宁波试点“附条件不起诉制度” 浙省政法委：少说多做》，载《青年时报》，2010 年 8 月 17 日第 5 版。

③ 参见李秭漪、李彬：《由零口供规则引发的关于沉默权的思考》，载《科教文汇（上半月）》2006 年第 09 期，第 26 页。

④ 参见林志嵩：《辩诉交易的法哲学思考》，载《贵州法学》2005 年第 2 期，第 18 页。

“合法性”值得考量和追问。这种司法管理创新是否具有法律根据？司法机关是否存在自我赋权、自行扩权？[①] 2010年6月，在武汉大学三峡学术交流中心召开的由中国检察官协会主办的附条件不起诉制度研讨会上，对“附条件不起诉”制度进行了立法建议的论证，并拟向立法机构提出建议立法议案，这也就说明“附条件不起诉”制度在我国现行法律上尚无明文依据。然而从实践效果来看，“零口供”规则的确立或许真的有利于遏制中国司法实践中以公开或隐蔽形式存在的大量的刑讯或变相刑讯，但是，从改革路径来分析，我们却有理由质疑“零口供”规则的合法性。因为，我国刑事诉讼法专门规定了证据的7种法定形式，其中，犯罪嫌疑人的供述或辩解被确认为一项合法的证据形式，对此，作为司法机关的检察院，怎么能够以本部门的内部规定（“零口供”规则实际上是检察机关的一种内部规定）的形式来加以规避呢？作为广义上的执法者，检察机关实际上是在“违法执法”，因为检察机关的这一纸规定实际上等于宣告刑事诉讼法关于口供的规定失效。[②] “中国辩诉交易第一案”的审理结果是在司法机关创新引入辩诉交易程序的前提下实现的，而辩诉交易程序在我国现行刑事诉讼法及相关法律制度中找不到任何依据。

当然，在当前司法实践中，司法机关司法管理创新的动机是可以理解的，但是动机的善意并不能代替手段的非法性，司法机关以非法的方式进行司法管理创新，结果可能适得其反。笔者将非法的司法管理创新定义为失当的司法管理创新。当前司法实践中司法管理创新的失当性，必然对司法权威和法治建设造成一定的负面影响。

---

① 参见游伟：《认真对待“司法创新”的法治风险》，载《法制日报》2010年7月30日第6版。

② 参见谢佑平、万毅：《法律权威与司法创新：中国司法改革的合法性危机》，载《法制与社会发展》2003年第1期，第34页。

二、手段与目标的冲突：司法管理创新与司法权威

（一）司法权威

一般认为，司法权威包括两方面的涵义：一方面，司法机关在实现其解决纠纷、化解冲突等职能的过程中将国家的意志施加于诉讼参与人及其他社会公众；另一方面，诉讼参与人及其他社会公众服从于司法机关所代表的国家意志。即司法权威是代表国家意志的司法机关行使权力与诉讼参与人及其他社会公众服从的统一，是司法的外在强制力以及人们内在服从的统一。司法权威首先来源于正当的权力，司法机关只有依法享有并公正行使司法权力，司法活动和司法判决才具有权威性。而且，司法权威的作用范围是确定的和有限的。①

从本质上看，司法权威是法律权威的一种表现形式。从法律运行的角度来看，司法权威是法律权威的体现和延伸。司法主体是司法权威得以实现的必要条件，而司法权的运作和过程是体现司法权威的重要环节，司法裁判是司法权威的最终表现。

（二）司法管理创新视野下司法权威缺失因素考察

法治国家是指公民之间、国家与公民之间以及国家内部领域的关系均受法律调整的国家，其标志就是所有国家权力及其行使均受法律的约束。换句话说，法律在国家和社会关系调整中具有至上性，任何国家权力及其机构必须受到现行法律的约束，不仅不得采取任何违反法律的措施，而且只有在取得法律授权的情况下才能实施相应的行为。立法机关受宪法和宪法制度的约束，行政机关和司法机关受法律、权利的约束。② 因此，即使是司法机关推行司法管

---

① 参见卞建林：《我国司法权威的缺失与树立》，载《法学论坛》2010 年第 1 期，第 26 页。

② 参见［德］哈特穆特·毛雷尔著：《行政法学总论》，高家伟译，法律出版社 2000 年版，第 105～106 页。

理创新也应当在现行法律制度的框架内进行，不能擅自出台违背现行法律的创新措施，否则就将动摇司法权威和法律权威，违背我们推行司法管理创新是为建构法治秩序的初衷。①

从司法实践来看，司法机关推行的有关管理创新措施，并不是完全从现行宪法和法律出发，而是超越了现行宪法和法律的规定，这些所谓的司法管理创新也在很大程度上背离了现有立法的规定。因此，从司法管理创新视野去考量，我们不难发现，司法机关这种背离和超越法律规定的失当的司法管理创新措施应当是一种违法的司法管理创新，司法主体和司法过程的违法，必然导致司法结果的违法，不能满足司法保障、维护民生的现实需要和不利于社会法治的建立，也就必然导致社会个体对司法行为的冷漠，轻视，甚至对抗，司法权威也无从谈起。作为国家权力的司法权威得不到公众的认可，将直接冲击到国家权力的行使，影响到国家管理社会的职能作用。

三、目标建构：司法管理创新语境下司法权威的树立

根据上文论述，司法机关在司法实践中进行司法管理创新的出发点和着眼点都是善意的，但是善意的司法管理创新并非就是符合当前法律规范和法治社会需求及有利于司法权威树立的。我们应当从以下几个方面去考量一项司法管理创新是否应当得以实施：一是该项司法管理创新是否超越法律规定范围；二是该项司法管理创新是否符合法律规定；三是该项司法管理创新的效果是否有利于司法权威的树立，进而促进社会法治进步。② 也就是说，司法管理创新的根本目的还是树立司法权威和促进社会法治进步，从而推进社会

---

① 参见谢佑平、万毅：《法律权威与司法创新：中国司法改革的合法性危机》，载《法制与社会发展》2003 年第 1 期，第 33 页。

② 参见方工：《在依法治国框架内考量司法创新》，载《人民法院报》2010 年 8 月 30 日第 2 版。

管理。那么，我们也有必要对司法管理创新语境下司法权威树立的路径进行探析，真正发挥司法解决纠纷、化解矛盾、推进社会管理的职能作用。

（一）合法性：司法管理创新语境下司法权威树立的基本路径

司法机关可以进行司法管理创新，但是这种司法管理创新应当限定在当前法律规定限度内，而不能进行任何突破法律规定的创新。司法者不仅要懂得一切权力属于人民，还必须有相应的实际行动，既做到在人民制定的法律授权和允许范围内行使权力。[①] 司法者如此，司法机关亦当如此。如果没有适当的步骤与方法，如果不注重实际条件和多种复杂因素的制约去追求理想化的结果，不仅难以奏效，而且还可能因为破坏了既定的有序化状态而使情况更糟。[②] 因此，司法管理创新的合法性就显得尤为必要。司法机关的行为合法性也使公众对司法和司法机关更加信服，也才能建立起真正的司法权威。

例如前文提及的很多法院为了解决“执行难”问题，将法院原有的执行庭改造为执行局、设立审判质量管理办公室等创新就是在不违背现行法律规定前提下的一种有益创新，此类有益的创新还包括最高人民法院推行的法官助理制度及在部分地区试行的聘任制书记员制度。而前文提及的“附条件不起诉”制度、主诉检察官办案零口供规则、“辩诉交易”制度等司法管理创新措施，因司法机关的行为缺乏相应的法律规定，而备受社会公众的质疑，这种质疑无论对错，也必然使公众对司法产生不信任感，降低司法在公众心理中的权威性。

---

① 参见方工：《在依法治国框架内考量司法创新》，载《人民法院报》2010年8月30日第2版。

② 参见陈文兴：《司法公正与制度选择》，中国人民公安大学出版社2006年版，第12页。

因此，笔者认为，在司法管理创新语境下，合法性是当前司法机关树立司法权威的基本路径。也唯有合法，司法机关才能树立起真正的司法权威。

（二）民意：司法管理创新中树立司法权威不可忽视的因素

纵观中国的司法生活，一类案件除了诉讼参与人外几乎无人过问；一类案件如赵作海死而复生案、南京副教授聚众淫乱案、药家鑫故意杀人案、李昌奎故意杀人、强奸案、彭宇案等一系列案件则成为民众高度关注和热议的焦点案件或热点案件。在传媒高速发展的当今社会，尽管同样是在公开审判原则之下，案件受公众关注的概率大为上升，一起个案在不经意间可快速演变成为一个受全民关注的焦点。季卫东教授称之为反复出现的“蝴蝶效应”——任何细微的变化都可能导致完全出乎意料的后果。① 在今天，不难观察到，公民的公共精神和公共参与意识正在增长，公民社会也正在形成过程之中。② 没有错误的民意，只有错误地理解民意。民意形塑的公案，大致上反映了民生状态和社会情势。所以在司法实践中要去收集民意、分析民意、理解民意、采纳民意是十分重要的，并且，采取何种方式去做也是十分重要的。③ 如果司法机关能够在进行司法管理创新之初既考虑到民意的因素，分析当前社会状态下民众对实施一项司法管理创新的核心诉求及这项司法管理创新实施后所引起的民意反应，那么该项司法管理创新就会得到民众的认可，从而使民众对司法和法律产生认可，有利于法律权威在民众中的树立。因此，充分考虑民意，是司法管理创新制定阶段树立司法权威不可忽视的因素。

---

① 参见季卫东：《彭宇案的公平悖论》，载《财经》2007 年第 19 期，第 36 页。

② 参见孙笑侠：《公案及其背景——透视转型期司法中的民意》，载《浙江社会科学》2010 年第 3 期，第 56 页。

③ 同上刊，第 58 页。

（三）遵从正当程序：奠定司法管理创新运行中树立司法权威的基石

程序公正是实体公正的前提条件，实体公正通过程序公正得以实现。法律程序是规范，不依照法律程序办案，势必会影响到实体公正。从某种意义上讲，实体公正的实现要受制于正当程序，或者说以正当程序为前提。① 裁判者只有依循法定的程序才能向公众昭示其行为不是恣意的产物，其裁判活动具有合法性和权威性。而诉讼参与者只有看到裁判者依循严格的程序才能使其对结果的公正充满信心。此外，程序公正还具有巨大的示范效应，通过公众值得信赖的正当程序，能使裁判结果在社会公众中获得承认，所以实现程序的公正，乃是司法活动所应追求的目标之一。② 如果法律程序对任何人都严格而平等地适用，即使是反对者也难以找到攻击判决的突破口。③

因此，笔者认为，司法机关的司法管理创新在司法实践运行过程中，应当遵从正当的程序，使社会公众接触到公正价值，它有助于使那些受法庭裁判结果直接影响的人真正拥有独立的诉讼主体地位，他们的人格尊严得到承认和尊重。④ 其结果也必然使他们难以找到攻击裁判结果的突破口，使他们感受到司法的权威性，从而奠定司法权威的基石。

（四）司法公正：推动司法管理创新过程中司法权威的树立

公正，自古以来就是人类的美好追求和价值取向，司法公正体

---

① 参见卞建林、刘月楚：《罪刑法定的程序价值》，载《检察日报》2001 年 5 月 8 日第 8 版。

② 参见王利明：《程序公正的价值》，载《司法改革研究》，法律出版社 2002 年版，第 156 页。

③ 参见贺卫方：《“外来和尚”与中国法官——报告人札记》，载宋冰编：《程序、正义与现代化——外国法学家在华演讲录》，中国政法大学出版社 1998 年版，第 470 ~471 页。

④ 参见陈文兴：《司法公正与制度选择》，中国人民公安大学出版社 2006 年版，第 246 页。

现了法律的公平和正义精神。司法机关代表着正义，它是一种正义的符号、正义的象征，法官、检察官是正义的化身。如果一个地方的法院、检察院不再是正义的追求者，而变成邪恶的追求者；不再是纠纷的解决者，而变成纠纷的制造者，人民则无所依托。[①] 一项司法管理创新措施即使它的出发点和着眼点是善意的也是合法的，但是它在司法实践运行中得到的结果确是不公正的，从而使公众对司法机关和司法产生质疑和不信任感，难道我们能认为它是一项成功的司法管理创新吗？因此，司法管理创新在司法实践过程中坚持司法公正，在公众中树立起司法机关锐意进取、关注民生、解决纠纷的良好形象，使公众对司法机关的司法管理创新结果信服，才能推动司法权威的树立。

（五）公开性：司法管理创新在实施中获得民众对司法权威的认可

从当前司法实践来看，司法机关的司法公开有了很大的进步，但从法治国家的司法公开来观察，当前我国司法运行中的司法公开仍然存在明显的缺陷，司法运行中应当公开的没有公开，裁判结果使公众难以信服。相应的，这种缺陷在司法机关的司法管理创新运行中也依然存在。应当认识到，在开放、透明、信息化的新的时代条件下，司法是无法自我封闭的。从逆向思维去想一想，司法公开可能会暴露一些问题，但是也必然会"倒逼"司法机关和司法者增强司法能力，规范司法行为，改进司法作风。同时也要认识到，司法公开并不是司法机关"想公开什么就公开什么"的权力，而是宪法赋予公民的民主权利。要把司法公开作为司法机关应当依法履行的义务，努力通过推进司法公开，实现"看得见的公正"、

① 参见程荣斌：《中国司法如何面对新世纪——漫谈中国司法体制改革》，载《民主与法制》2000 年第 2 期，贺卫方发言。

“可感受的高效”和“能认同的权威”。[①]

在司法实践中，笔者所在的西部某省法院在全省法院系统积极推行的“审判五进”（既“审判进农村、审判进社区、审判进企业、审判进学校、审判进军营”）做法，笔者认为在一定程度上向社会公众公开了司法运行的过程，使公众对司法的运行过程“看得见”。从笔者所在的西部某省会城市的基层法院（2010 年西部某省法院系统“审判五进”工作先进法院获得者）实施“审判五进”的司法效果和社会效果来看，公众对“审判五进”这项创新措施还是比较认可的，对法院的这种做法也持认同的态度。而从以“审判五进”的方式审结的案件服判率高、上诉率低的特点来看，公众对“审判五进”的裁判结果也持认同的态度。因此，笔者认为在司法管理创新实施中增强司法运行的公开性，有利于获得公众对司法权威的认同，从而有利于司法权威的树立。

（六）避免地方化：司法管理创新在制定和运行中促进司法权威的树立

司法地方化导致司法地方保护主义盛行，有的法院实际上成为地方保护主义的工具[②]，严重危害了国家法制的统一和权威。[③] 中国司法地方保护主义有其深厚的体制性根源和思想文化根源，在司法实践中案件的受理、审理和执行等方面都有许多具体的表现。[④] 在司法实践中，司法机关受地方权力机关的影响，在法律规范范围内，对法律或者司法进行变通，实施所谓的司法管理创新措施来满

---

① 参见丁国锋：《公丕祥：司法公开是法院应当履行的义务》，载《法制日报》2011 年 3 月 16 日第 7 版。

② 参见王家福：《社会主义市场经济法律制度建设问题》，载司法部宣传司：《中共中央举办法律知识讲座纪实》，法律出版社 1995 年版，第 104 页。

③ 参见最高人民法院研究室编：《人民法院五年改革纲要》，人民法院出版社 2000 年版，第 59 页。

④ 参见刘作翔：《中国司法地方保护主义之批判——兼论“司法权国家化”的司法改革思路》，载《法学研究》2003 年第 1 期，第 23 页。

足地方权力机关的某种需要，在合法的司法管理创新措施实施过程中受地方权力机关的不当影响、干预乃至控制，不能独立、公正地实施司法管理创新措施，使司法公正难以实现，国家的法制与司法权威不能得到保证。在一些情况严重的地方，设在地方的国家法院、检察院实际上已沦为代表地方特殊利益的地方法院、检察院。[①] 使司法机关的司法权威在公众心目中大打折扣。因此，司法机关在制定司法管理创新措施或者是司法管理创新措施在实施过程中，应当从司法公正与保护民众权益和维护司法权威的角度出发，坚决避免司法管理创新措施制定和运行过程中的地方化现象，促进司法权威的树立。

（七）幸福感：司法管理创新语境下民众自发认可的司法权威

幸福是任何种族、政府与国家都不会拒绝的价值追求，它不仅是一项较高位阶的价值，也是多种价值的综合体，并且其他一切价值均为幸福而服务。[②] 亚里士多德认为：政治学说要达到怎样的目的？行为所能达到的一切善的顶点是什么？大多数人都会同意这是幸福。[③] 幸福的标准和衡量幸福的参数有很多种，不仅可以通过经济数据来计算，从心理学的角度来研究，笔者认为还更应该用立法、执法、司法等多个法律环节的具体指标来衡量。司法的运行和结果都在某一方面影响着民众对幸福的感觉。具体到司法管理创新，合法的司法管理创新与其在运行过程中的高效与公开和结果的公正在维护民众权利的同时，可以使民众感到当前制度下的幸福。因为，良好的制度应有利于诚实勤劳的人顺利地追逐自己的幸福，不合适的制度却容易混淆社会的评价体系，使幸福与个体努力相脱

---

① 参见陈文兴：《司法公正与制度选择》，中国人民公安大学出版社 2006 年版，第 26 页。

② 参见李蕾、占红沣：《幸福指数：评价权利与法律制度的新标准》，载《法学家》2009 年第 3 期，第 92 页。

③ 参见［古希腊］亚里士多德：《尼各马可伦理学》，苗力田译，商务印书馆 2003 年版，第 9 页。

节，沦为变化无常难以把握的主观之物。[①] 因此，使民众感到幸福的司法管理创新才能使民众产生对法律敬仰的反应，这种反应从社会管理角度看应是法律权威的树立。

（八）司法素质：奠定司法管理创新语境下司法权威树立的基础

司法权威的树立离不开司法公正，而司法公正的实现依赖于司法主体的素质。[②] “人民的信任，公正的精神，是树立司法权威的基础。如果司法失去公正，将失去当事人的信任，失去社会的信任，失去党和人民的信任，司法也就失去了存在的价值，所谓‘权威’更是一句空话。”[③] 该段文字是原最高人民法院院长肖扬2005年8月7日在河北调研时结合“全国模范法官”宋鱼水同志的先进事迹就全国法院干警如何做好“公正司法、一心为民”的讲话。笔者认为该段讲话在当前司法管理创新实施过程中如何提高司法主体的综合素质依然具有很高的学习价值。一项好的司法管理创新如果没有高素质的司法主体去实施，那么它也无法实现其制定时的司法机关的善意，有可能成为起到公众对司法结果不信任和对司法权威产生不认同的反面作用。因此，在司法管理创新实施过程中提高司法主体综合素质就显得尤为必要，因为它有可能直接关乎到一项司法管理创新的成功与否，关乎司法权威的树立。

结合当前的司法实践和社会发展状况，笔者认为，在司法管理创新实施过程中提高司法主体综合素质一是要加强司法主体的道德素质；二是要加强司法主体拒腐防变的能力；三是要加强司法主体的职业意识；四是要切实提高司法主体的业务素质。这样才能有利

① 参见李蕾、占红沣：《幸福指数：评价权利与法律制度的新标准》，载《法学家》2009年第3期，第93页。

② 参见卞建林：《我国司法权威的缺失与数理》，载《法学论坛》2010年第1期，第27页。

③ 吴兢：《肖扬：公正是实现“胜败皆服”的灵丹妙药》，载《人民日报》2005年8月9日第10版。

于司法的公正与高效，才能奠定司法权威树立的基础，促进司法权威的树立。

结 语

司法如果没有权威，司法定分止争、参与社会管理的功能就要大打折扣，民众的权利就不能得到有效保护，国家就不能实现长治久安。司法管理创新是司法发挥社会管理职能的重要表现，在司法实践中司法管理创新的制定和实施若不能维护司法权威，势必导致司法权威的没落，也使司法不能很好的发挥社会管理的职能作用。因此，司法管理创新更应坚守和维护司法权威，促进我国司法权威的树立和法治社会的进步。

实践探索

司法实践中的社会管理模式创新

——以公司案件为视角

党晓娟*

【内容提要】 本文采用实证研究的方法，以两起审判案例为切入点，论述了公司案件具有复杂化特征，涉及利益主体多元化；诉讼中不仅关系到当事人双方的利益，而且还影响与公司相关联的案外人的利益。作者认为，要妥善处理公司案件必须创新审判方式，在能动司法、司法民主等理念的指导下，综合运用调解结案方式、行使释明权、出具司法建议等形式，维护公司案件审理中相关主体利益，保障社会稳定，进而推进社会管理形式的创新，提升司法权威，促进法治国家的建设。

引　言

社会管理创新无疑是近一年来司法领域里的大事，上至国家领导，下至普通司法工作者，纷纷热议在司法领域中如何实现社会管理创新。但社会管理创新的具体司法模式如何创立，目前尚未有普遍认可的定论。笔者仅以公司案件为切入点，探讨人民法院应如何推进社会管理模式的创新。需要说明的是，公司案件在本文中是指以《公司法》或者其他法律法规为依据设立的有限责任公司、股

* 西安市中级人民法院民四庭副庭长。

份有限公司、股份合作制企业的股东因彼此之间或者与所投资企业之间的争议引发的案件，一般来说包括股权确认纠纷、股权转让纠纷、股权继承纠纷、股东行使股东权利纠纷、公司解散和公司清算等。而社会管理在本文中指的是政府和社会组织对社会生活、社会结构、社会制度、社会事业和社会观念等各个环节进行组织、协调、服务、监督和控制的过程。①

一、司法实践中社会管理创新的紧迫性

众所周知，公司案件相对其他案件所涉利益关系更为复杂，处理不好会对社会稳定造成严重影响。下面笔者将结合两个案例来展现公司案件中的复杂利益关系。

1. 某股份合作制企业股东诉企业给付土地拆迁款案。某股份合作制企业在拆迁后获得一笔土地补偿款，其对在岗职工股东与已退休职工股东的土地补偿款分配标准为4:1。为此，数十名已退休职工股东作为原告起诉被告某股份合作制企业要求享有与在岗职工同等的分配权利。由于该分配方案由股东大会投票表决通过，依照法律，对股东会决议瑕疵问题，已退休职工股东可启动诉讼寻求司法救济，但人民法院却无权代替股东会做出如何具体分配土地补偿款的决定。因而，该案若严格依法裁判，已退休职工股东直接提起诉讼主张土地分配款则应予驳回。即使经法官正当行使释明权，变更诉讼请求为撤销股东会议决议或确认股东会议决议无效，然而胜诉判决看似退休职工股东的合法权益得以维护，但此后极有可能面临要么被告不召开股东会重新表决，要么被告召开股东大会再次通过原方案，原告的真正诉讼目的无法实现的尴尬局面。由于原告人数众多，如果不能取得法院支持，势必会走上信访之路，对社会稳定造成严重影响。

2. 目标公司股东起诉公司解散案。目标公司有甲、乙、丙三

① 参见应松年：《社会管理创新引论》，载《法学论坛》2010年第6期。

名法人股东，其中甲持有股权40%，乙持有股权30%，丙持有股权30%，甲为乙的控股股东，丙为一家国有公司。目标公司自成立后效益甚佳，年利润2000万左右，有职工200人，但分配红利一直较少，而甲通过其控股的丁公司向目标公司供货，供货价格皆高于市场平均价格；丙公司由于持有的股权比例无法在目标公司股东会上通过其提议的终止丁公司供货的提案，也无法使目标公司股东会扩大红利分配。于是丙公司起诉要求目标公司解散以达到分配目标公司资产的目的。事实上根据《最高人民法院关于适用〈中华人民共和国公司法〉若干问题的规定（二)》第1条的规定，该案件由于没有目标公司发生重大经营管理困难的情况，甚至不能被法院受理。按照目标公司的股权划分比例，丙公司处于少数股东地位，对目标公司事务不享有绝对控制权；而将丙公司股权转让给其他人的可能性并不大；若丙公司要求目标公司强制回购其股份，也不符合《公司法》第75条的规定。事实上，丙公司作为小股东，其权益多被大股东吞并，大股东通过关联交易完全可以将利润转移至其控股公司，从而避免向小股东分配红利。即使小股东通过代位权诉讼替目标公司追回不合理收益，大股东也完全可以操纵不向小股东分配红利。小股东的权益被侵害却没有合理的救济途径，必然会导致其寻求非法律途径，比如职工上访、强行占领目标公司等。如果法院考虑丙公司的困境，支持其解散公司的诉讼请求，公司的在岗职工就会面临失业的不利局面，造成社会不稳定因素。

从以上两个案例可以看出，公司案件各种利益冲突，其间的利益分歧远非普通案件可比。笔者认为，公司案件区别于其他类型案件的首要特征是公司案件涉及的利益关系更为复杂。公司作为一个营利性法人组织，其法律关系呈现复杂化，不仅涉及公司和股东、管理层之间的法律关系，还涉及公司与职工、管理层、外部供应商、经销商、产品消费者、债权人、政府相关部门等诸多主体之间的错综复杂的法律关系。尤其是在上市公司中，股东人数众多，中小股东实际上处于公司投资者的角色，由于其持股比例的局限，很难对公司事务管理产生实质性影响，但公司管理层决策失误导致的损失极可能最终由中小股东承担，中小股东相对于大股东而言处于弱势地位，其权益往往受到大股东的吞并。正是由于这种利益的复杂性，给公司案件的审理带来了不同寻常的难度，比如在上述案例1中，可以归结出以下几个难点：

（1）公司股东大会（除股份合作制企业的特殊性不论）作出的决议剥夺少数股东的权益问题，资本多数决的原则是否能推导出多数资本可以直接剥夺少数股东的权益？

（2）人民法院的股东会决议无效判决能否真正保护持异议股东的权益？如果不能，应当用什么的方式提供救济？

（3）人民法院面对群体性的公司诉讼，是否可以为类似公司纠纷树立规则为目的，而忽略当事人在个案中的权利？

在案例2中，也可以归结出以下几个难点：

（1）股东的权利被吞并到何种程度才可以行使退出公司的权利？

（2）控股股东、大股东、董事、经理的信义义务是否可以导致其向其他股东直接承担损害赔偿责任，而不是只向股东承担赔偿责任？法律赋予何种赔偿责任才有助于公司管理的完善？

（3）股东解散公司的权利是否可以不受职工就业的权利所制约？

笔者认为，这些问题的解答不仅仅是一个简单的法律问题，而需立足于社会管理创新的层面来思考。我国自改革开放以来，随着社会经济发生巨大变化，社会矛盾日益复杂，社会管理与新形势的矛盾突出①，在司法领域，原有的行之有效的矛盾处理方式例如单位内部调解、人民调解等模式随着市场经济的发展、人员流动增加、社会不同主体交往的增多，已经捉襟见肘，不能有效地解决新问题，导致很多矛盾都被直接提交人民法院处理。这些矛盾呈现复

① 参见应松年：《社会管理创新引论》，载《法学论坛》2010年第6期。

杂化特征，人民法院如果只是从法律的角度就案论案已经很难处理好这些矛盾。公司是改革开放后新出现的一类经济组织，公司案件的审理不但关系到诉讼双方的利益，还涉及与公司相关的案外人的利益，例如股东之间的争议如果得不到妥善的解决，会直接影响公司的正常经营，其上游的供应商、下游的经销商、用户、公司职工都会受到不同程度的影响。笔者认为，由于公司在我国产生、发展时间尚短，对其进行有效管理的理论以及实践经验更显匮乏。因此，更迫切需要从社会管理的角度来思考公司案件的处理。

二、司法实践中社会管理创新的要求

人民法院在公司案件中应加强能动司法，实现司法民主。笔者认为在公司案件中，上述难题的解决不只是对法律的条文进行解释就能解决的。例如《公司法》规定了股东享有行使代位权诉讼要求违反信义义务的股东、董事、经理等向公司赔偿的权利，但是出现这种问题的公司，往往会陷入一个纠纷才结束另一个纠纷又产生的困境。特别是在大股东由于其控股地位实际掌握着利润分配权，即使小股东赢得了代位权诉讼，由于所获赔偿依法归于公司，败诉的上述人员仍然可以借助其对公司管理、表决权的支配性优势继续损害小股东的权益，使其不能取得应有利润分配，甚至可能继续其不法的关联交易等行为。虽然《公司法》赋予了股东可以直接诉讼的权利，但事实上，对于股东个人利益的哪些侵害可以提起诉讼并未明确规定，缺乏可操作性，况且董事、高级管理人员往往损害的是公司利益，难以认定直接侵害了股东利益。如果司法不能解决当事股东的真正诉讼请求，当事股东一定会寻求其他的解决途径，而这些途径往往表现为集体上访、到政府部门静坐示威等极端行为，这些行为和其他社会矛盾聚集起来，对社会稳定造成了极大压力。有关部门在维护社会稳定压力下做出的让步往往促使更多的原来诉讼案件的当事人选择此类解决途径，从而使司法威信受到极大影响，形成恶性循环。如果司法者能够在源头即对当事股东的诉讼目的认真对待，力争通过诉讼实现案结事了，必然会有助于解决这一恶性循环。

笔者认为，要解决这一难题，首先，要在思想观念上对人民法院在社会管理中的作用加以新的认识，人民法院在社会管理中固然要秉持被动司法的理念，对社会纠纷采取不告不理的方式，否则，人民法院将会侵夺行政机关的权力把自己变成一个全权的机关，这不仅有“越权”之嫌，而且是人民法院的人力、物力所不能承受的。[①] 其次，被动司法应是诉讼前司法应有的状态，在受案以后人民法院更应当采取能动司法的态度。能动司法要求法官积极发挥自己的主观能动性，创造性地适用法律解决好案件，而不是被动、机械地适用法律处理案件。[②] 解决好案件和处理案件是两种完全不同的司法观念，处理案件意味着法官无视案件中的人，只关注案件中的事，关注的是同样案件同样处理，重在形成规则；解决好案件则意味着法官不但关注案件中的事，更关注案件中的人，要做到处理一个案件，结束当事人的一段纠葛，重在解决纷争。用通俗的话来理解，类似于中医和西医的区别，中医重于治人，西医重于治病。法院处理案件，同样案件同样处理，为日后的当事人的行为形成规则指引，这种处理方式体现了法律的规则性，却完全忽视案件中当事人的特殊性，其诉讼目的的特殊性，往往容易造成案结事未了，当事人从法院的诉讼路径转移到了上访、示威等路径。再者，从司法民主的角度来看，近些年，一些案件的处理往往是专家学者称赞，而社会大众意见很大，一些学者往往强调引导大众正确理解司法[③]，一些热点案件有关方面也安排一些专家学者出面解释法院判

---

① 关于被动司法的问题，参见潘怀平：《和谐诉讼模式的司法能动性探索》，载《民主与法制》2008 年第 8 期。

② 关于能动司法的定义，参见张榕、陈朝阳：《中国司法能动性的开启及其规制》，载《厦门大学学报（哲学社会科学版）》2004 年第 5 期。

③ 参见张真理、高小岩：《为什么公正的判决被公众指责为不公》，载《政法论丛》2009 年第 1 期。

决的正确，但产生的效果并不如预期的好，如马克昌教授就邓玉娇案向公众所作的解释①，众多网友称马克昌教授系“御用学者”，并不相信马教授的专业解读。② 面对这种情况，我们固然可以认为这是由于大众不懂法律造成的，但解决问题方式绝不应当仅限于普法层面。笔者认为，法官在司法的过程中应该秉承司法民主的精神，不应将司法专业化绝对，积极将自己处理案件的方式平易化，力争使自己的解决方式易于为当事人所理解，耐心地平衡法律规则和具体案件的冲突，寻求一种易于为当事人理解的解决方式，只有这样才容易真正为法院赢得司法权威，才利于社会管理。

具体到公司案件中，这种能动司法和司法民主的要求就更为迫切。例如法律要求股东在公司内部途径行不通的时候才可以走诉讼途径，而且诉讼途径往往并不能直接解决当事人真正的诉讼目的，往往一个目的实现要走上几个不同的诉讼阶段，等到判决结果到手，早已经无法执行，例如要求追究公司股东不清算公司而承担损害赔偿责任时，至少要历经三个阶段：（1）债权确认的一审、二审、执行，才能确认被告公司无法归还债权；（2）申请人民法院对该公司成立清算组进行清算；（3）诉讼要求公司股东承担清算不能的赔偿责任的一审、二审、执行。履行以上程序，少则三年多则五年，能执行到财产还算幸运，但其心力之疲惫也可想而知，更不用说那些走完全部法律途径后才知无财产可供执行的当事人。

笔者认为，法官就事论事、按部就班地解决公司案件固然无错，但这样形成的规则不但对于本案的当事人无任何助益，而且对于日后的当事人也并无太大指引作用，诉讼后当事人如果认为法院的判决对其并没有实质性的制裁，其完全可以放肆地违法，如此在

① 参见《著名法学家马克昌就邓玉娇案答新华社记者问》，载 http：//www. hb. xinhuanet. com/newscenter/2009 -06/16/content_ 16830684. htm，于 2011 年 4 月 20 日访问。

② 参见刘志月:《浅析网络舆论沉默螺旋效应对法院审判的影响》，载 http：//media. people. com. cn/GB/22114/44110/142321/10530868. html，于 2011 年 4 月 20 日访问。

实质上并没有妥善的解决问题。立足于社会管理角度，该审判方式只是将矛盾转移给其他机关，问题依然存在，社会公众容易认为法院没有能力解决该问题，转而寻求其他途径，有的甚至采取非法途径，并不利于司法权威的树立。面对这种情况，法官若能站在能动司法的角度，运用法官的政治智慧、司法智慧，积极平衡形成规制和解决纠纷之间的矛盾，解决好每一个个案，不将矛盾后移，才算是真正的一个解决好案件的能手而不是处理案件的机器。

三、公司案件的社会管理模式创新

应积极运用调解、释明权、司法建议等多种能动司法方式促进当事人纠纷的真正解决。笔者认为，在公司案件中，除了恰当的判决外，法官积极推动调解结案、行使释明权、运用司法建议，是司法能动的合适途径。

1. 调解结案在解决公司案件中的作用不容忽视

（1）调解结案既有助于提高公司案件审理的效率，也满足了当事人案后追求效率的愿望。不同于普通民事案件中双方当事人更多追求公平，在价值平衡间，公司案件的双方当事人往往追求的是解决问题的效率，其机会众多，需紧跟经济节奏向前发展，更倾向于解决问题的迅速性。以调解方式结案，对于促进效率比作出判决要更合适。法院判决后，当事人双方通常处于对立之中，一方往往选择继续上诉，甚至申诉，进入执行阶段后，抗拒情绪也比较严重。在公司案件中，如果双方诉讼后继续在同一公司合作，判决引起的对立情绪会严重影响双方日后的合作，显然不利于公司的管理和发展。而以调解方式结案，能够较好平衡双方之间的利益，既能够顺利的使双方免于漫长的司法程序，也有利于双方在案后的合作，更有利于公司的发展。

（2）调解结案有助于真正的回应当事人的真实诉讼目的，实现案结事了。调解结案可以不限于双方在法律上能够获取支持的诉讼请求，这就使得当事人的诉讼目的可以得到较好的实现，做到案结事了。在案例1中，人民法院完全可以就原告要求补偿的诉讼请求进行调解，而不局限于原告的诉讼请求是否在判决时能够得到支持，从而避免法院在判决后造成的双方情绪对立，引发新的法律纠纷。在案例2中，法院可以不管原告提出的解散公司诉讼请求，直接就丙方的股权由甲、乙方以合理价格受让或公司以减少注册资本的形式回购进行调解，而从根本消灭双方矛盾的起因，满足丙方退出公司的真实想法，不至于因解散公司的判决损害公司广大职工的就业权利，影响社会稳定。

（3）调解结案既不破坏法律的稳定性又实现了当事人真正利益的保护。由于调解结案只限于本案，对其他案件并无约束力，通过调解结案跨越几个诉讼阶段，在正常的判决中，根本不可能做到，因为法官有义务遵守法律作出判决，在法律、法规、司法解释对诉讼的阶段有明确规定的时候，法官并没有权利超越诉讼阶段径行作出本应下一诉讼阶段作出的判决，即使这些诉讼阶段对于当事人追求合法权益造成了实质性的不利，例如关于股东就清算不能向债权人承担赔偿责任需经过三个诉讼阶段，法官不可能在确认债权的判决中直接要求被告公司股东承担清算不能的赔偿责任。而调解是人民法院对于当事人意愿的确认，只要当事人的意愿不是非法，其合意并不受诉讼阶段和其在本诉讼中所提诉讼请求的约束。通过调解结案，法官既实质性地解决了当事人的矛盾，又没有违反法律规定，维护了法律的稳定性。

2. 释明权既有助于公司案件当事人达成调解也有助于公司案件当事人正确理解自己的行为的后果，正确行使自己的权利，避免不释明直接判决导致的公司矛盾难以解决

（1）释明权的行使有助于当事人达成调解。在诉讼过程中，很多当事人往往对自己案件的法律性质有着错误的判断。例如案例1中的原告认为自己可以直接要求公司给予赔偿，如果其代理人由于自己的利益或者水平所限不能认识到原告权利的限制，原告势必在调解过程中漫天要价，即使经法官劝说被告愿意做出适当让步，

原告也不满足，导致调解难以达成。法官适时、适当的释明，向原告解释本次诉讼可能产生的后果及后续诉讼的不确定性，应当有助于原告调整自己的调解期望。而针对被告适当的关于未来诉讼前景及时间成本的释明，也有助于被告对调解的配合。

（2）释明权的行使有助于当事人正确理解自己行为的后果，理性地选择行使自己的权利。例如在案例 2 中，丙方提出的解散公司诉讼请求即使成功，距离其成功取回其投入的资产及增益还为时尚远，由于其解散公司是通过诉讼进行的，其他股东很难配合其对公司进行清算，其要实现清算分配，需重启司法程序，其他股东在此期间如果转移公司财产，丙方又会面临一系列诉讼，同时，就职于公司的职工是否会采取非法律的手段阻止公司的解散还未可知。人民法院向其释明上述内容，有助于其判断是否选择其他解决方案；同样的人民法院如果向其他股东和公司管理层释明不断陷入法律诉讼将可能导致其生产经营的不正常，也会促使其理性地选择其他解决方案。即使案件到了必须作出判决的程序，当事人各方也已对判决可能的后果有了预见，有助于其接受判决的程度，避免严重影响社会的稳定。

3. 司法建议在审理公司案件中是一种弥补公司管理漏洞的好方式

人民法院在审理公司案件中会发现公司管理中的一些漏洞，但这些漏洞并没有体现在原被告的诉讼请求上，但如果任其发展下去将会带来新的矛盾争议，此时人民法院应及时用司法建议的方式向其做出提示，避免其发展为新的诉讼争议。通俗言之，判决若是法官的治病方式，司法建议就是法官向公司管理的一剂防疫针。例如有的公司管理制度不完善，导致公司法定代表人擅自以公司公章向外借款归个人使用，在第三人向法院的诉讼中，人民法院固然应当支持第三人还款的诉讼请求，但应当及时向公司提示加强公章的管理，避免类似事件的发生。笔者认为，人民法院不但可以向特定公司作出司法建议，还可以借助于公开媒体以新闻报道、公司案件白皮书和其他部门联合发布建议等多样形式向不特定的公司提供司法建议，引导其行为的合法化，从而创新社会管理的形式。

结　语

通过以上研究，笔者认为，只要发挥主观能动性，应该还有不少类似措施可以促进公司管理水平的提升，更快捷、及时地维护当事人权益。要做到这一点，司法者必须改变关于司法作用的一些僵化认识，以“三个至上”为指引，秉持司法良知，实现司法在社会管理创新中的积极作用。如果司法者只把自己的审理过程当作一种工作，而不是一种事业，没有追求实质上的公平、公正的精神，那么循规蹈矩对其来说是最安全的一种方式。任何创新都会有风险，但没有这些创新，司法机关在社会管理中的价值就不能很好的体现，不利于对人民群众的利益保护，司法权威也无从树立，更谈不上为法治国家的建立作出应有贡献。笔者希望，每一个司法者都应当认真地考虑在审理案件的过程中不但要关注如何根据现有的规则处理案件，也要根据社会管理创新的需要解决好案件，维护社会的稳定发展。

透视法院参与社会管理创新

——以劳动争议处理机制创新为维度

李小鹏* 田 雷**

【内容提要】 人民法院参与社会管理创新，必须坚持以审判工作为中心，以执法办案为中心，这是人民法院的立身之本，守土之责。只有坚持公正高效地审执好每一起案件，依法妥善解决当事人的诉求，有效化解矛盾，人民法院推进社会管理创新才有立足点和工作基础，审判工作服务社会经济发展才不会成为一句空话。而当前我国劳动争议数量不断上升，争议涉及面扩大，极易触发群体性纠纷，人民法院如果处置不当将会引发群体性事件，给社会稳定带来冲击。因此，对劳动争议纠纷如何快速高效的化解就成为人民法院在开展社会管理创新工作中一个具体表现。本文认为，我国现行的劳动争议处理机制实行“仲裁前置，一裁二审”的制度，并将调解作为一种可以选择的辅助程序置于仲裁之前。该制度在缓和劳动争议当事人之间的矛盾、解决劳动纠纷以及维护劳动者权益和促进经济发展等方面发挥了重要的作用。但近几年，随着我国市场经济结构的调整和劳动用工制度改革的深入，现行的劳动争议处理机制存在的问题越来越明显地凸现出来，经过仲裁的劳动争议案件未实际发生效力，法院的案件数量也未因为前置程序的设置而明显

---

* 西安市灞桥区人民法院办公室主任。

** 西安市灞桥区人民法院行政庭法官。

减少，这使得法院在处置劳动争议案件上的压力不断增大。本着人民法院参与社会管理创新工作的要求，有必要重新构建我国劳动争议处理机制，使劳动争议案件得到及时、公正的处理，使劳动者的合法权益得到及时救济。

一、历史地考察我国劳动争议的处理机制

（一）我国劳动争议处理机制的历史演变

我国的劳动争议处理立法经历了一个曲折的发展过程。1949年11月中华全国总工会制定了《关于劳资关系暂行处理办法》和《劳资争议解决程序的暂行规定》，劳动部于1950年制定了《市劳动争议仲裁委员会组织及工作规则》和《关于劳动争议解决程序的规定》，根据这些法规，我国初步建立了一套包括协商、调解、仲裁和审判的劳动争议处理制度。随着资本主义工商业社会主义改造的完成，国家进一步强调计划经济体制，劳动关系越来越单一，劳动争议逐年减少，加之当时对社会主义法制缺乏正确的认识，劳动争议仲裁和审判制度于1955年7月以后中断，原有法规自行停止施行。此后的劳动争议处理工作由信访部门承担。[①] 直到1987年7月国务院发布《国营企业劳动争议处理暂行规定》，中断30年的劳动争议处理制度才得以恢复。在党和国家把建立社会主义市场经济体制明确规定为经济体制改革的目标模式以后，劳动争议处理制度及其立法进展迅速并趋向完善。随后，为进一步落实《劳动法》、《企业劳动争议处理条例》，适应社会主义市场经济的发展需要，劳动部又会同全国总工会、国家经贸委等联合下发了《关于进一步完善劳动争议处理工作的通知》、《关于进一步完善劳动争议仲裁三方机制的通知》；最高人民法院审判委员会也分别于

① 王晓：《论我国劳动争议仲裁制度》，载中国劳动网 http：/www. labournet. eom. en/lilun/seareh. asp? number = xll220。

2001 年 3 月 22 日和 2006 年 7 月 10 日先后通过了《最高人民法院关于审理劳动争议案件适用法律若干问题的解释》（简称《解释(一)》和《解释（二)》）；及 2007 年 12 月 29 日第十届全国人民代表大会常务委员会第 31 次会议通过、2008 年 5 月 1 日起施行的《劳动争议调解仲裁法》,《最高人民法院关于审理劳动争议案件适用法律若干问题的解释》（简称《解释（三)》）也于 2010 年 9 月 14 日开始施行，劳动争议处理机制不断地得到了完善和发展。

（二）我国劳动争议处理机制的基本构架

根据《劳动法》、《企业劳动争议处理条例》和《劳动争议调解仲裁法》以及相关法律法规和司法解释的规定，我国的劳动争议处理制度实行“仲裁前置，一调一裁两审”制。劳动争议发生后，当事人可以向有调解权的调解组织申请调解；调解不成，可以向劳动争议仲裁委员会申请仲裁。当事人也可以直接向劳动争议仲裁委员会申请仲裁。对仲裁裁决不服，可以向人民法院起诉，适用两审终审制。其中调解非强制性，调解并不是必经程序，而仲裁是必经程序，非经仲裁不得进入诉讼程序。虽然《劳动争议调解仲裁法》规定了有条件的仲裁裁决为终局裁决，但并没有改变我国现行劳动争议处理体制的基本构架。

1. 调解。调解一般是处理劳动争议的第一个程序，但必须以当事人双方的自愿为申请前提。劳动争议发生后，一方或双方当事人不愿协商或者协商不成的，可以向调解组织申请调解。根据《劳动争议调解仲裁法》的规定，调解应当自当事人申请调解之日起 15 日内结束，到期未结束的，视为调解不成；经调解达成协议的，制作调解协议书。双方当事人应当自觉履行。如果当事人不愿调解或者调解不成的，或者达成调解协议以后又后悔的，对方当事人均可以在法定的期间内，向劳动争议仲裁委员会依法申请仲裁。

2. 仲裁。劳动争议仲裁是劳动争议处理的必经程序，也是诉讼的前置程序，实行强制原则。由一方当事人申请即可受理，并不以另一方当事人的同意为条件。当事人申请仲裁，应该从其知道或者应该知道权利被侵害之日起1年内提出书面申请，由劳动争议仲裁委员会对双方当事人之间的劳动争议进行调解和裁决。《劳动法》规定，劳动争议仲裁处理劳动争议，应当组成仲裁庭。根据案件的复杂程度，仲裁庭可以由1名仲裁员独任审理或由3名仲裁员合议审理。劳动争议仲裁实行一次裁决，对于仲裁裁决，一方当事人在法定期间内未向法院提起诉讼又不履行的，另一方当事人可以向法院申请强制执行。因此，仲裁尽管较调解具规范性，但与诉讼相比，却具有一定的灵活性，更能体现劳动争议当事人的高度意思自治和充分的自主权，使仲裁在解决劳动争议中日益发挥着重要作用。

3. 诉讼。在劳动争议处理过程中，诉讼是解决纠纷的最后阶段。劳动争议当事人如对仲裁委员会的仲裁裁决或不予受理案件通知书不服的，应当自收到裁决书或通知书之日起15日内向法院起诉；对劳动争议仲裁委员会不予受理或者逾期未作出决定的，申请人可以就该劳动争议事项向法院起诉。法院对劳动争议的审理，必须以当事人已经申请过仲裁为前提，如不经过仲裁程序，法院不予受理。根据最高人民法院的规定，劳动争议案件由民事审判庭依照《民事诉讼法》的规定程序审理，实行两审终审制，所作出的生效判决即为劳动争议的最终处理结果。

二、当前劳动争议处理模式的困境

我国现行的劳动争议处理模式为“一裁两审”制，仲裁为诉讼的前置程序。立法者选择这种模式的初衷是为了兼采仲裁与诉讼这两种机制的优势，尤其是充分利用仲裁背后的行政调解功能，并以相对漫长的救济程序促进劳动争议的自行消化，遏止劳动争议，保障劳动秩序。[①] 但在实践中，此种模式的优势表现的不明显，弊端却较为突出，给司法实践造成一定的困难。

---

① 参见郑尚元：《劳动争议案件审判制度比较与分析——兼谈我国劳动争议审判制度的改革走向》，载《法律适用》2005年第10期，第77页。

（一）裁审关系难以衔接

1. 仲裁前置程序缺少法律和法理依据

仲裁是指当事人在自愿基础上达成书面协议，将纠纷提交非司法机构的第三者审理，由第三者作出对争议各方均有约束力的裁决的一种解决纠纷的制度和方式。以上定义明确了“仲裁”的几个要素：当事人自愿选择、非司法机构审理、裁决具有法律约束力，而事实上劳动争议仲裁程序并不具备这三个特点。首先，对争议的解决采用仲裁方式并不是双方自愿达成的，而是《劳动法》、《劳动争议调解仲裁法》规定劳动争议必须仲裁先行，如果当事人签订劳动合同时采用的是由劳动局制定的统一格式的劳动合同算是可勉强称之为双方当事人自愿合意以外，那么当事人如果使用的是非标准格式的劳动合同或是基于事实劳动关系而产生的劳动争议，那么应当说双方当事人根本未就“仲裁”达成过协议，但事实是这类争议仍必须经过仲裁后方能进入司法诉讼程序。其次，仲裁程序与司法程序是相平行的两种不同的程序，仲裁采用一裁终局制，而且选择了仲裁实际上已排除了就同一事项进入司法程序，司法程序也不是仲裁程序的后续。但我国的劳动争议程序却是“先裁后审”，将二者的性质职能混为一谈，在法理上无法解释。第三，仲裁裁决作出后应即具有法律约束力，人民法院在实体上并无权力直接改变仲裁裁决，但现行的劳动争议审理程序却使仲裁裁决处于一种效力待定的尴尬境地，只有当当事人不再进入司法程序或机关确认了其正确性后，该裁决才发生效力，这种状况显然与法律法规相抵触。

2. 强制仲裁，裁审效力冲突

强制仲裁违背了当事人自愿原则，作为一项解决纠纷的法律制度，“自愿性”是仲裁的核心原则，也是仲裁与诉讼最明显的区别之一。一般来说，是否请求审判外纠纷处理机关介入纠纷系出于当事人自愿，对方当事人亦无应诉义务。所以，纠纷处理机关发挥纠纷解决作用的前提在于这种利用和回应的自发性。就连这些纠纷处理机关中性质比较特殊的仲裁型机关，尽管其利用和回应中包括了对第三者最终判断的强制性承认，但仍属于以自愿为基础的一种合意方式。[①] 当纠纷发生之后，当事人是否选择仲裁作为其纠纷的解决方式，应该完全由当事人自主决定，体现意思自治这一仲裁基本属性。从世界各国的仲裁立法情况看，大多数国家采取当事人自愿原则。根据我国《合同法》、《仲裁法》的相关规定，经济争议、民事争议的仲裁采用的都是当事人自愿原则，而在劳动争议中却实行强制仲裁的原则，不管争议当事人是否愿意，都必须经历仲裁这一程序。劳动争议仲裁机构受理案件程序性依据仅为一方当事人的申请，无需征得对方当事人的同意即可立案审理直至作出裁决。这种纯粹中国特色的程序设置不仅没有体现出仲裁应有的自愿原则，也没有体现出市场经济体制下主体意思自治的要求，当事人不能自主选择争议解决方式，具有明显的计划经济条件下公权对私权的干预和行政权、仲裁权合二为一的特征。[②] 劳动争议仲裁制度在我国的实践表明，劳动争议仲裁并非是争议解决的关隘和必经之路，实行强制仲裁的范围大多被严格控制在影响公共利益和社会秩序的范围内的劳动争议，其他争议则具有多种救济程序同时适用。这种强制实际上是对仲裁强制性的错误理解和运用。[③]

（二）无法实现及时处理劳动争议

1. 现行耗时最长的争议处理模式

根据《劳动法》、《劳动争议调解仲裁法》、《民事诉讼法》等相关法律、法规的规定，发生劳动争议后，当事人从知道或应该知道其权利被侵害之日起1年内向劳动争议仲裁委员会申请，劳动争

① 参见［日］棚濑孝雄著：《纠纷的解决与审判制度》，王亚新译，中国政法大学出版社2004年版，第99页。

② 参见张利锋：《对劳动争议案件仲裁前置原则的反思和重构》，中国劳动出版社2000年版，第78页。

③ 参见郑尚元：《劳动争议处理程序法的现代化——中国劳动争议处理制度的反思与前瞻》，中国方正出版社2004年版，第136~237页。

议仲裁委员会一般应当在受理仲裁申请之日起45天内作出裁决，案件复杂需要延期的，经劳动争议仲裁委员会主任的批准，可以适当延长，但不得超过15天。当事人一方或双方不服仲裁裁决，可自收到仲裁裁决书之日起15日内向人民法院提起诉讼。一审法院审理劳动争议案件适用民事诉讼程序，一般应当在立案之日起6个月内审结，遇有特殊情况，经本院院长批准可以延长6个月；当事人不服一审判决的，可在判决书送达之日起15日内向上一级人民法院提起上诉，二审案件一般在立案之日起3个月内审结；有特殊情况需要延长的，经院长批准还可以延长。依照上述规定，一起劳动争议案件，走完“一裁两审”的全部程序，即使是在正常情况下也至少需要近一年的时间，如果再遇上特殊情况，则必然是一场旷日持久的拉锯战。法律对劳动争议设置了比现有的任何一种可以救济的争议都要长的法律程序。

2. 地位不平等，诉权被不当行使

由于用人单位和劳动者在经济实力上相差悬殊，在劳动争议案件中，双方当事人的地位是极不平等的，用人单位处于强势地位，而劳动者是绝对的弱势群体。因此，用人单位明知自己没有道理，却滥用诉讼权利。其充分利用现行的劳动争议处理机制，坚持走完全部法律程序，还自我标榜为“使自己的权益得到最大的保障”，其根本目的在于滥用权利，利用合法的程序，恶意拖延时间，使劳动者的合法权益受到实际损害。目前我国的社会保障体制还不太完善，劳动者面临巨大的就业压力，甚至可以说还在为自己的生存苦苦挣扎，倘若再去投入到旷日持久的仲裁、诉讼之中，即使劳动者明知有理，但绝对也是不堪重负。因为这一处理机制程序过多，时间过长，每个环节的延伸必然增加当事人解决争议的经济成本。从聘请律师到交纳诉讼费用，还有各项必不可少的庭外开支，对于劳动者而言，将是一笔数目不菲的开销。因此，作为绝对弱势一方的劳动者，其在申请仲裁或起诉前，必定会对解决争议所需要的经济成本的投入与最终的收益结果的大小进行比较与权衡，经济上的不利迫使其不得不放弃申请仲裁和诉讼，从而使自己的合法权益无法得到切实保障。如此长的处理周期，使劳动争议很难得到及时解决，且有可能使矛盾激化，严重影响和谐稳定社会的构建。复杂而漫长的争议处理程序，不仅对正在进行的仲裁与诉讼有较大的影响，而且对尚未发生的争议或已经发生还未进入争议处理程序的争议也会有巨大的潜在的影响，这个结果不得不引起我们的反思。①

（三）仲裁机构违法办案无制约机制

在《劳动法》和《劳动争议调解仲裁法》中无法找到有关劳动争议仲裁监督的相应规定。同时，虽然有《仲裁法》第 77 条"劳动争议和农业集体经济组织内部的农业承包合同纠纷的仲裁，另行规定"及《民事诉讼法》第 259 条"仲裁裁决被人民法院裁定不予执行的，当事人可以根据双方达成的书面仲裁协议重新申请仲裁，也可以向人民法院起诉"的规定，但由于我国劳动争议实行的是强制仲裁，因此也排除了劳动争议仲裁的适用。一直以来，对劳动争议仲裁仅仅是处于自我监督状态之下。同时，从劳动仲裁实践检验和社会反映看，仲裁委员会自我监督的规范本身就存在几个方面的局限性。"先裁后审，一裁两审"的本意是充分利用劳动仲裁部门熟悉劳动法规的优势，减轻了人民法院的工作压力，形成一种相对独立又相互衔接的三位一体的劳动争议处理体系。但是事实上，通过仲裁的劳动争议案件，大都继续向法院提出诉讼，仲裁并未实际发生法律效力，法院的案件数量也并未因为仲裁在先而明显减少，仲裁反而成了例行公事。强制仲裁实际上是限制了当事人的诉讼权，当事人应当有选择仲裁和诉讼的权利，而非必须依法先行进行仲裁才可以诉讼，这在我国民事仲裁和民事诉讼中也有明确规定。在劳动争议处理程序中，向法院提起诉讼直接关系到当事人的劳动权益最终能否得到保护，而仲裁是诉讼的前置必经程序，就排除了当事人对诉讼的自由选择的权利，不能在仲裁与诉讼之间进

① 孙德强：《中国劳动争议处理制度研究》，中国法制出版社 2005 年出版，第 14 页。

行排他性选择。“一裁两审”救济周期长，不符合纠纷解决机制及时、便利的要求。所谓迟来的正义非正义，“一裁两审”导致现行劳动争议解决过程周期长、成本高，不利于保护当事人的合法权益。劳动仲裁委员会不是行政机构又不能成为行政诉讼的被告人，无法从行政诉讼的角度为当事人提供救济，因此出现了从法律上对劳动仲裁委员会无法制约的困境。发生法律效力的错误仲裁得不到及时改正，一些不公平现象得不到及时解决，这样一来不仅影响当事人的合法权益，使当事人的合法权益得不到及时保障，而且不能保证办案质量，影响仲裁的权威性和严肃性。①

三、劳动争议处理机制突破困境的可能性探讨

（一）扩大一裁终局范围

劳动争议诉讼适用两审终局制。对于劳动争议仲裁，实行“一裁终局”还是“两裁终局”仍存在争议。“两裁终局”的主张者的主要理由是：“两裁终局”有利于强化劳动争议仲裁工作人员的责任心，形成有效的仲裁监督机制。通过业务相通的上级仲裁委员会第二次审理，及时发现下级仲裁委员会在争议处理过程中存在的问题，通过建立仲裁人员录用选拔制度、仲裁工作的责任追究制度、奖惩制度等，有效地指导下级仲裁委员会的工作，强化仲裁工作人员的责任心，形成仲裁委员会上级对下级的监督、仲裁委员会自我监督和当事人监督的监督体系。笔者认为，我国劳动争议仲裁实行“两裁终局”不妥，原因在于：其一，从仲裁的传统来看，我国一向不存在“两裁终局”，历来都是实行“一裁终局”；其二，从劳动争议仲裁委员会的设置结构来看，各个仲裁委员会是相互独立的，并非上下级关系，“两裁终局”没有结构基础；其三，从其他国家仲裁体制来看，仲裁也是实行“一裁终局”；其四，仲裁本身的显著特点之

① 参见周其嘉：《关于劳动争议仲裁制度改革的思考》，载《中国劳动保障报》2002 年第 3 期。

一，就是程序简便，人为设置“两裁终局”，显然违背了仲裁关系的本来目的；其五，仲裁以当事人的合意为基础，倘若当事人认为“一裁终局”的仲裁程序不足，可能损害其合法权益，他完全可以不选择仲裁而选择诉讼。我国2008年开始实施的《劳动争议调解仲裁法》所规定的“一裁终局”的案件仅限于符合条件的两类情形，在面对日益增多的劳动争议纠纷，要想快速化解矛盾，解决争议，“一裁终局”的范围未免太窄，不能满足社会发展的需要。同时规定的劳动争议双方当事人对“一裁终局”不服的，可以自收到仲裁裁决书之日起15日内向人民法院提起诉讼，也即是说“一裁终局”并不是真正的“终局”，仍会变为“一裁二审”，立法的目的没有达到，通过建立“裁审分离、各自终局”制度，实行真正的裁审分离，既尊重了当事人的选择意愿，又能切实分流人民法院审理劳动争议案件的压力，也可减少在审理过程中出现的适用法律不统一情形的发生。实行“一裁终局”后，若当事人选择了仲裁，则仲裁委员会作出的仲裁调解书和仲裁裁决书都是最终生效的法律文书，当事人不能向上一级仲裁委员会申请复审或向人民法院起诉。在此情况下，仲裁委员会的仲裁活动将对当事人的利益处置起到决定性的作用，仲裁便被赋予极大的法律权威。这种以往所没有的权威性对当事人和仲裁委员会的行为和心理均产生实际而巨大的影响：就当事人来说，“一裁终局”意味着仲裁是其寻求司法救济的最后一道途径，若不认真对待，其应有的权益就有可能得不到有效的保障；就仲裁委员会来说，权威的增强也同时意味着责任的加重。笔者以为，要对仲裁进行最后的司法救济，就要允许对裁决适用不服的当事人向仲裁委员会所在地的中级人民法院起诉①，由中级人民法院组成合议庭，书面审理后作出判决，该判决即为终审判决，当事人不得上诉，而当事人对仲裁委员会就事实问题所作的裁决不服的，不得向法院

① 《劳动争议调解仲裁法》对此做得还不够，只是规定了适用法律有错误、程序违法等可以向中院申请撤销裁决，而没有规定当事人直接向中院可以起诉的权利。

起诉。之所以由中级人民法院单独就法律问题进行审理，主要的原因是目前的劳动争议案件主要是法律适用方面的争议，对事实的争议往往问题不大，由中级人民法院审理，有利于法律的统一实施。

（二）落实仲裁裁决，摆脱行政部门对劳动争议仲裁机构的行政束缚

从《劳动法》、《企业劳动争议处理条例》、《劳动仲裁委员会办案规则》和《劳动争议仲裁委员会组织规则》中，都没有规定劳动争议仲裁委员会属哪一类法人团体，实际上由于劳动争议仲裁既不是依法律的规定直接成立的法人，又无独立的资金，也不可能成为独立法人。劳动争议仲裁作为一种法律制度，当它缺乏理论基础时，必然会带来一系列问题，新建立的劳动争议仲裁委员会则解决了劳动争议仲裁委员会的法人地位问题和行为能力问题，并且劳动争议仲裁委员会是中国仲裁协会的会员，而中国仲裁委员会是社会团体法人，因此，劳动争议仲裁委员会取得了与商事仲裁委员会相同的法律地位。还有，劳动争议仲裁委员会不再从经费上依靠劳动行政主管部门、在办公用房上不再依靠劳动行政主管部门、在组织机构的设置上不再依靠劳动行政主管部门，这些都为劳动争议仲裁委员会依法独立行使仲裁权奠定了基础。我国经过三十多年的改革开放，建立了雄厚的经济基础，完全有能力支付一个劳动争议仲裁委员会的日常开支，更何况现在法院的负担也很重，从财政中拿出一部分钱来支持仲裁，既解决仲裁的独立性问题，也减轻了法院的负担，一举两得。所以劳动争议仲裁委员会依法成立，拥有自己的财产、经费、办公场所、机构设置，使其能够成为真正意义上的法律实体。由于劳动争议仲裁委员会不能独立办案，立法者把劳动争议仲裁委员会的行政化深化，以至于将劳动争议仲裁委员会变成了劳动行政部门的附属物，当初的构想应当是依靠政府行政力量来解决争议，但问题是仲裁机构不像政府机构或司法机构那样，享有国家行政权和司法权，而仲裁机构之所以相对公正，正是因为它具有民间性的特点。首先，劳动争议仲裁委员会的产生已经不仅仅是

由当地政府产生，而是由当地政府和工会共同负责，自然不必向当地政府负责。至于劳动争议仲裁委员会委员的产生，除了各方推举之外，还得看其本人是否符合条件，但不需当地政府审批。劳动争议仲裁委员会不再干涉仲裁庭审理案件，而是对仲裁庭和仲裁员的业务管理及事后的监督，使仲裁庭独立仲裁。再者劳动争议仲裁委员会的办事机构为自己独立的机构，从组织形式上摆脱了对劳动行政主管部门的依附。而仲裁员由于不存在由劳动行政主管部门的人担任专职仲裁员的规定，使得劳动行政主管部门的人员中只有一部分符合条件的人，才可以进入劳动争议仲裁委员会做仲裁员，对劳动争议仲裁委员会的影响力要小得多。并且由于是在远离劳动行政部门的劳动仲裁委员会任兼职仲裁员，因此，不存在既要对劳动行政主管部门的人负责，又要向劳动争议仲裁委员会负责的尴尬局面。从劳动争议仲裁委员会仲裁裁决来看，所体现的是劳动争议仲裁委员会的意志，即使是劳动行政主管部门的人作为仲裁员，所作出的仲裁裁决，体现的也是劳动争议仲裁委员会的意志，而不是劳动行政主管部门的意志，因为劳动争议仲裁委员会按照法定的程序、规则，依照事实和法律独立自主地作出仲裁裁决，当然不是行政行为，也不是行政决定。劳动争议仲裁委员会没有借助行政机关权力，也不是采用行政管理办法和手段，完全是按仲裁的要求，站在第三者的角度对争议进行公断，所以新建立的劳动仲裁委员会是一个真正的仲裁委员会。

（三）实行裁审分离，修正仲裁与诉讼衔接关系

现行的劳动争议处理体制采的是一裁二审，仲裁裁决并不当然具有法律效力；仲裁裁决生效的条件分时限条件和当事人意志条件：时限条件决定了劳动争议仲裁裁决作出后并不能立即生效，须待法定时限的到来才能发生法律效力；在该时限过后，不管当事人是否服从仲裁裁决或从内心是否接受仲裁裁决，该仲裁裁决即具法律效力，承担义务的一方当事人拒绝履行仲裁裁决，另一方当事人可以申请人民法院强制执行该仲裁裁决，并且当事人不能再向人民

法院起诉，在认定仲裁裁决确有错误时，只能申请劳动争议仲裁委员会比照诉讼中的审判监督程序进行重新审理。所谓当事人意志条件，即仲裁裁决作出后，当事人的意志主宰着程序的进程，如果当事人在上述时限内提起诉讼，仲裁裁决自动失去法律效力，诉讼程序启动后完全取代了先前的仲裁程序，对所仲裁之争议事项从程序和实体全面进行审理，当事人也可决定在人民法院的一审程序结束后是否再寻求上诉审程序救济。劳动争议案件经过上述三个完整的法律程序，这就是“一裁二审”的真正内涵。[①] 仲裁程序无法与诉讼程序脱钩，二者捆绑在一起，造成制度设置的重叠，即产生劳动争议案件又裁又审、裁后又审、一裁两审的做法，这种程序设计既不利于发挥仲裁制度的作用，又拖延了解决纠纷的时间。[②] 对劳动争议仲裁裁决结束后所启动的诉讼程序，也就是人民法院对仲裁裁决事项的审理，法律明文规定了不对仲裁裁决的是与非作出评判，也不在判决书或调解书中显示任何有关仲裁机构和仲裁裁决的字眼，仲裁裁决只是诉讼程序启动的一个条件，在诉讼程序启动后，仲裁程序、仲裁裁决在人民法院的审理过程中等于不曾存在。这种不管不顾的规定和实践操作，使当事人对仲裁裁决和人民法院的认识是：如果二者是完全的一致，当事人只是认为程序繁琐；当人民法院所作出的判决与仲裁裁决不一致，判决书和调解书又没有任何对仲裁裁决肯定或否定的结论时，人们不禁要对仲裁裁决或者人民法院的判决的科学性和公正性提出疑问。仲裁程序属于法定的解决劳动争议的合法程序，法院判决与仲裁裁决冲突的情况下，如果法院判决正确的话，对仲裁裁决而言，无非是程序不正当或适用法律错误，即在仲裁裁决中，出现了收集证据违法或该回避的没有回

---

① 参见常凯：《劳权论——当代中国劳动关系的法律调整研究》，中国劳动社会保障出版社 2004 年版，第 375 页。

② 参见郑尚元：《劳动争议处理程序法的现代化》，中国方正出版社 2004 年版，第 202 ~ 203 页。

避，以及仲裁者贪赃枉法、徇私舞弊等程序性违法现象，或是仲裁者在适用法律上出了错，因此法院判决不对仲裁裁决作出肯定与否定的结论回避了上述仲裁违法事项。基于上述，劳动争议处理中的“一裁二审”程序是不合逻辑的制度设计，实行裁审分离有其必要：其一，在劳动争议仲裁机构独立后，迅速提高劳动争议仲裁员的素质，垫高劳动争议仲裁员准入资格的台阶，在保证劳动争议仲裁员素质的前提下，完善仲裁程序规则，强化对仲裁员职业道德和法制的约束，以避免一裁终局情况下由于仲裁业务不熟而出现适用法律的谬误；同时，防止一裁终局带来的因仲裁员徇私舞弊导致的程序不公正；其二，仲裁、诉讼分家，彼此尊重对方裁决，实现裁审由当事人选择，使当事人在争议解决过程中不仅有实体权利的处分权，也有程序权利的处分权，充分地体现当事人的意志，至于如果运用权力强制当事人接受劳动争议仲裁，则实际上形同“垄断”，会逐渐失去信任，成为解决劳动争议的程序障碍。①

结　语

我国现行的劳动争议处理机制，构建于计划经济体制下，处理周期长、缺乏必要的统一性，已难以适应现今社会的发展，对其进行改革与完善是适应国情的需要。易经说“履霜坚冰至”，任何社会事物都并非一蹴而就，而是多种要素刚好匹配的结果，实践中新情况、新问题的出现，必然引来对现有制度的批判和反思，但是，批判是为了继承，反思是为了建设，社会管理实践需要极大的人格智慧，所以，我想坦陈对创新的关心和担心，希望法律人在批评和破解现实问题过程中，各自收获新的体会，并共同将新问题、新困难通过具体的审判工作创新妥善解决，使社会关系稳定健康。

---

① 参见杨体仁、李丽林编著：《市场经济国家劳动关系——理论、制度、政策》，中国劳动社会保障出版社 2000 年版，第 440 ~ 442 页。

司法治理虚假按揭的现实处境与能动举措

——住房金融业务风险控制中的社会管理创新

唐　洁[*]　马志超[**]

【内容提要】　虚假按揭作为一种新类型案件在金融危机余波未散和流动性过剩的经济背景下涌向法院。这类案件的出现有复杂的现实背景，同时人民法院裁判此类金融纠纷的政策性导向对于金融机构债权的实现，具有决定意义。从虚假按揭高发的成因分析，差别化信贷政策下房地产融资错位嫁接；监管的体系性缺失；违法成本的低廉综合作用造成了虚假按揭作为一种违规融资方式大量出现。司法实践中虚假按揭事实的确证查明面临着专业壁垒与查证手段有限的缺陷，加之物权统一登记制度尚未实现和公示方法不完备造成的难题，人民法院在处理此类案件时存在法律裁判前提不明和过分依赖刑事处罚的局限。这些难题和局限要求人民法院在处断此类纠纷时首先必须立足职权发挥司法能动的诉讼对策，对现有的经验做法进行有效梳理；在民事责任分担合理化、刑事积极一般预防、建立行民复合诉讼和职权内的控制机制。此外，人民法院在遏制虚假按揭扩张时还要有惩防并举的多方联动，从情报共享、工作对接、责任落实、权力介入多个角度考量，不断在工作中从内外工作机制两个方面能动地进行金融风险控制中的社会管理创新，更好地维护金融系统安全，遏制哄抬房价，在司法层面做好金融危机的预防工作。

---

*　西安市中级人民法院民一庭庭长。

**　西安市中级人民法院民三庭法官。

引 言

虚假按揭纠纷是住房市场化、商品化改革中所出现的一种新类型案件。表现为：以套取银行信贷资金为目的签订购房合同，并将所购房产或不实资产办理抵押，担保银行债权的信贷关系为基础而产生的各种诉讼。其法律关系的复杂性、居民住房的民生性、诉讼主体的涉众性等多因素交织，案件性质、案由呈现多样化，统一尺度、妥善解决纠纷难度较大。同时，人民法院对此类案件的司法指引性意见所表现出的矫正态度，对我国房地产市场的健康发展，银行的金融信贷秩序，抑制流动性过剩与通胀，保障物权法实施，促进行政管理手段变革均有重大积极意义。

人民法院只有坚持为大局服务的正确方向，积极履行司法职能的保障作用，充分发挥司法能动性，体现法院判决的公共政策执行功能，在对虚假按揭的法律事实作出正确判断和广泛调研的基础上，才能确定明晰而灵活的司法标准，真正做到“努力化解老矛盾，有效预防新矛盾，更加注重机制建设，不断巩固发展社会和谐稳定的良好局面”,① 在能动、务实司法中创新金融风险控制中的社会管理。

一、导致虚假按揭高发的诱因：信贷政策背景和体系监管的不力

（一）信贷的差别化政策与房地产企业融资的错位嫁接

央行对企业贷款利率和个人消费贷款利率有着严格的政策差别，对企业贷款利率与贷款规模从总量上加以控制。对房地产类前期投资大，回收周期长的行业重点监控。相对应，商业银行对房地产企业的信用评级和贷款项目有严格的审批程序和风险管理机制，

---

① 周永康：《加强三项重点工作的讲话》，载 http：//www. gov. cn/ldhd/2010 - 02/16/content_ 1535841. htm，于 2011 年 3 月 22 日访问。

这成为房地产企业面临流动资金缺乏甚至资金链断裂，资金循环效率低下的一个宏观货币政策因素。就个人消费信贷市场而言，为了使过剩的流动性消解在消费物价指数中，鼓励大宗商品信贷消费，商业银行对个人信贷条件较为宽松，个人消费信贷审批的授权级别较低，特别是对存在不动产抵押他项权利的信贷风险控制明显放松。这就为房地产企业通过修改信贷名目获取流动性资金提供给了可乘之机，以致利率浮动的银根调控手段和信贷宽严的差别化控制政策与房地产投资市场融资错位嫁接。

（二）监管的体系性缺失与违法成本低廉的弱势制约

房地产企业通过关系人办理按揭贷款，在高成交率的假象下进一步炒高房价，利用虚假按揭的资金缓解现金压力，迅速解套具体楼盘，将所获取的资金投入到下一个项目甚至进行投机。在找到真实买受人后，将虚假买房人在登记部门作退房处理，把新买受人“置换”入买房合同，实现完美的金蝉脱壳。如果这一切顺利完成将是皆大欢喜的局面，银行赚到了贷款利息，具体经办人拿到了提成，虚假买房人得到出借信用的好处，房地产商快速回笼资金。这便是有的楼盘开盘就卖出大部分房源，有的楼盘“尾盘房源”手续办理蹊跷；国家一收紧银根就引发大面积退房，楼市低迷的一个重要原因。

虽然对于虚假按揭设有多重监管体系，但个案中所暴露出的却是政府监管机构与专业风险控制评估的集体失语。银行专业信贷风险评估的失职，行政执法检查和行政登记机关的信息不畅、违规登记，结果是使房地产企业穿过重重关卡，积少成多获取了巨额信贷资金，并将之投入到高风险产业甚至投入证券、期货市场进行投机，进一步加剧流动性过剩，带动物价指数上涨。

银行对此违法行为即使事后发现，只要按时还款或退房时一次付清贷款，就置若罔闻。登记部门仅审查相应手续形式合法性，便可以将作为个例的退房手续为一个楼盘或开发商大面积办理。对于法院而言，诉由为合同纠纷或登记纠纷，不告不理的原则使其无法依职权对交易进行全面审查，往往表现为消极被动。即使将个案移送，也多以追诉证据不足被退回。房地产商以低廉的违法成本获得了高额的利益回报，反映了法律执行中对此类行为的弱势制约。

二、惩处虚假按揭遭遇的两难夹击：面临难题和现行应对存在的局限

（一）面临难题之一：事实确证查明是现实处理中的最大难题

虚假按揭在实践中以各种诉由表现出来，具有合法的外部表现形式，买房合同，贷款合同，抵押合同，行政登记各个法律关系形式要件完备。加之诉讼当事人多为虚假按揭的利害关系人，假按揭为银行的一种违规信贷方式，如果不存在整个虚假按揭关系损害了一方重大利益，以致“撕破脸”的情况出现，任何一方当事人都不存在将掩盖下的真实关系告知法院的动力。其只对形式法律关系进行陈述，对虚假按揭的事实隐瞒掩饰，导致法院对于法律关系无法作出准确判断，只是陷入单纯的头疼医头，脚疼医脚的处理方法。

在大多数情况下，各方关系人进行诉讼以得到法律文书的目的并不单纯，多是使已方的手续从法律形式上更加完善，将资金用途不实的真实情况掩藏的更深，或是督促还款的一种方式。如一例以借款纠纷为由的案件中，银行在整个诉讼过程不提及虚假按揭的事实，只要求确认买房人违约，买房人也认可欠款事实。在发放判决后，主办法官从一些细节才了解到银行貌似知道虚假按揭的情况，相同拖欠还款还有十几户。经咨询专业人士后法官才依稀感觉：银行要法院的判决只是用来做账务处理的正当性依据，以便将此笔贷款债务转入可以在较长期限后偿还的另一账目催收款名下，至于还款细节则在诉讼外和房地产企业具体协商。

在此情形下，人民法院的法官办案探寻事实的过程是与整个虚假按揭利益集团的较量，势单力薄，且受到专业知识壁垒的阻碍。在工作中的案多人少，审限紧张；职权上的查证手段有限，取证成本高昂；观念里的司法被动，不告不理等多方面桎梏下，人民法院

对于可能涉及虚假按揭的法律事实多数并没有进一步详细审查，在核对形式法律要件和基本排除骗贷涉嫌刑事犯罪的基础上，多以合同自由、意思自治的消极态度，回避了判决对虚假按揭的否定性评价这一问题。

（二）面临难题之二：制度尚不完善造成的利益冲突难以平衡

虚假按揭中资金使用方在寻找真实买房人时，并没有将按揭的事实告知买房人，多是利诱真实买房人一次付清房款，如真实买房人坚持按揭付款则为其办理转按揭手续，将真实的买房人置换入买房合同，收取房屋全款或首付款以回转资金。真实买房人依据仅有合同备案属性的房屋预售和“网签制度”并不能在允许抵押物转让的法律框架下获知房屋权属负担的真实情况。这就使银行的抵押权和真实买房人的期待权冲突成为可能。人民法院从稳定大局以及民生情况的现实出发多要考虑保护买房人的权利，而在现行公示制度不完备的情形下就为虚构“善意取得”的假象，逃避债务提供了漏洞。

同时，我国并没有建立起房地统一登记制度，在房地一体转让的法律要求下，房地分离的公示方法在时间上的不连续，使商品房资产转让过程中新的整体资产受买人和商品房业主之间的权利冲突成为现实，即把商品房附着土地作为资产和商品房分别处分从而引发诸多纷争。

最高人民法院《关于人民法院民事执行中查封、扣押、冻结财产的规定》第23条作了明确规定，查封地上建筑物的效力及于该地上建筑物使用范围内的土地使用权，查封土地使用权的效力及于地上建筑物，但土地使用权与地上建筑物的所有权分属被执行人与他人的除外。由于实践中房地产企业拖欠施工方工程款，会造成银行抵押权、施工方的法定优先权、资产受让方（或房地分离登记政策下的土地他项权利）、买房的自然人业主和实际付款占有人等多个权利的冲突。

法律对权利的公示有很好的矛盾预防作用。但实践中物权法设立的预告登记制度落实不到位，房地统一登记尚没有建立起来，房屋预售登记的定位单一，不动产权利公示信息不畅，不动产善意取得制度在实践中存在认定问题等多种原因，造成多个权利人对标的物主张权利，权利之间冲突严重。

当这些矛盾冲突涌入人民法院时，人民法院对于公示制度有瑕疵造成的公信力不强所产生的各种权利如何裁量平衡，成为了一个难以取舍的难题。

（三）处断措施的局限之一：法律关系交错下的裁判前提不明

1. 刑、民交织是否影响合同效力判断复杂

虚假信贷中有三个合同的效力关系可成为法院考查对象。第一个授信合同，即是要被贷款发放与否评估的交易合同。如买房、买车合同。第二个是与银行签订的贷款合同。第三个是保证第二合同履行的按揭合同。存在虚假按揭贷款合同的效力是虚假按揭民事纠纷所要解决的主要问题。依据最高人民法院《关于在审理经济纠纷案件中涉及经济犯罪嫌疑若干问题的规定》所规定的争议同一法律关系涉嫌犯罪的移送，不同法律关系分别处理的方法。虽然骗贷的行为并不必然导致合同无效，但刑事审查所查明的事实即“合同相对人或其工作人员参与犯罪”可能作为认定合同效力的倾向性意见。[1] 在判断合同效力前要等待刑事程序的结论，这样处理虚假信贷的民事争议中止时间过长。由于刑事程序滞后性和严苛性，“合同相对人或其工作人员参与犯罪”较难以被认定，加之金融机构家丑不可外扬的护短心理和内部考核需要，无特殊情况其则

① “第三种观点认为应以合同相对人或其工作人员参与犯罪与否为标准进行划分。合同相对人或其工作人员参与犯罪的，对该单位与合同相对人之间签订的合同应当认定无效；合同相对人或其工作人员没有参与犯罪的，对该单位与合同相对人之间签订的合同不因行为人构成刑事犯罪而认定无效。我们主要是倾向于第三种观点。最高人民法院在《关于在审理民商事纠纷案件中涉及刑事犯罪嫌疑若干问题的规定》（征求意见稿）中也基本体现了这一精神。”参见陕西省高级人民法院民二庭：《关于公司纠纷企业改制、不良资产处置及刑民交叉等民商事疑难问题的处理意见》，载最高人民法院民事审判第二庭编：《民商审判资料选读》2008 年第 2 期。

在民事诉讼中坚持主张合同有效。[①] 只有巨大金额不能追回涉嫌犯罪时的所定的合同才被法院认为是无效的。民事判决的独立审查和违法行为的评价功能没有发挥出来。

同时，政策性的“商事外观主义”解释标准与“合同效力从宽认定”的法律依据[②]适用边界模糊，使贷款合同的效力判断受刑事结论影响的因素越发复杂。

2. 民、行互决牵制司法认定责任程序进行

2010 年 11 月实行的最高人民法院《关于审理房屋登记案件若干问题的规定》（以下简称《房屋登记规定》）第 12 条规定，申请人提供虚假材料办理房屋登记，给原告造成损害，房屋登记机构未尽合理审慎职责的，应当根据其过错程度及其在损害发生中所起作用承担相应的赔偿责任。第 13 条规定，房屋登记机构工作人员与第三人恶意串通违法登记，侵犯原告合法权益的，房屋登记机构与第三人承担连带赔偿责任。其规定的登记机关承担民事责任的方式，使买房的善意取得人可以将房地产商和登记机关作为共同被告提起民事诉讼。如当事人拿到确认违法判决去证明登记错误，进一步获取恶意串通的证据，就有可能提起行政诉讼。

根据最高人民法院《关于审理房屋登记行政案件中发现涉嫌刑事犯罪问题应如何处理的答复》（以下简称《房屋登记涉嫌犯罪的答复》）涉及刑事犯罪移送，和“如果不能确定第三人购买的房屋是否属于善意取得，应当中止案件审理，待有权机关作出有效确认后，再恢复审理”的程序规定。善意第三人还得通过刑事公诉或一个民事诉讼确权，试图揭露恶意串通的事实。那么，善意取得人在依《房屋登记规定》第 13 条追究行政机关的连带责任时，就有可能通过三个有先决关系的诉讼，以达到最终目的。这样在原先

---

① 张炜主编：《住房金融业务与法律风险控制》，法律出版社 2004 年版，第 191～192 页。

② 最高人民法院民事审判第二庭编：《民商审判资料选读》2010 年第 3 辑，人民法院出版社，第 53～55 页。

行政民事交叉审理矛盾没有解决的情形下（焦作房产案“马拉松”式审判，十年多审理，十八份判决），现有诉讼模式又为当事人设立了新的制度障碍。

（四）处断措施的局限之二：过分依赖刑罚作为遏制的最后防线

现实处理中只有在虚假按揭涉及刑事犯罪的情况下，人民法院对虚假按揭资金使用方的处罚才有较统一的处理模式。但单纯的刑事处罚无法形成预防的有效合力。

1. 刑罚应对措施的滞后性

实践中，大规模刑事诉讼通常是在造成银行重大经济损失或贷款数额巨大，资金流向不明，资金实际投向风险巨大，反复催收无果的情况下（或者是领导换届划清责任或内部斗争），向侦查机关立案作为导火索而引发的。

对于刑事程序的发动往往要等到银行或国家利益遭受到巨大损失，引发大规模金融坏账等不可挽回的情形的出现。相对于事前预防功能而言，刑事司法程序表现出了明显的滞后性。

2. 犯罪构成标准的严苛性

刑事审判对于查证标准要求很高，罪名要有具体的主观方面或目的，对于司法机关行使职权较苛刻。且实践中是诈骗还是民事纠纷存在模糊地带。虚假按揭的行为特征是将资金挪作他用，有陆续还贷的事实，加之虚假按揭的主体往往没有表现出占有资金的目的，可能只是涉嫌骗取贷款罪。但《刑法修正案六》中的骗取贷款罪刑罚较轻，罪责不均衡，刑罚阶梯不合理，无刑事积极一般预防的效果[①]，实践中为了达到多退赃的效果，通过解释行为的后果使之符合非法占有的目的。[②] 对虚假信贷的行为以合同诈骗罪定罪处罚。这便为刑事被告提供了一个有力的脱罪理由。在对于在刑事

① 韩友谊：《积极的一般预防》，载《河北法学》第23卷第2期。

② 参见《全国法院审理金融犯罪案件工作座谈会纪要》之（三）关于金融诈骗罪之1. 金融诈骗罪中非法占有目的的认定。

立案后可以将资金周转顺畅，按合同及时部分归还贷款本息的犯罪嫌疑人，多半可以逃脱刑事处罚，案件只做民事纠纷处理。

3. 单向处罚的不均衡性

由于刑事诉讼的进攻性和方向性有特定的所指，刑事责任的被追究方多为虚假按揭的资金获取方，这就存在一个很大的问题：对于资金的出借方如不构成共同犯罪和违规发放贷款罪，则刑事预防和评价机制对此方就失效了。

共同犯罪要求“共同故意”的主观方面，违规发放贷款罪要求行为人有重大违法，违规行为。其所对应的造成虚假按揭的行为范围较窄，难以形成全面有效的预防措施。

同时，对于信用出借人在不构成共犯的情形下，多是以“受害人”角色出现，更无法对其行为进行刑事处罚。

实践中由于面临的问题和处断措施的局限性，对虚假按揭没有起到惩防并举的效果，暴露出很多问题。许多虚假按揭关系人利用法律关系复杂，建筑房地产业资金流大，现金结付多，不易监管的特点从事洗钱或违法经营。更有甚者以自己销售不畅的房屋高报房价并办理虚假按揭贷款，与拍卖、评估机构勾结，在银行实现抵押权时低评，令关系人通过拍卖行以低于市场价买入，再以市场价卖出，以此侵吞金融信贷资本，赚取非法暴利。

对于隐秘日深和乱象丛生、变化渐快的虚假按揭违法行为，如果人民法院仍坚持司法克制视而不见，必将放纵违法行为滋长，不断衍生出更多扰乱金融秩序、危害国计民生的毒瘤。

三、裁判虚假按揭采取的首要方法：立足职权发挥司法能动的诉讼对策

人民法院处理虚假按揭首先要立足运用审判权，积极进行法律解释和制定约束性文件，总结经验发布倾向性意见，对住房金融业务风险控制进行司法能动层面的社会管理创新。

（一）民事责任分担的公平及合理化支持

开发商虽然是实际用款人，但与银行之间并没有合同关系，直

接依据合同判令其承担合同责任，缺乏正当性。个人出借信用应否承担责任，银行的抵押权与买房人的期待权谁的效力强是民事责任公平分配的焦点。

1. 贷款合同有效时的还款责任分配

对于银行知道虚假按揭情形时，银行与实际借款人建立起合同关系，其为贷款主体不适格的银行违规信贷，存在表面的意思表示与隐藏的意思表示两层关系。人民法院可以直接依隐藏合同的效力，确定还款义务人。

在银行不知是虚假信贷的情况下可适用隐名代理的规定审查违规融资行为的合同效力，但在合同有效时应赋予银行解除权。同时，认定个人出借信用是代理行为，因代理行为有过错，即代理违规行为应该承担相应责任。出于个人多与虚假借贷方有隶属关系或所得利益甚小，因此承担限制加重的补充责任。

虚假按揭作为“私贷公用”的一种，要区分个案情况具体分配责任。对此已有了阶段性的经验总结，制定了指导性意见。①

---

① 山东省高级人民法院民二庭《关于合同纠纷审判实践中的若干疑难问题》规定：“六、借款合同的有关问题（十六）对“私贷公用”案件如何进行认定和处理：《合同法》第402条的规定，受托人以自己的名义，在委托人的授权范围内与第三人订立的合同，第三人在订立合同时知道受托人和委托人之间的代理关系的，该合同直接约束委托人和第三人。参照这一规定，如果金融机构签订合同时明知借款人所借款项是由单位使用，或者金融机构与单位之间就个人借款、单位使用存在合意，可以认定单位为借款合同的借款人，由单位承担还款责任。”北京市高级人民法院关于印发《北京市法院关于审理个人购房贷款纠纷案件座谈会纪要》的通知（京高法发［2007］273号）规定：“三、个人购房贷款合同案件民事责任认定问题：（2）借款人明知开发商系以融资为目的以借款人的名义贷款，仍向开发商提供身份证明，并与银行签订借款合同的，由开发商向银行承担偿还贷款本息的责任；借款人虽未参与合同履行，亦未实际占有借款所购房屋，但其帮助开发商套取银行按揭贷款并造成损失，借款人应就其过错向银行承担不超过开发商不能偿还部分10%的赔偿责任。”

最高人民法院《关于审理借款合同纠纷案件若干问题的规定（征求意见稿）》规定：“四、借款合同的效力第14条（提供虚假情况的效力）借款人违反《中华人民共和国合同法》第199条规定提供与借款有关业务活动和财务状况的虚假情况，从而使贷款人违背真实意志签订借款合同，贷款人可以申请人民法院撤销或变更借款合同。”

2. 银行抵押权与善意购房者的权利冲突解决

银行知道虚假按揭时，银行与虚假买房人所签订的抵押担保合同约定的主债权不存在。担保合同无效，抵押登记为错误登记，不可对抗善意购房者。善意购房者可以申请登记机关涂销登记。

银行不知虚假按揭的真相，原则认定抵押合同有效。在抵押公示完全，房屋购买人可知抵押登记而不知时，抵押可以对抗买受人。买受人则依据最高人民法院《关于审理商品房买卖合同纠纷案件适用法律若干问题的解释》第 9 条主张双倍偿赔偿的权利。在抵押公示不完全不能具备绝对的公信力时，执行时应依最高人民法院《关于人民法院民事执行中查封、扣押、冻结财产的规定》第 17 条规定，被执行人将其所有的需要办理过户登记的财产出卖给第三人，第三人已经支付部分或者全部价款并实际占有该财产，但尚未办理产权过户登记手续的，人民法院可以查封、扣押、冻结；第三人已经支付全部价款并实际占有，但未办理过户登记手续的，如果第三人对此没有过错，人民法院不得查封、扣押、冻结。在审查具体案情后令实际买房人拥有实际居住权，以保护自然人的生存权利。

（二）刑事责任均衡和积极一般预防的实现

为了实现刑事责任的均衡确立贷款诈骗罪和骗贷罪之间的联系，人民法院应该提请立法机关出台解释对骗贷罪出现何种情形是可以直接转化成贷款诈骗罪作出“拟制规定”予以明确。在骗贷的危害行为和刑罚之间建立起均衡的罪责。使骗贷罪名在符合法律规定的要求下更好发挥作用，摆脱司法违反罪刑法定的非议。

同时，在骗贷罪的行为结构下建立积极的一般预防模式。即对犯罪建立起“打拉结合”的政策，以符合骗贷罪“能赖就赖，能拖就拖”的特点。在法定刑中建立动态的行为结构方式，确立符合数额犯特征的刑罚。在退赃数额不同的情况下划分法定刑幅度，实现积极一般预防的目的。

（三）行政判决监督与行民复合诉讼建立

行政审判中涉及虚假按揭的问题多是购房权利人要求行政机关办理房屋产权手续，登记机关不办理或买房人认为自己为善意，主张涂销抵押登记所引发的。行政诉讼审查具体行政行为的效力时，按照最高人民法院《房屋登记涉嫌犯罪的答复》，发现违法但有合法权利时只是做出确认违法判决。同时按照《房屋登记涉嫌犯罪的答复》，有法律关系先决的情形，这样不利于纠纷的及时解决。

人民法院作为整体行使审判权，有权将民行交叉问题做一体化处理。人民法院在审理涉及虚假按揭的行民交叉案件时，可以参照知识产权三审合一的经验建立复合诉讼制度。民事纠纷和行政纠纷复合诉讼模式的建立更有利于查清事实，保持判决统一性，解决民事判决和行政判决在认定事实上冲突的可能。这些问题已经引起重视，最高人民法院正在制定《关于审理民商事纠纷案件涉及行政行为和行政诉讼案件适用法律问题的规定》①，希望借其出台能逐步解决行民复合诉讼的前提问题。

对于法院在诉讼内行使职权还可以有许多积极应对措施，如具备专业知识的人民陪审员的参与，加大对审理此类案件人员的财务金融知识培训，建立金融债务履行情况的数据汇总，将疑似案件通告银行业的监管检查机构等等。

四、遏制虚假按揭扩张的必然选择：多方联动惩防并举机制的司法作为

虚假按揭的产生是一个政策导向，制度短板，法律缺位，监管不力，信息不畅等多因素综合作用的产物。虚假按揭直接危害作为银行资金来源的居民储蓄安全，削弱公众对银行体系的信心，埋下诱发金融危机的隐患。

遏制虚假按揭的扩张也并不是单纯依靠司法规制能够完成的任

---

① 最高人民法院民事审判第二庭编：《民商审判资料选读》2010 年第 3 辑。

务。要建立起对虚假按揭惩防并举的预防和惩戒措施，司法要“内外兼修”，让能动的积极行使职权和广泛的联动配合协作综合发挥作用，建立多方的应对措施，着眼于消灭产生虚假按揭的各种苗头性的违法行为。在现行司法权限范围内与其他部门实现互动，对住房金融业务风险控制进行司法联动层面的社会管理创新。

（一）加强信息通报和判决公示逐步建立情报共享机制

人民法院在诉讼中发现的涉及违法线索而与当事人争议事实无关的事项，没有法定职权进一步审查。更有甚者，对于涉及虚假按揭的材料如与庭审事实无关，当事人也往往以涉及商业秘密为由拒绝提供。加之司法不具备执法专业性的特点，司法程序中发现的可疑信息并没有成为执法检查的依据和线索，无形中放纵了一部分违法犯罪行为。

与此对应，行政执法和行业自治由于主动性与监管的常态性掌握大量的执法或行业数据。但这些信息作为公众信息的一部分没有实现相互之间和与法院信息的交互式共享。在涉诉上访高发的现实压力下，人民法院作出判决时要考虑多方面因素，将各种信息汇总做判决的社会风险评估。如对矛盾纠纷的信息没有充分掌握而仓促下判，很难防止法院判决的扩张效力被不当利用，诱发不稳定因素。

为此，要在人民法院、行政执法、行业监管、行业自治四方之间，借鉴人民银行的反洗钱信息管理系统，建立信息交流和信息共享机制。充分评估审判、执法行为的风险和作用，这是实现多方联动惩防并举的前提条件。①

（二）司法与行政对接完善案件受理前后执法、司法配合

人民法院在处理纠纷时具有手段单一，可调动资源有限的局限，作出的判决往往会出现案结事不了的情形。如果不注意判决的

---

① 王洋：《重庆高院联合金融监管部门制定意见　建立处理金融纠纷案件联系协调机制》，载《人民法院报》2011 年 6 月 27 日第 1 版。

公共政策导向功能的实现，在司法权威和司法公信力不高的现实情况下，人民法院尚不能独立担负起定分止争，判到争止的效果。

虚假按揭案件的裁判中法院所要作出的利益平衡关系重大。对于消极作出判决损害法律权威，机械下判影响社会稳定的涉众性案件，人民法院要从立案，庭审，调解，宣判，执行等一系列环节争取行政机关的支持与配合。对于可以调解解决的，尽量不以具有扩张力的法律文书下判。就利益遭受重大损失的当事人，要分析具体原因将此情况告知行政机关予以善后配合，化解不稳定因素。在实现司法行政互动的基础上，更好地化解矛盾，解决争议。①

（三）司法建议制度促使经营风险向管理控制风险转移

从根本上讲，预防虚假按揭是一个金融风险控制的问题，而金融风险控制的主要问题是银行内部管理和法人治理结构健全的机制建设。虚假按揭的比例与严重程度和银行的风控机制，贷款导向政策有很大关系。风控做得好和贷款业务审查严的银行，虚假信贷的情况就比较少。而有的银行把个贷作为任务与绩效工资奖惩则较容易出现虚假信贷的情形，“这再次证明了中国银行业长期以来存在的一个误区：错把规章制度特别是贷款审批制度当成风险防范的内控机制。”②

在现有银行风险控制责任与管理责任相对脱节的情况下，人民法院应通过司法建议制度指出管理中存在的漏洞，依据人民银行与银监会的规章，建议性的作出处理意见，落实管理责任，以促使经营风险向管理控制风险转移，进一步完善金融企业的法人治理结构。

（四）重大可疑案情通报与国家检察、审计权力的启动

虚假按揭案件呈现出区域性多发和时间上集中出现的特点。就

① 参见《西安市人民政府办公厅关于印发西安市金融突发事件应急预案的通知》(2011 年4 月19 日)。

② 载《法人》前沿，http://news.mbevip.com/0803/article_4505_1.html，于2011 年3 月12 日访问。

重大可疑和对区域金融安全和影响社会整体稳定的案件，人民法院应当积极向当地党委和政府通报案情，使决策机关及时掌握辖区内不稳定因素的情况。

人民法院在审理虚假按揭案件发现涉嫌职务犯罪的，可以直接向人民检察院通报，利用检察权的主动性和侦查性查清事实，形成法检联合打击金融腐败和职务犯罪的高压态势。

其次，国家审计监督对经济宏观运行状况具有监测和预警的作用。审计报告的专业性和客观性被党和政府的决策部门给予了很高的信任度。业务上，审计机关对金融部门实行重点专项审计，通过提供专项审计报告的方式，为政府提供专业数据咨询。司法可将一个时期内的案件数据通报审计机关，借助审计权力的启动发现普遍性和规律性问题，以审计报告高度公信、精确分析的特点推动金融体制改革。

结 语

人民法院在裁判虚假按揭引发的纠纷时，要对结合司法职权的内部能动和外部联动两个方面的途径积极化解纠纷。充分认识到面临难题和现有应对措施的局限性，不断在司法权限的范围内开展个人住房业务中的社会管理制度创新，保障房地产业的健康发展，有力化解金融风险，为金融体制改革提供司法推动力。

社会管理创新下的刑事能动司法

姚　斌*

【内容提要】　社会管理创新本质是要求发现新的事物、新的理念、新的规范、新的体制、新的方法，进而做出新的实践。能动司法是推进社会管理创新的必然要求，推进社会管理创新是能动司法的应有之义。能动司法不仅不是对法治精神的偏离，而恰恰是对现代法治发展趋势的积极顺应，更是对司法运行规律的一种尊重。司法保持能动性，以对社会的高度关切，运用各种可能的司法手段，回应或影响社会发展变化，起到正面的规制、引导、教育等功能，这是“创新”的必然要求。因此，要在刑事审判制度、程序改革中注入能动司法的理念。社会管理创新要求刑事审判制度改革必须在司法能动理念下构建多元化解纠纷的机制，切实维护良好的社会秩序。建立刑事和解制度、社区矫正制度、建立案例指导制度、人民陪审团制度、刑事量刑程序的构建、刑事附带民事诉讼调解方法应多元化以及司法管理创新。

法治国家要求国家利用司法手段规制社会生活。因此，司法是法治环境下通过法律实现社会管理和社会控制的最重要最有效手段之一。“在现代社会，司法无疑具有政治属性、法律属性、社会属性等多样属性，但是，从根本上说，司法是国家的一种职能活动，

---

*　西安市中级人民法院刑一庭法官。

是国家行使司法权的活动。”① 社会管理创新作为人民法院积极参与社会建设的有效方式，应当成为当前和今后一个时期政法工作的主要任务。面对社会转型时期不断涌现的新情况、新问题，人民法院如果被动地对社会转型期不断增多的矛盾袖手旁观，或坐等案件纠纷上门，就难以满足社会对法院的需求和期待。如何在刑事审判中推进社会管理创新是值得每一名刑事法官研究和思考的问题。笔者以为，社会管理创新本质是要求发现新的事物、新的理念、新的规范、新的体制、新的方法，进而做出新的实践。能动司法是推进社会管理创新的必然要求，推进社会管理创新是能动司法的应有之义。因此，要在刑事审判制度、程序改革中更新观念，创新、完善诉讼制度、程序。

一、刑事审判理念更新

传统观点认为，司法权是一种判断权，具有被动性，并不主动参与社会管理。“司法权自启动开始的整个运动过程中只能根据当事人的申请包括申请行为和申请内容进行裁判，而不能主动启动司法程序或擅自变更当事人的诉请内容。”② 刑事诉讼中“不告不理”原则即是其体现。进入21世纪，随着公民社会的逐步建立和完善，社会自治功能得到强化，社会管理的主体也日益多元。司法功能也从基本功能——解决争端、化解纠纷发生变化，逐渐扩展到了权力制约、人权保障、政策干预等方面。能动司法提出后，社会各方面对此认识并不一致，有些甚至把能动司法的提出视为我国法治的一种“倒退”。在一些人的理解中，唯有与社会（尤其是与政治）高度隔绝的“司法独立”、机械地墨守法条的“法条主义”才是法治的应有含义和正当形态，然而，笔者认为，但凡遇到“创新”二字，便容易衍生出诸多观念的突破、形式的变革。司法保持能动

① 陈光中、崔洁：《司法、司法机关的中国式解读》，载《中国法学》2008年第2期。

② 刘瑞华：《司法权的基本特征》，载《现代法学》2003年第3期。

性，以对社会的高度关切，运用各种可能的司法手段，回应或影响社会发展变化，起到正面的规制、引导、教育等功能，这是“创新”的必然要求。能动司法不仅不是对法治精神的偏离，而恰恰是对现代法治发展趋势的积极顺应，更是对司法运行规律的一种尊重。

在法律问题的讨论中，我们要注意“一条古老的法学格言说，危险潜伏于定义之中”。[①] 对司法能动的定义不清会发生对能动司法的理解偏误，在西方语境中，司法能动主义是一个多义性的概念，从而也是一个使用较为混乱的概念。“每个人都批判司法能动主义，然而它却是个不确定的概念。”[②] 西方司法能动主义主要包括，第一，违宪审查意义上的司法能动主义。这是以“马伯里诉麦迪逊案”判决为实践标志，主张和坚持司法对于立法、行政等政治行为具有合宪性审查权力的司法意识形态。“对美国司法制度中审判行为的一种见解。司法能动主义者认为上诉法院发挥着实质性和积极的政策导向作用，司法能动主义倡导法官接受新的政策，即便是那些与既定的法律规范和先例不一致的政策。……最重要的是主张法院适用自己的政策优先于那些立法机关和行政机关的政策。这最明显地表现在法院宣告一项政府行为因违宪而无效。司法能动主义还可以把法律规范延伸到为政府行为确立特定的要件。”[③] 第二，实用主义或现实主义意义上的司法能动主义。这是以实用主义或现实主义为其哲学基础的司法能动主义。此种意义上的司法能动主义具有丰富的蕴含和多种实践形态，且有以下特征：（1）在

---

① ［美］卡多佐著：《演讲录. 法律与文学》，董炯、彭冰译，中国法制出版社2005年版，第22页。

② Randy E Barnett, Is Rehnquist Court AnActivist. U. Colo. L. Rev. 2002, p. 1275. 转引自：罗东川、丁广宇：《我国能动司法的理论与实践述评》，载《法律适用》2010年第2～3期。

③ ［美］彼得·G·伦斯特洛姆编：《美国法律辞典》，贺卫方等译，中国政法大学出版社1998年版，第340页。

司法的目的上，把社会目标的实现作为司法的根本追求，主张司法的一切活动都必须从属于社会目标的实现。（2）在司法的依据上，不把法条或先例当然地作为唯一的规范依据，而是充分考量案件所关涉的多种价值、规则及利益，在各种价值、规则及利益中寻求平衡和妥协。（3）在司法的方式上，不是机械地拘泥于某些形式，而是灵便地适用各种方式和方法。（4）在司法的姿态上，法官不是完全被动、消极地面对各项系争事务，而是从有效处理案件出发，自为地实施相关裁判行为。“司法能动主义是指司法机关在审理具体案件的过程中，不因循先例或不遵从成文法的字面含义进行司法解释的司法哲学及基于此哲学的行为，当司法机关发挥司法能动性时，它对法律解释的结果会更倾向于回应时下的社会现实和社会演进的发展趋势，而不是拘泥于现有成文法或先例以防止产生不合理的社会结果。因此司法能动主义意味着法院通过解释对法律进行创造和补充。”① 第三，混合意义上的司法能动主义。笔者以为，当下中国语境中的能动司法主要与实用主义意义上的司法能动主义相重合。实用主义意义上的司法能动把司法活动及过程的目的直接设定于对外部社会目标的追求之上。它否弃法条主义有关法条已经涵括了公平、正义等社会价值和目标的预设，从司法运作的真实状况出发，回复并尊重司法运作的实践逻辑，把追求外部社会目标作为司法第一性的因素；相应地，把法律适用视为从属于追求这些社会目标的手段或方式。司法不只是一个把法律适用于具体事实的程式化活动，更是实现其社会功能、追求社会整体利益的具体实践。“能动主义司法的最终目的在于将国家政策贯彻到法官的审理的案件之中。”② 允许法院或法官在某些特定情况下不受既定法条或先

---

① Black, Henry Campbell, Black Law Dictionary, 8th ed. West Publish Co. 2004. p. 862.

② ［美］米尔伊安·R·达玛什卡著：《司法和国家权力的多种面孔》，郑戈译，中国政法大学出版社 2004 年版，第 130 页。

例的约束。即使“有法可依”，但当依照既定法条或先例不能有效地达及或实现司法所希求的社会目标和社会功利时，司法能动主义亦允许法院或法官在裁判时不受其拘束。强调司法必须与社会发展变化保持同步，以对社会的高度关切，并以各种可能运用的司法手段，回应社会在不断发展变化中形成的需要。不应因坚守法律的确定性而影响司法对社会情境的适应。在解决法律与外部社会变化这一矛盾方面，无论是出于对立法过程复杂性、时滞性的理解，还是基于对司法责任的认知，抑或对司法自身能力的自信，能动主义者都不把希望完全寄托于立法，而是主张通过司法过程直接克服这种矛盾，“通过司法过程的固有力量，来恢复平衡，”①“解释成文法时，涉及当代的社会、经济关系时，必须依据其术语在当代的涵义。”在具体的司法活动中，将“某个法律关系的社会与经济目标作为讨论的起点”，“对法官而言，正确评价当事人之间的法律关系的经济与社会目标，这一职责要比某部法律所宣告的特定规则更具确切的指导意义。”②

从克服法律固有属性所附随的缺失与局限来看，中国或许是最需要实行能动司法的国家。首先是我国地域广阔而发展极不平衡，法律适用的对象、情境的差异甚大，法律的普遍性和统一性始终面临着各种差异性要求的挑战。其次，近几十年以至今后较长一段时间中，我国都处于社会转型以及社会快速发展时期，法律所对应的社会背景不断发生新的变化，从而使法律的实际生命周期显得十分短促，法律很难保持其应有的稳定。这在很大程度上加大了对能动司法的需求。过去几十年中，我国法治是沿着一条追仿型进路而行进的，在此过程中，依照传统法治理论所描绘的法治图景，并根据对西方法治社会的理解与想像，在我国各种现实条件的制约下，推

① ［美］卡多佐著：《演讲录．法律与文学》，董炯、彭冰译，中国法制出版社2005年版，第22页。

② 同上注。

进着法治的具体实践。这种法治进路体现在司法层面上则是对西方司法一些制度及形式的仿效，并由此成为我国司法的主导性发展方向。如“还权于合议庭”表象后是对司法独立性的强调，抗辩式诉讼制度的引入，严格的证据规则的确立，对司法裁判的重视而对诉讼调解的相对弱化，为塑造司法权威而突出司法在社会纠纷解决中的核心地位，法袍、法槌这些仪式化、象征化器具的运用，以及未及实行的法官精英化路线等等。但是“还权于合议庭”的结果不仅没有排除外部社会力量对审判过程的不当影响，却割断了司法与社会联系，损伤了司法对社会功能的承载。抗辩式诉讼制度的引入以及严格证据规则的确立固然在很大程度上体现了诉讼活动的特性，也为审判行为提供了一定的规范，但在我国当事人诉讼能力普遍较弱，且主体间差异甚大的情况下，抗辩式诉讼制度和严格证据规则所产生的实际效果在许多情况下背离了制度设计的初衷，形式上的公平所带来的是实际上的更不公平。强化裁判而弱化调解，以及突出司法作用而相对淡化其他纠纷解决手段的取向，同样在一定程度上脱离了我国社会现实，与解决社会矛盾纠纷的实际要求不尽相符。“到本土经验以外寻找新的启迪的过程中，承担着改革重任的各国法律家们总是很容易为一些他国的制度设计所吸引，因为这些制度可能体现着较为健全的原则或者表现出良好的意图。但是，匆忙将这些制度纳入到本国法律体系之中的做法可能容易导致不尽人意的结果。改革的成败主要取决于新规则与某一特定国家的司法管理模式所根植于其中的文化和制度背景的兼容性。”① 在刑事审判中提出能动司法，实际上也是对当前我国司法发展方向的适度调校。司法的表象是处理社会矛盾和纠纷，制裁违法犯罪，但实质上是调整和调节人与社会以及人与自然的关系，尤其是在人与社会、人与自然的关系中建立起恰当的规则。当下我国司法所面临的社会

---

① ［美］米尔伊安·R·达玛什卡著：《司法和国家权力的多种面孔》，郑戈译，中国政法大学出版社 2004 年版，第 130 页。

纠纷具有一个重要特性，这就是社会纠纷中往往蕴含着基础性社会矛盾。[①] 这些社会纠纷具有这样的特点：一是纠纷（或案件）虽然直接发生于个别主体或存在于个别主体之间，但纠纷中潜含着某个或某些群体及阶层间的对抗，处理不当自然很容易引发群体性的社会冲突；二是纠纷虽然直接指向的是某个具体的当事人，但往往暗含着对社会管理者的不满；三是纠纷的诉求虽然多数不涉及政治内容，但或多或少带有一定的政治色彩，尤其是在进一步激化后，最终往往会体现出很强的政治属性；四是这些纠纷与其他衍生于基础性社会矛盾的纠纷具有同源性，因而很容易借助于某一具体纠纷而叠加和聚合。若以常规性思维和方式很难恰当地应对和处理前述这类纠纷，尤其是机械地适用法条、简单化对案件作出评判，不仅不能消除具体的纠纷，而且还可能引致更大、更严重的社会冲突，进一步扩大和激化基础性社会矛盾。能动司法的提出也是希望为这些“非常规性纠纷”的妥善、有效解决提供一种理念和思路。

由此可见，在刑事审判理念中体现能动司法，具有很强的现实理由和依据。中国的能动司法主要是指司法的方式方法、司法人员工作作风、法院的工作延伸问题，当然也在一定程度上涉及法律解释方法、裁判理论问题。能动司法要求刑事法官在审理刑事案件时不应该刻板地遵守法律，而应该有效化解矛盾，满足司法需求，回应社会期待，以积极的态度介入社会生活，把握社会矛盾纠纷发展态势，主动犯罪的成因、特点及法律解决的办法，弥补法律与现实之间的空白，预防和减少犯罪的发生；同时要求法官在审理中附带民事诉讼案件发挥主观能动性，学会做群众工作，为世俗社会和普通百姓提供司法保障和服务，切忌机械地适用法律条文，书呆子式

① 即指反映我国阶层及群体间主要对抗，对我国社会发展和社会稳定具有深层次影响的社会矛盾，如城乡矛盾、贫富矛盾、干群矛盾、民族矛盾等等。这些矛盾的形成主要与我国社会转型期间发展失衡、公共政策失当，特别是利益分配不均衡等问题具有重要联系。

地断案。宣判后，还应对被告人、被害人及其家属耐心解释说明定罪、量刑的事实和法律依据。

二、刑事审判制度创新

我国正处于深刻变革的进程之中，由各种利益冲突引发的社会矛盾纠纷日益增多。法院应当更加注重解决影响社会和谐稳定的源头性、根本性、基础性问题，司法适度主动，适度柔性，契合变革时代涉诉矛盾纠纷化解的客观需求，着力化解涉诉矛盾纠纷。社会管理创新要求刑事审判制度改革必须在司法能动理念下构建多元化解纠纷的机制，切实维护良好的社会秩序。

1. 刑事和解制度的构建。刑事和解（Victim – Offender Medition），是在犯罪发生后，经由调停人（通常是一名社会自愿人员）的帮助，使被害人与加害人直接商谈，解决刑事纠纷，其目的是为了恢复被加害人所破坏的社会关系，弥补被害人所受到的伤害，以及恢复加害人与被害者之间的和睦关系，并使加害人改过自新、复归社会。刑事和解理论基础源自西方国家的“恢复性司法”理论。“恢复性司法”（Restorative Justice），是指在 20 世纪 70 年代开始在西方兴起的刑事司法运动。按照普遍接受的看法，恢复性司法是对犯罪行为做出的系统性反应，它着重于治疗犯罪给被害人、犯罪人以及社会所带来或所引发的伤害。相对于传统的刑事司法而言，恢复性司法将重点放在对被害人的经济补偿、被害人与犯罪人关系的修复以及被害人重新回归社会等方面。① 刑事和解制度的引入会彻底改变我国刑事司法传统中缺少被害人保护的不利局面，同时，也能够为行刑社会化提供一种新的思路。刑事和解的首要价值在于被害恢复。传统的刑事司法制度注重有罪必罚，强调对有罪者刑事

---

① 参见［美］丹尼尔·W·凡奈思著：《全球视野下的恢复性司法》，王莉译，载《南京大学学报》2005 年第 4 期；Howard Zehr，Changing Lenses：A New Focus for Crime and Justice，Scottsdale，PA：Herald Press，19901.

责任的有效追究。对于那些“有证据证明有犯罪事实、可能判处有期徒刑以上刑罚”的轻伤害案件、过失犯罪案件，检察机关通常都会批准逮捕和提起公诉，法院也通常都会作出有罪判决。而被告人一旦被作出有罪判决，往往对经济赔偿问题也采取极为消极的态度。结果，法院不仅在附带民事判决中难以要求提供较高数额的民事赔偿，而且也根本无法保证这样的民事赔偿能得到有效的履行。这种在判决中过于迁就被告人、对判决中的执行十分不力的情况，造成被害人心理失去平衡，对司法机关产生失望甚至不信任的情绪。一些受到犯罪人的侵害而存在身心创伤的被害人，由于不满法院的裁判和执行结果，往往会向上级国家机关提出申诉，或者前往省级国家机关甚至中央国家机关进行越级上访。而这种申诉和上访活动往往会对社会的和谐稳定产生一定的消极影响。刑事和解能够使得被害人与加害人面对面进行交流，被害人能获得加害方真诚的道歉和谢罪，同时也有了获得高额经济赔偿的可能。只要双方达成和解协议，并能顺利的履行，被害人通常都会平息愤怒，消除对加害人的怨恨，心平气和地接受自己亲自争取而来的非刑事化处理方案。在这种情况下，被害人提出申诉和进行上访的可能性也就微乎其微了。刑事和解的另一基本价值是加害恢复。中国的刑事和解制度，可以建立为加害方与被害方自行和解、司法调解和人民调解委员会调解等三种模式。“加害方——被害方自行和解模式”，是指嫌疑人、被告人在认罪悔过的前提下，与被害人经过自行协商，就经济赔偿达成书面协议，使得被害方不再追究加害人刑事责任的纠纷解决方式。检察机关经过认真审查后，可以接受双方的协议和被害人的请求，对嫌疑人、被告人不起诉或者建议公安机关撤销案件。“司法调解模式”，是指司法人员通过与加害方、被害方的沟通、交流、教育、劝解工作，说服双方就经济赔偿标准、赔礼道歉等事项达成协议，从而促使被害方放弃追究刑事责任的纠纷解决方式。实际上，我国一直将调解作为一种常规性的司法制度和司法方式。“人民调解委员会调解模式”，是指公检法机关对于那些加害方与被害方具有和解意愿的轻伤害案件，委托基层人民调解委员会进行调解，对于经过调解达成协议的案件，可不再追究加害人的刑事责任。

2. 社区矫正制度的建立。社区矫正是与传统的监狱矫正相对而言的一个概念。在社会转型过程中，犯罪多样化，需要罪犯矫正模式多样化。传统矫正模式由于未能充分考虑罪犯的不同社会需求，随着社会发展、文明进步、人权以及人性化矫正需要提出，传统矫正模式的局限性也日益暴露出来。社区矫正是指将符合条件的罪犯置于社区内，由专门的国家机关、社会团体和民间组织以及社会志愿者的协助下，在判决、裁定或决定确定的期限内，矫正其犯罪心理和行为恶习，并促进其顺利回归社会的非监禁刑罚执行活动。做好社区矫正工作，不仅有利于落实党的改造罪犯政策，提高教育改造工作质量，加强和完善社会主义法制建设，更有利于巩固党的执政基础，维护社会长治久安。推行社区矫正工作，是依法治国，以德治国方略的具体体现，是推进社会主义法治建设和精神文明建设，促进社会稳定、社会进步的一项重要举措，是充分运用社会机制，整合社会资源，加强对缓刑、管制、剥夺政治权利、假释及监外执行等各类对象管理和改造的一条重要途径。社区矫正，是"轻轻重重"刑罚发展趋势在刑罚领域的具体体现，是顺应我国刑罚结构改革，实行人性化非监禁的刑罚执行的必然要求；社区治理，是公民社会主体地位的体现，是顺应我国行政体制改革，建立服务型政府，加强公民民主意识的必然要求，二者的建设都是当下国情的迫切要求。社区矫正从本质属性上讲是刑罚执行工作，但从工作理念、工作主体、工作目标和工作方法来看，社区矫正同时又是以恢复犯罪人社会功能、帮助犯罪人重新社会化的社会工作。社会工作是"国家和社会解决并预防社会成员因缺乏社会生活适应能力、社会功能失调而产生的社会问题的一项专门事业和学科。它的性能是通过社会服务和社会管理，调整社会关系，改善社会制度，推进社会建设，促进社会的稳定发展。”① 由于我国社会尚处于转型过程之中，二元结构社会虽初见端倪，但尚未发育成熟，在国家政治控制减弱之后，相应的社会自治机制没有及时跟进，而传统的村委会、居委会等基层组织的社会整合能力削弱，社区矫正制度的建立会使国家大力扶植社区的发展，积极推进社会自治机制的完善，从而鼓励各种民间力量参与对罪犯矫正事业。

3. 建立案例指导制度。从社会管理的角度看，我国的司法不仅具有解决个案争端的功能，而且具有对社会行为进行引导、示范、评价和规制的功能。同样，我国的这种司法功能作用的发挥，既有隐性的，也有显性的。司法审判在依法惩治刑事犯罪的同时，通过对法律秩序的维护，发挥着对社会主流价值观和行为模式的引导功能。司法功能不仅限于解决纠纷，个案裁决可以超出具体案件的范畴，对该纠纷所涉及的社会问题在解决思路和解决方式上必定会产生示范效应，从而为相关当事人自行协商解决纠纷提供思路和参照。通过司法审判对某种行为在法律上做出肯定或否定性评价，有助于强化社会的法制观念和规则意识，引导人们对司法公正和社会公平正义的认同，促进社会秩序的和谐与稳定。人民法院还通过司法解释、司法政策、案例指导等形式，运用法律解释、法律拟制、法律推理等法律技术，丰富法律规范、确立行为规则、加强社会管理。因此，探索建立刑事司法案例指导制度，是当前我国司法改革的一项重要内容。2005 年，最高人民法院发布《人民法院第二个五年改革纲要》，明确提出要建立和完善案例指导制度，把案例指导制度作为“建立法院之间、法院内部审判机构之间和审判组织之间法律观点和认识的协调机制”之一，以“统一司法尺度，准确适用法律”。建立案例指导制度有助于强化上级司法机关对下级司法机关执法办案工作的监督和指导；有助于弥补司法解释之不

① 张昱：《社区矫正中刑罚执行与社会工作的统一性》，载《社会工作》2004 年第 5 期，第 11 ~ 14 页。

足。司法解释虽然在一定程度上克服了成文法的缺陷，为正确理解和适用法律提供了明确、具体的指引，但是，司法解释也仍然是一种抽象性解释，不能摆脱作为一般规则必然具有的原则性和局限性，还存在一个需要统一理解和执行的问题；建立案例指导制度有助于提高司法工作效率，节约司法资源。先例的指导作用在人类的认识活动中是自然存在的，遇见难题，人们习惯于去寻找此前的处理办法；遇见利益分配，习惯于与其他类似情况的处理做横向比较。“寻求先例的冲动存在于任何官员的行为之中，不考虑他是否需要，也不顾及先例是否存在。”①

4. 建立人民陪审团制度。推进社会管理创新，必须要察民情、知民意、听民声。为此，要加强司法公开，通过行之有效的方式，及时了解人民群众对社会管理创新的需求，及时发现社会管理中存在的漏洞，引导当事人依法有序表达诉求，及时有效解决人民群众关心的问题。当前，司法权威不彰、司法公信力不高的问题十分突出，要走出困境，必须进一步解放思想，进行制度创新。“现代社会发展过程中，其社会个体抵御和排除自身对安全感到恐惧的主要方法，就是依赖国家通过传统的方法建立起来的一套完整的安全防御制度。对这种制度的依赖，造成社会公众逐渐将排除不安全感和恐惧的思维方式和行为模式发展成为他们日常的思维方式和行为模式。”② 借鉴域外经验，总结国内相关实践经验，探索建立有中国特色的人民陪审团制度，有利于拓宽人民群众参与和监督司法的渠道，依靠人民群众监督和支持实现司法公正。我国司法实践也表明，没有人民群众的参与和支持，就难以提升司法公信力，也难以保障实现司法公正。刑罚裁量不仅因为它涉及刑法和犯罪学是一个

---

① ［美］卡尔·卢埃林：《布满荆棘的丛林》，载［美］博西格诺等著：《法律之门》，邓子滨译，华夏出版社 2002 年版，第 6 页。

② Anthony Giddens. Modernity and Self—Identity：Self and Society in the Late Modem Age（M）. Cambridge：Polity Press，1991.

政治性问题，而且因为它涉及国家立法、司法以及行政机构对犯罪做出反应的方式是否合理有效和富有理性，从而成为影响公众形成对社会犯罪状况、法律秩序以及自身安全的基本情绪、感觉和态度的重要因素。因此，量刑政策的任何变化和发展都会引起公众的广泛关注。建立人民陪审团制度，就是让人民群众越来越广泛地参与司法，让民意有序进入司法、监督司法，体现宪法所规定的人民主权原则，有效保障公民权益。相对于人民群众参与司法的强烈需求，一方面，制度化的听取、吸纳、引导民意的有效渠道尚不健全，一些正确意见和建议得不到采纳，另一方面，一些非理性和无序化的舆论，对司法审判形成一定的干扰，这都损害了司法权威。实行人民陪审团制度，将司法吸纳民意以法律制度进行规范，让社会不同阶层的公民参与司法审判，行使一定的裁判权，可以扩大公民有序政治参与的领域，将促使公民更为理性地表达民意，破除司法的专业垄断和司法神秘。人民陪审团制度具有增强社会法治意识、保障司法公正、提升司法权威的重要作用。人民陪审团制度使更多的公民有机会直接参与审判。陪审团成员在参加审判的过程中，必然受到司法专业人员分析问题的思路、方法的影响，有助于增强社会整体的法治意识，推进法治社会建设的进程。陪审团成员以普通民众的身份参与审判，把社会常识、常理、常情带入司法裁判过程，有助于增强社会对司法判决的认同，缓解司法和社会的紧张关系，从而有效提升司法权威。

三、刑事审判程序的完善

1. 刑事量刑程序的构建。自进入 21 世纪以来，量刑规范化改革成为刑事司法改革的一项重要内容，人民法院《二五改革纲要》和《三五改革纲要》相继提出“健全和完善相对独立的量刑程序”、“将量刑纳入法庭审理程序，研究制定《人民法院量刑程序指导意见》”。在我国现阶段，进行量刑程序改革，主要是转变人们长期以来形成的“重定罪、轻量刑”、“重实体、轻程序”、“重打击、轻保护”等传统观念和做法，做到“定罪与量刑并重”、“实体与程序兼顾”，切实贯彻落实“宽严相济”刑事政策。在审判阶段，要将量刑活动纳入法庭审理程序，注意调查量刑事实，允许控辩双方发表量刑意见并展开辩论，法官在判决书中说明量刑理由，充分重视控辩审三方在量刑活动中的地位和作用，确保控辩双方以及其他与量刑结果有关的主体能够有效、充分地参与量刑活动，充分发挥其诉讼职能，进一步促进量刑活动的公开性、参与性和公正性。在有效规范法官自由裁量权方面，有实体控制与诉权制约两种方式，前者是指通过制定量刑指导意见，统一量刑标准，促使法官对犯罪行为和量刑情节进行量化分析，但这容易带来量刑机械化，导致完全剥夺法官自由裁量权；后者是指通过建立专门的法庭审理程序，确保控辩双方通过举证、质证和辩论、扩大控辩双方对司法裁判过程的有效参与，来制约司法裁判权的诉讼制度。后者无疑是我们量刑程序的改革方向。建立相对独立的量刑程序，可以实现量刑程序的公开与公正。通过控辩双方当事人积极参与、平等协商和相互抗辩，实现量刑程序的公开化、透明化，保障量刑信息的全面性与准确性。通过当事人双方庭审前的证据调查和证据开示活动，特别是辩方有机会提出公诉方较少关注的酌定量刑情节，为法庭提供充分的量刑信息，约束法官自由裁量权的行使，保障被告方辩护权的充分行使。量刑答辩程序使控辩对抗原则不仅在定罪上，而且在量刑上能得到贯彻，提高被告方的诉讼地位和防御能力，增加量刑过程的透明性与公开性，促使当事人服判息诉，有助于通过体现程序正义化解矛盾，有助于保障被害人的充分参与权。

2. 刑事附带民事诉讼调解方法多元化。在构建“和谐社会”的大形势下，人民法院正逐步摆脱国家暴力机器的简单定位，实现向担任社会纠纷解决中心的职能转变。平息和化解各种利益纠纷和冲突，调整社会关系，稳定社会政治经济秩序，成为人民法院参与社会管理的首要任务。人民法院通过能动司法，以积极的姿态主动介入社会管理，解决、化解和预防矛盾纠纷，最大限度地去增加和谐因素，最大限度地减少不和谐因素，营造和谐稳定的发展环境，为社会管理创新打牢根基。因此首先要求刑事法官在思想上要牢固树立司法为民理念，不断强化调解工作意识。不仅要从保护被害人合法权益、维护社会稳定方面来开展调解工作，还要上升到“司法为民”的高度来认识，在办案过程中追责与化解矛盾并重，克服“厌调”情绪，促使双方当事人和解，达到服判息诉的目的，实现法律效果和社会效果的双统一。其次，在调解过程中要加强公、检、法三机关的配合。除人民法院在案件审理中可以调解外，公安机关、人民检察院在刑事案件的侦查、起诉阶段针对被害人提出附带民事赔偿请求也应当积极调解，最大限度地拉长调解链条和时限。再次，调解方法多样化。在法官调解时，要根据不同案件的特点采取不同的调解方式。对于对立情绪较小的双方当事人，可采取“面对面”的方式，让被告人主动赔礼道歉，化解矛盾；对于被害人情绪不稳定，双方积怨较深，矛盾激化的案件，法官可采用“背对背”的调解方式，并可拖长双方的考虑期限，使其情绪“冷”下来再行调解。对被告人要从情、理、法等多方面对其进行教育，让其正确认识自己行为的性质和后果，为调解做好铺垫和准备；对其被告人家属要督促其筹措资金，想方设法积极赔付被害人的经济损失，为调解打下坚实基础，并向他们宣传法律相关规定，打消他们不合理要求的念头，主动配合法官的调解工作。总之要让调解工作根据不同的对象，不同人的心理特征，因人制宜，对症下药，帮助双方当事人寻找利益的共同点，在双方当事人之间进行斡旋，尽力消解一方对另一方的怨气，促使当事人进行换位思考，使双方的立场逐步靠拢，最终达成调解协议，获得双赢的结局。同时要根据不同性质案件实施不同调解模式，如（1）对于因婚姻家庭、邻里纠纷等民间矛盾而引发的刑事附带民事诉讼案件主要适用当事人为主导，人民法院积极参与、正确引导的诉讼调解模式。（2）对于有预谋地实施杀人、抢劫、绑架等恶性犯罪案件引发的附带民事诉讼案件主要适用人民法院主导，当事人参与的诉讼调解模式。最后，借助社会力量，适当扩大调解参与人的范围。《民事诉讼法》第 87 条规定：“人民法院进行调解，可以邀请有关单位和个人协助。被邀请的单位和个人，应当协助人民法院进行调解。”这条规定对于人民法院的调解工作提供了更广阔的思路。当调解出现僵局很难继续推动时，如果能够邀请当事人的一些亲朋好友，或者所在街道、居委会、村委会的干部，一些在当地有影响力的人大代表、政协委员、党代表等参加调解，利用他们贴近群众、熟悉情况、威信较高的优势，来软化当事人之间的对抗，往往能收到良好的效果，如人民陪审员是参加调解的最好人选。人民陪审员往往从事基层工作，有丰富的工作经验，他们可以利用自身的优势，结合法律知识，入情入理做好双方当事人的思想工作，开展调解。同时，也可以利用村、镇、街道等基层组织的力量，他们与法官相比更贴近群众、工作方式也与法院有别，可以软化当事人之间的对抗性，增加调解的成功率。

3. 司法管理创新。管理首先是服务，社会管理创新，要把保障和改善民生作为一切工作的出发点和落脚点。要着眼人民群众需求，以群众呼声为第一信号。人民法院要积极推行诉讼引导、举证指导、权利告知、风险提示、判后答疑等司法服务措施，坚持就地立案、就地审理、巡回审判、简易纠纷速裁等便民利民诉讼制度，减少群众“讼累”，减轻群众的经济负担，使群众得到更加周到的司法服务。大力加强司法救助和法律援助工作，建立各项司法救助基金，落实刑事被害人救助和特困群体执行救助制度，对生活确有困难的当事人予以必要的生活救助，使弱势群体得到更多的司法实惠。要畅通民意沟通和表达机制，高度重视涉诉信访工作，完善信访工作机制，妥善处理群众信访中反映的热点、难点问题，努力实现“案结事了、群众满意”的目标。要进一步加大司法建议工作力度。司法建议制度是司法机关对在司法活动中发现的、不属于司法机关处理的问题，向有关机关或单位提出的解决问题的意见和建议。它是中国特有的司法制度，是人民法院主动参加社会管理的重要手段。实践证明，人民法院积极开展司法建议工作，不仅有利于有关单位和部门及时有效地堵塞工作中的漏洞，弥补工作过失，健全各项规章制度，预防和减少各种违法犯罪及各种纠纷的发生，而且有利于引导单位和个人更好地知法、懂法、守法，在客观上起到法制宣传的作用，真正达到审理一案、教育一片的目的。“有为才有位”，法院只有真正重视这项工作，才能有效扩大办案的社会效果，积极促进社会各方遵守宪法和法律。

和谐司法视野下的刑事审判研究

——以社会管理创新为视角

王全谋*

【内容提要】 稳定是和谐的基础，和谐是稳定的最高境界。在构建社会主义和谐社会的时代背景下，司法不仅应以和谐为最终目标，而且要以和谐为现实考量标准。具体到刑事司法领域，就是坚持宽严相济的刑事政策，减少社会不稳定因素，化解矛盾，消除恩怨，使被破坏的社会关系得以修复，真正实现案结事了。然而，我国现有的刑事司法制度已经不能完全适应构建社会主义和谐社会的现实需要，有必要从社会管理创新的思路出发，把握刑事审判的规律，充分发挥法官的主观能动性和刑事审判本身的功能，能动司法，服务大局，给社会管理注入新的生机和活力。

当前，我国正面临经济社会发展的战略机遇期，也面临社会矛盾凸显期，各种社会矛盾错综复杂，不和谐、不稳定因素增多，构建社会主义和谐社会成为各项工作的重中之重。构建社会主义和谐社会，就是要妥善解决社会纠纷，化解社会矛盾，稳定社会秩序。① 司法权作为至关重要的执政权，是党领导人民通过法律控制

---

* 西安市中级人民法院刑一庭法官。

① 参见甄贞、汪建成主编：《中国刑事诉讼第一审程序改革研究》，法律出版社2007年版，第489页。

和管理社会事务的重要渠道和方式。作为国家法治形式主体的人民法院，是党领导下的国家审判机关，通过施行法律，裁断纠纷，制裁违规，示范规则，维护社会公平正义，本身就属于社会管理的职能机关，是社会管理的重要主体。[①] 因此，在深入推进社会管理创新方面，人民法院责无旁贷。作为人民法院的最重要的职能之一的刑事审判，其任务就是“惩罚犯罪，保护人民，保障国家安全和社会公共安全，维护社会主义社会秩序”，这既是社会管理的重要内容，又是社会管理的重要方式。

一、刑事审判应以构建社会和谐为终极目标

犯罪是和平时期最为严重的社会现象之一，处理不好，很可能引发新的矛盾并产生连锁反应，并进而影响我国的社会稳定。刑罚是人类用以对付犯罪的最古老、最严厉，也被认为是最有效的手段。刑事审判是一种由法院代表国家对被告人是否犯罪、是否承担刑事责任以及承担什么样的刑事责任问题进行审理并作出权威裁判的活动。[②] 在人民法院参与社会管理、解决社会矛盾的诸多手段中，刑事审判是最具强制力的手段，其在推动社会管理创新中的地位十分重要、不可替代。妥善地处理犯罪问题，是化解社会矛盾、解决社会纠纷的重要方面，直接关系到和谐社会的建设，体现国家的社会管理、控制能力和司法机关执法水平的高低。

长期以来，我国在社会治安和对犯罪的处理方略上，更多地强调“严打”及以高压态势对待犯罪，这在特殊背景下当然是值得肯定的。刑罚作为一种“以恶制恶”的手段，虽然具有正义的基础，但它的适用也存在着难以克服的内在缺陷，一方面要改造罪

---

① 参见董治良：《人民法院的社会管理职责》，载《人民法院报》2010年11月24日，第8版。

② 参见甄贞、汪建成主编：《中国刑事诉讼第一审程序改革研究》，法律出版社2007年版，第1页。

犯，另一方面却又将罪犯关进监狱，而监狱这种封闭的环境，不仅不利于再社会化，还常常面临将其“监狱化”的危险。一味地强调“严打”及不加区别地对犯罪采取高压态势，无疑已经不能适应当前正确处理犯罪问题的需要。也正由于此，刑罚不仅没有随着犯罪恶性的不断增加而变得严厉，相反却越来越温和。轻刑化、非监禁化是刑罚发展的必然趋势。随着人类文明程度的不断发展，以修复被犯罪破坏的社会关系为目标的司法模式——恢复性司法在我国司法实践领域悄然破冰。轻微刑事案件的和解，不仅使被害人得到了经济上的补偿，而且也可以使被告人摆脱牢狱之灾，双方矛盾化解，恩怨消除，被破坏的社会关系得以修复，真正实现案结事了。构建和谐社会的理论，将使刑事司法产生根本性的变革，对非对抗性的犯罪在依法惩治的同时更加注重社会矛盾的化解。这就要求我们准确把握现阶段我国社会矛盾的规律和特点，切实将执法办案与解决矛盾纠纷紧密结合起来，切实改变简单处理案件而不重视解决矛盾和问题的做法。

刑事审判的和谐构建是社会主义和谐社会建设的重要组成部分。刑事审判是保障公平正义的最后一道防线，它不仅是处理我国经济转轨时期大量的严重矛盾的关键途径，而且在更高层面上还是构建社会主义和谐社会的法治基石，起着打击犯罪、稳定社会、保障人权、缓和矛盾的重要作用。

在刑事司法领域，人类对司法目的的认识经历了一个由报应司法到矫正司法转变的过程，和谐司法是扎根中国传统优秀文化和借鉴国外法治文明的背景下提出的社会主义法治理论的重要组成部分。在刑事审判的思想观念上，必须将过去长期遵循的国家本位一元化的观念，转化为国家、社会和个人三位一体的思想。在这种思想观念的指导下，必须认识到刑事审判要从权力治人转向权利保障，确保刑事审判中权力和权利和谐运行。

总之，刑事审判的立足点是惩处犯罪，而着眼点则是通过化解犯罪引发的各种社会矛盾，恢复正常的社会秩序，从而达到化解社会矛盾，促进社会和谐，维护社会稳定、实现国家长治久安的目的，这是刑事审判的终极职能。

二、实现和谐刑事审判必须进行制度创新

鉴于我国当前犯罪态势严峻、司法资源有限、刑事诉讼机制设计不科学、司法机关诉累过重、司法效果不佳等国内形势，以及我国入世后各项制度政策同国际接轨的步伐逐渐加大、刑事审判制度国际化趋势迫切眉睫的国际形势，应以科学发展观和开明的态度对待我国的刑事审判制度，要使新时期的各项刑事审判制度充分体现和谐社会的内涵和要求。

因此，应当结合我国国情与司法现状，科学地借鉴西方国家科学合理的刑事诉讼机制，因地制宜，扬长避短，取其精华，为我所用，创建出一系列以审判程序为中心的和谐高效的刑事诉讼秩序。

（一）推行刑事和解，修复被犯罪破坏的社会关系

在传统的观念中，犯罪被视为犯罪者个人对国家利益的侵犯。刑罚是一种公权，对犯罪人的追诉只能由国家进行，而不允许和解。作为真正受犯罪影响的被害人在诉讼中的作用被弱化，诉求被忽视。理论和实务界关注的热点也基本上都偏重于被告人权利的保障，被害人则处于边缘化的地位，甚至不能享有像犯罪人那样的保护。司法实践中，许多轻微刑事案件，都是民间纠纷引起，犯罪人与被害人的关系纽带并没有完全被打破，经过和解，常常握手言和，被破坏的关系完全可以修复。在这时，如果还要动用刑罚解决问题，既不符合双方当事人的利益，也与构建和谐社会的大背景格格不入。因此，刑事和解被有作为的司法者引进，并在实践中解决具体案件。刑事和解是指在刑事犯罪发生以后，在侦查、起诉、审判和执行各阶段，依托刑事司法机关的职能，在中立的调解人的主持下，被害人和加害人进行协商，加害人以认罪、赔偿、道歉等方式取得被害人的宽恕，以达成和解，协商结果影响到刑事处分措施

的制度。[①] 刑事和解作为一项旨在恢复被犯罪所造成的破坏，通过沟通、赔偿最终解决刑事纠纷的机制，为我们多元化处理轻微刑事案件提供了思路。[②]

刑事和解的价值在于有利于更好的维护被害人权益，有利于矫正犯罪，实现犯罪人的再社会化，有利于增进人际和社会和谐，有利于提高诉讼效率，节省司法成本。[③] 通过和解，可以明辨是非、明确责任、平抚被害人的创伤，使被告人能够反思过错、真诚悔罪，被害人、被告人的意见充分得到尊重，矛盾得到了化解，同时也宣传了法律和道德规范。

（二）施行刑事被害人国家救助制度，充分体现司法的人文关怀

刑事被害人救助，是指对受到犯罪侵害而陷入生活、医疗困境的刑事被害人或其近亲属，在未能获得加害人的赔偿及其他方面的补偿时，由国家一次性给予适度金钱救助，帮助其解决暂时生活、医疗困难的一项制度。[④]

一个犯罪行为往往是既害人又害己，会同时给被害人和罪犯自己的家庭造成双重经济困难，这是不言而喻的。司法实践中，多数侵犯公民人身权利的被告人家庭并不富裕，难以承担因其犯罪行为给被害人造成的经济损失。因此，国家有责任、有义务对因犯罪行为造成的“贫困”予以必要的救助，以保护公民基本的生活、生存权利，只有这样，才有利于促进社会和谐。

① 参见蒋安杰、杨傲多：《杰出青年法学家贾宇建议借鉴陕甘宁边区经验创建刑事和解制度》，载《法制日报》2007 年 1 月 23 日第 2 版。

② 参见甄贞、陈静：《刑事和解的可行性理论分析》，载《人民检察》2006 年第 7 期。

③ 参见甄贞、汪建成主编：《中国刑事诉讼第一审程序改革研究》，法律出版社 2007 年版，第 491 ~ 492 页。

④ 参见袁金彪、陈绍斌：《刑事被害人救助地方立法探索》，载中国人民大学书报资料中心：《诉讼法学、司法制度》2009 年第 9 期，第 16 页。

（三）建立刑事速裁程序，使案件难易分流，提高审判效率

公正与效率是现代法治国家普遍追求的价值取向[①]，是人民法院工作的永恒主题。迟到的正义不是正义时刻提醒着每一位法官必须加快办案节奏，然而，刑罚又是对行为人最严厉的处罚，施行必须慎重。在我国，由于没有保释制度，大量的刑事被告人被羁押，而司法资源又严重不足，为了解决案件积压带来的诸多问题，我国刑事诉讼法规定了简易程序，最高司法机关还推行了普通程序简化审，但都并没有从根本上解决问题。审判程序在任何国家都被视为极为宝贵的司法资源，如果让那些极为简单的和毫无意义的本可以在普通审判程序之外解决的案件进入普通审判程序，势必造成大量人力、物力、财力的无端浪费，加重了法院的负担，也同时使得那些重大复杂的案件难以得到裁判者的更多关注。法治国家的刑事诉讼实践表明，"没有成熟的普通程序就没有科学的简易程序"，[②] 因此，在完善普通程序的基础上，建立科学的刑事速裁程序成为必然。

（四）实施规范化量刑，使刑事审判在阳光下运行

正义作为一种价值观，是社会制度的首要价值，任何的法律和社会制度，不管它们如何的有效率和有条理，只要是不正义的，就必须加以改造和废除。作为社会制度重要组成部分的刑罚制度自然是以公平、正义作为唯一的标尺，从犯罪与刑罚的对应中作出一个有效而正义的判决。[③] 定罪与量刑是刑事审判活动的两个重要内容，定罪是量刑的前提，量刑是定罪的必然结果。定罪准确和量刑适当是刑事司法公正的必然要求。从一定意义上讲，量刑公正

---

① 参见甄贞、汪建成主编：《中国刑事诉讼第一审程序改革研究》，法律出版社2007年版，第210页。

② 陈光中主编：《中华人民共和国刑事诉讼法修改建议稿与论证》，中国方正出版社1999年版，第316页。

③ 参见藏冬斌：《量刑的合理性与量刑方法的科学性》，中国人民公安大学出版社2008年版，第49页。

比定罪公正更重要，因为司法实践中个案之间量刑的不均衡，会导致涉案被告人及其亲属、被害人的不满和对立，继而引起社会公众对司法公正乃至法治的怀疑与动摇。建立在科学、规范、行之有效的量刑方法的基础之上的规范化量刑是实现量刑公正的最佳途径。

（五）全面开展社区矫正，最大限度增加和谐因素

在当前人民内部矛盾凸显、刑事犯罪高发的历史时期，在集中力量打击严重刑事犯罪、危害国家安全犯罪的同时，对于那些情节轻微、主观恶性不大的罪犯，可以不予关押，在社区、家庭中把他们管教好、改造好，将宽严相济刑事政策中宽的一面落实到刑罚执行活动中。

三、推进和谐刑事审判的有效途径

作为刑事审判法官，要坚持能动司法理念，充分发挥人民法院在刑事诉讼活动中的主导作用，引导和规范社会朝着正常、有序、和谐的方向发展，通过审判活动的成果规制社会活动，推动社会管理创新。因此，应该树立为党和国家工作大局服务的理念，树立刑事审判的终极目标是化解社会矛盾，维护社会稳定，促进社会和谐的理念。在正确的审判理念指导下，充分发挥法律智慧和政治智慧，精心审理好每件个案，在法律框架内穷尽各种手段，最大限度地查明案件事实，通过高水准、高质量、高效率的审判来维护社会稳定。

1. 在庭前审查环节，法官要明晰争议要点，合理过滤案件，妥善分流案件，提高庭审效率。

2. 开庭审理时，要充分发挥庭审功能，通过公开公正的审判来预防再犯罪，遏制新犯罪，为减少社会控制成本、实现社会管理目的提供和谐的法治环境。

3. 积极开展庭审进校园、进工厂、进军营、进农村、进社区活动，充分发挥庭审教育功能。邀请公民代表旁听案件，充分发挥

司法的人民性和民主性。

4. 积极开展判后答疑工作，主动向当事人解释判决的依据，适用法律的标准，力促当事人服判息诉。

5. 严格执行最高人民法院《关于贯彻落实宽严相济刑事政策的若干意见》中关于未成年人犯罪从宽处罚的新规定和新要求，加大非监禁刑的适用力度，同时做好庭前社会调查、庭中法制教育、庭后社区矫正工作，努力使未成年罪犯早日回归社会。

6. 强化刑事附带民事案件的调解。在刑事审判中要不断注入新的调解理念和方法，穷尽一切手段促成调解，促使被告人积极赔偿受害人损失，减轻犯罪的危害后果，争取获得受害人的谅解，最大限度地促成双方握手言和，化解社会矛盾。

7. 加大参与社会治安综合治理和平安建设力度，对社会稳定与治安状况作出准确判断；积极参与治安重点地区的矛盾纠纷排查化解工作，加大法制宣传、以案说法，做到“审理一案、解决一串、教育一片”，从而达到审判的最大社会化效果。

8. 延伸刑事审判职能，努力实践社会管理创新。要从防范、化解经济风险、金融风险的角度，严惩破坏市场经济秩序的犯罪；要从有利于恢复生产、长远发展、促进经济增长等方面统筹考虑，严格把握好经济纠纷和经济犯罪的界限，既打击经济犯罪，又促进企业发展。

9. 要把司法建议工作作为人民法院参与社会管理的重要手段。通过具体案件的审理，及时发现社会经济领域可能影响发展和稳定的苗头性、倾向性、普遍性问题以及涉及社会管理中的相关问题，及时向有关部门发出司法建议，并督促落实。通过审判，创制社会规则，规制社会活动，引领社会风尚，并为社会管理政策与法律的制定和完善提供支持。

10. 强化犯罪预防，主动参与社会管理创新。充分运用减刑、假释政策，通过公开听证等方式，引导服刑人员认真改造，争取早日回归社会。建立并严格落实帮教制度，建立非监禁刑人员档案，加强与社区、居委会、村组的联系，要落实帮教人员责任和回访考察责任，及时了解掌握情况，把对非监刑人员的回访考察作为防止其重新犯罪的重要手段，并形成良性的工作机制。加强对未成年人的犯罪预防和保护工作，注重庭审功能的延伸，最大限度地挽救失足青少年。

在困境中前行
——行政审判的社会管理创新之微探

张 静*

【内容提要】 深入推进三项重点工作是中央对全国政法工作作出的重大部署，而深入推进社会管理创新又是三项重点工作的重要内容之一。行政审判是国家权力配置体系中针对如何规制行政权、保障行政相对人合法权益而形成的制度设计，其本身就是一种重要的社会管理手段，如何进行行政审判的社会管理创新就是本文所要探讨的问题。文章首先分析了在对不法行政行为进行司法规制的现实中，行政审判遭遇了司法制度、司法资源、司法环境及司法认同四方面的困境。面对困境，又从理论与现实的二维角度分别分析了推进行政审判社会管理创新的必然性和行政审判的新思路。最后，进一步探究行政审判的社会管理创新的运作方式有：着力建立行政诉讼调解机制；完善行政裁决的司法审查；倡导多元化纠纷解决机制；完善判后答疑、畅通民意沟通渠道；完善司法审判工作预警机制，凸显审判工作的延伸功能。以期通过不遗余力地推进行政审判的社会管理创新，能够最大限度地追求整个社会的实质正义。

现代社会的发展导致了行政权力的扩张与复杂化，行政机关被授予了广泛的、实质性的和裁量性的权力，公民权益因行政活动而

---

* 西安市新城区人民法院行政庭法官。

蒙受侵害的可能性也日益增大。行政诉讼正是为了防止行政权无休止的膨胀，将行政争议蕴含的公民权利与国家权力之间的矛盾纳入和平的司法程序解决，化解和宣泄了公民等因行政权不法行使产生的怨恨和不满，有效维护、恢复了正常的社会、法律秩序，既是对公民权益的救济手段，又是国家权力对其合法性的自我恢复机制。[①] 然而在行政审判中，对不法行政行为的规制仍存在诸多司法困境，法院的一些做法受到当事人和社会的质疑，司法制度的权威面临严峻的挑战。恰逢中央在客观分析了政法工作面临的新形势、新任务的基础上，作出要深入推进“社会矛盾化解、社会管理创新、公正廉洁执法”三项重点工作的重大部署，而行政审判是国家权力配置体系中针对如何规制行政权、保障行政相对人合法权益而形成的制度设计，其本身就是一种重要的社会管理手段，笔者因此受到些许的启示：我们的行政审判不应禁锢于困境之中，而应以化解社会矛盾为基点，调整工作思路，努力寻求在困境中的进路，推进行政审判的社会管理创新，完成政治使命。

一、现实考察：行政审判的司法困境

目前，在我国社会转型时期的诸多矛盾纠纷中，公权力与私权利之间、政府与人民群众之间的关系涉及面最广、社会关注程度最高、最易引发纠纷。[②] 当这些矛盾和冲突发展到难以调和的境地时，冲突主体自然而然地会寻求司法救济，社会治理过程对司法的依赖空前加重，原先作为专政工具的司法在众多矛盾和冲突面前显得不知所措，有关理念和行为的偏差暴露无遗。对不法行政行为的司法规制在社会转型中所暴露出来的困境主要表现为：

---

① 参见马怀德：《行政审判体制重构与司法体制改革》，载《国家行政学院学报》2004 年第 1 期，第 9 页。

② 参见王振清：《行政诉讼在构建和谐社会中的职能作用》，载《人民司法 · 应用》2008 年第 9 期，第 37 页。

1. 司法制度的困境。司法制度的困境主要表现在司法行政化和地方化色彩越来越浓，这除有悖于司法自身特性之外，还最终影响司法对社会矛盾的解决能力和解决质量。行政诉讼中的“非正常撤诉”和“协调处理”就反映出行政诉讼制度面临的整体困境。《行政诉讼法》第51条明确规定了原告撤诉必需经过法院审查和批准。据统计，自1993年以来，全国基层法院行政案件原告自愿申请撤诉占撤诉案件的比例平均每年都在50%以上，2006年至2008年甚至达到了90%以上。[①] 有学者通过调查，发现行政诉讼中的撤诉一般有三种情况：一是原告起诉后，认识到行政机关作出的处罚或行政决定正确，主动申请撤诉；二是诉讼过程中，被告改变原行政行为，原告同意并申请撤诉；三是法官发现行政行为违法，为避免行政机关败诉而影响关系，主动找行政机关交换意见，建议行政机关改变原行政行为，以促成原告申请撤诉。有的法官还配合被告做原告的撤诉动员工作。[②] 第三种撤诉方式审判实践中常称为“协调”、“协商”、“做庭外工作”，实则为规避法律的一种自圆其说，因此许多学者都使用了“非正常撤诉”来描述这一现象。也就是说，原告对被诉的具体行政行为并非没有异议，原告撤诉也非心甘情愿，而是受外力影响，撤诉时原告的利益未得到保护，法院没有对撤诉进行审查而进行“协调处理”，对原告的撤诉申请“绿灯放行”。[③] 行政诉讼撤诉审查在中国现实中遭受了挫败，无奈之下不得不依靠“协调”手段解决行政案件。这些做法不但使原告的合法权益未能得到保护，而且使行政诉讼所赋予的解决行政纠纷、监督行政权力和保护公民权利的功能得不到充分体现。

2. 司法资源的困境。一是有限的司法资源与不断增长的行政

---

① 参见何海波：《实质法治：寻求行政判决的合法性》，法律出版社2009年版，第65页。

② 参见姜明安：《中国行政法治发展进程报告》，法律出版社1998年版，第352页。

③ 参见李海亮、罗凤岚：《关于非正常撤诉行政案件的法律思考》，载《行政法学研究》1997年第4期，第69页。

争议之间存在不可调和的矛盾和冲突。案件数量的大幅增长与审判力量的严重不足已成为目前困扰法院的一个突出问题，司法的力不从心最直接地反映在一种事实表象上，便是对社会主体权利保护的不完善；二是司法固有的滞后性使司法的调控领域无法紧跟社会发展的结构进行同步扩张，司法无法及时调控新型的社会纷争，法院在裁判时总会遇到缺乏法律依据或者与现有法律和社会生活相脱节的问题，法官难以在不同的利益中寻求平衡。

3. 司法环境的困境。当前诉讼机制在解决行政争议方面的潜能还没有充分发挥出来，许多行政争议不能进入诉讼渠道，无法通过法院的司法审判程序得到最终解决。有的即使通过诉讼渠道得到解决，但由于司法缺乏应有的权威，当事人还在不断地通过信访、再审程序继续寻求救济，使案件终审不终，在一定程度上损害了法院判决的既判力和裁判的严肃性。另外，除诉讼机制的不完善外，行政裁决、行政复议等非诉讼纠纷解决机制也没有充分发挥其应有的作用。

4. 司法认同的困境。受传统观念的影响，大部分公民通过“民告官”解决行政争议往往信心不足。而法院作为一个肩负特殊职责的机关，在面对行政机关这一强大的对手时，常常感到力不从心。在行政诉讼中，绝大多数案件是由被告所在地的基层人民法院管辖。法院面对的不仅仅是一个机关，而是一个系统，一个以被告为中心、由利害关系编织而成的、范围不一的党政部门组成的系统。有的行政机关败诉后对法院有意见，并利用行政职权卡压法院和办案人员，“你要经费我不拨，你要建房我不批”；有的行政案件属于城市规划、拆迁等“热点案件”，法院怕踩“高压线”；有的则是党委领导出面干预，法院得罪不起。① 面对这种境遇，法院不得不思考，社会的发展使法院肩负了更多职能的同时，并没有相

① 参见何海波：《实质法治：寻求行政判决的合法性》，法律出版社 2009 年版，第 65 页。

应地使法院获得更高的声望，在司法权威不足、一些公民尚未学会理性认识和行使权利的情况下，法院应如何在保证自身公正的同时，亦能获得公众的普遍尊重与认同。

二、出路定位：行政审判的进路

现实困境要求行政审判制度必须及时做出回应，从而实现其自身制度的变迁。那么，我们的社会究竟需要一个什么样的行政审判制度？或者说，行政审判制度的变迁如何才能赢得社会的广泛认同？事实上，任何一项法律制度的建立与变革无不是由各种社会因素共同作用的结果。正如有的学者所言："行政法制度变迁主要受制于经济、社会、技术、观念等诸要素所组成的社会结构，社会结构的变迁直接引致了行政法制度的变迁。"① 上述困境涉及的社会深层次问题，恐怕不是或者不完全是改革司法体制就可以解决的，所以必须将司法体制置于整个社会结构中考虑。法院作为社会管理的重要主体，既是社会管理的参与者，又是社会管理的推动者。必须重新审视行政审判在社会管理创新中的职责，及时调整工作思路，以化解社会矛盾为基点，有效整合社会管理资源，形成社会合力，发挥各方治理的能量。

（一）理论之维：社会冲突功能主义的启示

美国社会学家科塞认为，社会结构中的冲突无处不在，无时不有。它一方面可能损害冲突各方的利益，破坏既定的社会秩序，另一方面社会冲突也具有正功能，即具有促进社会整合，防治社会系统僵化，增强社会组织适应性以及调控社会变迁的功能。"冲突经常充当社会关系的整合器，通过冲突互相发现敌意和表达不同的意见，可以维护多元利益关系。冲突还是一个激发器，它激发新的规

① 宋功德：《行政法制度变迁》，载《行政法论丛（第四卷）》，法律出版社 2001 年版，第 37 页。

范、规则和制度的建立，从而充当了利益双方社会化的代理者。”①在一个有活力的、开放的社会结构中，通过为冲突安排制度化的出口，可以使冲突双方实力对比得到体现，社会结构通过冲突的调节从而实现社会系统的再整合和渐进式社会变迁，而封闭的、僵化的社会由于缺少利益表达、疏通的机制，冲突积累到一定程度会给社会造成毁灭性打击。试想敌对的情绪如果通过适当的途径得以发泄，就不会导致冲突，就像高压锅里过量的蒸汽通过安全阀适时排出而不会发生爆炸一样，不仅有利于社会结构的维持，而且有利于促进社会良性运行，协调发展。

随着法制建设的进步，利益的多元化、权利主张的多样性，导致现阶段社会纠纷呈现出新特点，群体性、综合性纠纷呈现多发的态势。然而，由于现有的权利救济渠道不够畅通，引发了种种的社会问题。单纯的法院司法审判方式具有被动和低效的弱点，不能及时排解的矛盾积累到一定程度就会引发社会动荡，危害社会的稳定。推进行政审判的社会管理创新，为各种冲突主体所提供的畅通的诉求表达机制、有效的矛盾调处机制、完善的效益保障机制就是一种社会运行的“安全阀”，可以弥补司法审判的缺陷，为冲突主体的纠纷提供制度化的出口，排解社会不满情绪，从而最大限度地减少社会冲突的负面效应，发挥社会冲突的正功能。

（二）现实之维：行政审判的新思路

长期以来，我国解决纠纷的途径主要是通过单一化的人民法院诉讼解决，但“诉讼在解决社会矛盾方面的所有优势与不断积累的社会矛盾之间实在无法找到双赢的平衡点”。② 在传统“民不与官斗”的观念支配下，老百姓为什么迫不得已的起诉，而后又忍

---

① ［美］科塞著：《社会冲突的功能》，孙立平译，华夏出版社 1989 年版，第 144 页。

② 王雨本：《论多元化社会矛盾与多元化纠纷解决机制》，载《法学杂志》2009 年第 5 期，第 32 页。

气吞声的撤诉？为什么某些行政机关能够肆无忌惮地压制原告？为什么行政系统能够上下动员以对抗诉讼？这些涉及社会的深层次问题，单纯靠改革司法体制是不可能解决的。目前，面对社会结构的整体失衡，“凭借司法机关的微弱之躯去匡扶，难免独木难支”。①在社会结构没有发生根本变化之前，司法能够获得多大的独立与权威是无法期待的，它只能“在夹缝中生存，在困厄中发展”。社会供给行政诉讼制度的土壤并不肥沃，行政诉讼对于社会结构所起的作用也极其有限。

基于此，行政审判应通过制度创新消除和缓解所面临的现实困境。首先，在理念上，要确立行政审判是一种以法律为依据解决社会纠纷的手段，并通过表达法律自身的独立立场实现对政府及行政机关的配合和制约；其次，针对名不正、言不顺的“协调处理”现象，通过立法完善行政审判运行机制，以提升行政审判的公正能力；再次，围绕化解社会矛盾这一中心，立足行政审判职能优势，支持、配合、党委、政府及有关部门创新社会管理，有效整合社会管理资源，形成社会管理合力，更好地化解矛盾，维护社会稳定和谐。

三、运作方式：行政审判的社会管理创新

在推进社会管理创新的工作中，作为司法活动的行政审判必须在进一步强化“解决矛盾纠纷，维护社会稳定”这一直接功能的基础上，强化“为大局服务、为人民司法”的能动司法观，着力建立行政诉讼调解机制，完善行政裁决的司法审查，倡导多元化纠纷解决机制，完善判后答疑、畅通民意沟通渠道，完善司法审判工作预警机制，进一步凸显审判工作的延伸功能，大力推进社会管理创新。

---

① 罗豪才、宋功德：《行政法的平衡与失衡》，载《中国法学》2001 年第 2 期，第 45 页。

（一）建立行政诉讼调解机制

如前所述，“非正常撤诉”在行政诉讼中大行其道已是不争的事实，“协调处理”也已成为行政诉讼中法院的普遍做法。一些法院认为，通过所谓的“协调处理”来促使原告“非正常撤诉”好处颇多，诸如减少了法院讼累，减少了当事人对抗，增加了和谐因素，促进行政机关的具体行政行为，符合立法的目的和精神等。① 而笔者认为，在司法系统高调宣扬的“协调处理中”，法院不仅放弃了司法机构的裁判权，还放弃了司法独立和司法公正。由于没有实体法的支持，这种协调机制在实践中显得过于随意，这种随意甚至会异化法官手中的权力，其弊端显而易见，“和稀泥”、“以判压调”、“以劝压调”、“以诱促调”等现象屡试不爽，直接后果是行政案件的撤诉率多年来居高不下。法律制度背后的客观情况对行政诉讼单纯的裁判机制提出了新的严峻挑战，行政诉讼调解机制的确立势在必行，必须在立法上引入调解机制，使得可调解的案件得以名正言顺地调解处理。

具体做法是：（1）确定调解作为法定的行政审判结案方式之一。通过修改法律，将调解作为法定结案方式之一，这与目前法院以原告撤诉的方式结案不同，后者实际上是受法律空间的压迫不得已而为之，常给人以原告自我妥协的错觉，而掩盖了法官的劳动。反映到统计数字上造成了整个行政诉讼制度的失衡。②（2）明确调解的适用范围。调解案件的范围应限制在该行政行为不涉及国家、公共利益和他人合法权益，并且行政机关对此行政行为有自由裁量权，行政相对人有处分权之内。笔者认为，以下几类诉讼案件可适用调解：①不服自由裁量的具体行政行为；②不服行政主体作出的

① 参见成都市中级人民法院：《建构行政案件协调机制 用柔性手段有效化解行政争议》，载最高人民法院行政审判庭编：《行政执法与行政审判（2007 年第 3 集）》，人民法院出版社 2008 年版，第 86 页。

② 参见王伟云、王剑兵：《关于建立行政诉讼调解制度的探讨》，载 http://bbs.chinacourt.org/index.php，于 2011 年 4 月 10 日访问。

行政裁决而提起的行政诉讼；③不服行政合同引起的争议提起的行政诉讼；④不履行法定职责的行政诉讼案件；⑤涉及民事权益和民事争议的行政确认和行政许可等案件。（3）明确调解的时间。行政诉讼调解进行的时间应规定为行政诉讼开始后判决宣告前，这样容易与现行的行政诉讼制度相衔接。（4）明确调解协议的效力。当事人达成调解的应当制作调解协议，当事人要求制作调解书的法院应当制作调解书，调解书的效力等同于判决的效力，当事人不得反悔，且不能对生效的调解书上诉，如确有证据证明调解违反自愿、合法原则的可以申请再审。

（二）完善行政裁决的司法审查

当前，为行政机关各项经济社会管理职能保驾护航成为法院社会管理创新的一个重要方面。随着行政事务管理范围的日益扩大，行政裁决的作用也越来越大。行政裁决是指国家行政机关依据法律、法规的授权，以居间裁决者的身份，对特定范围内与裁决机关行政管理职权密切相关的民事纠纷依法作出处理的具体行政行为。[①] 行政裁决中若存在违法，势必给当事人的合法权益造成损害，因此必须设立制止或矫正不当裁决行为的司法审查制度，能够在当事人的权利受到侵害时为其提供有效救济。然而，我国目前没有一部统一的关于行政裁决程序的法律法规，甚至在授予行政裁决权的有关法律、法规中对行政裁决程序问题所做的规定也很少，且过于原则。

笔者结合行政审判实践，认为法院对行政裁决的司法审查应当把握以下几点：在审理时间上，突出时效性；在审查内容上，既要对行政裁决的主体是否适格、适用法律是否正确、认定的事实是否清楚进行审查，又要对行政裁决是否违反法定程序进行审查；在结案方式上，当事人既可调解，也可和解；最后，基于司法审查是对

---

① 参见应松年主编：《当代中国行政法（下卷）》，中国方正出版社 2005 年版，第 1105 页。

个人权利做最后的救济和保障，应当赋予法院终极、有限的司法变更权。变更判决应在查明行政裁决事实和民事争议事实的基础上，指出行政裁决对民事纠纷处理的不当之处，充分说明理由，明确表达法院对民事纠纷的具体处理意见，直接判决变更行政裁决的处理结果。

（三）倡导多元化行政纠纷解决机制

法院资源的有限性决定法院不可能亲力亲为地处理所有的纷争。在行政纠纷解决机制体系中，包括调解、行政裁决、行政仲裁、行政复议、行政诉讼、信访和专门的纠纷解决委员会制度等一系列制度。① 在各种矛盾凸显的新时期，法院不应仅仅是单一的最大限度实现个案的公平与正义，而应推进社会管理创新，利用自身的专业优势，针对社会保障、土地征用、房屋拆迁、工商管理、质量监督、环保监管等社会公共管理领域矛盾纠纷多的特点，深入调查研究，加强与行政机关沟通，做好法律服务保障工作，让多种纠纷解决机制在纠纷解决中不再互相推诿和无序竞争，而是形成资源共享，互通互助的局面，形成一种共同为当事人和民众提供便利的合力。

（四）规范判后答疑，畅通民意沟通渠道

针对行政审判面临的司法认同之困境，如何拓展民意沟通渠道，如何探索增进公众认同的新途径，是行政审判推进社会管理创新的重要方面。俗话说“有理走遍天下”，法律的权威不是来自于“强力”，而是源自于“有理”。法院的审判也叫审理，审的就是一个大大的“理”字。可以说，法院裁判最主要的载体——判决书实质就是一份说理书，它承载着正确解释法律、充分宣示正义、合理判定冲突、倾情普化法治的重要功能。“一纸判决书的两头，连接着代表公平正义的司法机关与纷繁复杂的公民社会，连接着正义

① 参见马怀德：《行政裁决辨析》，载《法学研究》1990 年第 6 期，第 28 页。

化身的法官与渴求正义的民众。”[①] 然而，近年来大量的涉诉信访并不是向司法机关直接申请，而是向党政、人大等部门反映情况，有关部门在受理案件之后，对于那些认为有必要处理的案件就会在申请上作出批示，转交司法部门处理，司法部门在收到批示之后基本会对案件加以处理，这种信访批示制度置正规的司法救济程序于不顾，实质损害了整个国家的司法体制，使判决的既判力受到破坏，司法权威受到质疑。基于此，笔者认为，司法判决除要对法庭上争议的各方所主张的事实和所提供的证据做出回应外，还应该有相应的判后答疑机制作保障，以平息当事人的不满情绪，促其服判息诉。

判后答疑是指案件当事人或利害关系人对人民法院作出的生效裁判存有疑问，初次就证据采信、事实认定和法律适用等问题向人民法院提出异议或者申请再审，由作出生效裁判的法官、审判组织依照一定程序给予必要释明，促其服判息诉的制度。[②] 在行政审判中畅通民意沟通渠道，将判后答疑与判前释法、判中叙理结合起来，即在诉前就告知当事人其在诉讼中享有的权利和承担的义务，告知其举证责任并进行诉讼风险提示，在裁判过程中注重裁判文书的说理，判后再针对当事人的疑惑作出必要的解释，这对提高公众对司法的认同度不无裨益。

（五）完善审判工作预警机制，延伸审判职能

司法调研和司法建议作为化解矛盾纠纷，提高社会管理水平的司法服务手段，是人民法院审判职能的延伸。在行政审判中，要重视对审判工作运作态势的分析。通过对收结案情况及其运作态势的分析，采取措施提高审判质量和效率。同时，还应注重综合分析不同案件类型的运作态势和审理方法，建立审判信息的评估分析制

---

① 田成有：《法官的修炼》，中国法制出版社 2011 年版，第 131 页。

② 参见姜启波：《法官判后答疑之制度根源》，载 http：//51zy. cn/202668474. html，于 2011 年 4 月 13 日访问。

度，深入分析经济社会发展变化反映在司法领域的情况和问题，完善审判信息预警社会问题的工作机制，做到预料在前、应对在前。另外，要进一步加强和改进司法建议工作，关注社会管理中的苗头性、倾向性问题，及时向党委、政府就违法行政行为提出司法建议，不能一判了之。对未引起重视的建议，要加强与行政机关的沟通，采取适当方式加以督促，也可以向其主管部门或上级领导机关提出意见，力求建议事项落到实处，从而起到完善社会管理的作用。

结 语

“纠纷往往会产生对抗，这也是产生诉讼的缘由，但解决纠纷的诉讼程序不应仅仅为当事人的对抗过程而设计。”[①] 我们正处于建设社会主义和谐社会的伟大历史进程中，作为和谐社会的基本特征，民主法治、公平正义、诚信友爱、安定有序都与人民法院的工作休戚相关。可以说“人民法院在现代社会管理中的角色越来越重要，不仅要履行传统的解决纠纷的职能，而且要承担法律宣传、法律教育、综合治理、协助政府开展工作以及参与其他社会事务的职能。”[②] 我们的行政审判，当然也要与社会机体对司法的要求合拍，除了承载司法活动的基本功能以外，还必须植根于整个社会中，牢牢抓住依法协调国家权力与私人权益的准绳，勇于突破传统保守主义角色的观念，不遗余力地推进社会管理创新，最大限度地追求整个社会的实质正义，以积极的姿态回应社会。

---

① 罗豪才：《行政诉讼的一个新视角——如何将博弈论引进行政诉讼过程》，载《法商研究》2003 年第 6 期，第 145 页。

② 王新生：《全面加强法院管理推进三项重点工作》，载《中国审判》2010 年第 6 期，第 71 页。

论规避执行之防范
——以规避执行现象为视角

王　勇[*]　郭宝平[**]

【内容提要】　规避执行现象是形成“执行难”的重要原因之一。规避执行问题严重破坏法律秩序，妨碍法院的执行工作，引发公众对法律公正的怀疑，危害社会诚信，为维护司法权威和法律尊严，必须对其加以遏制。本文以人民法院执行实践活动为视角，在深入研究和广泛分析的基础上，就规避执行的防范进行了较为深刻的论述，阐明了规避执行的基本内涵、规避执行现象的现实危害性和预防规避执行行为的必要性，对实践中存在的几种较为常见的规避执行表现形式进行了分析。同时，基于规避执行的现状和表现形式，论证了规避执行现象产生的原因。针对工作实践中存在的规避执行表现形式和产生原因，从社会信用体系、执行联动机制、执行威慑机制、执行立法以及构建反制规避执行长效机制等方面提出了反制规避执行的具体措施。

目前我国商业信用程度较低、社会信用体系尚未完全建立，不少企业和个人缺乏诚信，采取各种手段隐匿转移财产逃债、赖债，被执行人难找、财产难查的现象较为普遍，“有钱的拖，缺钱的

---

* 西安市中级人民法院执行局督导科科长。

** 西安市雁塔区人民法院法官。

赖，蛮横的顶，油滑的溜”，只有少部分被执行人能够自动履行生效法律文书确定的义务，相当一部分被执行人被人民法院采取强制执行措施，这其中更有大量的被执行人想方设法隐匿财产、躲避执行，更有甚者有的被执行人竟与人民法院玩起了“捉迷藏”，千方百计逃避执行，并以层出不穷的新方法、新手段规避执行，损害当事人的合法权益和法律的尊严。如何破解规避执行行为，限制或禁止被执行人融资、置产、出境、日常高消费等手段，加重行为人逃避执行、规避执行、抗拒执行的成本，加大对规避执行行为的打击力度，促使被执行人自觉履行法律义务，挤压“老赖”的生存发展空间，最大限度地实现债权，已是我们亟待解决的问题。

一、规避执行防范概述

“规避执行是指人民法院在审理、执行活动中，被执行人为了维护自身的经济利益和其他利益，以合法形式掩盖非法目的，故意避开法律的强制性规定或者利用法律的漏洞，采用不当的手段恶意转移财产或其他财产性权益，逃避执行生效法律文书所确定的义务的行为。”① 从规避执行的定义可以看出，实施规避执行行为的主体为执行法律关系中的被执行人一方，规避执行行为发生在人民法院的审判和执行活动当中，规避执行行为具有一定的隐蔽性，往往表现为合法的形式，例如自然人往往采用假离婚的形式，法人常常借助假破产、假分立的方式逃避债务的履行。被执行人实施规避执行行为的动机是出于避免被执行人自身经济利益或者其他利益的损失，目的在于逃避生效法律文书所确定的本应由被执行人承担的法律义务。

近年来，被执行人利用合法形式为掩盖或采取不正当手段规避执行的现象已日益突出，使得债权人的债权实现受到很大影响，已

① 王贵宏：《规避执行行为的表现形式和对策》载 http：//www. dffy. com/sifashijian/sw/201011/20101115142815. htm，于2011年3月28日访问。

成为导致“执行难”的重要因素。规避执行行为严重破坏法律秩序，妨碍了法院的执行工作，影响债权的实现，如不对其加以遏制，势必损害司法权威和法律尊严，引发公众对法律公正的怀疑，冲击市场经济秩序，甚至危害社会诚信，必须引起高度重视。最高人民法院院长王胜俊在2011年全国高级法院院长会议上指出，要着力解决被执行人规避执行问题，适时开展反规避执行专项活动，切实维护申请执行人的合法权益。研究反规避执行的对策，健全规避执行反制机制，创新执行方法，是当前的执行工作面临的一项重要课题。

二、规避执行的表现形式

1. 隐匿、转移财产。这是一种最为常见的规避执行方式，被执行人通过隐匿、转移财产的方式，造成无能力履行生效法律文书所确定义务的假象，以达到规避执行的目的。实践中表现为，有的被执行人利用他人身份证件以他人名义在银行开户存款，而自己掌握存折和密码，进行存取款业务，自由支配存款。有的被执行人在购买价值较大的财产时，事先就将财产所有权登记到他人名下，而自己实际上却占用或使用该财产，一旦以后法院对其采取执行措施，由于查找不到被执行人财产，从而造成案件无法执行。有的案件当事人在案件审理阶段意识到自己可能要承担败诉的后果，便在诉讼阶段或者案件启动执行程序尚未对被执行人财产采取查控措施之前，办理财产所有权变更手续等方式，将自己的财产转移到他人名下，自己实际上控制支配着财产。有些单位为了规避执行，事先将单位购置的资产不记账，并将财产权属登记在他人名下，自己掌握使用该财产，以后一旦单位变成了被执行人，人民法院经查该财产不属于被执行人所有，不能对该财产采取执行措施，导致案件无法执行。有些单位，将自己单位的收入不以单位名义存入银行，而是以单位出纳或其他职工的名义在银行开户存款，以后法院在执行该单位时，通过银行查不到该单位有存款。凡此种种转移、隐匿财产的行为，使得执行财产难寻，造成了被执行人没有财产可供执行的假象，人民法院因无法查找到被执行人的财产，不能在执行中采取相关执行措施，给法院执行工作造成极大的困难。

2. 外出躲避或务工，长期下落不明。有的被执行人，在案件进入执行程序前后，便外出躲避，长期不归，故意躲避法院的传唤，拒绝接受执行通知书，拒不履行应负的义务，从而造成案件执行不能。特别是有些无固定职业的被执行人，为了规避执行，在案件进入执行阶段后，就外出务工躲避法院执行，家中只有年迈父母照顾上学的孩子，有的甚至举家外出长期不回，家中又无财产，从而使案件不能得以顺利执行，给执行工作造成了严重的阻碍。

3. 假离婚、假析产。有的夫妻一方为了达到规避执行生效法律文书的目的，置家庭伦理道德于不顾，不惜采用假离婚的方式，将夫妻共有的财产转移至没有债务的夫、妻一方或子女名下，使人民法院在执行中无法对原本属于被执行人的财产采取查封、扣押、冻结、划拨等措施，造成法院的执行工作陷入困境。

4. 假诉讼、假破产。被执行人与他人恶意串通，将虚构的债务关系提起诉讼或仲裁，在双方当事人对债权债务均无异议的前提下，民事审判法官没有义务审查债权债务关系的形成，只要形式上不违反社会公德、集体和第三人利益，就没有理由不同意当事人处分自己的财产权利。近年来还出现了有的被执行人利用向检察机关申请民事抗诉的方式来规避法院执行的现象。有的被执行人申请检察机关抗诉后，有意躲避法院传唤，致使案件久拖不决，迫使执行程序无法进行。有的被执行人利用民事抗诉再审期间缓解执行压力，趁机转移财产，规避法院执行。此类规避执行的方式具有隐蔽性强、欺骗性大和低成本的特点，浪费了宝贵有限的司法资源，无端增加了当事人的诉累和负担。有些企业利用合法的破产程序来规避债务，甚至故意制造企业破产的条件，在破产前利用合法手段转移财产，一旦企业宣告破产，那么未得到清偿部分的债权即不再予以清偿，这样债务人没有得到清偿的债务部分消灭，减免了债务人的债务，达到以合法手段规避执行的目的。

5. 利用执行和解规避执行。执行和解本是法院化解纠纷、促进执行的有效方法，但是有的被执行人却借此来拖延法院执行，以各种方法争取到申请人同意暂缓执行后，却仍不按时履行义务，用“缓兵之计”来达到了拖延执行的目的等。

三、规避执行的成因

1. 社会信用体系不完善，规避执行有机可乘。市场经济在很大程度上是信用经济，但是我国的市场经济缺乏应有的社会信用体系。交易主体在银行多头开户、公款私存、甲款乙存等现象屡禁不止，在普遍缺乏诚信的基础上，对公民和公司的财产监管处于无序状态。同时由于社会信用体系不完善，对不守信用者缺乏应有的约束和制裁，造成规避执行有机可乘。

2. 执行联动机制联而不动，无法形成反制规避执行的合力。执行联动机制作为防范和反制规避执行行为的一个具有社会性的制度出现，始自党中央发布（1999）11 号文件，它是由各地法院针对“执行难”这一问题的社会性，探索出的依靠党委的领导、人大的监督，各协助义务单位的协助，政府、政协等社会各部门的支持来解决“执行难”的工作机制。但是，从近十年来执行工作联动机制发挥的作用来看，非常有限，“联而不动”是不可回避的现实。

3. 执行威慑机制的设想与现实仍有差距，无法有效威慑规避执行行为人。我国目前的执行威慑机制，主要是通过全国法院执行案件信息管理系统平台，将执行案件信息予以公开，并通过将该系统与金融、工商登记、交通、出入境管理部门以及其他社会信用体系网络相链接，逐步从法律、经济、政治、生活、舆论等方面对被执行人进行制约，促使其履行义务。但是执行威慑机制在具体的适用条件、时间以及罚款金额等方面作出了较多的限制性规定，实际操作比较困难，适用范围有限，威慑力稍显不足，执行威慑机制的实际运行情况同执行威慑制度设计的目标之间仍然存在很大差距。

4. 执行立法滞后，不能满足执行工作的需要。一是缺乏一部专门、系统的民事强制执行法。当今世界上多数国家，都制定了民事强制执行法律，而我国至今仍没有一部完整独立的《民事强制执行法》，执行立法的滞后已很不适应日益复杂的执行环境。虽然我国现行民事诉讼法修改了执行编，最高人民法院也出台了一些相关的司法解释，但这些法律条文过于笼统，过于简单，过于原则，无法解决当前执行工作中日益纷繁复杂的状况。二是对拒不履行法律义务的行为打击力度不够。当前我国法律对失信惩罚的力度不够，无形中助长了一些人不断地选择规避执行，虽然我国刑法上也确立了“拒不执行法院判决、裁定罪”，但其可操作性还不强，在追诉程序上也显得过于繁琐，从全国范围来看，对拒执者予以定罪判刑的相当少。三是对于协助执行行为的规定不够明确。当前我国的协助执行制度存在不少弊端，主要表现为：民事诉讼法的规定不具体、不系统，且与其他法律之间不协调；协助义务主体和协助的内容不清晰；对拒不协助执行的制裁不力。

四、规避执行的反制措施

1. 建立社会信用体系。要反制规避执行行为，解决执行难问题，必须完善和强化社会信用体系。“社会信用体系是指由信用文化和信用法律制度所构成的信用评价和约束系统。”① 信用文化是指内化为社会主体思想道德体系之中，对待诚信和契约的、具有普遍性的行为模式与观念，体现为社会大众对于诚实守信行为的态度以及诚信评价机制在社会生活中具有的约束作用。② 信用法律制度是指外化为社会主体行为的信用调查、信用评价和信用奖惩等方面的规范体系，包括信用立法、信用监管、信用奖惩机制等方面的内容。

---

① 张志爱：《破解民事执行难的对策》，载《法制与社会》2010年第6期。

② 参见谭秋桂：《论社会信用体系建设与民事执行难》，载《法制日报》2008年11月30日。

一要完善信用法律体系。目前，我国的信用信息大部分掌握在工商、国土、房产、公安、环保、税务、质检、教育、物价、民政、海关等职能部门，由于欠缺相关立法，信息通常都不向社会开放，信用服务机构不发达，往往给被执行人规避执行提供了可乘之机。完善信用法律体系是解决执行难问题的治本之策，也为预防和反制规避执行提供了依据和保证。二要完善征信体系。征信体系不完善，是我国社会信用体系存在的重大缺陷，也是被执行人采用隐匿财产等方式实行规避行为时被执行人财产难寻的重要原因。银行、工商、税务、公安、司法等部门的征信系统尚未实现对接，各个部门收集的征信数据处于分散和相互屏蔽的状态，缺乏统一的征信数据平台，征信体系相当不完善。三要完善信用交易体系和财产登记制度。对自然人、法人和其他组织所有的不动产和依法应当登记的动产进行准确全面的登记，严格管理企业的银行账户，防止一个企业多头开户的现象。完善信用交易体系和财产登记制度有助于法院在执行中查明被执行人的财产状况，防止被执行人在财产的有无和数额的多寡方面弄虚作假。四要加强信用意识教育。“人无信则不立”，信用是做人之本，是人际交往中应遵守的基本准则，也是市场交易主体所应恪守的基本原则。加强信用意识教育，可以从主观上消除被执行人规避执行的动机，提高主动履行生效法律文书的主动性。

我们要看到，“一套成熟完善的社会信用体系是破解执行难的最有效机制。如果信用机制发达，失信成本很高，被执行人就不敢以身试法拒不履行判决，自动履行率当然居高不下，执行难也就无从产生。”① 通过完善和健全的社会信用体系使得被执行人的财产在一定程度上实现透明化，使得被执行人无法通过隐匿财产的方式实现规避执行的目的。此外，完善和健全社会信用体系也方便当事人在事前通过信用体系了解对方的信用状况，从而对风险进行评

① 肖建国:《执行管理创新的“成都模式”》，载《人民法院报》2011 年 3 月 17 日。

估，从源头上对纠纷的发生进行预防。

2. 强化执行联动机制，形成全社会有效打击规避执行行为的合力。执行联动机制就是在各级党委的领导下，调动各方面积极因素，综合运用法律、政策、经济、行政、道德、舆论等手段和教育、协商、疏导等多种方法，营造诚信守法的市场交易氛围，动员全社会参与，形成打击规避执行的合力，压缩规避行为存在的空间，使实施规避执行行为的被执行人无处藏身。特别是工商、税务、银行、证券、房管、公安等负责身份信息、财产登记的职能部门，要强化职责，与人民法院联动制约，增强查处规避行为的及时性、有效性。

2010 年最高人民法院与中央 19 个部门联合会签的《关于建立和完善执行联动机制若干问题的意见》（以下简称《意见》）正式向社会公布，这标志着国家层面的以人民法院为主，各部门协作联动的执行联动机制正式建立。《意见》的出台标志着执行联动机制在全国范围正式建立，但是这一机制要有效运行并真正发挥作用，还要做好几个方面的工作：一要成立机构。中央和各地方要尽快成立执行联动机制工作小组及办公室，负责执行联动机制运行中的组织、协调、督促、指导等工作，通过强有力的组织机构，确保执行联动机制的顺利运行。二要畅通渠道。法院系统要与有关职能部门建立有效的沟通渠道和机制，每个成员单位都要确立专门的联络人员，具体负责执行联动工作的沟通、协调。三要细化职责。对相关部门在执行联动中的职责进行细化，明确执行联动的具体条件和程序，减少分歧，防止推诿扯皮。四要信息共享。进一步完善执行案件信息管理系统，确保执行案件信息准确、全面、及时，尽快实现执行案件信息管理系统与有关职能部门信息管理系统的链接，与有关部门实现信息共享，为执行联动机制的有效运行提供强大的信息平台和技术支撑。五要加强协调。执行联动机制工作领导小组可由各级政法委牵头，定期、不定期召开会议，通报情况，研究联动机制运行中出现的问题和障碍。六要明确责任。在执行联动机制运行中，有关单位不遵守《意见》履行职责的，人民法院可以向监察机关或其他有关机关提出相应的司法建议，或者报请执行联动机制工作领导小组协调解决，也可以依照《民事诉讼法》第103条处理。

《意见》目前只是一个框架性的文件，旨在通过明确相关国家机关及有关部门在协助法院执行中的工作职责，动员社会各方面的力量共同减少和杜绝规避执行现象。要从根本上防范规避执行还需进一步细化执行联动机制的具体工作程序和措施，使执行联动机制发挥实效。

3. 建立健全执行威慑机制，促使被执行人自动执行生效法律文书。威慑，是人类社会普遍存在的一种斗争方式。维卡利亚说过，法律存在的主要目的不是惩罚犯罪，而是威慑再犯。“执行威慑机制是通过对被执行人的制裁和限制等惩戒力度，以促使被执行人自觉执行生效裁判的一种运行方式。”① 执行威慑机制的核心在于威慑力。执行威慑机制本身不具有执行功能，其目的在于通过一定的威慑机制，迫使被执行人自动履行生效法律文书。“有效的威慑，通过心理因素的作用来影响、制约和改变人们思想感情与行为，可达到‘不战而屈人之兵’的作用。”② 我国现有的执行手段与西方国家关于执行的法律规定并没有大的差别，不外乎查封、扣押、冻结、扣划、搜查、拍卖、变卖、司法拘留和追究刑事责任等方式，而且我国还创设了注入限制或者禁止被执行人融资、投资、置产、财产转让、高消费等执行威慑手段。但是在西方国家基本不存在所谓的规避执行问题，法院的生效法律文书绝大多数是由当事人自动履行的。相反，在我国生效法律文书所确定的法律义务主要依靠法院的强制执行来实现，当事人自动履行所占比例较小，且呈

① 马尼亚：《和谐司法语境下国家执行威慑机制的困惑与对策》，载《新西部》2010年版第22期。

② 黄年：《论国家执行威慑机制》，载《人民司法》2007年第1期。

下降之势。产生上述差异的一个主要原因在于我国缺乏促使当事人自动履行生效法律文书的执行威慑机制。我们应进一步建立健全执行威慑机制，通过加强与银行信贷、工商注册登记、出入境管理、产权管理等职能部门的信息共享和措施联动，增强各种社会力量对规避执行的共同惩戒力度，提高规避执行的失信成本，挤压规避执行被执行人的生存生活空间，构建执行威慑的天网，促使被执行人自动执行生效法律文书，化解因规避执行造成的执行难问题。

4. 完善反制规避执行的立法，建立反制规避执行长效机制。加强和完善立法，是解决“执行难”的根本保障。（1）制定单独的民事强制执行法。应当在借鉴国外先进立法经验的基础上，突破现有民事诉讼与强制执行一体化的立法体例，尽快制定单独的民事强制执行法，通过法律制度的完善和创新来解决“执行难”问题。（2）完善刑事立法。在刑法上，增设“诉讼诈骗罪”，加大对假诉讼、假仲裁等恶意逃债行为的惩罚力度。这是解决“执行难”的现实需要，也是刑法本身发展的需要，更是社会发展进步的必然需要。（3）加大对规避执行人的处罚力度。根据民事诉讼法的规定，被执行人逃避、抗拒执行可对其进行司法拘留，但仅仅采取拘留措施很难对被执行人造成足够的威慑。因此，在向被执行人送达执行通知书时，承办法官应向其释明，如果有财产而逃避、拒绝执行的，视其情节将依据《刑法》第 313 条的规定追究刑事责任。通过加大对被执行人造成的威慑，进而发挥刑事法律对民事执行的保障作用。（4）应完善被执行人财产申报制度。修改后的民事诉讼法确立了被执行人财产申报制度，但是，只有原则性的规定是不够的，还应对被执行人财产申报制度进一步的补充：一是实行财产多次申报制度，在执行过程中，被执行人的财产状况并不是固定不变的，因此，被执行人的财产申报也不应当只局限于一次。而申报的周期应当由执行人员结合案件的具体情况、被执行人财产账户的活跃情况予以确定。做到既能约束当事人同时又不失可行性，确保被执行人多次申报财产制度的妥当实施；二是细化规定违反财产申报义务的法律责任，可针对违反财产申报义务的不同情形，分别制定相应的处罚措施，而不宜只制定原则性措施。（5）树立“调执结合”的办案意识。执行法官在为双方当事人做和解工作前，应分别征求其对案件的处理意见，只有当双方意见相近或吻合时，承办法官才组织和解，促使双方当事人当面交流沟通。如果当事人一方对案件的处理意见较大或者明确表示拒绝调解，承办法官应直接进入执行程序，避免因坚持和解损害申请人的利益，使被执行人能从不主动履行中获得利益。（6）健全执行财产调查的制度，拓宽执行财产调查的途径。执行实践中，是否有效查明被执行人的财产线索、掌握被执行人的财产状况，是执行工作顺利开展的前提条件，是有力反制规避执行的关键因素。健全完善民事执行财产调查制度，有利于实现私权、维护当事人的合法权益；有利于规范人民法院的执行行为；有利于实现法律的价值、确保法律权威。

结　语

反规避执行是一项长期的、复杂的、艰巨的系统性工程，我们要不断加强执行队伍的素质建设，加大执行经费和装备的投入，大力进行反规避执行的舆论宣传，增强公众的法治意识，凝聚共识，形成声势，强化生效法律文书必须履行的理念，为反规避执行营造良好的舆论氛围，提高自动履行和协助执行的自觉性，有效形成多方参与、综合治理的格局。同时，要不断提高执行手段的多样性，以完善被执行人财产申报和财产调查制度为着力点，以查找被执行人财产为手段，以打击拒执罪犯罪为后盾，建立健全反规避执行的长效机制，在全社会形成自觉履行生效法律文书的良好氛围，有效推动和实现执行工作的良性循环。

机 制 创 新

案例指导：在不确定性中寻求确定的裁判规则

——以创新背景下的知识产权审判指导案例为样本

姚建军*

【内容提要】 人民法院参与社会管理创新有多重路径，其中之一就是构建案例指导制度，即通过审理疑难复杂或者新类型案件，对法律规定比较原则或者法律没有规定的个案运用法律解释、漏洞补充、法律推理等方法对案件进行裁判，进而提炼裁判规则，并用以指导审判实践，统一法律适用和裁判标准的创新制度。案例指导制度经过数年的探索与实践，2010 年 11 月，最高人民法院发布了《关于案例指导工作的规定》，正式将案例指导工作作为一项制度化、规范化的工作推进。本文以知识产权案件年度报告为样本，采用实证研究的方法，对我国案例指导制度的演变历史、指导案例的法律属性和必要性、指导案例的发布主体、指导案例的定位以及指导案例的形式要求等相关问题进行了论述，并提出初步结论，期望通过案例所体现的裁判规则获得应有的地位，进而完善我国案例指导制度。

---

* 西安市中级人民法院民四庭庭长。

引　言

社会管理创新是运用现有的资源和经验，对传统管理模式、方式、方法进行改造和变革，建构新的社会管理机制和制度，以实现新的社会管理目标的活动或过程。[①] 人民法院作为社会管理创新的“参与者”，担负着为社会管理创新提供保障，为社会确立行动规则和行为导向，充当着社会管理创新“保障者”、“引领者”和“推动者”等多种角色。纵览中国近三年来知识产权案件的特点，主要表现为：案件数量明显增多；新类型案件和重大复杂疑难案件增多；因法律规定较为原则需要明确具体界限的案件所占比重增多；裁判结果对当事人切身利益有重大影响的案件增多，其中涉及争夺市场的专利、技术秘密和商标案件显得尤为突出；专业技术事实认定困难的案件增多，其中涉及生物、化工、医药等高新技术领域的案件显得尤为突出；关联案件明显增多，从管辖到实体，从侵权到确权，从追究刑事责任到请求民事赔偿，从地方人民法院到最高人民法院，双方当事人均穷尽各种程序的攻防手段以维护自身权益，反映出市场主体之间竞争的激烈，增加了知识产权案件审理和协调的工作难度；网络技术的发展，方便了知识产权产品的传播，创新了商业经营模式，也影响了相关行业原有利益的分配格局，因此而引发的新类型知识产权纠纷和不正当竞争纠纷明显增多；涉外案件比重增大，且裁判规则越来越受到国际社会的关注等。[②] 知识产权案件的特点决定了法官在面对具体案件时，可能会产生出同案不同判的现象，继而影响到司法权威的树立。众所周知，法律解释的界限是法律的可能文义，超越可能文义界限之时，就进入了法律续造的区域。法律续造分为法律纠正的续造及法律补充的续造，二

---

① 参见周玉华：《法院在社会管理创新中的角色定位》，载《法制日报》2010 年 11 月 24 日。

② 参见 2008 年 ~2010 年《最高人民法院知识产权案件年度报告》。

者都属于法律漏洞，都需要法官在裁判案件中对其作扩张或者限缩解释①，由法官将抽象的法律条文进行解读后，运用于具体的、动态的个案中，以化解矛盾纠纷，切实维护当事人的合法权益。因而，法官适用法律的过程，就是对法律进行解释的过程，解释法律闪耀着法官作为职业法律家的智慧光芒，法官的智慧来源于办案的经验积累、社会阅历、学习思考、价值取向。实行案例指导制度就是为了提炼与总结法官适用法律的方法、经验与智慧，提炼裁判规则，指导审判实践，以及准确理解法律条文，减少“同案不同判”的现象，统一法律适用，同时限制法官的自由裁量权的行使，加强对社会公众的法学教育以及抑制司法腐败作用。人民法院参与社会管理创新工作的具体路径之一就是发挥案例在释明法律含义、塑造裁判规则方面独特的魅力，并且以此引导人们的行为选择、预防纠纷的发生。基于此，笔者作为关注中国知识产权司法保护的法官，选择以知识产权案件裁判为切入点，对司法视野下的社会管理创新路径之一——构建知识产权案例指导制度进行探析。

一、中国案例指导制度的发展变迁

法官的天职是裁判案件。法官参与社会管理创新不但要通过个案的审判化解社会矛盾，维护社会和谐稳定，而且还要通过对具体的个案进行法律评判，阐释法律内涵和精神，使法律成为人们应该如何作为和不应该如何作为的指示和路标。换言之，法官在对一个案件作出裁判时，既是对案件本身的评判，同时也包含着对当下行为和未来可能行为的评判。因此，法院的判决对社会起着确立行动规则，引领诚信、公正等良好社会风尚的重要作用。② 我国向来有成文法的传统，案例不属于法律渊源，在先的判例对于之后的审判

① 参见孔祥俊：《司法哲学与裁判方法》，人民法院出版社2010年版，第201页。

② 参见周玉华：《法院在社会管理创新中的角色定位》，载《法制日报》2010年11月24日。

并不具有拘束力。但不可否认的是审判实践中在先的判决尤其是上级法院的判决对在后案件的审判会有相当的影响力。在某种意义上讲，我国法院在运用法律原则、法律解释等方式弥补成文法原则化、滞后性的同时，也开始注重成文法体系外的弥补，逐步借鉴和吸收判例法的成果。事实上，世界上最典型的大陆法系国家（地区），包括德国（比如联邦宪法法院的判例①）、法国（劳动法、家庭法、婚姻法，尤其是行政法领域②）及日本③等，都或多或少承认判例的地位。

翻开中国法制史，我国自古即有重视已有案例（实例）的传统，比如春秋战国时期思想家荀子所述“类举”、秦代《云梦秦简》收集了的“廷行事”以及汉代的可引为判决依据的“决事比”等，明清时期则不但编撰有专门的判例汇编，而且出现了判例研究的专门著述。④

2005 年，最高人民法院发布《人民法院第二个五年改革纲要》，案例指导制度真正成为司法改革理论及实践的热点，而 2010 年 11 月最高人民法院发布的《最高人民法院关于案例指导工作的规定》（以下简称《案例指导规定》），则正式将案例指导工作作为一项制度化、规范化的工作推进。当然，我国司法实践及理论上对这一制度的探索事实上远远在此之前。结合最高人民法院《案例

---

① 参见王晥：《判例在联邦德国法律制度中的作用》，载《人民司法》1998 年第 7 期，转引自刘作翔、徐景和：《案例指导制度的理论基础》，载《法学研究》2006 年第 3 期，第 26 页。

② 参见［法］弗雷德尔：《法国行政法》，1984 年法文版，第 10 页，转引自王名扬：《法国行政法》，中国政法大学出版社 1989 年版，第 19 页。

③ 日本学者兼子一曾指出：关于制定法的解释、适用，或关于制定法规定的疏漏之处，如有相同意见的裁判通过重复做成的裁判形成的规则，自然具有了补充制定法内容的功能，且具有法源性。转引自刘作翔、徐景和：《案例指导制度的理论基础》，载《法学研究》2006 年第 3 期，第 27 页。

④ 参见张烈忠：《建立案例指导制度的正当性思考》，载《人民法院报》2008 年 4 月 30 日，第 5 版。

指导规定》的颁布，我国案例指导制度目前的发展经历了两个阶段：

第一个阶段为制度的探索及初步实践阶段。这一阶段中具有重大意义的工作包括：第一，最高人民法院的政策指导。最高人民法院先后发布人民法院的两个五年改革纲要。其中，《一五纲要》第14条[①]首次以文件的形式就案例指导制度提出设想；《二五纲要》第13条[②]则首次明确了“案例指导制度”的用语，并明确了最高人民法院就此制定规范性文件的工作计划。[③] 最高人民法院的纲要文件，为案例指导制度指出明确的政策方向。第二，《最高人民法院公报》及案例指导理论著作体系的初步构建。1985年，《中华人民共和国最高人民法院公报》创刊发行，《公报》所刊登的权威、典型案例，对相关案件审理具有重要参考意义。[④] 此后，包括《人民法院案例选》、《人民司法》案例版及最高人民法院各审判庭的《中国审判指导丛书》等权威案例选编、评述出版物及最高人民法院《知识产权审判案例指导》[⑤] 的发行，共同形成了完整的案例指导理论体系。第三，各地法院的实践尝试。与最高人民法院逐步推进相协调的是，各地法院纷纷尝试构建自己的案例指导制度，从而为这一制度的发展建立了广泛的实践基础并为理论研究提供了大量

---

① 《一五纲要》第14条：经最高人民法院审判委员会讨论、决定有适用法律问题的典型案件予以公布，供下级法院审判类似案件时参考。

② 《二五纲要》第13条：建立和完善案例指导制度，重视指导性案例在统一法律适用标准、指导下级法院审判工作、丰富和发展法学理论等方面的作用。最高人民法院制定关于案例指导制度的规范性文件，规定指导性案例的编选标准、编选程序、发布方式、指导规则等。

③ 2007年11月全国法院司法改革工作会议上肖扬院长陈述的十年司法改革十二个方面的突破性进展中，更是直接包括案例指导制度的建立及发展。参见安克明：《不平凡的十年 突破性的进展——人民法院司法改革成就综述》，载人民法院网 http：//www.chinacourt.org/html/article/200711/24/275942.shtml。

④ 对于《公报》创设及最初案例刊登的介绍，可参见周道鸾：《中国案例制度的历史》，载《法律适用》2004年第5期，第5页。

⑤ 该书于2010年5月由中国法制出版社出版。

实践样本。[①] 部分法院就案例指导工作专门颁布了规范性文件，对案例的入选标准和程序、案例的内容、案例的废止等制度进行了初步的构建。[②] 2005 年 8 月，笔者所在的西安中院作为对案例指导制度的一种积极探索与回应，出台了《关于加强案例工作的意见》，2006 年起，正式开始编写《参阅案例》季刊，用于指导西安市两级法院的审判工作。之后，为了调查案例参考的效应，西安中院还对全市两级法院法官进行了问卷调查：在对《参阅案例》的认可度上，有 66% 的法官认为《参阅案例》对自己是有帮助的，其作为一种研究性案例可用于学习别人的办案思路；有 16% 的法官认为《参阅案例》中选编的案例可以用来支撑自己的内心确信；有 29% 的法官认为《参阅案例》对自己办理的案件有用，并且可以直接适用到所办理的案件中（包括案件的分析说理中）[③]。

第二阶段则是最高人民法院《案例指导规定》的颁布及此后必将出现的案例指导制度化、规范化的阶段，也就是从现在开始的阶段。根据这一规定，最高人民法院将设立案例指导工作办公室专门负责案例的遴选、审查和报审工作，从而在组织结构上为案例指导工作的长期化、规范化提供了条件。

---

① 比如，郑州市中原区人民法院的“先例判决”制度因为首开先河而广受关注，这一制度还引发了包括张志铭教授与贺卫方教授等知名学者之间关于中国司法改革的大讨论。张志铭：《司法改革中的主体适格问题：以“先例判决制度”为例》，载《人民法院报》2002 年 8 月 30 日；贺卫方：《谁是司法改革的主体?》，载《人民法院报》2002 年 9 月 13 日；张志铭：《司法改革中的健全思维——追议“谁是司法改革的主体”》，载《人民法院报》2002 年 9 月 20 日。其他比如天津市高级人民法院的“判例指导”制度，四川省高级人民法院的“典型案例”发布制度以及江苏省高级人民法院的“典型案例指导”制度也都是其中的代表。

② 如天津高院《关于在民商事审判中实行判例指导的若干意见（试行）》，郑州中院《实行典型案例指导制度的暂行规定（试行）》，江苏高院《关于建立典型案例发布制度加强案例指导工作的意见》等。

③ 参见康宝奇、杜豫苏、阿尼沙：《当前指导性案例适用中的矛盾心理分析及干预机制》，载安东主编《新视角下的审判实践辨析》，陕西人民出版社 2009 年版，第 4 页。

二、指导“案例”的法律属性及构建案例指导制度必要性探寻

（一）指导“案例”的法律属性

案例指导经过多年的探索与实践，首先需要界定的是何谓“案例”，因为司法实践及理论研究中，“案例”的内涵并不统一，即不仅包括各地法院作出的判决，也包括学者自行设计的实例（如“案例教学”）等。由此可以得出案例的编写主体是不受任何限制，只要根据个案裁判对认定事实、适用法律作出评判，就是通常意义上的案例。因此案例不同于英美法系的判例，不能上升为法律，不具有法律效力。

指导案例作为一种创新的司法制度，是最高人民法院落实“三项重点工作”的一项重要举措，是人民法院司法改革的重要任务。从最高人民法院知识产权案件年度报告选择的案例裁判规则可以看出所涉及的内容均是法律、政策、司法解释没有明确的答案，但这些却是司法实践中困扰法官举棋不定的现实问题，带有一定的普遍性，最高人民法院通过个案的裁判，总结提炼出裁判规则，弥补了法律适用上的漏洞，统一了司法审查的标准。最高人民法院《案例指导规定》第2条规定：“本规定所称指导性案例，是指裁判已经发生法律效力，并符合以下条件的案例……”根据最高人民法院的这一定义，指导性案例更倾向于指已经发生法律效力的判决，但最高人民法院又未将指导性案例直接定义为判决，这事实上为案例指导制度的进一步发展留下了空间。通览知识产权案件年度报告，其所涉案例其实就是《案例指导规定》中的指导案例，因为年度报告中提及的案例入选条件与规定中的指导性案例的要求是完全一致的，即必须是裁判已经发生法律效力，并且是社会广泛关注的；法律规定比较原则的；具有典型性的；疑难复杂或者新类型的及其他具有参考作用的案例。需要指出的是知识产权案件年度报告对司法实践法律适用中的问题虽然进行了解读，对存有争议的问题给出了确定性的答案，但作为指导案例，其仍然不同于英美法系

的判例，不属于法律渊源。

（二）构建知识产权案例指导制度必要性探寻

推进社会管理创新，是顺应我国转型时期社会治理方式变化的现实需求，而案例指导制度则是人民法院参与社会管理创新的方法之一。因而无论理论上或实践中对案例指导制度的内涵或者运行机制存在何种分歧，但对案例指导的作用认识相对比较统一，都认为它是弥补成文法滞后性和原则性的重要制度。笔者认为，构建知识产权审判案例指导制度是法院参与社会管理，创新审判方式的必然选择，主要体现在：

首先，知识产权案例指导制度有利于审判活动对于社会经济生活做出迅速的反应，这一作用对应于成文法的滞后性。[①] 因为法律具有稳定性，不能朝令夕改，我国是成文法国家，不可能针对个别案件单独立法，且修法也是有限度的，因此对某一时期的突出问题可以制定司法解释或通过司法政策予以解决，如针对驰名商标的问题，最高人民法院专门制定了司法解释，对其他共性问题可以通过制定政策予以处理。如 2009 年在国际金融危机影响持续加深的背景下，最高人民法院密切关注国际国内经济社会形势的新变化，充分发挥审判职能，发布了《关于当前经济形势下知识产权审判服务大局若干问题的意见》，作为指导知识产权审判工作的纲领性文件。但不管是修法还是司法解释或是司法文件，都是以成文法的形式出现的。至于最高人民法院对个案的“批复”也是依赖于下级法院的请示，理论性、典型性、创新性仍有不足，仍然不能够适应知识产权审判工作的现实需要。

其次，构建知识产权案例指导制度有利于法律适用的统一，案例指导对应成文法的抽象性。成文法，尤其是成文法典，往往是高度抽象化、体系化的产物，其带来的问题就是大量的概念、原则、

① 徐国栋：《民法基本原则解释——成文法局限性之克服》，中国政法大学出版社 1997 年版，第 150 页。

规则需要解释，可能发生因为法官的不同理解而就相同或类似事实作出不同判决[①]，这将严重损害人民对司法的预期，进而损害司法威信。

最后笔者想强调的是，知识产权审判指导案例是正确适用法律和司法政策及体现司法智慧与审判经验的结晶，对于知识产权审判的作用尤其突出。知识产权审判中，新领域、新类型及涉及新法律问题的案件出现的数量及速度都大大超过传统民法领域。《案例指导规定》第2条规定的指导性案例的特征中包括“疑难复杂或者新类型的”一项，而这一点在知识产权领域更为突出。因此，构建案例指导制度，充分运用案例指导制度，既是适应公正处理各类案件的具体需要，也是坚持法律的原则性与灵活性的统一，平等性与多样性的统一，实现裁判尺度的统一和司法个案的公正[②]的必然要求。

三、知识产权案例指导的探索与实践——以《知识产权案件年度报告》为中心

法院是社会管理创新的“推动者”。司法可以在很大程度上推动公共政策的实施，途径之一是通过个案裁判影响公共政策。知识产权案件不同于一般的案件，具有技术性强、新类型案件多、相对难度大等特点，发挥司法裁判的教育和导向作用，及时为企业和社

① 有学者从立法、司法等体系的角度论述案例指导制度的意义，并将法律适用的统一归入案例指导制度在司法层面上的价值。参见刘作翔、徐景和：《案例指导制度的理论基础》，载《法学研究》2006年第3期。在笔者看来，司法层面上法律适用的不统一，抛开法律之外的因素，根本原因仍是成文法的抽象性或者说不可避免的原则性。因此，在这里，司法层面的法律适用不统一问题只是立法层面上成文法的抽象性或原则性的表现（或者说结果），而不应并列。事实上，从上述文章的论述可以看出，作者在论述司法层面上的价值时，很多内容仍是围绕着成文法的抽象性、原则性展开的。

② 参见蒋安杰：《专访最高人民法院研究室主任胡云腾：人民法院案例指导制度的构建》，载 http：//www.lawinnovation.com/html/xwzs/006291.shtml，于2011年5月7日访问。

会提供价值判断和行为指引，促使当事人息诉止争，引导案外人自行解决类似矛盾纠纷，维护社会和谐稳定是构建案例指导制度的初衷之一。

（一）发布知识产权指导案例的载体

透视最高人民法院在司法实践中就知识产权案件发布途径，主要有三：其一，《最高人民法院公报》案例。其二，最高人民法院专门公布案例。主要是在特定时期，如在改革开放30年最高人民法院向社会公布了100件全国知识产权司法保护典型案例；适时在知识产权宣传周期间颁布年度知识产权十大案件；自2009年开始除颁布年度知识产权十大案件外，还公布了年度知识产权司法保护50件典型案件。其三，《知识产权案件年度报告》。知识产权案件年度报告是最高人民法院关于知识产权和竞争领域重大、复杂、疑难和新类型案件的审判标准、司法政策和裁判方法的集中反映。发布知识产权案件年度报告，是最高人民法院加强审判指导、统一法律适用的重要方式，也是推进司法公开、自觉接受监督、树立司法权威的重大举措。① 截至2011年4月最高人民法院已连续3年发布了2008年、2009年、2010年知识产权案件年度报告。最高人民法院将年度内有典型意义的裁判意见集中发布，充分发挥了这些案例在规范裁量权行使、统一法律适用标准中的作用，统一了司法裁判标准。编写知识产权案件年度报告，是最高人民法院创新审判指导方式、统一法律适用标准的全新尝试，也是推进司法公开、接受各界监督的重大举措。这些案例对法律问题的阐释，对审理知识产权案件的法官具有示范和指导作用，对于相关社会公众具有导向和指引意义。

（二）《知识产权案件年度报告》的主要内容及特征

《知识产权案件年度报告》（以下简称《年度报告》）通常由

---

① 参见最高人民法院办公厅关于印发《最高人民法院知识产权案件年度报告(2010)》的通知。

两部分构成，即序言和指导性案例。序言是对过去一年最高人民法院所审理的知识产权案件总体情况的介绍和主要特点的概括；指导性案例是在过去一年最高人民法院审理的知识产权案件中精选出若干具有普遍指导意义的案例予以发布，它是《年度报告》的核心内容。按照案件主要争议点的性质，指导性案例通常划分为七类：专利案件（民事类、授权确权行政类）、著作权案件、商标案件（民事类、授权确权行政类）、竞争案件、知识产权合同案件、知识产权侵权责任承担、知识产权诉讼证据与程序等。

与上述最高人民法院发布指导性案例的前两种途径相比，《年度报告》有着不可比拟的优势：

1. 发布的案例数量多、涉及问题广泛。2008 年、2009 年、2010 年《年度报告》分别选取了 23 件、37 件、36 件案例发布[①]，而通过《最高人民法院公报》知识产权案例自 1987 年开始至今共刊登了 90 余件，10 余件裁判文书[②]，平均每年公布的知识产权案例 3 件左右，根本无法与《年度报告》发布的案例数量相提并论，当然也就无法满足司法实践对指导性案例的大量需求。根据《中国法院知识产权司法保护状况》（白皮书）的统计，2010 年地方各级人民法院共新收和审结知识产权民事一审案件 42931 件和 41718 件，比 2009 年增长 40.18% 和 36.74%，2009 年全国地方法院共新收和审结知识产权民事一审案件 30626 件和 30509 件，分别比上年增长 25.49% 和 29.73%，在这种知识产权案件高速增长的情况下，依靠《最高人民法院公报》公布的案例来指导司法实践无异于缘木求鱼。

2. 案例的时代性特征鲜明。每一年度的指导性案例都是对该年度新型、复杂、疑难案例所涉及的新问题、新领域的深入研究和

① 参见 2008 年～2010 年《知识产权案件年度报告》。

② 参见袁秀挺：《论知识产权案例指导制度的构建与运作》，载《知识产权审判指导》2010 年第 2 辑，第 203 页。

及时回应。以2010年《年度报告》发布的专利案件为例，这些专利案件多与权利要求、外观设计的侵权认定相关，选择这样的案例有着深刻的立法背景和时代特征。2009年10月1日实施的专利法第三次修正案对外观设计授权的实质要件作了重大修改，最高人民法院2009年12月21日通过的《关于审理侵犯专利权纠纷案件应用法律若干问题的解释》对权利要求的范围和解释作了较详细规定，通过《年度报告》能有效引导下级人民法院正确理解和适用新法和司法解释，真正做到"能动司法"。

3. 撰写体例规范，裁判规则明确。每件指导性案例的撰写体例一般包括以下内容：标题、当事人状况与案由、案号、判理摘要(裁判规则)。这样的撰写体例不仅条理清晰、便于理解、易于查找，而且利于今后案例的编撰和裁判规则的总结。反观最高人民法院专门公布案例的方式，则显得简单。在改革开放30年之际最高人民法院向社会公布了的100件全国知识产权司法保护典型案例中，只有当事人和案件名称，没有裁判规则的提炼，其实际指导司法实践的效果无疑会大打折扣。

四、知识产权审判案例指导制度的构建

最高人民法院指出，加快构建符合中国国情的知识产权司法案例指导制度，充分发挥指导性案例在规范自由裁量权行使、统一法律适用标准中的作用，减少裁量过程中的随意性。[①] 基于此，笔者结合《案例指导规定》、《知识产权案件年度报告》，就知识产权指导案例的发布主体及载体、定位、案例的内容及形式要件等相关问题进行简要论述。

(一) 指导性案例的发布主体及载体

《案例指导规定》对指导性案例的发布主体及载体作出了统一

① 参见最高人民法院公布的《关于贯彻实施国家知识产权战略若干问题的意见》第6条。

规定，即由最高人民法院统一在《最高人民法院公报》、最高人民法院网站及《人民法院报》上以公告的形式发布。由此产生的一个问题是，地方法院，尤其是高级人民法院是否仍有权、仍应当推行知识产权案例指导制度？[①] 笔者认为，最高人民法院《案例指导规定》并没有给出否定结论。如前所述，《一五纲要》公布以来，各地、各级法院，尤其是各地高级人民法院都在积极推行案例指导制度，这是我国案例指导制度的有效探索。由最高人民法院发布指导性案例，优点在于在全国范围内保证了法律适用的统一，但仅由最高人民法院颁布指导性案例也面临着如何保证指导性案例的数量，以及如何权衡案例在各地区之间的分配等重大问题。而这些问题，在一定程度上成为影响甚至决定着案例指导制度究竟能发挥多大作用的关键。对此，最高人民法院审委会在讨论中已经明确，实行案例指导制度以后，各高级人民法院可以总结案例审判经验，发布供本辖区法院参阅、参考的案例。同时，最高人民法院各业务庭、事业单位可以继续编辑出版具有指导作用的案例，但不得称为指导性案例，不得与最高人民法院发布的指导性案例相冲突，不具有应当参照的效力。[②] 对于知识产权案件而言，建议最高人民法院每年在公布知识产权十大案件和 50 件典型案件时，能否将其一并归纳总结，以指导案例的形式予以发布，指导全国法院知识产权审判工作，改变“供各级人民法院在知识产权审判工作中参考借鉴”[③] 的提法。此外，就知识产权案件发布载体还应包括《知识产权案件年度报告》及在《知识产权审判指导》中单独设立案例指导栏目（目的是与案例评析栏目相区别）。

---

① 如北京高院、江苏高院等在审判实践中经常发布知识产权案例指导辖区内的知识产权审判工作。

② 参见蒋安杰：《专访最高人民法院研究室主任胡云腾：人民法院案例指导制度的构建》，载 http：//www. lawinnovation. com/html/xwzs/006291. shtml。

③ 《最高人民法院办公厅关于印发 2010 年中国法院知识产权司法保护 10 大案件和 50 件典型案例的通知》（法办〔2011〕85 号）。

（二）指导性案例的定位

指导性案例对此后的审判究竟有何效力，在根本上决定着这一制度的定位及具体运作方式。对此，《案例指导规定》第7条明确规定对于指导性案例，“各级人民法院审判类似案例时应当参照”。这里值得注意的内容有两方面，也即“应当”及“参照”。最高人民法院《案例指导规定》的颁布及其上述用语，在一定程度上回答了司法实践及理论中对案例指导制度从名称之争（案例、判例等等[①]）到定位之辩（是否具有拘束力[②]）等诸多问题。

从名称之争上，《案例指导规定》明确使用了“指导性案例”这一用语。事实上，名称之争是在中国的“案例”或者“判例”这一事物的法律效力（拘束力）不明确的情况下，理论界希望通过名称的界定来间接主张效力的一种结果或者说表现，名称之争不是甚至也不体现这一制度的根本问题。无论采用何种称谓，真正面对和需要解决的问题都是相同的，即对于“案例”的效力如何定位，“案例”对此后审理、判决的“指导”究竟如何实现。由此，对于指导性案例效力（拘束力）的理解是这一制度的关键。《案例指导规定》对此明确规定“应当”“参照”，这是对案例指导制度的重大突破。

---

① 相关的争论可参见樊军：《加强案例研究　推进法治现代化——案例研究与法治现代化高层论坛综述》，载《法律适用》2001年第11期（2001年国家法官学院和北京大学法学院联合举办的“案例研究与法治现代化高层论坛”即持此种观点）及蒋惠岭：《建立案例指导制度的几个具体问题》，载《法律适用》2004年第5期，第9页。

② 相关争论可参见杨雨泽：《在实践中建立和完善案例指导制度》，载《光明日报》2006年12月16日；崔凯：《论我国案例指导制度的建立——兼与西方判例制度的比较》，载《中南财经政法大学研究生学报》2006年第4期；李广湖：《谈先例判决制度》，载《人民法院报》2002年9月20日；董皞：《迈出案例通向判例的困惑之门》，载《法律适用》2007年第1期；陈卫东、李训虎：《先例判决　判例制度　司法改革》，载《诉讼法学、司法制度》2003年第4期；李红梅：《关于赋予我国判例拘束力的定位分析》，载《西安建筑科技大学学报（社会科学版）》2004年第9期及刘铮：《建立我国案例指导制度的追问与辨析》，载中国法院网。

从《一五纲要》到《二五纲要》，最高人民法院用语上的变化并没有直接解决案例的效力问题，“参考”与“指导”，就其本义而言，均不具有拘束力的含义。[①] 基于此，有学者提出我国的指导性案例仅具有“事实上的拘束力”[②]，即违反上级法院颁布的案例，将可能导致案件被上级法院改判，下级法院的法官因此一般而言均会遵循案例。这种主张体现了在探索指导性案例效力中遇到的两难，一方面无法在现有制度下承认指导性案例的拘束作用，另一方面如果完全将指导性案例放置在参考地位上，这一制度又将失去意义。对此，甚至部分地方法院在调研报告中也隐含地有所表达。[③]

《案例指导规定》对此显然有了重大突破。“应当”一词在法律上表明某种法定义务的存在，从而对各级法院遵循指导性案例设置了一定的强制性，在一定意义上，赋予了指导性案例法源性。[④] 由此，最高人民法院颁布的指导性案例，不再是可有可无，可看可不看的资料，而是如司法解释一样，各级法院必须学习、研究并在

① 中国社会科学院语言研究所词典编辑室：《现代汉语辞典》（2002 年增补本），商务印书馆 2002 年第 3 版，第 102 页、第 1619 页。参考：为了学习或研究而查阅相关资料；利用有关资料帮助了解情况；指导：教导，指示引导。指导本身是否带有拘束力的含义还需要根据语境进行区分，比如指导思想中的指导似乎带有拘束力的含义，但在法律用语上，多指没有拘束力。

② 秦旺：《论我国案例指导制度的构建和适用方法——以〈最高人民法院公报〉为分析样本》，载《法律方法与法律思维》2007 年第 4 辑及陈灿平：《案例指导制度中操作性难点问题探讨》，载《法学杂志》2006 年第 3 期。

③ 如北京高院《关于完善案例指导制度的调研报告》一方面认为：“案例指导虽然不具有成文法和司法解释普遍的约束力，但具有对同类型案件实际的拘束力。”另一方面则表示：“本院和下级法院必须充分注意并顾及”，并认为违背指导性案例，应可作为上诉及再审的理由等。率先实行“先例判决”制度的河南省郑州市中原区人民法院对这一制度的认识同样存在这一问题，参见李广湖：《谈先例判决制度》，载《人民法院报》2002 年 9 月 20 日。

④ 有学者认为讨论这一问题并无太大意义，因为大陆法系国家的实践已经给出了相反结论，如崔凯：《论我国案例指导制度的建立——兼与西方判例制度的比较》，载《中南财经政法大学研究生学报》2006 年第 4 期。作者引述的大陆法系国家的做法仅仅是不作为主要法源，而不是不作为法源。

审判实践中加以适用的对象。①

“参照”一词具有同样的意义，并不具有拘束力的含义，但“参照”似乎就有不同的法律意义。中国此前在立法中出现“参照”并对这一用语的含义有广泛讨论的典型问题是《行政诉讼法》关于法院审理行政诉讼案件“参照”规章的规定。立法一经颁布即引发了各方关于“参照”是否应理解为有法律拘束力的讨论。尽管这一问题最终的结论是明确的，即法院在审理行政诉讼案件时，并非必须适用规章，而是有选择适用权。但分析《关于〈中华人民共和国行政诉讼法（草案）〉的说明》及最高人民法院《关于审理行政案件适用法律规范问题的座谈会纪要》中关于“参照”规章的论述都可以看出，确定法院对于规章的适用具有选择权的原因是因为规章的情况相对混乱，其是否与上级法律规范相符一直存在疑问。② 而其中，与上级法律规范相符合的规章，“参照”的含义仍然意味着应当适用。对此，最高人民法院《关于审理行政案件适用法律规范问题的座谈会纪要》有明确的表述：“在参照规章时，应当对规章的规定是否合法有效进行判断，对于合法有效的规章应当适用。”可见，“参照”事实上体现出应当遵循、适用的法律含义，其与“参考”完全不同，进而“应当参照”在某种意义上可以解读出“必须适用”的含义。

与此有关的另一个问题是，违反指导性案例是否能够作为上诉和再审的理由。在明确了前述问题之后，这已经成为一个技术性问题，因为任何一个案例，其具有指导价值的，无非是证据认定规则，事实认定规则，法律推理规则以及对具体法律问题认识中的一

---

① 由此又引发的一个问题是，这样是否会增加法官的负担？笔者认为不会，以江苏高院实行的案例指导制度为例，根据《关于建立典型案例发布制度加强案例指导工作的意见》，发布指导性案例的《参阅案例》为月刊，每月刊登 10 个典型案例，包括各个部门法，具体办案法官所需学习的案例数量并不多。最高人民法院颁布的案例则更是如此。

② 参见邓楚开：《“参照规章”的实在法分析》，载《人民法院报》，http：//rmfyb. chinacourt. org/public/detail. php？id = 134679。

项或者几项。因此，违反指导性案例，事实上就意味着违反上述规则或者案例对法律问题的理解，而这些均可以在现有法律规定的上诉或者再审理由中找到（事实不清、证据不足、程序违法或者适用法律错误等）。

（三）指导性案例的形式要求

当我们将案例指导制度作为一项全国性的创新举措来对待时，不可回避的问题是指导性案例是否应当具有统一的形式要求？从《案例指导规定》的用语来看，指导性案例更应该被界定为判决书，但规定同时并未明确这一点，从而必然限制指导性案例的形式。

因为指导性案例的形式，不仅是一个“形式意义”上的问题，事实上它关系着对指导性案例究竟应该如何理解及案例指导制度究竟能够在实践中发挥多大作用的重要问题。指导性案例具有指导性意义的内容是什么，或言之，为什么一个裁判能够或者应该上升为一个指导性案例？答案是因为一个判决说明了如下内容中的一项或者几项：证据的认定规则、事实的认定规则、法律的适用规则、对具体法律问题的解释以及对审判程序的认识。因此，如果在发布指导性案例时，通过特定的形式，告知某一具体的指导性案例具有指导意义的是哪项内容，以及该内容的具体体现，那么该指导性案例对于审判实践的指导意义将更加凸显。对此，借鉴《知识产权案件年度报告》，笔者认为，知识产权指导案例的形式应由以下部分组成：标题、审理法院、当事人、案由、案号、裁判规则、基本案情及审判结果。如标题：作品登记是否构成著作权意义上的发表；审理法院：最高人民法院；当事人及案由：××公司与××厂等著作权侵权案；案号：（20××）民×字第××号；裁判规则：作品登记的主要作用在于证明权利的归属，一般不构成著作权法意义上的发表，在没有其他证据的情况下不宜以此推定被告接触过原告作品；基本案情及审判结果（略）。这种形式：首先体现着指导性案例真正的含义，有利于案例指导制度作用的发挥；其次便于指导性案例的检索，法官或其他法律实践工作者在需要时，可以直接根据关键词句进行查找；再次，通过上述内容可以直接明确具有指导性意义的内容，防止给审判实践带来误导；最后，我国目前的司法审判任务不轻，部分地区部分法院法官的司法审判任务极为繁重，要求一位并不了解案件事实的法官独立审阅判决全文并总结指导性案例中的指导内容，尤其是，要求法官独立判断该指导性案例与在审案件的异同，很多时候并不现实。而指导性案例明确指导内容，则可以大大减轻法官“参照”指导性案例的工作量，进而，也必然增加法官对案例指导制度的运用。

结　语

立法是凝固了的智慧，但立法之后法律的适用对象是鲜活的、多变的和错综复杂的。在法官的眼中，不仅有凝固的法条和教条式的法理，而且有“活”的法律。司法的魅力更多地来自“活的法律”。通过法官适用法律，使法律在动态的发展中得到相对的圆满，而不是自始就是凝固的教条。记得有人说过：智慧的魅力在于理论能指导实践，实践也能上升为理论。智慧既有能动性，又有创造性，能够同时将理论与实践结合为一个相互作用的整体，从而对事物给予全面的洞察和深刻的预见。面对各种疑难复杂案件，法律不可能都有现成的答案，而高层次和高水平的法律适用能力恰是融于法官内心和化于无形的，能够在遇到具体案件时形成处理思路和法律答案的条件反射，进而在不确定的法律中寻求确定的裁判规则，并将其上升成为指导案例。因此，可以认为最高人民法院发布的知识产权案件指导案例是活的法律，是法律观念、法律理论、法律条文在法律实践中的交集、融汇、阐释与应用的结晶，是法院审理案件后在裁判文书的基础上形成的高端司法产品，是实践探索走在成文规定之前，而成文规定将再次促进制度发展及实践探索的又一个典型。尽管《案例指导规定》的内容仍是纲领性的、原则性的，但其必然推动案例指导制度向长期化、规范化发展。这也为法院的审判提出了新的课题。作为长期从事知识产权审判工作的法官，笔者将通过自己的实践努力，与法律人共同关注这一新生制度在中国的发展，用时代发展的要求审视自己，以改革创新的精神提高和完善自己，在社会管理创新视野下为推动案例指导制度的发展进步尽绵薄之力。

带入与融合

——探寻民事裁判契合城市社区民意之路径

张孝民[*]　胡九红[**]

【内容提要】　城市社区在城市发展进程中，正在成为各种矛盾的聚积之地，城市社区既是一个地域概念，也是一个群体概念，更是一个市民生活共同体，同时也是社会管理和服务终端。在这个共同体内发生的矛盾纠葛演绎着普通公众的生活过程，显示整个社会的动荡和发展。传统的司法实践对社会矛盾的化解多以案件类型为样本，而对于某一个“共同体内发生发展的矛盾”和“不同共同体之间发生的矛盾”甚少研究。社区内既有原住人口又有外来流动人口，既有小康之家也有贫困弱势群体，司法裁判对城市社区内的不同阶层、不同群体的冲突以及同一阶层中的纠葛处理，在不同的人群往往形成不同的认知和理解，进而引发对司法公正的疑问和抵触，特别是在基层司法审判工作中裁判与社区群众疏离导致价值观的背离，形成了法院裁判和社区民意的对立，诱发群众不满。因而探寻民事裁判与城市社区管理的科学对接意义重大。城市社区民事诉讼涵盖了民事诉讼案件类型多，涉及社会层面广，作为一个固定区域发生的矛盾，具有诉讼主体之间的紧密关联性、诉讼目的上的自我保护性和维权性、诉讼请求的复合型、矛盾的长期性等共

* 西安市新城区人民法院党组书记、院长。

** 西安市新城区人民法院审监庭副庭长。

同特征。针对这些特点，基层法院的民事裁判工作应该在更大程度上贴近社区民众，让社区的矛盾由社区的人化解在社区内部，使法院的裁判最大限度地贴合社区民意，化解纠纷。

一、城市社区和社区矛盾

著名学者费孝通这样定义社区："以全盘社会结构的格式作为研究对象，这对象不能是概然性的，必须是具体的社区，因为联系着各个社会制度的是人们的生活，人们的生活有时空的坐落，这就是社区"。① 城市社区不仅是行政管理意义上的社区机构，也不仅是简单的行政区域划分，应该是聚居在一定地域范围内的人们所组成的社会生活共同体。② 有人的地方就会有矛盾，作为相对固定人群在固定空间和时间的生活共同体，社区，就是矛盾冲突的渊薮，有学者认为，当社会人均 GDP 进入 1000 ~ 3000 美元时期，就迎来了社会深刻变动、社会矛盾最易激化的高风险期，这使其不可避免的带来一些新型的社会矛盾。③ 社区矛盾纠纷在不同阶层、不同地域呈现多发态势，表现在民事审判实践中，一是案件数量的多发性，二是案件类型的多样性，三是矛盾纠纷的强对抗性。可以说在社区中既有和谐与温情，也有诸多矛盾和冲突。对于由冲突引发诉讼，在法院和法官审理城市社区民事纠纷案件时，如果不能充分考虑特定的地缘与人群关系，就极易形成案件审理的法律效果和社会

---

① 本文无意讨论社区概念，因为东西方对社区的概念包括我国学者对社区概念也不尽相同，但费孝通对我国社区的表述可能更符合我国的国情，也更有利于本文针对特定"坐落"的人群间的矛盾探讨更富成效的化解方式。费孝通：《乡土中国》，生活·读书·新知三联书店 1985 年版，第 94 页。

② 转引自卜长莉：《社区冲突与社区建设——东北城市社区矛盾问题案例研究》，社会科学文献出版社 2009 年版，第 84 页。

③ 参见李培林：《高度重视人均 GDP1000 ~ 3000 美元关键阶段的稳定发展》，载《科学与探索》2005 年第 2 期。

效果的扭曲，以及虽然案件审结，但纠纷未解或审判结果与民众公意[①]的背离进而发生缠诉缠访上访等不稳定事件。2010 年某城市基层法院的民事审判案件中，相关社区内的纠纷案件共 1569 件，占民事案件总数的 34% 以上，因社区群众对裁判结果不满而涉诉上访缠访案件中占所有上访案件的 90% 以上，但在对这些案件裁判过程和裁判结果的复查中却发现，这些案件大部分都程序合法，适用法律准确，这种状况使一些矛盾激化的同时打击了法官的自信，极大的挑战了基层法院的司法公信力。

二、社区民事诉讼案件的审理现状和缺陷

以西部某城区为例，该区处于该市交通要冲，新旧城区、城乡结合部、城中村等互相交织，共有 89 个社区，13 个城中村，常住人口 80 万，流动人口 100 余万。就社区民事纠纷案件统计，2008 年为 897 件，2009 年为 1273 件，2010 年为 1569 件。年增幅在 20% 以上。2009 年之前，对于社区民事纠纷的审判，与其他案件审判方式基本没有区别，法官开庭，调解等工作甚少和社区人员、机构联系协调，法官办案周期长，投诉率高。2010 年后，该法院针对社区矛盾纠纷形成特点和诉讼特点，结合“审判五进”在辖区内的 89 个社区派驻 89 名社区法官，并公布法官照片、联系方式等资料，接受口头提出的诉讼，答复社区公众对案件处理的一般性咨询[②]，要求法官在处理案件之前，与社区调解人员联系了解案件

---

① 有学者声称法律不是民主，但我们不能用这种观点否认法律在正常意义上应该与大众的观点是一致的。因为我们依据的法律毕竟是为我们中的绝大多数人的正义而诞生。

② 法官的独立办案，不是封闭的办案，有学者认为法官不是律师，不应当为当事人出谋划策，但正如苏力教授在其《乡土社会中的法律人》一文中所论述的那样，在我国西部的城市中也同样存在着乡村中的问题，至少在城市的弱势群体中存在对法官诉讼指导的需求和依赖。参见苏力：《送法下乡——中国基层司法制度研究》，中国政法大学出版社 2002 年版，第 316 ~ 321 页。

发生背景和当事人生活状态（包括工作、住址、身体、精神等各方面），并在社区内公开审理（不包括依法不公开或者当事人合理要求不公开审理的案件），2010年社区民事诉讼案件投诉率实现了5年来的首次下降。但是由于各种条件所限，社区民事诉讼案件的审理仍然存在诸多难以解决的现实性缺陷。

1. 空间距离的疏远导致法官对当事人境遇的漠然。法官坐堂办案就其形式而言，似乎和国际法治国家接轨，法官身穿法袍高居法台之上，威严肃穆，但这看起来很美的场景，让法院的司法审判行为远离了社区生活，由于法庭远离社区，加之法庭条件的限制，往往是一个案件的审理仅仅只有当事人双方在场，很少有旁听人员，在某基层法院的民事案件审理当中，仅有不到1%的旁听率。对于财产命运掌握在法官手中的当事人而言，其所处地位相对弱势，而法官缺少了旁听人员的眼睛和耳朵则可以毫无顾忌的我行我素，甚至无视当事人的权利，漠视当事人的境遇。同时法官与社区群众的陌生使调查取证难上加难。法官生活工作远离社区环境，造成法官与驻地单位、辖区居民的生疏，法官乘坐警车，身穿法服到社区调查取证，容易引发社区居民的侵入感，从而产生警戒心理和抗拒的态度。笔者在向社区居民调查时，有85%以上的被调查者不愿回答，回答者中又有50%的人不愿意在调查笔录上签字。法官感叹居民的不配合，殊不知正是自己和群众的陌生而难得社区居民信任。

2. 生活状态的差异形成法官对当事人心理状态的不理解。据调查大多数的法院都有自己的家属院，很多法官生活在一个较为狭小的封闭环境内，对社区居民的生活状态不甚了解，对于发生在社区内的矛盾纠葛缺乏切身感受，对社区居民的舆论情况更加不了解，形成法官审判的盲区，审判成为法官闭门造车。如在一起排除妨碍的纠纷中，二楼住户要求一楼住户拆除防盗网，法官按照有关物权法和小区物业管理规定，判令被告应当拆除，但是这一判决在该小区引起了强烈的不满和不安情绪，因为该小区为开放式小区，且处于城乡结合部，窃贼光顾频繁，后改判为一楼住户与二楼住户共同安装防盗设施。

3. 审判形式的神秘化使法官裁判的公正遭遇质疑。司法实践中，民事案件的裁判主要有独任制和合议制两种方式，也就是简易程序和普通程序，简易程序一个法官说了算，普通程序的陪审员和社区无关，当事人对审判人员没有信服感。法院案件审理的过程，当事人仅仅只能在法庭上看到和听到一小部分，案件的合议、决定当事人根本无从知晓过程，更不可能看到相关文字记载，使得当事人即使证据充分，请求合理，也对于裁判的结果心中无数，如果把法院的裁判当作一种服务过程，那么这种保密行为其实就是对公众知情权的侵害。传统的观点认为，出于对法官的保护，应当对法官个人的意见保密，笔者认为，公开法官讨论的意见，展示法官判断的思考过程让当事人明白法官裁判的理由，才是对法官真正的保护。

4. 审判机构与社区服务机构脱节使法官孤立无援。司法独立在中国的民事审判制度中正在得到更为广泛的扩展，司法审判越来越成为法官和法院的事，行政部门和其他部门的影响力总的来说逐渐减少，因而在某些地区，一旦案件涉及诉讼，地方行政部门和相关机构则三缄其口，唯恐避之不及，另一方面作为案件审理的法官，一般也抱有多一事不如少一事的心理，加之基层法院案件审理任务繁重，也不愿主动和相关社区机构人员沟通联系。独立司法演变为“孤立司法”，审判成为一件远离现实生活的精英事业，化解消弭矛盾的功能得不到有效拓展和延伸。

5. 审判被上访胁迫，强势沦为弱势。一般而言社区民事诉讼案件中的当事人对法律知识掌握不够精通，特别是社区中的一些弱势群体，如无业人员、老年群体、残疾人士、外来务工人员等，他们在诉讼中由于自身条件所限，不能在诉讼能力上与对方当事人形成有效的对抗，转而以其他方式达到胜诉的目的。笔者所在某基层法院2010年投诉、上访的案件87例，其中有21例为社区老年当事人，18 例为社区下岗人员，5 例为外来务工人员，社区民事诉讼案件投诉占到了 50.5%。个别投诉者以死威胁，面对这些审理法官的心理发生了微妙的变化，和当事人之间的“强弱关系”发生流转，法官成为弱势，不惜以牺牲另一方当事人的利益促成所谓“和谐”。如在审理一起人身损害赔偿案件中，原告为某单位社区退休人员，诉称下楼时踩到狗屎摔伤，经鉴定不构成伤残，请求法院判令单位物业管理部门赔偿其损失数十万元，法官拟以其实际医疗等损失按责任与单位管理机构分担，但原告坚决不同意并多次赴北京等地上访，审理法官多次劝返，花费甚多。无奈之下满足了该原告的大部分请求。

以上种种缺陷形成了法院裁判结果与社区认同契合度不高。一些民事案件法官依法处理，但却很难赢得社区群众的赞誉和满意。

三、城市社区民事诉讼案件类型

“社区冲突就是在一个高度聚集的地域空间中，以大多数社区成员或社区内部的社会群体、社会组织为主体的，对整体的或局部的社区生活能够产生一定影响作用的抵触、差异、对立、排斥等矛盾现象。”① 基于这种特定区域、特定人群之间的冲突产生的民事诉讼案件主要表现在两个方面，一方面是社区生活主体内部的矛盾冲突，如邻里纠纷、家庭纠纷、建筑物区分所有等；另一方面是社区生活主体和其他社会层面的矛盾冲突，如拆迁纠纷、社会保障、流动人口和原住人口的纠纷等。具体有以下类型：

1. 以排除妨碍、人身损害赔偿为表现的邻里纠纷案件。排除妨碍案件多发生在以居、家委会为依托改造成立的传统社区中，居住在这些社区的居民多为中老年人群，房屋老旧，面积狭小，有些人为扩大使用面积对房屋进行改造或者扩建，不合理占用公共区域

---

① 卜长莉：《社区冲突与社区建设——东北城市社区矛盾问题案例研究》，社会科学文献出版社 2009 年版，第 343 页。

或者影响了相邻关系形成纠纷；人身损害赔偿的发生大多因为琐事处理不当或者积怨累积引发斗殴造成损害赔偿案件，个别案件出于意外或者过失造成损害。以2010年为例，某基层法院审理社区内居民诉讼的排除妨碍案件96件，人身损害赔偿案件（不包括交通肇事案件）65件。

2. 以离婚、析产为表现的家庭内部纠纷案件。婚姻家庭纠纷案件作为传统的社区内纠纷案件，一直是民事案件审理的重点，看似标的不大，涉及范围仅一家数人的案件，因为案件涉及的不只是财产权属，更关涉到身份关系和亲情关系，甚至能影响到一个人，一个家庭的未来，审理不当，往往会引发极为严重的事件，2010年我们审理的民事纠纷案件中，婚姻家庭案件共213件。

3. 以民间借贷为表现的经济纠纷案件。随着社会经济的繁荣，出现了大量的民间小额借贷纠纷，这些案件大多为邻居、朋友、亲戚之间的短期借款行为，由于一方的不履行，形成诉讼案件。在成熟的市场经济中，贷款行为往往发生在金融机构和个人之间，但由于我国是传统的人情社会，加之市场规范不尽完整，个人风险防范意识和防范能力差等原因，造成民间借贷行为不规范增加了民间借贷纠纷诉讼的审理难度。

4. 以拆迁安置诉讼案件为表现的社区外部矛盾。随着城市化进程的不断发展，旧城改造在改变了城市面貌，提升了城市生活水平的同时，也因为各种各样的因素产生了拆迁纠纷，在城市改造的前期因为信息的不对称和政府的主导使得一些开发商肆意侵害被拆迁人利益，形成了群体的诉讼事件。近年来政府出台了一系列保护措施，充分保护了城市被拆迁户的利益，拆迁纠纷多转化为一家一户与开发商形成的对抗冲突，也就是所谓的“钉子户”案件。

5. 物业管理纠纷案件。在新型社区中，开发商成立的物业管理公司和业主之间由于房产管理和物业服务不完善、不到位甚至不当管理和收费产生诉讼纠纷，有些物业公司定位不当，不能理顺物业公司和业主之间的服务合同关系，形成业主群体和物业公司的纠纷，这类纠纷一般以集团诉讼为多。

四、城市社区民事诉讼案件的特点

1. 诉讼主体之间的紧密关联性。社区民事诉讼当事人，一般都为居住在同一社区的居民，彼此或为邻居或为朋友、亲属；又或者具有一定的服务和管理关系。一方面具有居住地域上的同一性，另一方面在身份上又有关联性，同时又具有生活上的联系性。当事人之间存在千丝万缕的联系，可以说他们之间的关系成为了生活的一部分，不同于一般意义上的民事诉讼当事人，其身份关系是松散和随机的，即使产生不可调和的矛盾纠纷也可以采取回避等方式处理，不至于影响正常的生活状态。

2. 诉讼目的上的自我保护性和维权性。由于市场经济的发展，社区居民自我意识、平等意识、对自身权利的保护意识迅速提高，居民个人各自忙于生活，一般性的偶发性冲突、寻衅事件几乎绝迹，即使发生一般也能通过社区调解解决。社区诉讼案件大多为居民的自身权益受到侵害，如物权、人身权等，特别是较为长时间的侵害，并且经过沟通不能得到有效化解而通过诉讼途径保护自身权利。

3. 诉讼请求的复合性。社区诉讼案件类型多样，几乎涵盖了民事诉讼案件的全部，其请求一方面体现了利益上的诉求关系，但在利益之下更多的体现出群体或阶层的道德观和价值追求，也就是说其请求不仅仅追求的是利益或者物质权利，更为重要的是通过物质寻求得到道德和价值评价。因为诉讼双方或多方作为一个生活共同体，其在社区内的公众评价对其生活的幸福感同样有重要的影响。

4. 当事人对于审理时间的紧迫性和矛盾纠纷积累的长期性。主要表现为“两长一短”，一是矛盾纠纷产生的时间长，矛盾经过了长期的积累，其他方式不能解决，这一过程历经的时间漫长；二是对这类诉讼的审理，如要取得较为满意或者和谐的结果，审理的周期相对较长。一短是当事人对于法院和法官的审理都希望在短时间内得到结果，一般都催促法官尽快审结。

5. 当事人举证能力差，法官取证难。由于社区矛盾一般累计时间长，当事人对证据特别是物证、书证的收集不够，对举证责任认识不够完整，使开庭审理前中的证据交换难以正常开展，有些当事人担心证据被对方知道，往往采取相关措施在开庭时才提交证据。使得法官认证质证艰难。另一方面，对于当事人提供的证据线索或者法官认为应当调查的证据，由于种种原因，在社区内难以取证。

五、将法官和法庭带入社区，使裁判结果与民意相融合

建议一：社区也应该有法庭——为诉讼打开方便之门，使审判场景融入社区生活场景。

在社区恢复设置法庭，由固定的法官在矛盾纠纷的发生区域审理固定社区的案件。第一，方便社区群众诉讼。随着我国法院的现代化建设，基层法院普遍存在的社区法庭被集中成立为民事审判庭，法官办公和开庭审理案件都集中在一个区域之内，而随着城市化进程的加快，城市在空间和人口方面不断扩大，法院和社区渐行渐远，社区居民找不到法院，法官也不了解社区在哪里，有些当事人到法院领取一张传票就要一大早出门，好容易找到法院，因法官还要处理其他事务，当事人就要等候，从而耗费大量的时间，引发不满。在某法院 2010 年接到的一般性投诉中，仅反映法官让其等待时间过长或者找不到办案人员就有 33 件。第二，将庭审延展到社区生活中，使当事人在长期生活的众人面前不得不说真话。作为查明案件重要过程的开庭审理，因为远离案发地点，导致庭审几乎无人旁听，审判场景与生活场景脱离。当事人不必担心左邻右舍的旁听和评议，因而就毫无顾忌的不尊重事实，不在乎诚信和善良的价值；我们在审判“五进”的过程中发现，当法官在法庭询问当事人时，有些人极尽狡辩之能，振振有词，一旦在其生活的公众瞩

目之下开庭审理，则对有些明显不合理的事实和证据不再狡辩或者支吾不语，这样就相对减少了当事人的举证负担。其次，置审判行为于阳光之下，法官远离社区开庭，工作环境和社区无关，则法官对社区公众对自己的评价，没有强烈的追求欲望。社区的每一件公开审理案件都能在社区的公众旁听之下开展，则基层法官就不会仅仅只关心上级法院的发回改判，而会更关心案件的公正与合乎情理乃至公众对自身的评价。

建议二：法官下社区与法官在社区——使法官成为社区居民的“贴心人”。

“对于一个具体的开庭和对于开庭的法官来说，知识、技术和策略还不足以保证其权力的有效实现。权利的运用还必须基于更细致的了解权利所要影响的对象”①，要了解司法权服务的对象，就基层法官而言，最好的办法就是成为社区生活的一员，有人担心法官和辖区人员熟悉之后会产生腐败和不公，现实是法官和当事人不熟悉也会有腐败产生，法官作为社区长期生活的一员，如果要很顺利的完成审判工作，必须要依靠社区居民的信任和配合，而获取信任的唯一途径就是公正的审理案件。从另一个层面而言，法官作为一个社区的成员，就会更加理解和掌握该社区生活环境的特有知识，对社区民众苦恼感同身受，和社区成员之间没有距离感，便于更好的调和化解矛盾纠纷。② 法官天天在，不是来一下就走的作秀，而是工作在社区，接受社区公众对其的人格和能力的评价。

建议三：社区也要当法官——陪审员不再是“陪衬员”，扩大社区居民的自主参与。

在我国传统的马锡五审判方式中，“对于处理农民间的案件，

---

① 苏力：《送法下乡——中国基层司法制度研究》，中国政法大学出版社 2002 年版，第 31 页。

② 在美国，每年有 90% 以上的民事案件是通过各种方式在开庭审理之前达成了和解。转引自苏力：《送法下乡——中国基层司法制度研究》，中国政法大学出版社 2002 年版，第 158 页。

则请农会选派代表出席陪审”。[①] 人民陪审员的选择应当从案件发生的社区公众代表中产生，由社区管理部门向法院提供一定基数的人选，然后由当事人双方从中选择。目前司法实践中陪审员的选任，都由法院统一选择，有大学教师、人大代表、行业精英等，不考虑案件类型和地域区别，这些看起来素质很高的陪审人员，大多忙于自身事务，对社区情况和基本案情缺乏了解，加之案件处理好坏对错与自己毫无关系，来去匆匆，一般不会坚持自己的意见，案件的处理还是由法官掌握，陪审员成为案件审理的陪衬；社区居民只是作为旁听人员缺乏参与感，对于陌生的合议庭成员不能形成真正的信任，而对于他们自己选择的陪审员在其公正性上则会有更加充分的信赖。就陪审员本身而言，作为社区生活的一员，能参与并公正处理解决发生在自己生活区域内的矛盾纠纷，首先就是自身价值的被认同，他们通过这些矛盾的较好解决（不只是通过审判，更包括大量的调解化解工作）在社区内树立了威望，从而建立良好的人际关系，因而其参与审判工作的积极性和责任心远大于其他社区的人员。

建议四：完善庭前准备工作，关注弱势人群——平衡当事人诉讼能力，使诉讼不再“一边倒”。

开庭前的准备工作，对于相关弱势人群，如残疾人、老年人、外来务工人员，应合理使用法官释明权，明确以职责使对抗均衡

开庭前的准备工作是案件审判的重要步骤，法官除了要按一般程序进行安排以外，对案件的发生发展背景了解也至关重要，包括对当事人诉讼能力的了解，都关乎案件处理的合法性与合理性。庭前的准备工作除法定的程序内容外还应向有关弱势人群释明：(1) 告知诉讼权利义务促使当事人提出有关证据（有针对性地提出可以对抗对方诉讼请求或者抗辩的有效证据）。(2) 通过对弱势

---

① 马锡五：《新民主主义革命阶段中陕甘宁边区的人民司法工作》，转引自支绍润、高海深：《马锡五审判方式》，陕西人民出版社 2007 年版，第 103 页。

人群进行必要的诉讼指导，引导他们用合法、合理的方式寻求司法救济，避免出现抗辩时的“一边倒”。在某法院2010年审理的85老年人、残疾人士等社区诉讼案件中，采取类似做法的有64件，经做工作达成调解或和解的44件、撤诉的15件，判决后提起上诉的5件，案件处理效果好于没有采取类似做法的案件。更重要的是通过开庭前的诉讼指导和释明，赢得了弱势当事人的信赖，使他们相信法官，从而理解并支持法官按照程序法规定完成审理活动。在民事审判实践中，有些法官在开庭之前由法官助理或者书记员组织证据交换，当开庭时才发现应诉的当事人患有严重疾病，导致庭审无法进行。

从其内涵来看，释明权的行使有特定条件，对释明权的行使方式、行使目的也有所限制。但根据释明权创设的目的，释明权是为弥补当事人对法律和事实认识方面的不足，对弱势人群的诉讼指导行为，是为平衡当事人诉讼能力而设立的。民事诉讼中辩论主义认为：民事纠纷属于私人自治的范畴，证据的收集、提出应该是当事人的责任。① 但司法实践中，特别是社区诉讼案件的民事审判中，诉讼当事人未必都能如此，尤其是相关弱势群体因为身体、精力、理解、反应能力等方面的羸弱，不能提出明确完整的主张，以及支持这些主张的证据（法官认可的文本或者其他载体），导致败诉，这种表面上的公正或者说强者的游戏规则恰恰是对这一特殊群体权利的冷漠，也不符合司法以人为本的要求。因而，在诉讼过程当中，法官的诉讼指导在运用上应当更具主动性，用职责主义补充当事人主义的不足。

建议五：向社区各界寻求助力——法官不是一个人在战斗，形成社区审判工作合力。

“基层社会（社区同样属于基层社会）的特别是熟人之间的大

① 参见《基层人民法院法官培训教材（实务卷）》，人民法院出版社2005年版，第204页。

量纠纷，由于种种原因，法官无法即时解决，甚至根本无法解决；这时法官往往会运用各种方式，发动社会各个方面的力量做好当事人的工作，防止矛盾激化。”① 城市社区民事纠纷审理的司法实践中我们可以将这种助力寻求规范为：（1）司法调解和人民调解合理对接。司法调解，作为一种较为缓和的矛盾纠纷处理方式，越来越多的被基层法官用在处理社区诉讼案件上，并取得了一定的效果；另一层面上的社区人民调解工作，以民间方式对矛盾的化解开展了积极的尝试。但就目前而言，两者的工作相互脱节，互不通气。法官对法律的精通和社区调解人员对社区情况的熟悉，这两者之间没有形成优势互补，社区调解缺乏权威性和专业性，使社区调解不能最终解决矛盾；因为法官对当事人所处的社会环境的陌生，一家当事人之间关系的不了解，在调解纠纷当中也出现了诸如强调硬解或者调解中侵害第三方利益的现象，在旧有矛盾未解决的情况下，以司法行为制造了新发矛盾。司法实践中，法官审理之前应当通过对人民调解情况的了解，掌握案件特点和当事人关系，其二可以选择人民调解人员参与合议庭共同审理案件；其三经人民调解后固定的证据如当事人陈述记录等可以直接作为证据认定。（2）社区服务管理机构的参与，对于一些家庭矛盾纠纷和人身损害赔偿等，可以通过社区劳动保障部门协调当事人工作安置，给予有必要的当事人办理社会救济和心理干预。（3）引入社区有威望人员的说服调解。（4）在社区范围内引导舆论正确评价矛盾纠纷，充分利用网络资源和社区宣传展板，建立社区司法博客，在一定范围内形成合法合理和谐的共识，以利于法院审判，促进矛盾化解。

建议六：公正不公正不只法官说了算——参考社区民意，追求社区矛盾化解的法律效果和民众意愿的高度契合。

司法独立在实践和经验层面并非指法官审理案件不受任何影

① 苏力：《送法下乡——中国基层司法制度研究》，中国政法大学出版社2002年版，第277页。

响、制约和干涉，正如波斯纳所言：“如果独立性仅仅意味着法官按照自己的意愿来决定案件，不受其他人员的压力，那么这样一个独立的司法机构并不显然会以公众利益为重。”① 在司法实践中法官往往会受到来自各方面的压力，这其中包括一定范围的舆论评议，特别是在社区诉讼之中，一个案件的审理就有可能使法官成为社区的知名人士，当然这种致命很有可能是不光彩或富有尊严的，如果让法官在判决之前对公众的意愿有所明晰，并加以分析，采纳其中合理的成分，对不合法的期望加以正确解释，那么，法院的判决就不仅仅是法律层面上的社会评价，更会成为社区乃至整个社会道德层面的评价，达到法律效果和社会效果的和谐统一。具体而言，可以分为三个部分，一是审判前的民意把握，掌握社区内对案件当事人、争议焦点、处理结果的意见；二是审判中对旁听人员现场反映的把握，了解是谁在说谎，是谁的行为更加有理有据，谁的陈述更为听众所接受；三是宣判后意见的征集，总结案件审理得失，评价法官审判业绩司法能力。

总体而言，当前对于社区民事案件审理的种种弊端其原因在于法院裁判远离了社区群众，是片面当事人主义与我国社情民意的不匹配，这种不匹配尤其体现在社区民事诉讼案件之上②，我们在更新司法理念的同时必须植根于社区（乡土），因为我们生活在这里，而不是“生活在别处”。审判与社区蜻蜓点水式的“亲密接触”，并不能深入社区，体贴民意，我们应该建立和健全长效和规范中国式社区民事诉讼审判方式。

---

① 参见［美］理查德·A·波斯纳：《法理学问题》，苏力译，中国政法大学出版社1994年版，第8页。

② 本文无意贬低西方审判模式的公正，更无意阻挠我国司法制度的进步，笔者强调的是这种进步必须被“本土化”才能成为被公众接受和认同的好制度。

诉调对接在化解社会矛盾中的功能及机制构建探析

赵海峰* 陈　平**

【内容提要】　为化解诉讼危机，世界上各国法院普遍开始推行对诉讼程序的司法控制。法院在司法资源有限的情况下为化解大量涌入法院的纠纷，出台各项制度鼓励纠纷当事人选择更加协调和灵活的非诉讼途径来解决他们的纠纷。诉调对接在我国司法实践中显示着很强的生命力，是一种独具特色的解决矛盾纠纷的模式。它表现为诉讼调解和人民调解在受案范围、程序、效力、地点、人员、管理等方面的对接，使得矛盾得到更加有效的解决。《人民调解法》和最高人民法院《关于建立健全诉讼与非诉讼相衔接的矛盾纠纷解决机制的若干意见》等法律和司法解释为调解制度的构建奠定了基础，规定了司法确认的程序启动、管辖和效力等内容，司法确认制度的建立和运行有利于完善诉调对接的功能。诉调对接属于社会管理创新的一个重要内容，社会管理创新又是推动社会建设的重要动力，它适应了中国的现状，能有力地化解矛盾。本文对诉调对接机制进行全面、深入、细致的研究与探讨，并在此基础上从人民调解的角度完善诉调对接机制、法院附设调解机制的构建，逐步完善社会管理创新的法律体系，健全社会矛盾纠纷解决体制等

* 西安市中级人民法院党组成员、副院长。

** 西安市中级人民法民一庭法官。

方面进行了论述。

一、诉调对接的概念

诉调对接的全称为诉讼调解与社会矛盾纠纷大调解的对接，通常又称为“大调解”，是指有效整合全社会的调解资源，全方位与诉讼调解结合，以期用最有效的方法合适、稳妥地解决纠纷，可以促使纠纷以更加便捷、经济、高效的途径得到解决。[①] 诉调对接作为一种新设计的手段，将其作为一个平台，用来搭载多种有利于民事纠纷解决的工作方法，是一种社会管理创新模式。社会管理创新是指在现有的社会资源和管理经验的基础上，引入新的社会管理理念、知识和方法，对传统的社会管理模式及管理方法进行完善，从而建构新的社会管理机制，更好地实现社会管理目标的活动。社会管理创新既是活动，也是活动的过程，其目的在于形成更为良好的社会秩序，产生更为理想的政治、经济和社会效益。

二、中外诉调对接制度的比较研究

（一）中国诉调对接制度的历史流变

中国的传统文化是一种讲究和谐的文化。在古代，“厌讼”、“贱讼”、“耻讼”，追求“无讼”的观念盛行，同时强调协调一致，崇尚和解精神，以义务为本位。中国的传统文化和中华民族的心理素质使得矛盾双方当事人愿意选择调解方式解决争端，第三者也乐于充当义务调解人，这样有助于提高调解的成功率。[②] 早在西周的铜器铭文之中，已有调解的记载。在《周礼·地官》中有“调人”之职，其职能是“掌排解调和万民之纠纷”。黄宗智在对

① 参见沈明磊、王淳：《“诉调对接”之路的理论和实践》，载《人民司法》2006年第11期，第42页。

② 参见江伟、杨荣新：《人民调解学概论》，法律出版社1990年版，第51页。

清代法律制度研究中所描述的:“事实上,清代的民间调判制度是建立在两者的结合上的,即以判决为主的正式系统和以和解为主的非正式系统的结合。这套制度的运作取决于两者的相互配合以及两者之间相互作用的空间。”① 近代调解制度为“马锡五审判方式”为代表的民事诉讼制度与各种形式的调解共同构成了一个有机的纠纷解决机制。2002 年 9 月 5 日制定的最高人民法院《关于审理涉及人民调解协议的民事案件的若干规定》发布。2004 年 8 月 18 日制订的最高人民法院《关于人民法院民事调解工作若干问题的规定》发布。2009 年 7 月 4 日,最高人民法院《关于建立健全诉讼与非诉讼相衔接的矛盾纠纷解决机制的若干意见》发布。2010 年 8 月 28 日颁布《人民调解法》。这些法律、司法解释确立了人民调解与诉讼调解的有机结合。

(二) 域外的 ADR 制度

ADR 英文全称为:Alternative dispute resolution,中文译为:选择性纠纷解决方式或非诉讼纠纷解决方式,现已引申为对世界各国普遍存在着的、民事诉讼制度以外的非诉讼纠纷解决方式或机制的总称。

1. 英国法院的 ADR 制度。英国最初的 ADR 实践主要体现在专家协会(Academy of Experts)、ADR 集团(ADR Group)以及纠纷解决中心(CEDR)等 ADR 组织的逐步建立以及这些组织对 ADR 人力资源的培养上。《英国民事诉讼规则》规定,法院应对案件进行合理的管理和分配,在认为适当的时候,可以鼓励当事人采取替代性纠纷解决程序,并促进有关程序的适用,可以协助当事人就案件实现全部或部分和解。法院也可以依职权中止诉讼程序,由当事人尝试通过替代性纠纷解决方法解决争议。② 法院还可以通过诉讼费用杠杆,根据当事人在诉讼程序前以及在诉讼程序进行中的

① 范愉:《非诉讼纠纷解决机制研究》,中国人民大学出版社 2000 年版,第 74 页。

② 参见徐昕译:《英国民事诉讼规则》,中国法制出版社 2001 年版,第 27 页。

行为，特别是当事人遵循任何有关诉前议定书的行为来给予诉讼费用方面一定的补偿或惩罚。

2. 美国法院附设 ADR 制度。1990 年美国颁布的《民事司法改革法》将法院附设调解以立法形式予以固定。1998 年的《替代性纠纷解决方法》（ADR Act 1998）更进一步规定了每个联邦地区法院都必须运用法院附设调解制度，并可制定具体规则，从而有力地推动了法院附设调解的运用。① 美国法院附设调解建立在纠纷双方自愿的基础上，并进行诉前调解与审判程序相分离。调解主要适用于家事案件。调解主体一般为非盈利性的调解协会，但调解程序根据法院制定的规则来确定，主审法官不参与调解。

3. 日本的调停制度。日本的《民事调解法》中规定可以向法院申请调停，调停在法院的调停室进行。在诉讼进行中，当事人也可以申请调停，法院认为有必要的，可以依职权停止民事诉讼程序，交给调停机关即根据法律规定专门设立的调停委员会进行调停。但是当事人在接到通知后可以提出异议，期限为两周。日本的调停制度是一种司法辅助制度，实际上是将国家部分的司法权有条件地委托给了专门的调解机构。②

4. 我国台湾地区的法院附设调解制度。附设调解制度是设立专门从事调解的机构——调解委员会。调解委员会的成员在法院的指挥、监督下开展调解工作，也可以由法院指定调解委员会以外的成员主持调解。调解委员仅参与案件的调解，不参与案件的审判。

（三）中外诉调对接制度的比较

第一，组织、程序上的连通。日本和我国台湾地区关于司法和民间调解连通主要是调动民间资源参与国家司法活动，即民间调解委员参与法院的案件调解。ADR 与法院的诉讼在程序上存在紧密

---

① 参见史德保：《纠纷解决：多元调解的方法与策略》，中国法制出版社 2008 年版，第 405 页。

② 参见白绿铉译：《日本新民事诉讼法》，中国法制出版社 2000 年版，第 199 页。

的联系。第二，法院促进人民调解的使用。进行审判诉前强制调解是日本、我国台湾地区等采用的一种调解模式。英、美则适用类似本制度的诉前和解制度即“合意判决”制。在美国，美国联邦政府极力推广 ADR 的使用。而英国主要试图通过经济杠杆，包括法律援助资金和诉讼费用促使当事人自觉地采取 ADR。

三、诉调对接体现的社会管理创新功能

（一）化解社会矛盾的正义性

诉调对接追求的就是圆满、彻底地解决纠纷。诉讼和仲裁虽然也有解决纠纷的作用，但其更大的作用是通过判决或者裁决，告知人们法律对行为的评价，从而起到指引、规范人们行为的作用。① 当代美国哲学家罗尔斯将正义分为实质正义与形式正义。实质正义是指法律和制度本身具有的正义，形式正义是指对法律和制度的公正和一贯的执行，而不管它的实质内容。所以形式正义也可称为“正规性的正义”，也就是指法治。形式正义意味着对所有人平等地执行法律和制度，但这种法律和制度本身却可能是不正义的，所以形式正义不能确保实现实质正义。但形式正义在一定程度上可以消除某些不正义，将正义实现最大化。诉调对接就是要通过多渠道、多方位的调解，以有效地彻底解决纠纷为着眼点，进行协调和沟通，提出合理的建议，促使当事人互谅互让，达成和解，从而充分有效地实现正义。

最高人民法院院长王胜俊指出：“审判是社会管理的一部分，要通过强化和创新管理，促进司法公正，提高司法效率，保障社会公平正义。”司法机关作为推进社会管理创新的重要主体，要领会中央决策部署的战略意图，把自觉参与社会管理创新作为落实

---

① 参见顾卫平、黄卫：《“诉调对接”的功能定位与强化——诉调对接现状之检讨》，载《和谐社会视野下对接——南通法院诉调对接探索与实践》2006 年第 11 期，第 169 页。

“三个至上”重要思想的实际举措。诉调对接作为社会管理创新的重要内容，体现了我国正在努力探索一条符合我国国情，与社会主义市场经济体制相适应的社会建设和社会管理的新路子，来更好的实现纠纷解决的正义性，消除不公正结果的出现。

（二）化解社会矛盾的效益性

效益原是经济学上的概念，反映的是成本与收益、投入与产出的比例关系。从20世纪60年代法律经济学发展以来，效益成为评判某一法律制度优劣的基本标准之一。经济分析法学的代表人物波斯纳法官采用实证分析的方法，将效益提高到极限。为了控制程序的运行成本，实现效益最大化，波斯纳提出了“错误的司法判决的成本”和“直接成本”两个概念，诉讼制度的目的就是要使成本最小化。[①] 按照经济学的分析方法，在研究此问题前先假设几个条件。J是原告胜诉情况下判决确定的金额。Pp是原告估计自己的胜诉几率，Pd是被告估计的原告胜诉几率。C和S分别是每方当事人的诉讼和解成本。我们可以得到如下公式：$(Pp - Pd) J > 2 (C - S)$。[②] 当左边为零或呈负数时，诉讼成本高于和解成本，案件就能得到和解。只有双方当事人对诉讼都持有乐观态度时诉讼才可能发生。程序规范的确定与否，将直接影响诉讼解决的成本。经济分析法学派的程序确定及错误成本、直接成本的理论对于研究人民调解与诉讼程序的衔接具有重要意义。第一，将纠纷化解在诉讼程序之外，以及缓解了人民法院“诉讼爆炸”的困境。第二，法院在保证公正与效率前提下减少诉讼成本，缩短纠纷解决周期，实现诉讼效益和功能的最大化。第三，人民调解组织与民事诉讼调解互相学习，提高调解业务水平。社会管理创新中的诉调对接机制就是要更新司法理念，创新工作模式，实现诉讼效益的最大化。

---

① 参见［美］理查德·A·波斯纳著：《法律的经济分析》，蒋兆康译，林毅夫校，中国大百科全书出版社1996年版，第549页。

② 同上书，第725页。

（三）化解社会矛盾促进和谐社会的功能

诉调对接作为社会管理创新的一项重要内容，可以化解社会矛盾，促进社会和谐。社会综合治理，公民有效参与解决纠纷方式，才可以更好的维系家庭温情、邻里礼让、交易诚信，更多地增加宽容度并主动承担更多的社会责任，从而达到维护社会秩序的和谐，人际关系的恢复，道德社会规范的实现。①

诉调对接作为强化调解、引导调解、联合调解的切入点和着力点，可以以其程序的便利性、非对抗性，实现社会矛盾纠纷调解结案的良好效果，并通过协调情、理、法的冲突，最终使矛盾纠纷得以解决、社会达到和谐、稳定，实现法律效果与社会效果的统一。可见，引导人们通过调解结案，则可以实现“案结事了、胜败皆服、定分止争”三大目标，进而构建和谐的社会局面。

实现人民调解、诉讼调解的有机结合，是构建社会主义和谐社会的基本途径，更是解决当前多样化、复杂化、尖锐化和群体性社会矛盾纠纷的现实选择。诉调对接就是社会管理的创新尝试，是人民调解与诉讼调解有机结合的具体体现，也是为充分发挥人民调解维护社会稳定的“第一道防线”的作用、探索灵活多样的调解方式的一种选择。

四、从人民调解的角度完善诉调对接机制

健全社会协同、公众参与的社会管理格局来完善并促进社会管理创新的提高。由于人民调解具有扎根基础、分布广泛、方便快捷、不伤感情等特点，在解决纠纷中具有独特的作用，被称为化解矛盾纠纷的“第一道防线”，被国际社会誉为“东方经验”、“东方之花”。目前，全国有人民调解组织80万个，人民调解员500万人。多年来，人民调解组织每年调解的各类矛盾纠纷都保持在数百

① 参见范愉：《非诉讼纠纷解决机制研究》，中国人民大学出版社2000年版，第129页。

万件。仅就2010年就达到800万件，调解成功率达96%，当事人反悔起诉到法院的约占0.7%，被法院判决维持原调解协议的近90%。人民调解组织与人民法院调解相比，有其自身的程序要求和制度规定。

（一）在人民调解中的诉调对接制度

1. 指导调解。人民法院参与个案指导调解情形有两种。第一，人民调解组织在调解矛盾纠纷时请求指导法官提供指导。每一调解组织都有相应指导法官的姓名和联系方式，随时能联系上指导法官，由指导法官进行适时指导。第二，法院委托人民调解组织调解案件时，主动指派指导法官。在委托时，案卷中会附上指导法官的姓名和联系方式，并且会附上指导法官关于案件涉及的法律关系及有关注意事项的提示。

2. 委托调解。对于一部分案件事实较为清楚、法律关系较为明晰的简单民事纠纷，法院在立案受理后委托给人民调解组织进行调解。具体的操作性工作程序是：立案——审查——（简单民事案件）征求当事人意见——（如当事人同意调解）告知受托组织、调解期限等——向受托组织发出委托函并附案件基本材料——受托组织立案调解——调解成功制作人民调解协议，不成功的说明情况——回函人民法院立案庭——法院调解成功的制作民事调解书或通知当事人撤诉，调解不成的转入下一审理程序。委托调解的期限为10日，10日内无论调解是否成功，人民调解组织均需回复人民法院，避免出现拖延诉讼的情况。

（二）出台具体的人民调解法律规范

出台人民调解相关的法律规范，利于社会管理创新的具体实施。第一，应确定调解的原则。尊重当事人的诉讼权利，不得因未经调解或调解不成而阻止当事人向人民法院起诉。第二，应确定人民调解的对象范围、事项范围、形式范围等内容。第三，应规范调解的程序。目前，人民调解的过程具有较大的随意性，由于程序的简略导致解决结果的不公正，可能使当事人的实体权利得不到保护。第四，应规范调解协议、调解笔录的制作。调解协议、笔录应做到内容真实、形式规范。

(三) 建立人民调解的组织网络体系

结合农村基层组织和社区建设的管理创新需要，加大对人民调解组织的投入，积极推动建立和完善乡镇、街道人民调解组织，从而构建起从村到乡镇（街道)、区三级调解网络。[①] 人民法院也在农村地区建立了庭、站、点、员四位一体的纵向便民诉讼网络。首先，派出人民法庭是中心；其次，巡回审判站是主干；再次，诉讼联系点是支撑；最后，诉讼联络员是纽带。

(四) 提升服务社会管理创新能力

第一，规范人民调解员的选任标准、选任程序，提高人民调解员队伍的准入门槛，同时通过测试人民调解员的法律和政策水平，衡量人民调解员自身的性格心理是否适应人民调解的工作等手段，使人民调解员具有较高的社会管理创新能力。第二，推进人民调解的专业化。在人民调解组织的内部，依据各调解员的专长，进行专业分工，提高调解的成功率，使调解行为进一步规范，树立人民调解组织的威信。[②] 同时还应积极培育新型社会组织体内的调解力量，扩大人民调解的组织基础。如在行业组织中设立人民调解委员会，更加有效专门调处本行业中产生的纠纷。

五、法院附设调解机制的构想

法院应当推进社会管理创新的法治化进程，借鉴国外的 ADR 研究来构建我国法院的附设调解机制。目前理论界有三个设计方案：其一，仿照我国台湾地区的乡镇市调解的运作模式，通过司法

---

① 参见刘岩：《人民调解制度重塑》，载 www. cnki. com. cn/grid20/Detail. aspx? name = CMFD2004&filename = 2004085136. nh，于 2011 年 3 月 13 日访问。

② 参见张嫣：《“诉调对接”机制研究——以与人民调解对接为视角》，载 www. cnki. com. cn/grid20/Detail. aspx? dbname = CMFD2004&filename = 2004085136. nh，于 2011 年 3 月 13 日访问。

审查促进非诉讼调解机制发挥积极的作用。其二，设立类似于日本和我国台湾式的法院附设调解，通过立法规定强制调解的案件范围和类型，并制定专门的民事调解法，建立专门的法院指导下的调解机构。其三，建立小额速裁法院或简易法院，吸收群众或人民陪审员参加，解决事实简单，无争议或争议不大的纠纷，以调解为主要的处理方式。[①] 笔者认为，现今第一种方案比较可行，即由我国人民调解组织承担化解纠纷的职能。但从法治的未来发展趋势看，随着经济社会的发展，应当是第二种方案更佳，另外还应当引入世界上已经较为成熟的审判前和解制度及德国的律师和解制度。这样可以形成一种相互补充的综合性纠纷处理体系，以实现社会整体的宏观公平与正义。

（一）建立人民调解协议诉前司法审查制度

2002 年出台的最高人民法院《关于审理涉及人民调解协议的民事案件的若干规定》第 1 条就明确规定，经人民调解委员会调解达成的、有民事权利义务内容，并由双方当事人签字或者盖章的调解协议，具有民事合同性质。因此人民调解协议是一种特殊的民事合同，它既具有民事合同自愿、平等、确定性、可履行性和以设立、变更、终止民事权利义务关系为目的等一般特点，同时又具有人民调解组织主持下的调解、采用书面形式、除有双方当事人签字以外还应有人民调解组织签字盖章等其自身具有的特点。

法院审理人民调解协议的几种类型：

第一，支付令。当事人持已经生效的人民调解协议向人民法院申请支付令的，人民法院经审查认为符合民事诉讼法规定的申请支付令条件的，人民法院应当支持。

第二，直接申请强制执行。具有债权内容的调解协议，公证机关依法赋予强制执行效力的，债权人可以向被执行人住所地或者被

① 参见江伟：《比较民事诉讼法国际研讨会论文集》，中国政法大学出版社 2004 年版，第 169 页。

执行人的财产所在地人民法院申请执行。

第三，以民事调解书的方式直接确认人民调解协议的效力。双方当事人经人民调解组织主持调解达成的调解协议，双方当事人可以请求人民法院出具民事调解书。

第四，通过起诉方式请求履行人民调解协议或请求变更、撤销调解协议，或者请求确认调解协议无效的案件。法院审理的重点应在于审查人民调解协议的效力问题。审查包括实质和形式两方面，实质审查主要看是否具有最高人民法院《关于审理涉及人民调解协议的民事案件的若干规定》第 5 条规定的无效情形，形式审查则主要侧重于当事人是否具有完全民事行为能力，人民调解协议在形式和手续上是否完备，是否具有可履行性等。

（二）建立诉前强制调解制度

诉前强制调解是当事人在法院附设调解委员会的协助下，自主解决纠纷的机制，因此它属于一种法院附设调解，是一种司法职能与社会管理工作的融合。诉前强制调解与审前调解不同。审前调解指当事人起诉后，开庭审理前由法官主持所进行的调解。审前调解本质上也是一种司法调解，它的良好运作需要一系列的相应配套措施，如须重新划分民事诉讼中的法官职能，分成准备法官和庭审法官；须重组法院的调解组织；须设立庭前会议制度等。

1. 诉前强制调解为诉讼的前置程序。法院附设调解属于诉讼程序外的独立程序，作为诉讼审理的前置程序，案件不经调解不得起诉。调解成立，调解协议具有生效判决的法律效力。调解不成立，则转入诉讼程序。日本在《家事审判法》中规定除禁治产宣告等之外，其他所有的人事诉讼案件和其他普通家庭案件都采取起诉前强制调停制度，只有调停不成才能向法院起诉。①

2. 诉前强制调解的案件范围。设置诉前强制调解制度是为了

---

① 参见［日］兼子一、竹下守夫著：《民事诉讼法》，白绿铉译，中国法制出版社 2000 年版，第 234 页。

减轻法院负担，但不是所有民事纠纷都必须在诉前强制调解，应当设定一定的案件范围，应主要考虑案件性质、案件金额、复杂程度以及各方当事人的经济状况等因素。

根据我国的具体情况，基层法院可以确立7类纠纷诉前强制调解：(1) 首次提出离婚；(2) “三费”（抚育费、扶养费、赡养费）案件；(3) 变更抚养关系、解除收养关系及继承等涉及亲属的案件；(4) 相邻权纠纷案件；(5) 不动产纠纷；(6) 低于10万以下的合同纠纷及人身损害赔偿；(7) 低于10万以下的财产性纠纷。调解案件的范围还应排除适用特别程序、督促程序、公示催告程序审理的案件，企业法人破产还债程序，无效的民事行为需要予以返还的案件等。①

3. 调解的程序。调解工作可以依当事人申请调解而开始，也可以由人民法院依职权主动开始。因调解不同于开庭审理，一般不公开进行。调解委员为使调解享有以下权力：确定调解期日并命令当事人或代理人到场；另外可视情况令双方进行一定的举证和辩论活动；一般宜规定在2个小时内完成，如调解不成应当及时终结调解；调解委员会专司调解，不享有审判权。

4. 调解委员会的人员选任。调解人员的选任因历史文化传统及国情的不同，世界各国做法均有差异。英美法系国家主要从律师、退休法官等非司法人员中选任。而日本和我国台湾地区的调解委员会主任由法官担任，参加调解委员会的调解委员则来自民间。我国调解员的选任，根据现实客观情况，可以借鉴人民陪审员的选任来进行，如大专以上学历，有一定的法律基础，具有一定的生活阅历的人来担任，任期可设定为5年，届时可续聘。同时调解员来源广泛，可允许当事人从调解员名册中选择调解员，这样更能广泛的代表民意。“一个法律制度之所以成功，乃是因为它成功地在专

① 参见杜鹃：《改革法院调解制度构建和谐社会》，载《学术论坛》2006年第3期，第112页。

断权力之一端与受限权力之另一端间达到了平衡”。[①] 调解人员作为社会管理的重要力量参与并推动着社会管理创新的完善与发展。

（三）建立审判前和解制度

审判前和解是指纠纷在进入诉讼程序后，双方当事人在法官面前，约定互相让步，以终止争执或防止争执的发生，并且同时以合意终结诉讼的全部或一部，又叫做诉讼上和解。因此也应该纳入法院附设 ADR 范畴中。有学者认为，审判前和解具有三个特征：必须发生在诉讼中；必须以变更当事人争议的法律关系为内容；必须有双方当事人相一致的陈述。关于审判前和解的性质，有“私法行为说”、“诉讼行为说”、“两者兼具说”等。[②] 关键在于私人的合意是否得到公法在诉讼效力上的承认问题。审判前和解与我国传统调审合一的法官调解不同，前者是强化当事人的合意，降低调解的强制性，建立制度时要减少违规操作的负利益，从而引导及控制调解者的行为。英国和美国实行“合意判决”制，即双方当事人请求法院对他们的和解协议加以核准，并按照其内容作出裁决。结合我国情况，法院应制作和解笔录，如无问题可以制作法院调解书，此时审判前的和解就发生了法律效力。对于生效的和解协议，当事人不能上诉或再次重复起诉，但如果和解协议无效，救济途径应当进入再审程序较为恰当。

（四）建立律师和解制度

律师和解制度，是指经过双方当事人的律师协力促成了和解协议，对和解债权的实现，不需要再通过诉讼程序，可通过简易的执行许可裁定取得强制执行的法律效力。社会管理创新的理念指导我们用多元的思路来解决多元的利益纠纷，我们应针对我国司法实际，借鉴引入德国的律师和解制度，德国于 1990 年的司法简速化

---

① ［美］E·博登海默著：《法理学：法律哲学与法律方法》，邓正来译，中国政法大学出版社 2004 年版，第 157 页。

② 参见王亚新：《社会变革中的民事诉讼》，中国法制出版社 2000 年版，第 109 页。

法案中新增“律师和解制度”（Anwaltsvergleich），并将此制度置于《德国民事诉讼法》仲裁程序一编。当代西方法治国家的律师对于调解的态度都经历了一个从坚决反对到善于利用，直到积极参与提供和解服务的发展过程。[①] 律师和解协议的成立应当具备实体和程序两个方面的要件：

1. 实体要件。主要有：（1）案件范围。律师和解的范围一般为事实清楚、具有财产兑现的简单案件，可以采取列举式规定，也可以采取排除性的立法方式进行规定。（2）和解协议无效的情形。和解协议的效力审查应根据我国合同法的规定来确认是否无效。

2. 程序要件。主要有：（1）双方当事人提交愿意接受通过律师和解解决纠纷的书面申请；（2）和解协议上应有当事人律师的书面签名；（3）符合格式要件规范的律师和解协议书，如双方当事人名称、标的、日期等；（4）相应机构备案。我国的备案要求应分两种情形加以分别规定：一是当事人同意经公证可作为执行根据的，应当在公证处备案；二是当事人没有达成公证协议的，应当在法院备案。

综上研究，诉调对接制度作为社会管理的一项重要创新内容，使诉讼解决机制与非诉讼解决机制相互补充，从而高效、合理地配置有限的司法资源，形成多元化的纠纷解决机制体系。诉调对接机制体现了社会管理的创新，只要对现行机制进行完善和必要的改革，一定能够在构建社会主义和谐社会中发挥强有力的作用。

---

① 参见范愉：《调解的重构——以法院调解的改革为重点（上）》，载《法制与社会发展》2004年第2期，第113页。

司法裁判中民意真相的发现与因应

杜豫苏[*]　赵旭忠[**]

【内容提要】　随着民主意识的提升，民众参与社会治理的意愿更加强烈。司法裁判顺应民意，就是要尊重社会发展规律，在法律适用中兼顾社会发展的常识、常情、常理。网络技术的迅猛发展，为民众参与社会治理或面对公共话题，为民意的快速聚集及政府与民众的互动提供了重要平台，深刻地影响着社会治理形态的走向，发挥了传统媒体无可替代的作用。由于许多网民在多起热点社会事件的评判中具有“情绪演绎”、“视点放大”、“选择扩散”、“观点流转”等特点，网络时代在司法活动中发现民意真相是非常复杂的理论和实践难题，需要法官蕴含丰富司法经验、持恒理性态度、高超裁判方法的实践运作，更需要专业化、系统化，有明确法律依据的程序设计。司法活动中，特别是个案裁判中，因应网络民意与法官专业性意见的冲突，对网络民意科学理性的评析、回应，关涉良好司法效果的实现，需要法官对司法的“合法性”、公民共识、社会认同等有新的认识，并结合案件审判深入分析，也需要立法、司法政策、人民法院工作机制的构建等做出重大调整，使相互冲突的利益或价值观得以调和，从而强化司法的功能发挥，促进社会和谐稳定。

*　西安市中级人民法院党组成员、副院长。

**　西安市中级人民法院研究室副主任。

司法乃国之重器，涉及社会和谐运作与多方权益，司法裁判遭遇“民众审判”在所难免。伴随法治理念逐步深植民心，民主意识的生长要求法官重新思考司法与民意的关系，以及裁判如何符合人民期待。作为专业化任命和管理的法官，常会掩卷自问，何种声音代表真实民意？如何辨析不同民意与民意不同？民意是价值判断，是事实，还是事件？司法应如何因应民意？……理性对待并顺应民意的方向是清晰明确的，但路径选择、裁判表述或理论阐释等的困惑常使法官在很多情况下虽想“牵住民意的手”，但却只能“跟着感觉走”。面对网络时代如潮民意，只有理性、程序、经验才能引导法官发现民意真相，使司法裁判与民意裁判“理性契合”，避免民意与法官专业性意见冲突演生出困扰法官以及国家治理系统的社会“热点”事件。

一、网络与民主：民意对社会治理形态演变催化力提升的科技及思想基础

有民便有民意，民意自古有之，且体现于社会各个领域。但民意演生或形塑出的公共事件越来越成为社会治理演变的重要催化力却是网络时代的现象。如何发现事件背后的民意真相并妥善因应需要法官深入思考现代科技特别是网络对社会治理①的影响，及对社会控制体系中政府（法院）与民间、公共部门与私人之间的合作与互动的影响，积极面对公民社会的形成、司法民主的体现、司法改革的推进，以及社会管理的方法、技术的演变及社会价值观念多元化等。

改革开放三十年来，我国经济、社会发生巨变，民众精神诉求开始呈现新内容，特别是民主意识的提升对我国社会治理的创新提出强烈要求。民主诉求的生长使民众要求在社会公共生活领

① “治理指的是一种由共同的目标支持的活动，这些管理活动的主体未必是政府，也无须依靠国家的强制力量来实现。”转引自俞可平：《引论：治理与善治》，载《治理与善治》，社会科学文献出版社2000年版，第2页。

域享有更多的知情权、参与权、表达权、监督权，在司法领域则要求达致法律效果与社会效果的统一，既要实现司法行为的合法性，也要实现司法的现实接受性。与此同时，随着案件数量的与日俱增，国家开始进入“诉讼社会”①，人民法院收案数呈“爆炸式”增长。《人民法院工作年度报告（2009）》显示，2009 年全国人民法院审理案件超过 1000 万件，比 1978 年增长 19.87 倍，案件量自 2005 年以来年均递增 5.95%。《人民法院工作年度报告（2010）》显示，2010 年最高人民法院受理案件 12086 件，地方各级人民法院受理案件 11700263 件，这些案件及审理不仅仅涉及直接利益冲突者，而且也涉及其他民众，特别是许多“无直接利益（冲突）者”② 的价值选择、情感寄托、情绪宣泄等，因而妥善对待民意不仅涉及裁判的“合法性”问题，而且涉及和谐社会建设的司法推进。

从国家的角度而言，民意的实践体现更多的是一个不断探索、改革、完善的理念提升及制度构建过程，从民众的角度而言，民意的凝聚与体现则需要更为多元的平台。当进入网络时代，作为科技发展重大革命的网络对思想变革及对社会治理变化发挥了巨大催化力，主要体现在随着网络的发展，成为民众行使“拇指话语权”的重要平台及空间，其自由性、便捷性、匿名性的特点及“多对多”的信息传递及交流方式，使“与网相伴”成为许多人的现代生活方式。据中国互联网络信息中心（CNN-

---

① 吉林省高级人民法院院长张文显法官认为，以把美国视为“诉讼社会”的核心指标，即每年有 10% 的人口涉诉，我国已经进入“诉讼社会”。参见郭春雨：《从著名法学家到共和国大法官——访吉林省高级人民法院院长张文显》，载《中国审判》2010 年第 3 期，第 31 页。

② 无直接利益冲突，是指社会冲突的众多参与者与冲突事件本身并没有直接的利益诉求，而是因曾经遭受过不公平对待，长期积累下不满情绪，感觉到自己是显在或潜在地被权力迫害者，迅即表达、发泄不满情绪而出现的冲突。钟玉明、郭奔胜：《社会矛盾新警号》，载《瞭望》2006 年第 42 期，第 10～13 页。

IC）2011年7月19日发布的《第28次中国互联网络发展状况统计报告》[①] 显示，截至2011年6月底，中国网民已达到4.85亿，微博用户为1.95亿。网络的发展使现实社会中“潜水”的民意得以充分表达，无论是“公意”还是“众意”[②] 的生长都在“虚拟世界”找到了温暖的土壤。当现实世界的利益冲突者还在激烈角力，虚拟世界的“无直接利益（冲突）者”也很快成“群”归队，展开激烈的关于他人与自己的“网络战争”，随着纷争烈度的增加，网络战火又燃向现实社会，对现实社会生活造成强烈冲击。由于人民法院的基本功能是化解社会矛盾纠纷，司法是以“公正”为主题的社会调控领域，也是价值冲突的多发地带。面对民众利用网络对司法进行的评判和影响，人民法院也需要利用网络及其他有效形式进行积极回应。

二、程序与应用：发现民意真相需要权威的制度设计及理性的司法实践

美国政治学家凯伊曾说，“要很精确地来谈民意，与了解圣灵的工作没有两样。”[③] 面对鲜活的社会生活，法官无疑是在充满民意的政治空气中呼吸。虽然法官会极力顺应民意或在更深层面考量、维护、促进民众利益，但司法裁判还是常被网民诟病为“法律精英的傲慢与偏见”[④]。就网民而言，传统媒体所表述的观点常被认为是主流价值的宣扬或者应然社会形态的描绘，与现实民意并

① 参见《CNNIC发布第28次中国互联网络发展状况统计报告》，载http://www.cnnic.net.cn/dtygg/dtgg/201107/t20110719_22132.html。

② 卢梭将民意分为公意和众意，而且认为，“公意只着眼于公共利益，而众意则着眼于私人的利益，众意只是个别意志的总和。”参见卢梭：《社会契约论》，商务印书馆1980年第2版，第39页。

③ 彭怀恩：《政治传播与沟通》，我国台湾地区北风云论坛出版社有限公司2002年版，第103页。

④ 参见《李昌奎案中法律精英的傲慢与偏见》，载http://guangyuanma.blog.sohu.com/178709712.html。

不完全在时点上契合，对非主流价值及认知的合理性重视及认知不足，有“自说自话”、“自娱自乐”的倾向，比如《人民日报》(海外版）原总编辑詹国枢就在微博写道：“一些人不大爱看《人民日报》，因为在他们印象中，《人民日报》是官办的报纸，是只说官话套话的报纸，是与百姓疾苦格格不入的报纸。”因而发现民意真相，包括民意的时点呈现、演变及原因，对法官而言，是司法裁判获得民众认同的社会基础，也是裁判通过“历史认证”的重要因素。但发现民意真相，需要积极的态度，更需要专业化、系统化的程序设计，及法官蕴含丰富司法经验、持恒理性态度、高超裁判方法的实践运作。

（一）司法裁判中的网络民意真相的特性分析

研判网络民意，必须对网络民意表达的方式与特性有清醒的认识。

1. “情绪演绎”。传统媒体具有“一对多”的特点，观点提供者一般都充分占有评析素材，而且经过深思熟虑，但网络民意的表达却往往具有情绪演绎的特点，主要在于：（1）很多“网民”对“热点社会事件”而言只是“过路者”，对案件事实、背景、当事人情况等缺乏了解；（2）对案件审判活动缺乏亲历感；（3）思考的不足导致极易在特殊案例中找到背后蕴含的阶层或群体区分等要素点，在情绪层面进行评述，忽视事件的内在逻辑及行为本身或其他因素的法律意义①，比如被害人属于弱势群体，便容易激发网民弱势心态的勃发、对自己“受伤感”的反刍或潜意识中对受迫害的恐惧。就多数民众而言，对自身或本阶层、群体利益的即时关注或对利益冲突阶层的抨击要远高于对理性、法治等的向往和理性追求；（4）将个人憎恶当作法律标准；（5）将个别理论观点当作主流认知。情绪演绎的终极表现往往是“舆论法庭”的形成，这种审判又常常不具备裁判的基本要求，即自己兼做原告与法官，对与

① 比如某非法律领域专家认为，药家鑫“长的典型杀人犯的面孔”。

自己利益有冲突的阶层或群体展开控诉与批判。

2. “视点放大”。由于网络具有“人聚性”特点，资讯的“病毒式传播”往往会形成视点放大效果，并对社会产生积极或消极的影响。波斯纳曾经说过，“在实际运作的民主中，无知普遍存在，自私非常显著，有时一种与利益完全无关的憎恶也起作用”。[①] 当“憎恶”借助网络平台被放大的时候，情绪就可能会演变成为一种“行动的恶”，阻碍社会发展。当然从另一方面而言，网络的这种放大功能也常会推动社会监督效果的提升。

3. “选择扩散”。和传统媒体的传播方式相比，网络资讯传播更为多元和全面（虽然其中泥沙混杂），但“网络水军”等的出现、部分网民（或热点事件的当事人）的选择性传播等使网络资讯具有选择扩散的特点，常会掩盖真实民意或推出虚假民意；同时网络信息数量巨大，部分网民或具有一定的专业素养，或因特殊的兴趣关注点，会关注或主动搜寻特殊的网络资讯，如关注名人博客、微博等，获取关于某项社会事件的资讯和评论，但大部分网民则会被动接受网站选择提供的内容，其资讯接受具有片面性，阅读更多的是由网站在分析网民阅读兴趣点的基础上重点推介的资讯，这些内容的提供往往是和特定的社会热点命题结合在一起，以药家鑫案件的网络传播为例，从理性的角度而言，其选择传播的主要内容有：人性、大学教育、死刑适用等。从情绪的角度而言，主要包括：“富二代”、“大学生”、“农民难缠”等民众情绪易聚点。

4. “观点流转”。主要体现在三个方面，一是“从关注事实最后会演变成只关注情绪发泄”。[②] 二是对案件基本事实没有认识分

---

① ［美］波斯纳：《超越法律》，苏力译，中国政法大学出版社2001年版，第31页。

② 孙笑侠：《公案的民意、主题与信息对称》，载《中国法学》2010年第3期，第138页。

歧，但基于当事人身份的不同等原因，评判观点发生向度转换，这在多起“热点案件”中都有体现。法官对此要结合案件审理前和审理后民意的发展演变的理性认知做出全面考量，体现出“技艺理性”的法律价值。三是传递资讯的快捷决定了虚拟世界从不缺乏“热点事件”，网民关注焦点往往会迅速被另一“热点事件”所替代，很快完成关于特定事件的民意“发生、发展、高潮、回落”四个阶段，而传统媒体则相对滞后和稳定。

（二）司法中民意真相发现的程序设计

裁判是事实认定与价值判断的过程。全面倾听案件当事人的诉求，有利于正确认定案件事实，辨析民意关于案件的评判，则有利于使裁判契合现实社会生活和民众的需要与期待，使裁判充分兼顾“法”、“理”、“情”的融合。

1. 民意构成的基本解析。（1）民意构成具有多维性。民意包括民众关于社会发展的基本认知、价值判断、情感情绪、权力诉求、行为倾向等，是社会生产方式的反映。司法实践中常会提到“民愤”一词，简单观之民愤是民众情绪的表述，其实民愤包括了情绪化的因素，也包括民众情感、社会认知、价值观等。

（2）倾听民意，需要从“民声”中分析当下民众的“主流”价值观、情感及民众意志，思考常识、常情、常理，提炼出“公意”，即案件的社会公共意义，以及特定案件关涉特定社会群体的“众意”。

（3）理性辨析非主流民意的合理性，从非主流民意中发现“主流”价值观的发展方向及非主流民意与主流民意的转化、对司法的影响等。

（4）正确评价法官专业化意见或专家意见与民意的社会功能。既要体现司法运作的职业性、同质性、专业性，包括发现民意真相过程的专业体现，也要思考法官专业性意见的社会发展而非个案裁判价值。同时还要认识到尊重民意就是尊重社会现实生活，尊重社会发展规律，顺应历史发展趋势。

2. 民意真相的发现需要专业化的程序构建。在探寻民意的过程中，全国各地、各级人民法院都在积极构建民意沟通机制，最高人民法院制定了《关于进一步加强民意沟通工作的意见》，河南省高级人民法院等法院也在积极探索人民陪审团制度等的构建。这种改革作为一种探索，应该得到肯定，但也引发讨论和质疑，主要体现在：一是这种改革超越司法权力边界，现实法律依据不足，可能被当事人质疑其正当性；二是因为制度设计相对不够严谨，会被当事人质疑其合理性和公正性。

民意真相的发现应该和发现、证实案件事实一样，需要严谨的程序体系作保证，需要考虑司法规律，在现行法律框架内可以包括如下内容：

（1）征询民意案件可以限定为社会价值评判冲突较为均衡态势的案件。

（2）程序启动可以将法院启动与当事人申请相结合。

（3）征询意见公民限定于旁听公民，旁听公民的构成要具有多样性和代表性。构建人民陪审团，还要注意人员的非职业化、随机性以及回避等。

（4）征询意见的旁听公民的构成，控辩双方可以提出异议。在美国，陪审团制度是由宪法规定，并由各州法律保障实施的一项政治制度，也是保障民众参与国家司法活动以体现司法民主的重要制度设计，陪审团的组成有非常复杂的程序设计并常经过激烈的控辩争夺。

（5）设计合理的意见征询表格、问卷等。

3. 民意真相的发现需要专业分析。基于法官时间、精力、技能等原因，人民法院应该设立“民意（或舆情）监测室”，也可将该项工作归入宣传或研究部门职能，对涉及人民法院建设、案件审判，特别是涉及本地区、本法院案件的民意，结合人民网等网站的“每日舆情数据”及网民观点、现实动态等，进行梳理、分析、评判，并以专刊等形式印发院领导和各审判业务庭室，转化为人民法院科学决策和实现良好司法效果的参考依据。

4. 民意真相的发现需要将网络民意与传统媒体等表达的民意进行综合分析。传统媒体关于民意的汇聚不如网络媒体更具开放性和多元性，但传统媒体更能看到理性的民意或理性的表达。民意分析要结合案件类型、关注群体构成等进行分析，如可以从传统媒体与网络媒体关注案件类型不同等做出区分和研究。

三、契合与冲突：法官专业性意见与民意在司法裁判中的实践融合

法律屋檐下，法官不但要从体系层面关注法律建构，而且要关注个案的法律关系意义及社会意义，其基本思维模式是从法律到个案，但就民众而言，常会通过个案关注司法，关注法律，其基本思维模式是从个案到法律。对法官而言，法律是职业，对民众而言，法律只是其生活“社会规范章节”的一部分。

（一）法官专业性意见与民意冲突的评析

法官专业性意见与民意在个案中的冲突与契合是司法的重要命题。法官职业的专业化可能会妨碍法官透过民意中的情绪化面纱审视其背后丰富的社会含义，民众面对个案主题元素，比如贫富关系、权贵身份、道德底线等[①]意见表达的情绪化方式则会使其忘记立法时的民主、理性与平和，两种意见的契合需要多种社会力量的博弈，更会在深层面推进民众法制意识的增强。民众要监督制约法官裁量权的正当行使，法官则要思考“多数人的暴政”，也要将发现的社会问题及解决方案提交社会。法官必须永远服膺法律及其精神，必须永远是理性的守望者，基点是“亲历审判”、“信息全面”、“立场中立”、“技艺理性”。

法官专业性意见与民意冲突的重要原因在于思维方式的不同，

---

① 参见孙笑侠：《司法的政治力学——民众、媒体、为政者、当事人与司法官的关系分析》，载《中国法学》2011 年第 2 期，第 58 页。

"专业化对法律运行的一个重大影响是法律判决的日益形式化。形式化在这里特指法官在判决时所明确表述的理由常常不是他们的真实理由，而只是最好的法律上的理由。形式化还指，有时尽管从法律程序上是合法的，但结果却不合理或不尽合理。从一定意义上讲，社会中的法律问题处理是按照一个逻辑运作的，而在形成文字的法律却有其独自的逻辑运行，法律似乎成了一个虚假的幌子；因为仅仅阅读法官、律师或学者的法律论述，人们难以理解相当一部分作为法律问题提出的问题的性质。"① 民意对法官意见影响主要体现在三个方面：一是通过表达与现实法律规定不同的认知影响法官意见；二是通过表达与法官意见的不同认知影响法官意见；三是通过民众观点认知的冲突影响法官意见。

（二）法官专业性意见与民意的理性对接是司法专业化价值的体现

"现代法律是一套专业性极强的知识与话语系统，又或者说，它是由一套专业术语包装起来的，具有严密的内在逻辑的规则体系。"② 但如美国著名法官卡多佐所言，"法院的标准必须是一种客观的标准。在这些问题上，真正作数的并不是那些我认为是正确的东西，而是那些我有理由认为其他有正常智力和良心的人都可能会合乎情理地认为是正确的东西。"③ 当前对司法效果的评价标准是法律效果和社会效果的统一，良好法律效果要求司法体现法律逻辑的自洽性，良好社会效果不但要求社会资源的合理配置，而且要"使人民满意"，即无论司法过程还是结果均符合人民预期，这是由司法的人民性、社会性所决定，无论是立法权还是司法权，终究都应是民众意志的体现。引发社会混乱或不满的裁判，不是裁判结

① 苏力：《法治及其本土资源》，中国政法大学出版社 2004 年版，第 151 页。

② 韩伟：《从药家鑫案看司法与民意》，载《人民法院报》2011 年 4 月 2 日第 2 版。

③ ［美］本杰明·N·卡多佐著：《司法过程的性质》，苏力译，商务印书馆 1998 年版，第 54 页。

果不当，就是表述方式的不当，核心就是对民意考量不足。法官意见的专业性主要体现在对民众意志解读的正确性，如当法律中民众意见的现实解读存在多种可能的情况，立法时的民意与现实民意存在不同时，两者的理性对接需要法官专业性的保障，这是法官对社会秩序持续、平和发展的重要贡献。

对司法实践中民意的理性对待，一是有利于法官保障审判的开放性，促进法官了解主流价值观与非主流价值的区分与各自价值。虽然“多数是人们唯一要巴结的权威”,[①] 但理性对待民意不是顺从网络“多数声音”，而是要透过“网络民声”及传统媒体的声音，发现社会主流民意，同时也要梳理出非主流民意的理性元素和社会价值，比如为何一些非主流甚至是错误的观点得到多数网民的支持（可能并不会得到多数非网民的支持），这也是法官职业性技能的重要部分。二是有利于法官通过民间对案件背景等的挖掘。网络对特定人和事信息的挖掘能力非常高，充分利用网络的案件信息搜集能力，有利于法官更加全面地掌握案件事实及形成等，更加客观地对案件事实作出评判，但相关信息的审查和评判是一件复杂的事情。

（三）强化司法进程中的民意回应促进网络资讯的多系统交流

法律效果和社会效果的统一，就是要做到法律、政策、民意的统一。网络民意具有盲动性、易受操纵性特点，原因是缺乏权威、可靠的信息来源。在网络时代，民众不仅仅关注司法结果或只能通过司法裁判了解个案及审判情况，任何满足形成社会公共事件条件的典型性案件的案情、审判进程、裁判结果甚至案件背景等都有可能成为网络关注焦点，但网络环境属于匿名发言、封闭交流的单系统交流，负面情绪极易交叉感染，极端化的言论极易被附和，准确发现民意演变及真相并做出有效回应，强化诉讼过程控制，有利于

① ［法］托克维尔著：《论美国的民主（上卷）》，董果良译，商务印书馆1997年版，第286页。

促进网络资讯的多系统交流，为案件审判营造正常或良好的司法环境，使裁判结果平稳地进入社会生活。

1. “即时回应”。中共中央办公厅、国务院办公厅印发的《关于深化政务公开加强政务服务的意见》提出，“抓好重大突发事件和群众关注热点问题的公开，客观公布事件进展、政府举措、公众防范措施和调查处理结果，及时回应社会关切，正确引导社会舆论。”基于多年对网络舆情的分析以及对当下媒体环境的判断，人民网舆情监测室提出了突发事件中的“黄金4小时媒体”概念。[①] 传统舆论环境下，处置突发事件有“黄金24小时”之说，即在24小时内发布权威消息，就可掌握舆论主导权，避免事态扩大或事实被曲解，但在网络时代，BBS、博客、微博及手机这些“即时表达”、“即时信息”形式越来越多，如果在“黄金4小时”没有权威消息，那么引导舆情的关键时机就被贻误。“4小时是考虑了需要厘清事实真相、政府各部门协调工作和完成信息披露文书所花时间所得。”[②] 虽然司法工作具有自身特点，但在对个案事实的评论及审判认识中，减少民意对司法行为或案件事实的误判或情绪化评判对社会生活及司法进程的负面影响，需要人民法院及时发现民意真相并即时进行回应，如对相关司法进程，特别是对民众的合理化怀疑作出释明。

2. “进程公开”。司法裁判舆论的公允，前提是司法公开。回应民意需要找出问题核心，找准人民群众评判的出发点及主要事项，找准民意生发、演变背后的社会原因，及与客观事实相左的部分。回应中需要公开审判进程，这种公开不仅仅是相关审判信息的公开，如审判过程的公开等，而且包括相关案件信息的公开，如案件当事人家庭背景等的合理公开，是否是“官二代”、“富二代”

---

① 参见《胡春江谈：黄金四小时的概念如何产生》，载 http：//tv. people. com. cn/GB/178756/10898934. html。

② 同上。

以及家庭背景对案件的影响等。但这些信息的公开因为缺乏相关法律规定或可能侵犯当事人及相关人员的其他权利，法官往往投鼠忌器，如果把握不好，不但不能产生积极效果，而且可能使群众产生抵触或逆反心理。在进程公开中必须保障信息的真实性和公信力。

3. “程序严谨”。就是要确保审判程序适用的严谨，消解民众对司法不公的合理怀疑。比如重视证人出庭作证，被告人无罪、罪轻的证据的举证、质证、认证等。

4. “重视析理”。首先需要对司法行为的规范依据作出释明；其次需要对司法行为的合法性及合理性即时作出释明，特别是对与民众主流观点不完全吻合的裁判需要用群众语言作出专业和深入的阐释。

（四）裁判文书应是宣告裁决结果与民意回应的统一

司法对民意具有法律效力的回应一般体现在裁判文书中，主要包括裁判结果与民意的契合。司法过程中对民意真相的发现与回应在于避免非主流民意对司法进程或通过其他社会力量对司法产生不正当的影响，那么裁判文书对民意的回应则在于充分发挥司法职能，实现案结事了，避免因为裁判形成公共事件，比如李昌奎案件在二审法院将一审死刑判决改为死缓之后，网民强烈关注，之前则鲜有关注。裁判论理对民意的回应一般体现在对当事人及代理人（辩护人）等意见的回应，而对社会民众意见的直接回应，相对缺乏法律或司法政策依据，需要立法或司法政策作出调整。现阶段人民法院首先需要做的是司法标准的统一，包括“类似案件类似裁判”，以及裁判论理的基本一致。

四、民意的吸纳与回应需要立法调整及司法机制构建的创新

虽然“司法是理性的，进入司法的民意必须是理性的，外在的民意也必须以符合司法特点和规律的方式进入司法活动，成为司

法的一部分。”[①] 但社会治理强调的不是控制，而是协调、互动、合作。作为社会治理中公权力的重要体现，司法必须能动地体现自身功能，推动法官专业性意见与民意的互动，但需要通过立法调整提升民意对司法的积极影响，构建司法吸纳、回应民意的有效路径，同时人民法院也需要通过司法机制的构建，积极因应民意。

（一）民意吸纳与回应的立法调整

1. 对全国各级法院通过探索实践，比较成熟的做法可以在立法修改时予以吸纳，比如可以将“人民陪审团”作为人民法院的审判组织形式。

2. 在程序法律的构建中，对不符合社会主流价值观的内容要做适当的调整。比如即将修订的刑事诉讼法拟规定，除严重危害国家安全、社会公共利益的案件外，一般案件中近亲属有拒绝作证的权利。[②] 此条是对长期以来在我国提倡的“大义灭亲”司法政策的调整，不但与现代法律理念相契合，也与“亲亲相隐”等关于我国社会关于家庭的基本伦理道德观是相一致的。

3. 结合言论自由权，从立法的层面对媒体，包括网络媒体报道司法活动，特别是报道未决案件等作出详细、特别的规定。

（二）人民法院理性因应民意的机制构建

1. 完善民意的司法输入机制。主要是构建民意快速、畅通地输入司法进程的渠道。除却案件本身等特殊因素，民意的非理性表达很多情况下是因为民众，特别是“弱势群体”表达平台或占有资源的不足，或表达机会分配的不公正。陕西省高级人民法院推出的“征询旁听公民意见和建议”、“万名法官下基层、访民意、听民声活动”等就是有益的尝试。构建民意司法输入机制需要人民

① 孔祥俊：《从司法的属性看审判与民意的关系》，载《法律适用》2010 年第 12 期，第 9 页。

② 参见《刑诉法时隔 15 年重新修改“大义灭亲”将被颠覆》，载 http://www.chinanews.com/fz/2011/08-23/3275843_2.shtml。

法院充分运用论坛、博客、微博等新媒体，将民众参与平台扩大化、长效化、制度化。

2. 建立网络民意引导机制。面对民意，特别是非主流的、情绪化的意见，司法可以提出自己的观点，但只能采取“春雨润物”式引导，因为司法只能生长在现实的土地上。针对已经成为“热点社会事件”的案件审理，审判要非常严谨慎重。而对审判进程或结果与民意高度吻合的案件，也应该注意程序适用的严谨，防止又陷入“舆论审判”的漩涡，或被认为是屈从民意，造成对司法权威的另类伤害。在处理这类案件应该做到：（1）充分体现程序正义，防止审判被认为是牺牲程序正义换取实体正义；（2）裁判过程和结果要符合“法理”和“情理”，即从司法的“合法性”角度而言，审判尽可能得到法律专业人员或网民的认可。如在李昌奎案件审理中，有网民提出，李昌奎的律师向法庭提交了一份由李昌奎手书的题为《拐卖未成年人》的举报材料，但上午11时，辩护律师提交立功材料，到下午16时23分，公诉人就向法庭提交了三份证据，分别来自昭通当地三处公安局和派出所，证明李昌奎举报线索里所说的地址并没有未成年少年失踪的报案记录。此外，对于李昌奎举报的两名可能的涉案嫌犯，警方证明该二人均外出打工，打工地址不详，从而认为这三份证明材料均在庭审当天提取的，非常匆忙，即便如此，两名涉案嫌犯也没有找，李昌奎是否立功，仍然无法排除①；（3）对裁判过程和结果要做出阐释。

构建网络民意引导机制，亟须建立热点案件新闻发布平台，探索人民法院新闻发言人制度的改革完善。“信息灵通”或者政治透明被认为是“善治”的重要内容。虽然最高人民法院已经开通“民意沟通信箱”，但社会知名度及利用率不高，对热点案件的民

① 参见杨涛博客文章：《李昌奎案再审：树立尊重法律意识最重要》，载http：//tao9928. blog. sohu. com/182238804. html。

意不能有效回应。建立热点案件新闻发布平台就是进一步畅通人民法院和民众进行沟通交流的正式渠道，使人民法院了解到真正关心本案的民众的意见，也使民众有一个正式的了解审判信息的平台，防止群众被误导。其运作程序可以设计为：（1）由案件受理法院申请在发布平台就民意作出回应；（2）由案件承办法官或新闻发言人就群众关心的问题做出正式回应；（3）可以由网民就案件审判情况做出评论或提出问题。通过民意引导最终使网民心中的裁判与实际裁判较为接近。

新闻发言具有很强的专业性，最近多起新闻发言人发言失当皆因对新闻发言人制度认识与重视不足，实质是对网络时代公共危机化解机制的构建不到位。完善人民法院新闻发言人制度，是要改变人民法院新闻发布的被动性，司法工作具有被动性的特点，但人民法院的新闻发言人制度属于新闻工作的内容，要符合新闻发布的内在要求，不能完全按照司法工作的要求构建，更不能认为“沉默是金”。此外在回应引导民意中，还需要积极做好当事人，特别是受害方当事人的工作，并通过当事人的理性、宽容以及案件认知引导民意。

3. 建立操作性、指导性更强的全国法院系统案例指导制度。网络信息交流的便捷性会使民众对人民法院的裁判在更大范围内进行比对并提出质疑，比如2009年网民对发生的“许霆案”与“何鹏案”（何鹏被舆论称为“云南许霆”）的比对，2011年网民对“药家鑫案”和“李昌奎案”的比对。下图就是网民对药家鑫案和李昌奎案件的比对：①

① 参见《李昌奎案与药家鑫案有什么异同?》，载 http：//www. cbrx. com/thread - 164707 - 1 - 1. html。

	药家鑫案
媒体关注	媒体从一开始就介入报道。
自首情况	杀死张妙后，驾车逃逸。三日后在父母陪同下到公安机关投案自首。
积极赔偿否	药家鑫父母主动道歉，曾考虑卖房赔偿受害者家属58万元。
犯罪动机	见受害人记车牌，担心农村人难缠，临时起意灭口。专家称激情杀人。
犯罪手段	用随身携带的匕首连刺被撞倒的被害人八刀。
犯罪对象	打工母亲张妙。
社会危害	法院认为：主观恶性极深，情节特别恶劣，后果特别严重。
定罪量刑	死刑并核准执行。
最后结局	已执行死刑。
	李昌奎案
媒体关注	在终审将一审死刑改为死缓后舆论强烈关注。之前鲜有关注。
自首情况	杀人后逃跑，巧家县公安局联合多县通缉，四天后无奈下，到公安机关自首。
积极赔偿否	李昌奎拒绝赔偿。在乡村两级干部多次做工作，其家属才支付2万余元丧葬费。
犯罪动机	因为与受害人家庭在提亲上和琐事上有矛盾，报复性杀人。
犯罪手段	先是掐晕受害者王家飞，强奸，用锄头打头部致死。倒提受害者王家红，摔死。将二人脖子勒紧捆绑。
犯罪对象	19岁的女孩王家飞和仅3岁的弟弟王家红。
社会危害	法院认为：主观恶性极深，情节特别恶劣，后果特别严重。
定罪量刑	一审判处死刑，终审改为死缓。
最后结局	1. 死缓终审，无需最高人民法院核准。2. 最高检抗诉。3. 受害者无上诉权。

虽然最高人民法院在2010年11月出台了《关于案例指导工作的规定》，但只是在第7条规定，最高人民法院发布的指导性案例，各级人民法院审判类似案例时应当参照。但对如何参照，语焉不详，实践指导性相对不足，各地法院在具体案件审理中理解、执行依然有很大差异，而司法的不确定性也会导致民众对司法的质疑，这需要最高人民法院在完善现有案例指导制度中可以对“类似案件”的认定或重要的裁判指标做出更为详细明确的规定。

4. 建立消解网络民意集合其他社会力量影响案件机制。民意对司法活动的“间接”影响无疑是不可忽视的，主要体现为民意聚合后形成社会公共事件的危险对其他社会力量的影响，进而影响法官的选择和个案审判样态及走向，比如司法价值取向与行政价值取向存在不同，司法权关注个案公正，行政权关注社会稳定，对国家治理体系的了解，可能会使部分民众采取堵路独门等方式给政府机关施加压力，并借助政府机关将这种压力传导给法官，影响司法进程。促进司法公正，防止“民意审判”、“舆论审判”等，需要妥善构建非理性民意对司法干扰的“防火墙”，如审判委员会对案件的宏观把握具有先天调整审判委员会审判案件的范围，社会关注度高的“敏感案件”、“群体性案件”由审判委员会讨论决定等，完善人民法院向党委、人大工作报告制度等。

5. 建立消解民意形塑案件对法官裁判心理的影响机制。“从逻辑上讲，民意不可能干预司法。民意是司法体制外的声音，不具有强制性。”① 虽然可能部分法官出于对独立审判的信守，对舆论审判具有清醒的认识和本能的防范，但在网络时代，法官无疑会呼吸到空气中弥漫的民意，民意对当事人人格特点、家庭背景、作案动机等的形塑会在潜移默化中通过“压力管道”影响法官的判断和选择，法官需要对事实真相与“网络制造”作出准确的区分，这

① 梓墨：《司法应当如何尊重民意》，载《人民司法·应用》2011年第11期，第1页。

要求法官具有渊博的司法知识、丰富的审判经验、先进的价值取向、敏锐的洞察力，更要建立消解民意形塑案件对法官裁判心理的影响机制，主要是从完善法官责任追究制度的角度考量。

结 语

司法权力来源于人民。无论历史发展如何充满遗憾，无论民意范畴有多少值得商讨的问题，但历史总是朝着顺应民意的方向前进。当法官期待从司法的角度给民意注入更多理性成份的时候，最重要的是要看到民众的期待与民意的指向并保持谦卑的态度。

自治与开放

——司法与民意契合的进路选择

王西平*

【内容提要】 司法与民意有着形影不离的密切关系，构成了法治社会的长久景观，其中法学精英与社会民众始终聚焦的是司法如何反映民意和民意如何保持与司法的适当距离。本文从两者的四个冲突着手，分析了形成冲突的三个方面的原因，提出了民意表达与司法吸收的三种形式，意在为当前司法与民意的和谐关系提供可资借鉴的资源与途径，实现司法在社会治理中的独特作用，并尽可能赢得社会民众的理解和支持。在创建和谐社会的转型时期，契合司法与民意的关系尚有相当的时空需要我们思考和探讨。

审判是公共事务，法庭上所发生的事属于公共资源。

——威廉·道格拉斯

引　言

司法从来都是以个案的方式向社会宣示正义的，社会对个案正义的关注却从来都是凤毛麟角的。每年全国法院受理和裁判了超过千万件的案件，绝大部分都是默默无闻，并不被社会关注，“这类

* 西安市中级人民法院研究室法官。

案件除当事人以及办案的司法官、律师之外几乎无人问津，对于广大民众而言，只不过是法院档案架上的一叠案件卷宗而已。”① 然而，每年总有一些只占到其中非常微小比例的个案却经常受到社会的深度瞩目，社会民意越来越多地介入一些具体的司法案件，有的案件甚至演绎成为影响弥远的公共事件。②

一、司法与民意的冲突表现

（一）感性与理性的冲突

虽然民意具有非理性的天性，在表现内容上这种非理性主要是道德性的评判。“普通人更习惯于将问题道德化，用好人和坏人的观点来看待这个问题，并按照这一模式来要求法律做出回应。”由于受到传统中国道德价值观念的影响，道德立场比法律立场更有广泛的认同基础，也更能吸引大众。在网络普及之前，我们所了解的民意通常是通过少数精英人士表达出来的民意，是经过甄别的间接民意，这种民意也许更具理性，但是比较之下，网络民意则更显得丰富。

1. 理性是司法的天然属性。司法理性最基本的涵义，是指司法者（法官）在司法过程中运用程序技术进行法律推理和判断、寻求结论的妥当性所体现出的一种实践性的智慧和能力。司法实践中，法官要通过自己对法律的理解和解释、对案件事实的理解和把握，使法律与事实之间形成一种互相渗透、互相阐明的互动关系。正是法官的这种理性思维活动，使得法律规范的选择、法律的理解和解释，与案件事实的认定互相融合为一个密不可分的整体。

2. 民意具有冲动性，司法凸显着冷静。“网络民意，虽然无谓私心，但缺乏专业的眼光会让人忽略必要的细节，冲动的情绪会左

① 孙笑霞：《公案及其背景——透视转型期司法中的民意》，载《浙江社会科学》2010年第3期。

② 如曾经轰动一时的“刘涌案”、“邓玉娇案”、“许霆案”、“何鹏案”、“崔英杰案”、“李昌奎案”，近期受到社会广泛关注的“药家鑫故意杀人案”、“夏峻峰故意杀人案”等。

右人们清醒的判断，从众和盲目的心理会让人类迷失正确的方向。”① 而司法的理性要求法官从一个专业的、理性的角度去把握法律和事实之间的距离，抛却个人情感，完全依据法律和事实对案件进行冷静分析、判断。

3. 网络民意具有扩散性，司法理性具有内敛性。网络上发布的一个小事件便可能吸引越来越多的人的关注，并最终形成具有高度统一性的、强大影响力的网络民意，这种民意较长时间内还可能一直处在扩散之中。司法的过程是一个具有严格程序的过程，其不张扬、不膨胀、不愠不怒，仅仅是安静地在法律的限度内公正处理各种纠纷。

4. 民意表现自由，司法规则明确。民意（当今主要是网络民意）一般是通过网络上论坛、博客等形式表现出来，在内容上或批评、或赞扬、或支持、或反对、或嬉笑、或谩骂，在网络的平台上人们基本上可以无拘无束地表达。司法的理性要求法官严格按照法律规定的程序和内容对案件进行裁判，不允许法官抛却法律的规则，仅从自身的喜好枉法裁判。

（二）扩张与独立的冲突

民意指人民的意志和利益，是一个相当优化而集合的概念。② 只有不断联合别人、取得多数人的认同，形成较为统一的观点才能够形成民意。网络民意形成的过程便是一个不断扩张和统一的过程。司法独立是司法公正的保证。司法独立包括两个方面的内容：一是法院独立。法院要独立于其他国家机关、社会团体、政党、社会组织、个人，法院依据法律做出裁判，而不受任何外在的先决条件的影响。二是法官独立，是指法官能够独立的依法审理案件，不受其他任何组织和个人的非法干涉。因此，与民意的扩张性完全不

① 吴丹红：《网络民意下的司法公正》，载《人大建设》2008 年第 3 期，第 32 页。

② 汪习根：《在冲突与和谐之间》，载《法学评论》2005 年第 5 期。

同，司法独立要求法院和法官依法独立行使职权，仅仅依据法律事实，依照法律的规定对案件作出公正的判决。民意可以监督司法，但是当网络上不断沸腾的民意总是试图通过强大的舆论压力影响司法事件的发展时，二者之间的冲突在所难免。

（三）实体公正与程序公正的冲突

无论是民意还是司法都希望平等对待事件双方的当事人，使得案件获得公正的解决。但是民意和司法实现公正的方式完全不一样。如前所述，民意主要倾向于对司法事件进行道德性评判。大众多会根据一些事件的表象，直接对案件结果表达看法，从目标上看其注重的是结果的公正性，即实体公正。做到实体公正需要考虑情节、形势、道德规范、当事人的认知等因素。相对于实体公正评价标准的多角度、多层次、多元化，程序公正的评价标准却是清澈见底的，其所考虑的问题如案件是否超审限、程序是否合法、管辖是否合法等问题一目了然。司法这种确定性的程序使得人们对事件的发展有着相对明确的心理预期，从而对未来生活做出安排。与民意的随意性、冲动性不同，司法程序公正要求对事件去粗取精、去伪存真，尽量还原事件的本来面目，通过对证据的认定和把握，以最大程度保证正义的实现。程序公正是现代司法公正的核心内容，没有程序的公正性就无法保证实体的公正。而广大的人民群众因为所处角度和位置的不同，很少会从司法程序的角度考虑事情的发展。

（四）道德与法律的冲突

网络民意与司法理性的冲突以及任何民意与司法的冲突，其本质上都是道德与法律的冲突。司法强调自身的规律，而民众始终坚持一种外部的立场，他们不参与司法程序，却会提出许多不同的道德主张，或者直接给予对与错的评价，其中不乏相反的法律命题。道德与法律作为社会主要的调整方法，数千年来，交融与制约并存、互补与互动同在、矛盾与冲突始终交织其中。道德从善与恶的标准，依靠社会舆论、内心信念和传统习惯来调整人们的行为，维持社会秩序；法律则以国家的强制力来保证人们行为的合法性，确保社会的有序性。司法是将法律作用于实践的过程，其以国家的强制力为保证。一些行为被道德所反对却被法律容忍，同时一些行为根据法律是非法的，但在道德上却是被认可的。网络民意对司法事件的关注多是从道德的层面，如在邓玉娇刺死官员案中，人们根据对良知的追求和对道德准则的需要，认为作为弱势群体的邓玉娇在该起事件中属于弱者，其行为是弱者对强势的反抗，因此，即便造成了较为严重的后果也不应当对其进行惩罚。而法律的一般原则告诉我们，邓玉娇的行为已经严重危害了社会秩序，其应当受到法律的否定性评价。多数情况下，道德和法律都是相统一的，但在少数情况下二者间又有着严重的对立。在网络环境下，这种对立往往表现为网络民意对司法理性的强大冲击。

二、民意与司法产生冲突的原因

正如贺卫方论述的“民意和司法并没有这样极端化的对立，司法制度的制定也应该是体现民意的。所以，法律的胜利不意味着就是民意的失败，民意的胜利也不是法律的挫折”。但是民意与司法之间却有冲突的一面，民意与司法的冲突原因主要体现在三个方面，一是理论上主权在民思想的错误影响，二是现实中司法不公使民众产生的怀疑之心，三是历史积淀而产生的定势思维。

（一）民意与司法之间的冲突有理论上的偏颇

一些理论认为“人民主权”或“主权在民”，人民是一切权力的主人，司法审判应该以主人的意愿为准，司法活动应该事事时时体现民意。此种想法在现代文明与法治社会本无可厚非，但它却忽视了在现代社会当中，民意的表达自有自己的一套程序与方法，最大的民意应该通过自己选取出来的代表用立法的程序表现为国家的法律，而不是对每个个案的民意审判，现代的司法自有自己的一套程序与办事方法，法律职业者凭自己的专业知识往往可以作出更加符合法律的评判。

（二）司法不公是两者冲突的深层原因

民众通过自己的现实体验以及所闻所知而对司法公正产生怀疑，长期的积淀与历史的熏陶使民众异常敏感，对具体的案件往往相信大众的想法而不是司法的判断，尽管这些常常只是基于道德上的判断。我国的司法不公有很多方面的表现，最终体现在审判活动中既有体制上的原因，又有法官自身的原因，这些司法不公现象的存在，以及社会当中更多的腐败现象，使民众对吃“皇粮”的机关都抱有一种不相信的想法。加上中国历史上长期的司法与行政的不分，只要有公权力机关腐败出错，对其他机关的评价亦会下降，殃及池鱼。如果司法真正公平与独立，司法判决真正能够忠于法律的话，司法判决不仅不会受民意左右，而且可以引导民意尊重法律。在美国辛普森案件中，民意倾向于辛普森杀了人，司法判决辛普森无罪，但民众最终仍然尊重了法律，这说明在司法长期坚持正义的社会背景下，即使人民暂时不理解判决，民意也会尊重司法。

（三）历史上的司法对民意存在特别的偏好

学者研究发现，清代民事判决的内容大致与民间的习惯规范是一致的，在宋代的判决中那些受到称道、传至后世以为楷模者往往正是这种参酌情理而非仅仅依据法律条文的司法判决。国法中渗透了情理的因素，“国法、天理、人情”共同构成了中国古代社会的伦理准则，其具有最高的实效性及正当性，也体现了人们对实质正义的追求。由此可见，我国古代司法缺乏独立的地位，在司法中，人民缺乏足以对抗国家的权利，司法只是国家对人民管理的一种形式，但也正因如此，许多纠纷归由习惯法或家族法调整，其中民意是衡量公正的重要参数，是古代司法公正天平的一块重要砝码。

三、民意表达与司法吸收的表现形式

（一）陪审制度

陪审制度可能是最直接把民意“输入”司法的途径了。非法律职业人员以法律职业者的身份参与审判程序、行使司法职能的形式，可分为英美法系的“陪审制”（jury）和大陆法系的“参审制”（Assessor）两大类。英美法系的陪审制包括“大陪审团”（起诉陪审）和“小陪审团”（审判陪审）两种形式。检察制度建立以后，前者已不为英美国家所采用，故现在一般所谓陪审就是指审判陪审而言。小陪审团被认为是真正的陪审制，它是英美法系陪审制的核心和代名词，由12人（最少是6人）组成，其职责是在审判过程中协助法官认定案件事实，并在此基础上决定民事诉讼当事人的责任和赔偿额，以及刑事被告人是否有罪。

陪审团成员裁决案件的优点是显而易见的：首先，陪审团的判断是“什么都考虑在内”，他们会考虑法律之内的与法律之外的、正义与非正义的、控辩双方的状况甚至是“自然法”的因素。陪审团能够使法律规则保持机动灵活，它有权力修改、替换甚至避而不用规则，将“超国家的”或者说“非国家的”意识导入司法，以维护情理和公意，实现个案正义。其次，如果仅仅由法官一个人进行司法判断，即使法官是有充足的法律技术理性和独立的制度保障，我们仍然很难说这位法官“自由心证”出来的司法裁决已经具有了足够的合法性，而一个健全的陪审制或者参审制则可以在相当程度上解决合法性问题。第三，陪审员一般在地方社区内选择，这使得为本地民众所信奉的价值准则等地方性知识得以进入司法，成为制约政府政策以及专业法官的力量，并使司法更能灵活的适应地方的需要。最后，普通公民参加审判，并且在事实的判断方面享有独立于专业法官的权力，标志着民众对国家司法权的分割。而普通民众参加司法过程，潜移默化之中受到法律界分析问题的思路、方法以及语言的影响，也是法治精神向社会渗透的重要管道。

（二）媒体对司法活动规则性引导的报道

尽管媒体对新闻的报道常常并不能反映全部事实真相，但是我们在日常生活中也常常会遇到一些民众在法律中无法得到他们想要的公正，于是转而求助于媒体，而媒体在不少案件中也确实能起到某种司法无法起到的作用。一个简单的事实是：新闻媒体只会选择那些“超越常规”的法律活动作为报道对象，而这里的“超常规”就常常是法律活动和制度的不合理甚至不合法，所以一定程度上说，通过大众媒体放大后的民意是由司法腐败引起的一种反弹和抵抗，其中当然也包含大众的期待及评价。媒体作用的提升以及民众对媒体的过分信任主要是由司法不公和法治缺陷造成的。

另一方面，媒体的报道监督也必须是有规则的，而活跃和健康的新闻舆论监督，并不是司法独立的障碍，恰恰相反，它通过客观地展示和评论司法过程在更大程度上保障了司法公正。英国1980年的刑事法庭法规定，对于待审理的案件，只能约略报道嫌疑人的姓名、地址、涉嫌罪名、犯罪概要、辩护人姓名、法官的姓名、有无交保、开庭时间、法院决定等9项内容，除非法院许可，否则必须等到正式审判结束，才可详细报道。德国为了防止媒体可能干预司法，对于未决案件在法律上实行拒绝给予资讯制度，要求法院不向媒体提供案件情况。而笔者认为，美国的经验更值得我们重视，一般国家的经验是通过限制媒体的报道范围来限制媒体对司法可能造成的不良影响，控制的是消息的传播；而美国的做法则主要是限制消息源，全美法官、检察官、律师协会制定“诉讼发表规则”，规范并制约法官、检察官、律师庭外发表言论，从而减少媒体报道的机会，防止“媒体审判”现象。这个做法的好处是可以通过增加法律人的义务，提高法律人的责任意识和自律意识；另一方面美国又通过在法庭周围环境限制摄影工作者和摄影摄像设备、封存有关逮捕和其他公开记录的信息、不公开审理和“司法限制言论令”等做法补充和完善对媒体自律的规定，最终使媒体与司法之间实现了一个动态的平衡状态。这套经验相当值得我国借鉴。

（三）司法精英认识上的开放和司法独立保障制度的建立

1. 权力精英司法观念的开放对于民意参与司法的进程具有重要意义。例如在王斌余案件中，法官判处被告人死刑。在法条主义和职业主义的意义上说，这绝对是个合格的判决，但从更广泛的意义上说，也仅仅是合格而已，因为它没有让民意感觉到司法达到了公平正义，也没有充分树立起司法在社会各阶层中的权威。如果法律人仅仅满足于这种法律技术和推理的自我陶醉，将不可能把法治精神推向全社会，也无法建立法治的社会根基。

当然，我们必须注意到，司法观念的开放需要有司法独立的制度保障。司法开放是在司法独立基础上的开放，如果没有司法独立，所谓的司法开放就只能是单方向的向强权者的开放，司法独立将进一步受到侵害，从而使开放和独立陷入恶性循环；反之，司法越独立，也就越容易趋向于自主的开放，越开放也就越能在多方力量的权衡和博弈中得到独立的地位，从而进入一个良性循环。

2. 法学者也应该争取在民意与法律之间的沟通中起到更积极的作用。“学术精英”享有一定的知识和技能，而且大部分都是在知识界或舆论界享有一定话语权的知识分子。他们大部分都具有较高的道德信仰和法律意识，而且有一种对美好制度、生活的崇仰和追求。他们既不像公众那样更多依靠直觉和常识作出判断，也可能会自觉地与权力精英保持一定的疏离，但是毕竟学术精英和权力精英之间仍然存在着千丝万缕的联系，而且中国现在仍处于注释法学阶段，学术精英不得不去诠释权力精英所制定的各项法律、法规、政策。所以，法学者和权力精英的“合谋”是可能存在的，这种“合谋”对于营造封闭的“司法帝国”起到了关键的作用。学术精英在扮演这个角色时必须意识到其处境就是公开提出令人尴尬的问题，对抗（而不是制造）正统与教条，不能轻易被政府或是集团收编，其存在的理由就是代表那些惯常被遗忘或弃置不顾的人们和议题。

结 语

中国司法正处于转型期，司法尚难完全独立于权力，也难独立于民意。在这种现实下，唯法律理性和唯民意喧嚣都应该是警惕的对象。民意监督与司法理性并非一个非此即彼的对立概念，只能在具体的适法中求得两者的平衡，而不是高举某一面旗帜去否定另一方。我们一方面需要建立真正独立而负责的司法体制，另一方面，创造更多的途径，利用网络的巨大优势，让各种言论都能加以充分表达，最终应当相信人民的判断和选择能力，才是合理的解决之道。实现了司法与民意的经常性、良性的互动，在司法公信力不高，社会民众缺乏司法信任感的社会转型时期，司法的风险才有可能逐渐降低和减少，以此换得向法治目标演进的时空。也许当前的司法还未享有足够的道义上的威望，以致影响了人们对司法应有的尊重。少数的司法腐败，也消解着大多数人对于司法的应有信任。但是不管怎么说，司法总是我们的最后防线，保持最为基本的尊重和信任，才能促进司法的公正，也才能通过司法的公正来矫正社会的某些不公正。

社会管理创新视角下的网络民意司法应对

程振亚[*]　马小丽[**]

【内容提要】 近来，“药家鑫案”、“李昌奎案”一经网络报道，立刻掀起了空前讨论，形成了独具特色的“网络审判庭”，到底是判以极刑还是留条活路？“李昌奎案”二审法院改判死缓是贯彻“少杀、慎杀”的理念还是自由裁量权滥用？网络之下，民意是否绑架了司法？网民们纷纷发表见解，之中不乏法学研究者、律师、法官等司法工作者。这些网络民意的表达，作为法院，该以何种心态看待？如何才能更好地在网络民意与司法独立中寻找平衡点？网络民意有着自身的特点和价值，在界限之内，它是司法监督的有力措施，可以督促和完善司法公开、公正；在界限之外，它极有可能成为干预司法独立的无形之手，给法院和法律造成舆论压力，造成舆论干预司法独立的局面。因此，法院要重视、尊重网络民意表达，以便在汹涌的网络民意面前，法院有应对之良策。本文试图既从一个普通网民的角度，又从一名法官的层面，以“药家鑫案”、“李昌奎案”引起的网络民意为切入点，通过对网络民意基本理论的辨法析理，网络民意对社会管理的积极性和消极性分析，从而提出现阶段法院对网络民意的司法应对之策，以图架起网络民意与法院审判的沟通桥梁，更好地让民众参与监督，保障法院公正司法，从而推进社会管理创新。

---

* 西安市高陵县人民法院党组书记、院长。

** 西安市高陵县人民法院法官。

The safety of the people is the supreme law. ①

人民安宁乃最高之法律

一、网络民意的辩证析理

“药家鑫案”和“李昌奎案”发生后，媒体广泛报道，引来网民高度关注，在“药家鑫案”一审时就有中央电视台等数十家中央、各省媒体及400余名在校大学生到场旁听。庭审过程中，辩护律师的“激情杀人”一度成为网络热词。“李昌奎案”更是引发了“死案翻案风”，引起关于是否废除死刑的全民大讨论。网民对案件的关注、评论所形成的网络舆论作为法院该以何种心态看待？这些关注、评论是否就是网络民意？法院又该如何应对才能在保证司法公开公正的情况下，保障公民的监督权？才能有效地利用网络力量更好地进行法律宣传，促进社会管理创新？

（一）我国网民基本情况调查

截至2010年底，我国网民人数已经达到4.5亿人，网民规模全球第一。从下列图表看出，我国的网民结构，初中和高中学历共同占有65%的席位，网民学历层次偏低，导致网络人文环境不成熟，观点不成熟居多，且摇摆严重，这也是我国网民的特点。

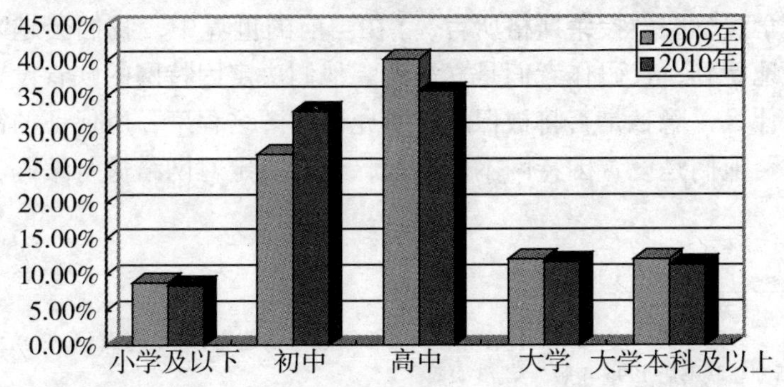

① ［英］弗朗西斯·培根著：《论古人的智慧》，李春长译，华夏出版社2006年版，第68页。

(二) 网络民意的概念

民意我们应该怎样理解?在西方，雅典的城邦民主制度将“民意”理解为来自于社会全体公民直接参与城邦国家公共事务管理的意志。[①] 在中国，所谓民意，又可称为民心、公意，是指大多数社会成员对其相关的公共事务或现象所持有的大体相近的意见、情感和行为倾向的总称。[②] 网络民意也应该体现这种意志。网络民意应是以互联网为平台，通过对某一事物、某一观点自由发表评论和意见，聚合某种愿望和诉求，从而形成的一种新兴民意。网络民意是民众对事物的看法、意见、建议的综合反映，在推动社会民主、加强社会监督方面起着越来越重要的作用。

(三) 网络民意与网络舆论的区别

网络民意与网络舆论这两者存在着联系与区别，并不是所有的网络舆论都可以称之为网络民意。“在网络上，没人知道你是一条狗”，这句来源于网络的名言就道出了网络上口水蔓延的最大玄机，其玄机的根本就是网络的虚拟性和隐蔽性。正因为此使得许多民众喜欢在网络上发表观点、抒发感想而无所顾忌。网络就像另一个社会，正是这个社会在意想里应更加自由、更加无所顾忌。真实、直白、平等，仿佛在网络中提前进入了大同社会。[③] 正如斯坦福大学法学院教授莱斯格所言，“在当前的世界中，我们会越来越清楚地看到，代码作者们是立法者。他们决定因特网的缺省设置应当是什么，隐私是否将被保护，所允许的匿名程度，所保证的链接范围。他们是设置因特网本质之人，他们决定对网络进行编码，因

---

① 参见［法］皮埃尔·韦尔南著:《希腊思想的起源》，秦海鹰译，生活·读书·新知三联书店 1996 年版，第 73 页。

② 参见张隆栋:《大众传媒学总论》，中国人民大学出版社 1997 年版，第 249 页。

③ 参见刘怡、黄金波:《浅谈网络民意与司法公正》，载郭卫华主编:《网络舆论与法院审判》，法律出版社 2010 年版，第 132 页。

而决定网络应该是怎样的。”① 网络上这些随性而发的个人观点，笔者认为应该称之为网络舆论，它是随意的、个性的。而一旦有些舆论引发了网民关注，进而就此进行大规模的讨论辨析，形成具有一定网民认同基础、代表一定网民观点的群体性观点，笔者认为这时我们才能将这种网络舆论称之为网络民意。既是民意，就理所应当的代表部分民众的观点，往往是一人发表帖子，后有无数人跟帖表示支持，从而凝聚成一定人气的观点。网络民意更大部分是代表了广大网民的态度，具有一定的人数基础，进而观点也是理性的，具有很强的代表性。

（四）网络民意的特点

网络民意有着网络本身的特点，即传输快、观点新、影响大等特点，具体到网络民意也有着自身的特点：

1. 参与主体的多元性。网络参与不需要限制，虽说现在网吧有着未成年人不得进入的禁令，但是网络的普及率年年都在增长，2010 年我国的网络普及率已达 34.3%②，电脑互联网已经成为家庭必需品，不论职业、学历、年龄，都可以参与到网络发表自己的意见，参与社会舆论的讨论。

2. 表达渠道的快捷性。信息化时代的到来，使得随时随地可以上网留言，发表评论。不论是早期的论坛、博客还是新兴的微博，随时随地分享，随时随地评论。随着网络发展民意表达渠道的快捷性会更加的凸显。

3. 民意表达的直观性。在现实生活中，我们有着身份、地位等等因素限制，导致我们在发表观点时不够畅快和直白。时常对自己的立场态度藏着、掖着，说半句留半句。但是网络的隐秘性和虚

① ［美］劳伦斯·莱斯格著：《代码——塑造网络空间的法律》，李旭、姜丽楼、王文英译，中信出版社 2004 年版，第 75 页。

② 数据来源于中国互联网信息中心：《中国互联网发展状况统计报告》2011 年版，第 14 页。

拟性给我们提供了说真话、说实话的平台，使我们更直白、更畅快的发表评论和表达自己。

4. 议题选择的多样性。在网络上我们可以就任何事情、任何人表达自己的观点。议题可以涉及民生、政策等国家大事，也可以是明星八卦等休闲娱乐话题。我们每个人都可以提出任何问题，不受网络的限制。

5. 社会影响的广泛性。互联网的即时性、互动性、连通性的特征使得网络事件可以瞬间被放大被全世界任何一个角落知晓，从而产生在传统民意所无法达到的效果。例如药家鑫案、李昌奎案等。经过网络的讨论，案件社会关注度提高，法官的审判压力就增大。

6. 评论观点的聚合性。所形成网络民意的观点都是有一定群众基础、聚合一定群众观点、代表一定范围群众利益的群体性观点。正是如此，法院在对待网络民意的态度上更应积极和重视。

二、网络民意对社会管理的价值分析

网络民意不但拥有着传统民意的意义，更是在当今信息化社会有着更优势的地位。它不但反映、导引和强化着民众对各种政治、经济、社会问题的认知，也对社会管理产生了直接、间接的积极影响。①

（一）网络民意对社会管理的积极意义

1. 政治方面。国务院总理温家宝在2009年2月接受了中国政府网和新华网的联合专访，并与网友在线交流。温家宝说：“我一直认为群众有权利知道政府在想什么、做什么，并且对政府的政策提出批评意见，政府也需要问政于民、问计于民。”② 网络民意已

① 参见胡琛：《网络民意背后的政治文明》，载《人民论坛》2010年第15期。

② 王攀、伍晓阳：《政府做什么　群众应知道》，载 http：//news. xinhuanet. com/misc/2009－03/13/content_ 11002301. htm，于2011年8月24日访问。

经独自承担着独特的社会责任。在近来每年的“两会”期间，温家宝总理及各个省市代表都要在网络上开通网络直播讨论帖，就网民们关注的话题进行现场解答。往往提出的问题都比较贴近民生，贴近老百姓切身利益。使得民意直达“天听”，为政治决策提供更直观和直接的表达方式，促进社会管理有序发展。毋庸置疑，在进入网络时代后，网络民意将成为舆论权最有效的实现路径。

2. 经济方面。网络的迅速发展，给我们的生活带来了快捷的同时，也使公众对立法、司法活动的参与热情得到提高。从本质上说，网络是一个缺乏控制的空间，任何人可随时随地在任何地方发表作品。民众可以随时通过网络，对个案案情充分表达他们对法律的意见，如邓玉娇案、药家鑫案、李昌奎案等。而群众利益表达渠道的开启，也为政府与民众沟通、形成共识创造了条件，为加快民主进程、推进司法监督降低了社会成本。

3. 司法方面。网络民意在司法监督方面给予了很大的贡献。药家鑫案件在得到媒体的报道后，网络上有关药家鑫案件的动态也是实时播报。“法律必须被信仰，否则将形同虚设”，法律只有被人民信仰和信任，法院裁决才能被执行，法律才有尊严地位。作为一个法官，要明确自身责任的重大。轻者，定分止争；中者，断人毁誉；重者，判人生死。那善恶之间的定夺，本是上帝的权柄，法律人越而代之，能不慎乎?① 所以，多方听取意见也是可取之处。在欧洲各国的实践已经证明，公众参与产生的决策能够获得更多的尊重，因而也更容易被执行。因为公众认为，遵守和执行自己参与的决策实际上等同于执行自我意志，所以从情感上更容易接受和作为，避免了公众对决定的抵制心态，同时也促进公众与行政机关之间的和谐。②

---

① 陈长文、罗智强：《法律人，你为什么不争气?》，法律出版社2007年版，第91页。

② 参见蔡定剑主编：《公众参与：欧洲的制度和经验》，法律出版社2009年版，第67页。

（二）网络民意对社会管理的消极性分析

1. 网络民意的虚假性。网络民意对社会管理有着积极的作用，但前提是基于真实的民意表达。网络的虚拟性不可避免的导致有些事实的混淆是非，颠倒黑白。在网络快速传播下，使得事实未被查清楚之前就已经先期形成了某种“公论”，某种“民意”。当这种“民意”恣意传播，先是不利于社会管理部门澄清事实，其花费的人力、财力等都将大幅提高，后是可能导致极端事件的发生。像林明故意杀人案①，不法分子就是利用网络民众的盲从、善良，利用网络的不健全酿下了惨剧，此无疑对社会管理提出了挑战。

2. 网络民意的可操控性。现下比较热门的词语“炒作”或许可以解释此处的可操控性。因为缺少必要的过滤系统，网络民意就缺乏传统民意的真实性，网络人的“马甲”很多，其网络身份就多，可以一个人几个“马甲”，就是几个身份。先由一人发表观点，之后自己在通过其他身份进行登录，进行跟帖支持，无形中给看帖的人造成一种假象。进而在无法查明事实的基础上导致言论倾向，而被人操控。这样，使得网络无序化现象严重。还有就是利用网络终端或技术力量，使得网络只有一种声音，不同意见都进行技术过滤，使得所谓的网络民意充斥着假象，而真正的民意暗藏在网络技术之下，得不到正视，对社会管理形成很大的隐患。

---

① 林明故意杀人案：21岁的林明为了报复前女友周春梅，在网上公开发帖称：其在周家境贫困、无力上学的情况下，省吃俭用，身兼数职打工供周上学，现周考上大学后就提出分手，忘恩负义。现林明自己身患白血病可能不久于人世，希望通过网友的力量帮他找到周，并见她最后一面。之后，各大论坛积极转载，网友们也积极发帖寻找，短短几天后，周春梅的各项详细信息均被“热心”网友公布出来。她的详细学校、家庭住址、照片、手机号、QQ号甚至寝室号等个人资料都曝光于网上。周春梅还被众多不明真相的网友称为“史上最不义的女大学生”。通过此种途径，林明顺利找到了周春梅，于2008年10月22日将周春梅杀害。

三、网络民意的深度厘清

（一）网络民意是理性的吗

频繁发生的人肉搜索事件诸如“死亡博客”事件，使得许多人将网民定义为“网络暴民”，指责他们的不理性。但是，纵观近年所发生的一系列通过网络被人们所关注并最终被通过正当化途径解决的事件，如“华南虎”事件，面对4.57亿中国网民掀起的“互联网政治”风暴，用一句简单的“不理性”似乎难以界定。理性是思考的过程，只要思考过后的观点都是理性的，但是这种理性思考后的观点是否正确，是否被大众的、传统的意识所接受，这个问题有待在对网络民意的甄别方面做出努力。笔者认为，网络民意是代表大部分网民的意见，我们不能说大部分都是正确的，但大部分观点起码是理性的。他们在发表观点时会不可避免的从自身立场出发，代表自身利益，但是不能因为代表了自身利益就是不理性的。

（二）如何看待沉默的民意

4.57亿网民代表不了“民意”或“多数民意”。但在匿名、平等、低门槛和相对自由的网络上，网民的意见相比之网下为官意所遮蔽的民意，要更真实。更重要的是在这4.57亿人之外，还有诸多弱势阶层，他们可能没办法接近网络，那他们的民意我们该如何看待？笔者认为，沉默的民意也要得到尊重。沉默的民意因为沟通渠道的缺乏和不便，显示出没有网络民意的强大和受关注。全国13亿人口，还有9亿人不是网民，没有通过网络发表观点，这部分沉默的民意法院不能轻视，而应更慎重对待。所以法院在审判案件时对网络的民意也要进行去伪存真，仔细辨别。要本着全面、广泛、细心的态度去观察、去发现，不能被网络看得见的民意所误导，要在法理的正当性上去认同。

（三）参考网络民意是干扰司法审判权吗

现阶段，我国参与型司法理论还不健全，司法大众化与司法专业化的联系也在探讨之中，陕西法院出台的《征询旁听公民的意见建议》也是这方面的积极实践。什么叫好的判决呢？平等、无偏、坚守正义，蕴有对弱势人民的关心的判决，如此而已！[①] 在参考网络民意对案件进行裁判时，如何作出一份好的判决？笔者认为，法院决不应简单地屈从民意，这样反而会削弱司法权威，加剧民众对司法的不信任。民众其实并非一定要追求特定的审判结果，而只是期望司法的公开、透明和公正。法官本身的司法能力就在冲突中寻找平衡点，实现裁判的法律效果与社会效果的有机统一。

四、司法应对网络民意的机制构建

人民性，作为中国特色社会主义司法制度的本质属性，它包含的内容可以概括为两个方面：一是司法权力掌握在人民手中，二是司法权的目的是为民所用。[②] 网络为民意的收集提供了优势平台，作为法院，我们应该如何利用好这个平台？针对广泛而汹涌的民意，法院从机制构建上该如何应对，才能保障网络民意的司法监督权？

（一）探索网络民意倾听机制

只有认真倾听了网络传来的民意才能了解民之所需。应该感谢网络这样一个自由、平等的平台，给了网民一个敢于表达自己真正观点的机会同时给了法院一个难得的听真话收集真实民意的机会。

1. 人民法院应树立正确的网络民意观。这是人民法官贯彻落实以人为本、司法为民宗旨的思想基础。有学者言："适用法律的过程是一个机械的、纯客观反映的过程，在这一过程中，不需要也不应该掺杂主观选择因素，法律适用如同自动售货机。"[③] 但是，民意的倾听更有利于在适用法律过程中更公正、更客观。法官应在

---

① 参见陈长文、罗智强：《法律人，你为什么不争气?》，法律出版社 2007 年版，第 105 页。

② 参见刘惠春：《裁判何以体现民意——以影响性诉讼为切入点》，载安东主编：《西部法官论丛（2010 年卷）》，人民法院出版社 2010 年版，第 180 ~ 181 页。

③ 李安：《裁判形成的思维过程》，载《法制与社会发展》2007 年第 4 期。

审判中牢固树立群众观点，充分剖析案件的社会原因、分析反映的社会矛盾，判断对社会民情的影响，进而在法理原则下充分考虑民意，使民意在判决中得到体现。

2. 以法院现有的涉法信访工作室为依托，配备专门的网络监察员，快速关注事态发展动向。人民的主权不是从国王的主权中派生出来的，相反的，国王的主权倒是以人民的主权为基础的。[①] 法律不能违背公众出于最朴实的感情对于争议的认知，具体判案也不能不考虑这样的认知，所谓的法学专家无权凌驾于公众的感情之上。[②] 法官在审判时不能无视民意的体现和表达，应该深刻认识到人民主权的重要性，认识到民意的重要性。在事件被网络关注之后，我们应该尽快追踪舆论的事态变化，并且快速予以关注。只有在掌握了舆论动态，才能更好地想出解决之道。法院应依托现有的涉法信访工作室，利用网络中心，发挥网络监察员作用，及时快速收集第一手资料，整理各方观点，提出相应的对策，避免网络舆论在网络推手的操控之下形成不尊重事实的网络民意。

（二）建立网络民意分析研判机制

网络民意的表现形式多样，正面的如响应政府号召献策献计，反面的如对现实的反讽、颠覆和解构的恶搞性作品。从中辨别出网络民意真正表达的内涵，才能急民之所急，为司法审判提供有价值的参考。

1. 网络民意研判的原则。法院对公众意见的收集、汇总、筛选和分析，必须以人民群众的司法需求、司法期待为原则。法院不能在分析研判时只看有利于法院的观点，听不得半点批评和指责。我们应该正视当前法院的制度缺陷和自身机制的不完善，倾听人民群众对法院工作的评判，因为人民法院的人民性决定法院是以人民

---

① 参见《马克思恩格斯全集（第1卷）》，人民出版社2001年版，第279页。

② 参见康宝奇：《求真务实，构建科学、理性的民意沟通机制》，载安东主编：《西部法官论丛（2010年卷）》，人民法院出版社2010年版，第122页。

利益为根本的，所以在对公众意见的收集时要以人民群众的切身利益维护为根本。

2. 网络民意研判的标准。法院应当关注社会关注，但绝不是不得不服从社会关注，良好的司法制度可以抵抗不合理的民意，一定程度上形成对民意的反说服，不能简单地以民意代替司法来判断，一个健康的司法体系应该、也可以和民意保持一定的距离。①也就是说，并不是所有的民意法院都要去遵循，法院在对待民意的原则上要以法律为准则，因为在实践中受网民信息掌握不充分而导致的认识偏差问题，或被“有心”人士的误导而导致网络民意失真，法院就应该在民意收集的基础上去伪存真。对有建设意义的，对当前司法实践有借鉴意义的，或对当前司法有深入思考的民意进行归纳总结。

（三）建立网络民意转化机制

针对民意反映出来的问题，只有拿出解决方案，工作落到实处才是对待网络民意的解决之道。所谓民意只有被合理采纳，才能显示其价值。② 只有将网络民意进行有效转化，才能更好地服务司法建设。

1. 重大网络民意“上会”制度。针对网络监察员分析整理出来的网络民意，应该提出解决问题的途径和方法。对重大的、敏感的、对案件审判有一定影响的网络民意，应经审委会讨论，研究应对的对策，深刻分析，集思广益，力争在网络民意与法律裁判中间找到最佳的平衡点。具体而言：对民众提出意见，经核实是法院某些工作存在缺陷的，要及时完善；对群众提出可行性建议的，要加以利用；对法院决策有误解或理解不全面的，要及时解答。

---

① 参见贺小军：《论司法效果——基于法律效果与社会效果的关系思考》，载《甘肃政法成人教育学院学报》2007 年第 6 期，第 32 页。

② 参见刘惠春：《裁判何以体现民意——以影响性诉讼为切入点》，载安东主编：《西部法官论丛（2010 年卷）》，人民法院出版社 2010 年版，第 185 页。

2. 设立法院新闻发言人，及时对结果进行通报，积极回应各方关切。在法律覆盖社会生活过程的情况下，社会长期累积或由社会变革所引发的各种矛盾和冲突都直接或间接地交给了法院。① 法院是各类矛盾解决的中心，处在矛盾的火山口，处理不及时、不得当就会造成大的社会事件，影响社会的安定和谐。尤其在重大案件，被网络广泛关注的案件处理上，更应该慎之又慎。对于网络民意，法院应该在及时关注收集资料掌握动态之后，积极给予回应，坚决抵制“捂盖子”。及时地发布信息，有助于公众了解实情，从而避免虚假的信息传播。同时，法院不仅需要通过民意的监督警示完善自身，还要积极引导正确的舆论导向，加强教育，帮助网民树立正确网络道德观念，提高辨别是非的能力和自身思想道德素质，提倡网络道德观念。

（四）建立司法应对网络民意的反应机制

“李昌奎案”中，网民对死刑改判死缓的关注，对云南省高院改判的质疑，导致网络舆论一边倒地认为死缓判决有失公平，于是在民意压力下，云南高院被迫启动再审程序，将死缓改判为死刑立即执行。上演了一幕外力干预司法式维权。司法审判被民意裹挟，在一定程度上司法的独立性和公信力被损害。在司法应对网络民意上，法院如何加强自身机制完善，减少网络民意对司法独立权的干预呢?

1. 树立司法权威，避免用网络施加压力，确保司法独立。“药家鑫案”中被害人的代理律师张显在药家鑫被执行死刑后，被药家鑫的父亲药庆卫告上法庭，认为张显利用自己的博客跟帖、留言以及发表文章的形式，使得诽谤性的文字流传甚广。张显的行为使他的社会评价急剧降低，精神上承受巨大压力，侵犯了他的名誉权。张显在回应时表明自己的出位言论，只为监督法院公正执法。作为司法从业人员不惜利用网络煽动民众对司法的不信任，来达到

① 参见顾培东：《中国司法改革的宏观思考》，载《法学研究》2000 年第 3 期，第 24 页。

一己之私利，法院判案的公正性正遭受最大程度的质疑。作为法院，该如何树立司法权威，增强民众对司法的信任？笔者认为，应该在法律允许的范围内积极推进司法公开，保障公民的监督权。建立网上庭审直播、裁判文书上网制度，加大民主监督、社会监督、检察监督力度，加大对公正案件判决的宣传力度，提高公民对法院的信任度。对恶意造谣、歪曲事实、煽动舆论以给法院施压、企图利用舆论干预司法独立的网络发帖者，要出台相应的法律、法规予以制裁，维护网络环境、增强司法独立。

2. 法院的判决要讲透法理，说清原由，不能简单粗糙。造成社会不信任司法的原因有很多，但是司法判决本身的说理是否明确也是重要原因之一。对于司法判决，公信力的基础在于其说服力，如果一篇判决书说理不清楚或有漏洞，那么它注定不会赢得社会信任。[①] 像“李昌奎”案，网民们质疑的焦点大都集中在为何云南省高院的判决在和一审的判决仅有“自首”这一词之差，却造成了截然相反的两个不同判决？笔者认为，大部分的原因在于云南省高院在判决中对不判死刑，而判死缓的说理不够充分。法院的判词只有寥寥数语，两句“虽然……但是”就改变了整个判决，没有讲透法理，说清原由。民众自然无法接受，质疑也在情理之中。作为法院，判决书的重要性不可置疑，只有论述充分、说理透彻，才能杜绝社会质疑。借鉴英美法系国家，有的法官一份判决就是一本书，析理细致深刻。借鉴同为大陆法系的我国台湾地区，陈水扁案的判词，详细列举各类证据图表，逐一标明所引用的法条，做到了法理、事理、情理、文理的统一。反观我们的判决，说理性不足，往往只有简单引用几条法律条文，就直接定性，缺乏说服力，无法让公众信服。判决书是司法权与民众沟通的终极管道，仅仅追求其正确性是远远不够的，还需要公正合理，说理透彻，便于民众领

---

① 参见张千帆：《司法公信力缘何缺失?》，载 http://blog. sina. com. cn/s/blog_49daf0ea0100i1nn. html，于2011年8月24日访问。

悟，这样才能使个案判决起到倡导公序良俗，宣示公益法理的作用，也就不会给质疑和谣言预留空间。

3. 做好当事人和解，缓解对立情绪，做到网络民意与司法理念相统一。在新通过的刑法修正案中，通过调高死缓、无期徒刑实际执行的最高刑期，以此作为替代性措施，来限制死刑，逐步替代死刑。我们纵观“李昌奎案”，云南省高院改判死缓，定罪是准确的，审判程序合法，按照现在“少杀、慎杀”的刑事司法理念和政策导向来看，是有道理的。但是，网民认为“杀人偿命、天经地义”，基于这样的朴素认识，认定李昌奎判决死缓明显有失公平。更有甚者，有网民质疑云南省高院的改判是司法腐败，是在自由裁量权的名义下，徇私枉法，处心积虑地拓展权力寻租的司法空间。在李昌奎案中，如果能够得到被害人的谅解，判处死缓也是双方可以接受的，被害人的家属也承认如果李昌奎积极配合支付赔偿，得到他们谅解，他们也不会上诉。所以笔者认为，法院未做足工作，未尽最大努力缓解双方的情绪，导致案件一经网络报道，反而增加了双方的仇恨，再加上不乏别有用心的网络推手炒作，使之原本可以化解的恩怨，演变的不可收拾，使得法院处于被动地位，最终上演了一幕外力干预司法式维权。法院既要贯彻少杀慎杀的司法理念，又要做到尊重民意，使二者统一起来，进行互动，相互尊重，就是当两者冲突时，进行价值的权衡，找到一个平衡点。最大的可能性就是让双方当事人达成谅解，既使犯罪嫌疑人得到惩罚，受害人家属得到安慰，又贯彻了“少杀、慎杀”的司法理念，做到网络民意与司法理念相统一。

总之，加强网络民意司法应对是新形势下社会管理创新的重要举措，对推进司法监督、实现公正司法和促进社会稳定具有重要的现实意义。人民法院应该在重视网络民意的基础上，加强民意的沟通机制，完善法院内部应对机制，才能真正的司法为民，才能更大程度的将网络民意向有利于法院发展的方向推进。

司法视野下的“网络虚假舆情”问题研究

——由“网络水军”“网络推手”现象引发的思考

刘长权[*]　薛永毅[**]

【内容提要】　当下，加强网络虚拟社会管理，消除网络虚假信息，净化网络舆论环境，是新时期加强社会管理的一项重要内容。作为互联网时代新兴的网络宣传、公关方式——“网络推手”、“网络水军”的不断滋生和迅速蔓延，不仅影响了网络虚拟社会的健康发展，破坏了市场经济秩序，而且侵犯了民众的隐私权、名誉权以及企业的商业信誉、商品声誉等，甚至危害到司法的权威、政府的威信以及国家的安全。一般认为，经济利益的驱使、法律监管的缺失、特殊环境下的心理以及国外敌对势力的渗透是导致网络虚假舆情泛滥的四个重要原因。网络推手、网络水军的行为不仅践踏了道德底线，甚至违法违规。对于网络虚假舆情的法律规制是一项系统工程，需要刑事、民事、行政等不同的法律部门进行综合调整。单一的司法应对固然能解决部分问题，但若想要根治网络水军现象，不仅需要加强网络舆情研判、引导机制，完善国家的诚信体制建设，还需要立法、司法、行政等多部门联手，创新和加强社会管理，不断提高新媒体环境下的社会舆情应对能力。只有这样，网络虚假舆情这一问题才能逐步予以较好的解决。

---

*　西安市蓝田县人民法院党组书记、院长。

**　西安市蓝田县人民法院法官。

一、背景与问题：当网络舆情遭遇“水军”造假

近年来，随着互联网在我国的迅猛发展以及网民数量的不断跃升①，以互联网为代表的新媒体已发展成为民意表达的重要场所和直通车。每个人、每个组织都可以轻而易举地借助互联网络平台上的论坛、博客、QQ 群等在虚拟社会里自由地发表言论和表达舆情。毋庸置疑，网络舆情是现代社会舆情的重要组成部分，并一定程度上推动了国家相关法律、政策的修订和完善，促使我们的社会制度更加科学、公开和公正。② 但不可否认的是，人们逐渐发现，网络在降低民众言论表达门槛的同时，也成为谣言滋生、扩散的重灾区。在一些网络推手、网络水军的恶意推动下，网络舆情犹如大江河汹涌，泥沙俱下：一些看似真实的热点“新闻事件”，实际上是经过别有用心的传播者精心编辑而成的“人造事件”；一个自诩“信仰法治”的网民，为了谋取不正当利益，不惜出卖自己的网络话语权，在虚拟社会里进行虚假宣传，恶意诽谤他人……这样的事件、场景绝非星月童话，而是大量地存在于网络虚拟社会之中，且有愈演愈烈之势。网络水军的出现不仅造成了网络虚假舆情的泛滥，更为重要的是，以商业炒作为主的“网络水军”已经给社会经济活动、舆论导向乃至国家安全都带来了不容忽视的负面影响。在 2011 年全国“两会”上，有数个提案议案剑指“网络水军”，不少代表委员纷纷呼吁尽快立法，治理“网络水军”。③

---

① 据中国互联网络信息中心最新发布的《第 26 次中国互联网发展状况统计报告》的数据显示，截止 2010 年 6 月，中国网民规模达 4.2 亿人，网民规模居世界第 1 位。

② 如 2003 年的“孙志刚事件”，网路舆情就发挥了重要的作用，一定程度上促使国务院废除了实行二十多年的《收容遣送办法》，颁布实施了《城市生活无着的流浪乞讨人员救助管理办法》。

③ 参见周宁、任沁沁、黄艳、赵仁伟：《代表委员呼吁尽快立法治理“网络水军”》，载 http：//www.chinacourt.org/html/article/201103/03/443347.shtml，于 2011 年 3 月 21 日访问。

二、冲击与挑战：网络虚假舆情的实证研究

（一）什么是“网络推手”、“网络水军”

“网络推手”、“网络水军”是近年来随着互联网的飞速发展而出现的网络新生事物。“网络推手”是一种新的网络营销、网上公关现象。基本程式包括：通过企业运作模式，组成受雇发帖人网络，并通过一系列有组织有策划的隐形网上操作，来制造话题、操纵流量、推动某种议题信息的扩散，从而影响互联网上的信息舆论动态。[①]“网络水军”则通常是受雇于网络公关公司（俗称网络推手），为他人发帖、回帖的庞大网络群体。作为一种网络宣传方式，应该说，正常的网络公关行为是市场经济条件下的一种营销方式。但令人遗憾的是，由于受经济利益的驱使等多种因素的影响，这种新兴的网络营销方式已经逐渐变为纯粹的牟利工具。

当网络水军还是个生僻词，并不为大多数人们所知晓的时候，网络水军的战利品已经源源不断地涌出水面：从“奥巴马女郎”、“凤姐”到“小月月”、“郭寒韵”，从“圣元奶粉致儿童性早熟事件”到“霸王洗发液致癌事件”，从“360 大战 QQ”到蒙牛“诽谤门”事件……网络推手、网络水军们的踪影随处可见。这些活跃于互联网上的地下水军到处发帖、跟帖，在短时间内打造出具有轰动效应的“新闻事件”，形成自编自导的舆论场；或为有关企业提供品牌推广、口碑维护的服务；或对不利的帖子进行删除，对竞争对手进行诽谤、栽赃和陷害，通过网络舆论传播，打击、破坏竞争对手的形象。有学者指出，“目前，国内以操纵网络舆论为生的公司就有约一千家，按照每个公司 15 人计算，再加上数以万计的

① 参见吴玫、曹乘瑜：《网络推手运作：挑战互联网公共空间》，浙江大学出版社 2011 年版，第 1 页。

水军，从业人员总数至少有几十万人。”[①] 据北京市公安局统计数据显示：50%以上的网络发帖都出自于网络公关。这些数量庞大的网络水军主要由在校大学生、空闲白领及闲散人员组成，他们一方面有足够的业余时间，另一方面又缺乏相对稳定的经济来源，因此成了这条利益链上的主力军。

（二）什么是网络舆情

学者们认为，网络舆情是通过互联网表达和传播的，公众对自己关心或者自身利益紧密相关的各种公共事务所持有的多种情绪、态度和意见交错的总和。[②] 其传播形态和载体主要有论坛、博客、MSN \ QQ 群、电子邮件等。与传统媒体单向性传播相比较，网络舆情具有以下四个显著特点。

1. 主体的广泛性、隐匿性以及形成的突发性。由于网络传播不需要传统媒体的审查和批准，导致任何人、组织和利益集团，都可以在网络虚拟社会里“畅所欲言”，有的甚至是制造、散布谣言。网络的互动性和即时性，使得网络舆情的形成往往非常迅速，在短时间内就能产生“蝴蝶效应”。

2. 网络舆情中个体化及“群体极化”严重。社会心理学研究表明，在一个群体中，容易使这个群体中的每一个人获得一种集体心理，这使得他们的思想、感情和行动变得与他们单独一个人时颇为不同。众多这样的人聚集在网络空间，讨论共同关注的社会问题，宣泄不满情绪，使网络舆论关注的程度越来越强，影响越来越大，进而吸引更多的人，网民的情绪呈波浪式持续高涨。[③]

3. 网络舆情中虚假信息泛滥。网络舆情能够反映民意，但它代表的民意是有限度的，有时甚至在“绑架”、“强奸”民意。有

---

① 周元英、丁乙乙：《剖析网络黑社会——谁在操纵中国网络舆论导向》，载《IT时代周刊》2010 年第 1 期。

② 参见马荔、李欲晓：《网络舆情法治研究》，载《生产力研究》2010 年第 5 期。

③ 参见谢山河、左功叶、周黎：《网络舆情中的社会安全隐患研究》，载《求是》2010 年第 7 期。

业内人士称，一半的网上信息，背后有他们（网络推手、网络水军）的影子。当人们在为网上的“热点事件”纷纷跟进、围观，甚至因某件“热点事件”而揪心、愤怒的时候，导演这出闹剧的网络推手、网络水军们正在一旁乐呵呵地数钱。

4. 网络舆情能够在较短时间内形成强大舆论压力。一些别有用心的人或组织利用网络的便捷性、即时性和互动性特点，大规模的发布、传播某一方面的信息，蛊惑不明真相的民众，形成汹涌的网络舆情，有的甚至引发大规模的群体性事件。如发生在湖北省天门市城管殴人致死事件。尽管当地政府当晚就组织调查并进行处理，但事过几天才公布事件真相，致使不实传言通过网络炒作演变成网络舆情，引发上千人游行。①

（三）网络推手、网络水军操控下的网络虚假舆情个案透析

1. 贾君鹏事件。2009 年 7 月，一个内容为“贾君鹏，你妈妈喊你回家吃饭”的帖子迅速在网络上莫名的串红，短短两天回复数达到了 30 余万条，点击量达 760 余万次，并一度成为网络流行话语。后经证实，该起事件其实是由网络推手团队精心制造出的网络舆情，其目的在于让人们持续关注一款名为“魔兽”的网络游戏。事后，自称“贾君鹏事件”的策划人透露，该起事件共动用网络水军 800 余人，注册 ID 两万余个。②

2. “砒霜门”事件。2009 年 11 月份，海口市工商局在对当地部分食品进行抽样初检中，农夫山泉广东万绿湖有限公司、统一（中国）企业投资有限公司生产的相关产品被检测出“总砷超标”，当复检结果尚未出来，这一消息便被 500 余家网站进行跟进报道。而且自事件发生以来，“农夫山泉不能喝”、“农夫山泉有点毒”等

① 参见谢山河、左功叶、周黎：《网络舆情中的社会安全隐患研究》，载《求是》2010 年第 7 期。

② 参见孙鹏：《辽宁全国人大代表把脉“网络水军”建议推行网络实名制》，载 http：//cd. qq. com，于 2011 年 3 月 26 日访问。

相继被推出，造成恶劣的影响。后被指出，该起事件系为“幕后黑手”雇佣大量网络打手大肆诽谤所致。[①] 虽然复检显示抽样产品全部为合格，但该事件给消费者造成的不信任感给农夫山泉造成了严重的经济损失。

3. “诽谤门”事件。2010 年 7 月，蒙牛公司高管与北京一家公关公司共同商讨制定网络攻击计划，打击竞争对手伊利旗下产品“QQ 星儿童奶”，网络炒作历时一个月。网络攻击手段包括寻找枪手写攻击帖，在近百个论坛发帖炒作，煽动网友不满情绪；以儿童家长、孕妇等身份拟定问答稿，“控诉”伊利。公安机关侦查后发现，这一事件确系蒙牛“未来星”品牌经理与北京博思智奇公关顾问有限公司共同制定的网络攻击方案。[②] 2011 年 3 月 14 日，内蒙古呼和浩特市回民区人民法院对该起雇佣网络公关损害伊利商誉案的判决生效，肖某等 6 名被告人损害商业信誉、商品信誉罪，依法分别被判处有期徒刑、拘役和罚款。该案成为利用“网络水军”左右民意，进行商业诽谤的典型案件。

4. 钱云会事件。2010 年 12 月 25 ~ 26 日，在全国多个论坛、微博里，出现了一条有关浙江省温州市某村原村委会主任钱云会被杀的帖子，称钱云会是因为多次上访揭发当地官员豪夺该村 146 公顷土地问题被打击报复，让 5 个人按在地上给工程车碾死的，引起众多网民的猜测和讨论。钱云会事件随即在网上传播、蔓延、热议，近一两天就“爆棚”到舆论普遍热议的程度。事后公安部门虽及时发布通稿称该案为一起交通事故案件，但网上仍有较多舆论认为是一起谋杀案件，“村委会主任因捍卫百姓权利被杀”的谣言也一度在网上扩散。[③]

---

① 参见陈尚荣、赵元恩：《从“砒霜门”看网络打手如何影响网络舆情》，载《新闻研究导刊》。

② 参见《网络水军搅浑操控舆论，绑架民意亟需法律介入》，载《法制日报》2011 年 1 月 6 日。

③ 参见姜胜洪：《微博传播中值得注意的问题》，载《红旗文稿》2011 年第 9 期。

三、成因与危害：网络虚假舆情的理论分析

（一）网络虚假舆情的成因

“网络推手”、“网络水军”制造的庞大网络虚假舆情，像一颗颗毒瘤，严重侵蚀着网络舆情的健康肌体。究其缘由，诚如北京邮电大学教授、亚太网络法律研究中心主任刘德良所说，“网络水军的发展壮大不是偶然的。法律监管的缺失、经济利益的驱使、特殊的社会心理环境都是诸如网络水军、网络推手等怪现象存在的重要原因。”①

1. 经济利益的驱使。需求者（大部分为相关企业）、网络公关公司（网络推手）及数量庞大的网络水军是这条利益链上的主体。需求者出于宣传自己产品或者诋毁竞争对手的目的，授意网络公关公司制造“网络虚假舆情”，混淆视听，左右舆论；网络公关公司作为幕后推手，策划方案，按照旨意批量生产“民意”，以谋求丰厚的经济利益；网络水军们则不惜以出卖自身的网络话语权，乐此不疲地在网上发帖、跟帖、删帖，以换取相应的酬金。②

2. 特殊的社会心理环境。当前，我国正处于社会矛盾凸显期，一部分人对社会的认识有所偏颇，特别是存在逆反心理，不能辩证地看待社会中存在的现象和问题，极容易被卷入“网络水军”的漩涡，成为被利用、被操纵的廉价工具。加之网络社会本身的虚拟性、匿名性掩盖了地域、职业、地位等差异，使得网民消除了在现实生活中的约束感，可以无所顾忌地在虚拟社会里发表观点，宣泄自己在现实生活中压抑的情绪。③

---

① 《网络水军、恶意拦截其他商业软件有望有法可依》，载《IT世界网》2011年3月4日。

② 据一则网上水军发帖报价显示：论坛发帖或者QQ群发，一般1帖1元；问答类推广，一般一问一答2元。单价最终由雇主决定，不限论坛类型的可以0.5元1帖。

③ 参见罗亮：《网络群体性事件：概念、特征及其治理》，载《行政与法》2010年第9期，第46页。

3. 法律监管的缺失。近年来，虽然我国也制定了很多互联网方面的法律法规和规章，如《全国人民代表大会常务委员会关于维护互联网安全的决定》、《互联网信息服务管理办法》等，对网络行为予以规范，但对企业雇佣网民做“打手”和网民被雇佣替企业发广告贴“造势”的行为涉及不多，大都是靠网民自律和论坛自己控制。加之网络本身的开放性、全球性和不完善性，导致在网络水军侵权案件中侦查、起诉、取证、审判等方面都存在一定困难，难以对水军们的造假行为起到有效地震慑作用。

4. 西方敌对势力的渗透。当前，国内外敌对势力正竭力利用互联网进行意识形态渗透和入侵，对我国进行“西化”和“分化”。他们蓄意操控、故意制造一些虚假信息、社会热点事件和敏感新闻，使个别问题扩大化，一般问题政治化，妄图引起公众不满，挑起社会矛盾，破坏社会政治稳定。西方媒体全面推行网络渗透已经产生了影响，在目睹脸谱（Facebook）和其他社交网络在推翻突尼斯和埃及政权中的作用后，美国国务院开始利用 Twitter（中文称：推特）[①] 等网站鼓励伊朗的反对派。

（二）网络虚假舆情的侵权主体及侵权表现

1. 侵权主体。(1) 需求者。一般表现为相关组织、公司和企业和个人，需求者往往通过资本操控民意，实现自己的非法目的。(2) 网络公关公司（网络推手）。处于整个利益链条的核心，接受需求者的委托，按照其意旨进行文案策划，负责组织、领导工作。(3) 网络服务提供商。为了商业利益，恶意发布虚假信息欺骗消费者，并常与网络水军沆瀣一气，设置一些极端无聊的话题，在互联网络上聚集人气。(4) 网络水军。处于网络营销利益链条的最低层，被戏称为“网络民工”，按照上级（一般为网络推手）的命

① 推特是国外一个社交网络及微博服务网站。它利用无线网络、有线网络、通信技术，进行即时通讯。一些西方媒体和政治势力运用以其为代表的新型网络，广泛传播未经证实的小道消息，甚至大肆渲染。

令发帖、回帖，制造话题，并按照完成任务数领取佣金。网络水军们队伍庞大、人员不稳定，多为在校大学生以及有闲白领。

2. 侵权表现。就目前报道的有关网络水军事件来看，主要表现为三种形式：（1）侵害自然人隐私权和名誉权。[①] 一般是通过论坛、邮箱、博客、MSN \ QQ 群等非法将他人的隐私进行宣扬和暴露，或者恶意诋毁他人或者企业的名誉。（2）对有关商品或者服务做虚假或扩大宣传，误导消费者，俗称“推人”，即有偿赞誉、吹捧企业。（3）诽谤、诋毁竞争对手，损害其商业信誉和商品声誉，俗称“打人”。典型如前文述及的蒙牛“诽谤门”事件。

（三）网络虚假舆情的危害

在虚拟社会里，网络推手、网络水军们操控舆论，制造“网络虚假舆情”，造成了网络信任危机[②]，侵害了个人的名誉权、隐私权及有关组织、企业的商业信誉。更为严重的是，网络水军煽动、裹挟不明真相的民众，干扰司法案件，左右案件审判和调查，形成了“网络舆情审判”，对司法的独立裁判造成了巨大的压力。日前，全国政协十一届四次会议新闻发言人赵启正就指出，“网络水军左右舆论、误导受众，甚至影响政府决策，值得注意与警惕。”

四、司法的回应：对网络虚假舆情的法律规制

加强网络虚拟社会管理，消除网络虚假信息，净化网络舆论环境，是新时期下加强社会管理的一项重要内容。治理网络推手、网络水军，消除网络虚假信息是一项系统工程，除了使用先进的网络

---

① 据报道：5 月 25 日，网上出现了一组名为《深圳流浪汉当街强奸疑似精神病女》的照片。在国内小有名气的网络推手“金泉少侠”看到了这篇帖子，他将图片逐个下载、处理后，上传到了国内某知名论坛。他因转帖行为系“偷窃、散布他人隐私”而被深圳警方处以行政拘留 3 天。

② 有调查显示，对于时下走红网络的事件或人物，网友已不再盲目相信。调查中，90.3%的网友担心，越来越多的网络炒作会引发公众对网络信息的信任危机。

技术手段①，加强网民的法治教育，引导网民文明上网外，还需要从制度层面上建立、健全网络舆情研判、引导、回应等机制。在这里，笔者仅从法律层面上对网络推手、网络水军如何规制进行简单论述。总的来说，对于网络水军的法律规制，需要刑事、民事等不同的法律部门进行综合调整。

(一) 民商事法律层面

前文已述及，网络推手、网络水军们在网络虚拟社会里兴风作浪，混淆视听，让人难辨真伪。但其所作所为集中表现为两件事：一是做虚假或扩大宣传；二是诽谤、诋毁竞争对手。目前，对网络推手、网络水军的民事法律规制，司法实践中主要根据《民法通则》、《反不正当竞争法》以及《侵权责任法》等相关法律法规中的一些零散规定。笔者粗略地排查了一遍，与规制网络推手、网络水军有关的民商事法律规范有：

1.《民法通则》中的有关规定：该法第 4 条："民事活动应当遵循自愿、公平、等价有偿、诚实信用的原则。"此条中规定的诚实信用原则是民法中的帝王条款，一切民事活动都应该遵循此原则；第 7 条："民事活动应当尊重社会公德，不得损害社会公共利益，破坏国家经济计划，扰乱社会经济秩序。"此条确立了禁止权利滥用的原则和公序良俗原则；第 106 条第 2 款："公民、法人由于过错侵害国家的、集体的财产，侵害他人财产、人身的，应当承担民事责任。"网络推手、网络水军的行为在本质上是一种扰乱市场经济秩序的行为，是对其自身话语权的滥用，其行为造成他人财产、人身损失的，依法应当承担相应的民事责任。

2.《反不正当竞争法》中的有关规定：该法第 9 条："经营者不得利用广告或者其他方法，对商品的质量、制作成分、性能、用途、生产者、有效期限、产地等作引人误解的虚假宣传。广告的经

① 从技术上讲，从源头堵住这些虚假信息是可行的，因为每一个"水军"帖背后都有操作后台。

营者不得在明知或者应知的情况下，代理、设计、制作、发布虚假广告。”第14条规定：“经营者不得捏造、散布虚伪事实，损害竞争对手的商业信誉、商品声誉。”此外，该法第20条、24条对经营者及广告经营者的处罚作了具体规定。①

3.《侵权责任法》中的有关规定。该法中的“互联网专条”，明确了网络内容提供者以及网络服务提供者在发布信息上的相关责任。如该法第36条规定：“网络用户、网络服务提供者利用网络侵害他人民事权益的，应当承担侵权责任。网络用户利用网络服务实施侵权行为的，被侵权人有权通知网络服务提供者采取删除、屏蔽、断开链接等必要措施。网络服务提供者接到通知后未及时采取必要措施的，对损害的扩大部分与该网络用户承担连带责任。网络服务提供者知道网络用户利用其网络服务侵害他人民事权益，未采取必要措施的，与该网络用户承担连带责任。”该条是《侵权责任法》专门针对网络环境下侵权行为的法律规定，其最大的特点在于对网络用户侵权行为作出规定的同时，也明确了网络推手、网络水军的同盟——网络服务提供商的侵权责任。该条对于打击网络推手、网络水军具有十分重大的作用。

（二）刑事法律层面

在法定是否将某类行为犯罪化并赋予刑事制裁的法律效果时，应当渐次考虑道德规范体系。把民商法、行政法作为第一次法规范体系时，应同时考虑刑事法作为第二次法规范体系对该行为调整的必要性、可能性与有效性。简言之，刑法是规范社会共同生活秩序的最后手段。② 对于网络推手、网络水军在网上诋毁竞争对手，攻击其产品，或者对有关产品做虚假宣传的行为，除根据民商事法律

① 如该法第24条第1款就规定，经营者利用广告或者其他方法，对商品作引人误解的虚假宣传的，监督检查部门应当责令停止违法行为，消除影响，可以根据情节处以1万元以上20万元以下的罚款。

② 参见梁根林：《刑事法网：扩张与限缩》，法律出版社2005年版，第34页。

规范进行调整外，如果该行为已经构成犯罪的，还可以依据《刑法》中损害商业信誉、商品声誉罪以及虚假广告罪等追究其刑事责任。

1. 损害商业信誉、商品声誉罪。遵循网路推手的意旨，捏造并在网络上散布诋毁竞争对手的虚假事实，是网络水军们的“日常工作”。有关报道显示了这样一位网络水军的“杰作”：一位“母亲”发问：“宝宝刚断奶粉，听说××奶是给儿童喝的牛奶，可以喝吗?”回帖者以热心者的口吻称：“楼主还不知道吗? ××奶会导致孩子性早熟，你可以选择其他的儿童奶呀!”有的发帖甚至更为暴力：“顶你个肺，××奶害得我儿早熟。可怜我那才上小学3年级的儿子，一直是××奶的忠实用户，小小年纪都有胡须了，脖子都隐约有喉结了。”[①] 对此类行为，如果其危害性达到某种程度，完全可以依据我国《刑法》第221条规定的“损害商业信誉、商品声誉罪”对其进行定罪量刑。[②] 前文提及的蒙牛的“诽谤门”事件的6名相关责任人，就是依据该条进行定罪量刑的。

2. 虚假广告罪。广告是商品或者服务的经营者推销其产品，扩大其服务的重要手段，也是消费者选择商品或者服务的重要手段。一些经营者为了排挤竞争对手，或者为自己的产品“造势”，树立口碑，操纵网络水军在网上发布话题，制造热点事件，为其产品或服务做虚假宣传，进而误导消费者。对此，可以根据我国《刑法》第222条之规定，即“广告主、广告经营者、广告发布者违反国家规定，利用广告对商品或者服务做虚假宣传，情节严重的，处2年以下有期徒刑或者拘役，并处或者单处罚金。”对需求者、网络推手、网络水军科以刑罚。

---

① 杜晓、蒋新军：《网络水军搅浑操控舆论　绑架民意亟须法律介入》，载《法制日报》2011年1月6日。

② 《刑法》第221条规定：“捏造并散布虚伪事实，损害他人的商业信誉、商品声誉，给他人造成重大损失或者有其他严重情节的，处二年以下有期徒刑或者拘役，并处或者单处罚金。”

法律法规是规范企业竞争，维护社会稳定的调节器。但目前互联网络相关的法律法规明显不健全而且严重滞后于互联网行业自身的发展速度。现有的涉及网络监管的法律法规普遍存在调整范围过窄，缺少一般条款规定，各项法律之间衔接困难等问题。① 为此，我国要完善有关网络公关、网络安全等单行法的制定。

余论：认真地对待网络虚假舆情

应该说，当下，网络虚假舆情已经成为网络舆情健康肌体中的一颗毒瘤，并且其触角已经从单纯的商业领域逐渐向行政、司法乃至国家安全等领域扩张，且呈现出愈演愈烈之势，危及司法权威和国家安全，但我们所给予的关注以及现有的应对措施却是远远不够的。司法权自诞生之日起就是国家实施社会管理最重要、最有效的手段之一②，但对网络虚假舆情进行规制不是法院一家包括整个法院系统所能够胜任的，单一的司法应对固然能解决部分问题，但若想要根治，不仅需要完善国家的诚信体制建设，还需要立法、司法、行政等多部门联手，创新和加强社会管理，提高新媒体环境下网络舆情应对能力，只有这样，网络虚假舆情这一问题才能逐步予以较好地解决。

---

① 参见苏忠林、李鑫：《网络公关异化：现象、原因与监督》，载《中国行政管理》2011 年第 4 期。

② 参见沈德咏：《人民法院推进社会管理创新的几点思考》，载《人民司法·应用》2010 年第 21 期。

风险管理：基于司法风险案件典型样本分析的理性考量

康宝奇* 杜豫苏** 何育凯***

【内容提要】 全球化将我国经济社会日益融入全球风险社会的语境当中。司法风险是社会风险问题在审判工作中的反映，表现为人民法院司法裁判可能导致社会矛盾激化、加速社会分裂、引发社会冲突、破坏社会和谐、妨害政治稳定、损害司法公正公信等不确定性后果，严重影响人民法院社会管理职能的发挥，必须予以有效管理和规制。本文从6个风险案件典型样本切入，运用实证分析研究方法，从风险认知的视角系统梳理了案件司法风险的基本类型、风险特征，考量了司法风险的产生诱因及其传播特征。进而根据风险管理理论，构建了以司法风险预警评估制度、司法风险管理制度和司法风险沟通制度为核心的司法风险管理机制，全面规避、消解和防范司法风险：即建立案件司法风险定性、定量分析评估制度，及时拟定案件风险等级及风险应急预案；建立司法风险管理组织机制，完善应对案件风险的组织机构及责任制度；树立协商式司法理念，畅通司法与社会对话交流渠道，鼓励民众参与司法，培育社会协商自治能力，规避、消解导致案件司法风险的社会诱因；统

* 西安市中级人民法院党组书记、院长。

** 西安市中级人民法院党组成员、副院长。

*** 西安市中级人民法院立案二庭法官。

一司法裁判尺度，倡导多元化解决纠纷，培养法官应对案件司法风险能力，规避、消解导致司法风险的各种内部诱因。

一、问题的提出

按照世界银行标准[①]，2010 年我国人均 GDP 达到 4400 美元，已经步入中等收入偏上国家行列。“十二五”时期甚至更长阶段，我国将从中等收入向高收入国家迈进。这一时期，伴随着我国工业化、信息化、市场化、城镇化和融入全球化程度的不断加深，诸如贫富差距扩大、利益严重失衡、过度城镇化乃至环境、科技、工业化风险等引发的可预见与难以预见的系统性风险[②]亦不断累积和日益凸显。这些社会风险不可避免地延伸和辐射到审判工作当中，其所衍生的诉讼纠纷无论性质、规模、复杂程度还是风险释放的威胁均大大超过了人民法院在计划经济时期乃至市场经济建设初期所遭遇的风险，使得人民法院逐渐步入风险司法时代。人民法院如果不能理性认识和科学研判案件司法风险，因应社会发展要求创新司法参与社会管理的理念方法，有效应对司法风险问题，则不仅会影响自身功能发挥，甚至会给我国经济、社会、文化乃至民主政治建设带来严重负面后果。

二、样本分析：透视个案司法风险

所谓司法风险，系指人民法院参与和推动社会管理过程中可能

---

① 按照世界银行分组标准，高收入国家指 2006 年人均国民收入 11116 美元及以上国家，上中等收入国家指 2006 年人均国民收入 3596 美元至 11115 美元及以上的国家，低收入国家分别指 2006 年人均国民收入 905 美元及以下的国家。参见国家发展研究中心信息网：《国家（地区）分类——世界银行标准》，载 http：//www. drcnet. com. cn/DRCNet. Common. Web/DocView. aspx? docId = 2053471&leafId = 16725&chnId = &version = Integrated&viewMode = content，于 2011 年 6 月 12 日访问。

② 参见任仲平：《让变革为我们赢得历史的机遇——写在两个五年规划交替之际》，载《人民日报》2010 年 12 月 10 日。

发生的风险，具体指人民法院裁判案件过程中可能导致社会冲突、加速社会分裂、破坏社会稳定、危及政治秩序并损害自身公正度、公信力和权威性、影响司法价值功能实现等负面后果的不确定性。在透视司法风险的多种路径中，样本分析方法无疑最为立体直观。这里选取近年来各地法院审理并引起社会广泛关注的六个“影响性诉讼”[①] 案件为样本，对案件司法风险进行解析，分别是南京彭宇案、广州许霆案、西安“山川林业”案、成都孙伟铭案、西安药家鑫案、云南李昌奎案。之所以选取上述案件作为样本，是因为大多数案件的审判都属于典型的正常司法活动，诱发司法风险的诉讼因素比较小，但某些少数案件的审判却是非典型的，因为它轰动全国、影响全社会，就案件的影响力而言，这类少数案件的影响力甚至比多数案件影响力的总和还要大[②]，这些案件所隐含的司法风险也往往更大、更具标本意义。

样本一：彭宇案[③]的司法风险分析。本案是一起因媒体报道引起社会高度关注、法院一审判决遭公众广泛质疑的民事案件。案件的司法风险在于：法院对助人为乐行为的司法认知与公众社会认知的冲突，可能导致法院裁判产生反向价值指引的后果，对弘扬助人为乐的社会价值观造成严重负面影响，损害社会秩序稳定及司法公

---

① 影响性诉讼是指具有制度意义、较大社会影响的诉讼，即可能引起立法和司法变革，引起公共政策的改变，检验法治原则，影响公众法治观念，促进公民权利保障的典型个案。

② 参见孙笑侠：《司法的政治力学——民众、媒体、为政者、当事人与司法官的关系分析》，载《中国法学》2011 年第 2 期，第 57 页。

③ 2006 年 11 月 20 日，一位老太在南京市一公交站台等 83 路车期间被撞致骨折，经鉴定构成 8 级伤残。老太指认撞人者是刚下车的小伙彭宇并诉至南京市鼓楼区法院索赔 13 万多元，彭宇称自己并未撞老太，而是发现老太摔倒后做好事对其进行帮扶，不应承担赔偿责任。鼓楼区法院认为此次事故双方均无过错，按照公平原则，当事人对受害人的损失应当给予适当补偿，遂判决彭宇给付受害人损失的 40%。彭宇不服，上诉至南京市中院要求改判。后双方当事人在二审期间达成和解协议，最终案件以和解撤诉结案。参见南京市鼓楼区人民法院（2007）鼓民一初字第 212 号民事判决书；以及百度百科：彭宇案，载 http：//baike. baidu. com/view/1380384. htm。

信力。社会舆论对法院一审裁判的强烈反弹[①]便清晰暴露了上述司法风险。

样本二：许霆案[②]的司法风险分析。许霆案同样是基于网络媒体“过度曝光”[③] 引起公众高度关注、在社会舆论强大压力下，两级法院三次审判对许霆犯罪行为量刑大起大落的案件。案件最大的司法风险也在于裁判结果得不到社会认同，进而对社会秩序、司法公正及公信造成严重负面影响。一审判决以盗窃罪判处许霆无期徒刑，重审判决以同罪名改判有期徒刑 5 年，“同一家法院，对同一个被告人，以同样的罪名，两次结果跨度过大，显得法律不够严肃。”[④]

---

① 百度、谷歌等搜索引擎关于“南京彭宇”一审判决的数十万网页评论中，多数网民对该判决持不认同态度，认为该判决进一步加速了道德滑坡以及公众对信任危机的焦虑。据报道，该案判决作出后，一些地方还发生了老人摔倒后无人敢搀扶的尴尬局面。参见朱宏俊：《老汉跌倒无人敢搭救大喊“是我自己跌的”》，载《新华报业网》http：//club. qingdaonews. com/showAnnounce. php？ topic_ id =4404039&board_ id =2。

② 2006 年4 月21 日，青年许霆利用银行 ATM 机故障漏洞连续取款17. 5 万元，事发后许霆潜逃一年落网。2007 年 12 月广州中院一审认定许霆以非法占有为目的，采取秘密手段窃取银行经营资金，且数额特别巨大，以盗窃罪判处许霆无期徒刑，剥夺政治权利终身，并处没收个人全部财产，追缴许霆违法所得发还广州市商业银行。2008 年 2 月 22 日，案件被发回广州中院重审。法院重审认为，许霆以非法占有为目的，采取秘密手段窃取银行经营资金的行为，构成盗窃罪。许霆盗窃金融机构，数额特别巨大，依法本应适用“无期徒刑或者死刑，并处没收财产”的刑罚，鉴于许霆是在发现银行自动柜员机出现异常后产生犯意，采用持卡非法窃取金融机构经营资金的手段，其行为与有预谋或者采取破坏手段盗窃金融机构的犯罪有所不同；从案发具有一定偶然性看，许霆犯罪的主观恶性尚不是很大。根据本案具体的犯罪事实、犯罪情节和对于社会的危害程度，对许霆可在法定刑以下判处刑罚。依照《刑法》有关规定判决许霆犯盗窃罪，判处有期徒刑 5 年，并处罚金 2 万元，追缴许霆犯罪所得 173826 元，发还受害单位。许霆上诉后，广东省高院于同年 5 月 23 日裁定驳回上诉，维持原判。

③ “过度曝光案件”指案件经过新闻媒体曝光或网络传播，引发社会公众高度关注、热烈讨论的案件。参见孙笑侠：《公案的民意、主题与信息对称》，载《中国法学》2010 年第 3 期，第 136 页。

④ 殷毅：《许霆案改判：从无期到五年》，载《中国经营报》2008 年 4 月 6 日。

样本三："山川林业"案[①]的司法风险分析。本案受害群众众多，案件诉至法院前数百名受害群众就多次采用到省市政府门前聚集的方式向政府施压；法院受理及审理期间，数百名受害群众同样多次采用在法院及市委大门前聚集等方式向法院施压，并吸引了媒体和民众的广泛关注。法院在案件受理及审判中能否有效防范群众情绪化行为扩大蔓延，以公正、合法、合理、合情的裁判稳定群众情绪，避免对社会稳定、社会秩序乃至安定团结的社会政治环境造成不良影响是本案的最大司法风险。

样本四：孙伟铭案[②]的司法风险分析。该案面临这样的风险环境：随着我国经济快速发展和全国机动车辆数量、驾驶员人数猛增，无视交通管理法规醉酒驾车造成严重后果的违法犯罪案件日益增多，给社会公众生命、健康造成严重危害，公众对醉驾肇事事件非常愤慨，强烈呼吁修改相关立法，要求法官加大对醉驾肇事者打击力度，严惩酒驾行为。法院对该案的审理在很大程度上承担着回应公众要求和期盼之责任。这种境况下，法院的主要司法风险是：能否准确把握宽严相济的刑事政策，根据孙伟铭的犯罪事实正确定罪量刑，发挥好对醉驾犯罪行为的司法评价和价值指引功能。

---

① 2003 年至 2007 年，陕西山川林业公司及常胜勤等人，以合作造林等项目为名，共与投资群众 17136 人签订合同共计 26216 份，实际非法吸收公众存款 6. 13 亿余元。西安中院一审对陕西山川林业公司以非法吸收公众存款罪判处罚金 50 万元；对常胜勤等 11 名涉案人员以非法吸收公众存款罪、虚报注册资本罪、挪用资金罪等分别判处有期徒刑 14 年至 3 年以下不等。参见梁娟、都红刚：《陕西山川林业非法吸收 6 亿多元公众存款案一审宣判》，载新华网，http：//news. ifeng. com/gundong/detail_ 2011_ 01/30/4522129_ 0. shtml；以及张小乙、张超、赵崇霖：《"山川林业"非法集资 6 亿多元》，载《西安晚报》2008 年 5 月 27 日。

② 孙伟铭于 2008 年底无证醉酒驾车，酿成四死一重伤的惨案，被成都中院一审以"构成以危险方法危害公共安全罪"判处死刑，剥夺政治权利终身。孙伟铭上诉后，四川省高院二审改判无期徒刑，剥夺政治权利终身。他也是国内首位因无证醉酒驾车肇事而获最高刑罚者，因此引起国内广泛关注。

样本五：药家鑫案[①]的司法风险分析。该案系近年来人民法院审理的案件中媒体介入程度最深、社会关注度最高、公众讨论最广泛、社会舆论空前强烈的符号性案件。案件事实清楚，罪名认定也无争议，但在媒体深度曝光、网络民意审判、社会广泛关注等因素酝酿的舆论环境下，迅速从一个无明显风险诱因的普通交通肇事和杀人案件变成了承载人性与安全、司法公正与法律信仰、公众心理安抚与社会公平正义等价值元素的社会公共事件，司法裁判的社会风险徒然加大。法院如果不能对药家鑫犯罪行为确定一个契合刑事法律规定、法律精神、司法理念、司法政策，经得起公众判意[②]考验的量刑刑度，则很可能造成公众情绪的强烈反弹、导致社会撕裂，引发社会危机。

样本六：李昌奎案[③]的司法风险分析。本案同样因“媒体过度

---

① 药家鑫 2010 年 10 月 20 日 23 时许驾驶小轿车行驶至西北大学长安校区外学府大道时，撞上前方同向骑电动车的张妙，后药家鑫下车查看，发现张妙倒地呻吟，因怕张妙看到其车牌号，以后找麻烦，便产生杀人灭口之恶念，遂转身从车内取出一把尖刀，对张妙连捅数刀，致张妙当场死亡。杀人后药家鑫驾车逃离现场，之后在父母陪同下到公安机关投案。经法医鉴定：张妙系胸部锐器刺创致主动脉、上腔静脉破裂大出血而死亡。2011 年 4 月 22 日西安中院以被告人药家鑫犯故意杀人罪，判处死刑，剥夺政治权利终身。药家鑫上诉后，陕西省高院于同年 5 月 22 日作出裁定，驳回上诉，维持原判。经最高人民法院核准，药家鑫被依法执行死刑。

② 公众判意指社会公众对于司法个案处置的主流性、主导性意见和意向。参见顾培东：《公众判意的法理解析——对许霆案的延伸思考》，载《中国法学》2008 年第 4 期，第 167 页。

③ 1982 年出生的李昌奎在 2009 年 5 月 16 日奸杀同村 19 岁少女王家飞并残忍杀害了王家飞 3 岁的弟弟王家红。2010 年 7 月 15 日云南省昭通中院以强奸罪、故意杀人罪，数罪并罚判处李昌奎死刑，剥夺政治权利终身。李昌奎提出上诉后。云南省高院 2011 年 3 月 4 日经审理后认为，原判认定事实清楚，定罪准确，审判程序合法，但量刑过重。李昌奎在犯案后到公安机关投案自首，并如实供述犯罪事实，具有自首情节，认罪、悔罪态度好、积极赔偿受害人家属经济损失。遂以故意杀人罪、强奸罪判处李昌奎死刑，缓期二年执行。该判决经媒体曝光后，在社会上引起轩然大波，并引发了广泛质疑。2011 年 7 月 16 日，云南省高院决定对该案再审，并于 8 月 22 日以强奸罪、故意杀人罪改判李昌奎死刑，剥夺政治权利终身。

曝光”引发舆论高度聚焦，司法风险也是刑罚裁量可能与民意冲突，导致公众不认同，进而影响社会秩序稳定，严重降低司法公信。具体讲，案件司法风险在于，在死刑裁量价值观呈现多元化的转型时期，人民法院能否正确考量我国刑事法律精神、刑事司法政策、刑事司法理念以及国情、社情、民情、不同地区的法制状况，针对李昌奎特定案情，在“少杀”、“慎杀”国家刑事政策、减少死刑、尊重人权司法理念与社会公众坚持的杀人偿命传统刑罚意识之间，做出恰当量刑抉择。

梳理归纳上述案例中的司法风险，有八个突出特点：第一，司法风险一旦暴露就会演变成司法危机，严重影响人民法院的社会管理职能：即“化解纠纷、修复社会关系、维护社会稳定功能和通过司法裁判实现社会的法律治理，还原和实现法律精神的法律规制功能”①。第二，风险案件多系重大敏感案件②或涉群体性案件③，案件的重大复杂敏感性及其涉案主体的群体性特征是产生司法风险的重要根源。第三，多数案件的司法风险属于司法裁判的社会认同风险，体现为社会公众对法院的裁判观念、方法、结论不认同或者不完全认同。第四，多数案件的司法风险是基于司法裁判尺度不统一而产生。第五，多数案件属于媒体“过度曝光案件”，司法风险

① 蒋惠岭：《“诉调对接”催生法院的结构性改革》，载《人民法院报》2011 年 7 月 14 日第 5 版。关于司法的价值功能在理论上存在“纠纷解决说”、“规则之治说”、“程序保障说”以及兼收并蓄的“多元论”等多种主张，笔者认为，蒋惠岭先生的主张更加符合中国司法现实，更具代表性。

② 重大敏感案件是指案件性质特殊或者案件立案、受理、审理、执行、申诉信访中可能涉及国家政权、社会稳定、公共安全、影响国家机关正常工作秩序、人民法院司法公正形象以及可能引起社会各界广泛关注、境内外敌对势力、敌对媒体和别有用心的人大肆炒作的案件。

③ 群体性事件是指由某些社会矛盾引发，特定群体或不特定多数人聚合临时形成的偶合群体，以人民内部矛盾的形式，通过没有合法依据的规模性聚集、发生多数人语言或肢体冲突等群体行为的方式，或表达诉求和主张，或争取和维护自身利益，或发泄不满、制造影响，对社会秩序和稳定造成重大负面影响的事件。

容易被现代传媒尤其是网络传媒在传播中放大。第六，社会公众高度关注案件审判、通过多种形式广泛参与案件审判，形成了强大的“公众判意”，强化了案件的风险语境。第七，司法风险不仅存在于刑事案件当中，也存在于民事案件等其他类型案件当中。第八，原本缺乏风险诱因的案件可以发展转化成为风险案件，如果法院对案件风险研判及处置得当，风险案件也可以转化为无司法风险案件。

同时，上述案件中人民法院应对司法风险的做法和实效，既有值得系统总结的经验，也充分暴露出当前人民法院在应对司法风险上存在的问题和不足。一是对案件司法风险的认知和研判能力明显不足；二是明显缺乏有效的管理规制案件司法风险的制度及措施。

三、风险认知：准确识别评估案件司法风险

准确识别评估案件司法风险是全方位建构司法风险意识的基础，也是规制司法风险的前提。具体包括司法风险类型及特征描述、诱因分析、危害评估等内容。

（一）案件司法风险类型描述

1. 案件司法风险的诉讼流程分类。案件司法风险在每个诉讼流程环节中均可能发生，可大致划分为五类：（1）受理审查环节的司法风险，比如山川林业案、城镇国有土地上房屋拆迁非诉行政执行申请案立案审查中的风险。（2）事实认定中的风险，包括证据认定风险、司法逻辑推理风险、司法鉴定风险等。（3）裁判环节的风险，包括法律适用风险、裁量（主要是自由裁量）风险，例如孙伟铭案应当按交通肇事罪还是危害公共安全罪定性的定性风险。（4）执行环节的风险。（5）申诉信访、上访缠访案件的司法风险。

2. 司法风险案件类型分类。容易诱发司法风险的案件主要有以下类型：（1）政策性案件，包括涉及农村集体土地征收、城镇国有土地上房屋拆迁安置、落实社会保障、解决工作身份等问题的

案件，涉及政府重点工程项目的案件等。[①]（2）群体性案件，包括群体性、集团性、团伙性纠纷案件以及隐含上述纠纷的案件。（3）过度曝光案件。（4）当事人情绪激化型案件。（5）涉黑、涉恶等重大恶性刑事案件。（6）诉讼标的大、利益分歧大，矛盾尖锐的案件。（7）公益性案件。（8）涉及国家政权、国家安全、政治稳定的政治性案件。[②]

（二）司法风险的系统性特征描述

风险和社会风险是认知案件司法风险的两个基本范畴。风险是现代社会的基本特征，意指由一系列特殊社会、经济、政治、科学和文化因素所造成的不确定性[③]，社会风险则是指导致社会冲突、危及社会稳定和社会秩序的可能性。司法风险既属于现代社会意义上的风险范畴，也属于社会风险的子系统，具有六方面突出特征。

1. 非常强的社会性。存在司法风险的诉讼事件大多与社会公众的生产生活紧密联系，案件司法风险往往也是公众生产生活中同样遭遇的风险问题。同时，司法风险多系法院说理的社会认同风险。法院说理在和公众裁判观念的互动中，如果所说的事理、法理、学理、情理、文理[④]，秉承的司法观念、运用的裁判方法、作

---

① 该类案件受理及审理中很可能引发集体上访、游行等突发事件或当事人非正常访、越级访等风险事件。

② 肖建华、杨兵：《敏感案件受理中的行动策略与正当化转型——以诉的利益为视角》，载《法律适用》2011年第13期，第33页。

③ 自德国著名社会学家贝克提出现代世界正从“工业社会”向“风险社会”转变，“风险社会”是现代社会发展的一个阶段之后，现代社会系风险社会之判断日益成为研究现代社会特征的主流观念。参见［德］乌尔里希·贝克著：《世界风险社会》，吴英姿、孙淑敏译，南京大学出版社2004年版，第15～16页；以及周占超：《当代西方风险社会理论引述》，载《马克思主义与现实》2003年第3期，第5页。

④ 事理即案件的事实真相及来龙去脉，法理即裁判所适用的法理依据、司法政策、司法解释和指导案例等，学理即裁判所应用的科学结论与专门知识等，情理即裁判所遵循的公序良俗和社情民意等，文理即裁判所运用语言、文字、数据、逻辑等。参见胡云腾：《论裁判文书说理与裁判活动说理》，载《人民法院报》2011年8月11日第5版。

出的裁判结论不能与“公众判意”契合甚或差距过大，势必非但难以引起公众认同，还会强化公众集体焦虑，激化公众对司法的不满甚至对立情绪，影响社会秩序和谐稳定。

2. 属于“人为风险”①。司法风险是基于法官对案件不当研判、不当司法观念、裁判思维偏差、裁判行为以及对特定诉讼事件应对处置不当、言行不当等造成的风险，“风险的来源不是基于无知的鲁莽行为，而是基于理性的规定、判断、分析、推论、区别、比较等认知能力”②。这种风险，既来源于法官对案件事实及其法律适用误判、对分析推理方式误用，也来源于法官对法治精神、相关国家政策以及案件“公众判意”的错误研判。

3. 高度不确定性。司法风险是“虚拟的现实”③，其所隐含的危险对于日常司法认知而言是隐蔽和不可追踪的。高度不确定性既表现为风险发生概率的不可计算性，又表现为风险具体内容的不确定性、风险影响范围的不确定性，还表现为风险后果的无法预测性。

4. 可转嫁性。主要表现为涉及民生问题和群体性利益、公民环境权等人权问题的社会、政治领域的风险可以通过特定案件转嫁到人民法院成为司法风险。从近年来的审判实践看，诸如征地拆迁纠纷、环境污染纠纷等隐藏的社会风险随着案件大量诉至法院而转嫁为司法风险的现象越来越突出。

5. 高危性。既表现为风险具体内容的高危性，也表现为司法风险容易被特定司法行为瞬间引爆，产生危害司法公信、影响社会

---

① “人为风险”是指被制造出来的风险，它是由我们不断发展的知识对这个世界的影响所产生的风险。参见［英］安东尼·吉登斯著：《失控的世界》，周红云译，江西人民出版社2001年版，第22～23页。

② 薛晓源、刘国良：《法治时代的危险、风险与和谐》，载《马克思主义与现实》2005年第3期，第27页。

③ ［德］乌尔里希·贝克著：《世界风险社会》，吴英姿、孙淑敏译，南京大学出版社2004年版，第174～190页。

稳定乃至政治秩序的连锁反应，而且风险爆发导致的危机往往远超出法院的风险预期及应对能力。

6. 可转化性。司法风险既意味着可能导致危害性的后果，也蕴含着转危为安的积极因素：一旦危害可能性变成现实，司法风险就转变成为社会危机或司法公信危机，甚至对社会稳定造成灾难性影响；司法风险一旦被裁判决策者成功化解，所隐含的危机就可以转化为增强司法公信、促进社会、政治秩序稳定的积极力量。前者如彭宇案、李昌奎案，后者如孙伟铭案、药家鑫案。

（三）案件司法风险诱因分析

司法风险事件的产生有一种或多种诱因。较之于司法风险的不确定性，司法风险诱因呈现出确定、暴露、可感知、可评估状态。案件司法风险诱因可概括为四方面：

1. 法官知识的局限性。既包括法官法律知识的局限性，也包括政治、社会、科技、文化等方面知识的局限性（比如法官在社会主义政治理论、中国特色社会主义法治理论、法学理论、裁判方法、民风民俗、逻辑学、语言学、心理学、数理学知识的局限性），以及法官基于知识局限的失当言行及失当裁判决策。

2. 社会政治诱因。主要表现在：其一，市场经济飞速发展加速了我国社会阶层、群体分化、利益主体多极化趋势，形成社会组织多元、社会价值多元、利益需求多元，矛盾纠纷调控方式多元的社会结构①，不同社会群体在利益博弈中的诉求及表达方式日益多元，使司法个案蕴含着多重主体复杂的利益冲突。其二，公众参与社会管理、参与司法审判乃至参与政治意识不断强化，参与热情越来越高，参与司法个案处置逐渐成为公众参与政治、参与社会管理

① 参见熊光清：《当前中国社会风险形成的原因及其基本对策》，载《教学与研究》2006 年第 7 期，第 27 页。

的主要方式。[①] 其三，司法民主化、公开化、透明化程度的不断提高，为公众全面评价个案审判的民主、公正、文明、廉洁提供了基础条件。其四，互联网等新型传媒的普及与运用，使传媒对司法的渗透力、辐射力、影响力空前强大。众多网民通过互联网全方位、多渠道参与个案审判，对涉及个案审判的诉讼事件、司法行为等自由发表见解，形成强大的主流性“公众判意”效应，进而引发为舆论热点。[②] 法院引导或处置稍有不慎，便会引起公众情绪对立，激化社会矛盾。

3. 政府行为诱因。表现为转型时期诸如企业改制等许多“本应由行政机关、社会组织化解或通过行政、经济、社会等手段更能有效化解的矛盾纠纷，由于相关部门职能弱化甚至不作为，而集中涌入司法渠道”[③]。一方面，这些纠纷缘起于地方政府与其他社会主体之间，多属群体性纠纷；另一方面，法院要对行政权力和相关公共政策做价值评价。司法价值评价如果不能契合特定社会群体之心理预期，很可能与之产生冲突，甚至引发激烈访、重复访、进京访等。

4. 法律诱因。表现为个案或类案事实无明确法律规范可供适用，法律矛盾、不明确等情形时常出现，使法律的不确定性彰显[④]，造成法官司法解释与当事人、代理律师的法律认知差异过大、同案不同判等问题，引起当事人及其社会公众不认同法院裁判。

---

① 参见顾培东：《公众判意的法理解析——对许霆案的延伸思考》，载《中国法学》2008 年第 4 期，第 170 页。

② 参见邱孟洁：《新媒体情境下法院舆情管理路径的探索、创建和维护》，载《中国法院网》，http：//www. chinacourt. org/html/article/201009/19/428570. shtml。

③ 张文显：《诉讼社会境况下的联动司法》，载《法制网》2020 年 11 月 10 日，http：//www. legaldaily. com. cn/bm/content/2010 - 11/10/content_ 2345322. htm? node = 20737。

④ 同上。

药家鑫案的司法风险就是在特殊立法背景、社会背景和公众判意等综合因素酝酿下形成并被放大的：一是减少死刑罪名及刑度的立法背景。该案审理前刚获通过的《刑法修正案（八）》本着体现宽严相济政策和刑罚人道主义精神，调整了刑罚结构、减少了死刑罪名。二是社会背景。社会上接连发生的“我爸是李刚”交通肇事案①、胡斌飙车案②等所谓“官二代”、“富二代”犯罪案件激发了公众日益激烈的仇官、仇富情绪，也进一步强化了公众的安全焦虑感。三是公众判意。公众基于以生活经验为依据的裁判观念、以自身境况为基点的情感偏向、以以往案例为参考的法律评价、以主观善恶为标准的是非判断，③ 形成了“不是药家鑫死，就是中国法律死”④ 的网络舆情。

（四）案件司法风险危害评估

司法风险危害评估目的是明确风险导致突发事件的性质以及影响范围、严重程度，为应急准备、应急响应和恢复措施提供决策依据。

1. 司法风险的发展传播评估。（1）司法风险酝酿的累积效应。每一个司法风险事件都是案件所隐含的特定社会矛盾长期持续积聚酝酿的反映。（2）司法风险传播的放大效应。媒体一方面将个案审判情况传播给社会，引发公众关注，另一方面为公众参与讨论提供平台，将“公众判意”向法院和社会展示⑤，营造出全民参与案件审判的舆论压力环境。媒体传播又具有“渠道多、匿名性强、

---

① 参见百度百科：我爸是李刚，http：//baike. baidu. com/view/4534118. htm。

② 参见袁爽、柴燕菲：《杭州“5·7”交通肇事案公开宣判，胡斌被判三年》，载中国新闻网 http：//news. 163. com/09/0720/16/5EMA7LLO000120GU. html，于 2011 年 8 月 5 日访问。

③ 参见顾培东：《公众判意的法理解析——对许霆案的延伸思考》，载《中国法学》2008 年第 4 期，第 170 页。

④ 打开百度搜索引擎，持该观点的网页达 80 余万个（截止 2011 年 8 月 5 日）。

⑤ 顾培东：《公众判意的法理解析——对许霆案的延伸思考》，载《中国法学》2008 年第 4 期，第 170 页。

信息不对称、噪声大，易导致群众情绪化及行为异常”① 等鲜明特征，风险事件经过媒体报道和公众关注往往会迅速升温发酵，使案件司法风险全面放大。（3）司法风险发展的递增效应。法院如果对可能诱发司法风险的事件或问题不能及时回应、做出正确处理，案件司法风险将呈现风险强度持续递增，风险压力不断增大，处理难度不断上升趋势。（4）司法风险扩散的“蝴蝶效应”②。个案司法风险如果不能得到及时有效控制，会导致风险范围不断向外扩散、风险负面效应不断叠加，进而引发社会不稳定乃至政治风险。（5）司法风险复制的镜像效应。个案司法风险可以被传递和复制到法院其他同类案件或者诉讼事件当中。比如云南版许霆案③、“赛家鑫案”④、孙伟铭案的风险复制版本：佛山黎景全醉驾案⑤、南京张明宝醉驾案⑥、成都“悍马”司机醉驾案⑦。（6）司法风险

---

① 唐钧：《社会维稳的风险治理研究》，载《新华文摘》2010 年第 15 期，第 5 页。

② “蝴蝶效应”在社会学上用来说明：一个坏的微小的机制，如果不加以及时引导调节，可能会引起巨大的连锁反应，给社会带来非常大的危害。

③ 云南许霆案即何鹏案。2001 年，云南省公安专科学校学生何鹏发现借记卡上多出 100 多万元，遂从 ATM 机上取走了这笔“飞来横财”，之后以盗窃罪被判无期徒刑。终审裁判作出后，何鹏及家人不断申诉。2009 年 11 月云南省高院将何鹏的刑期改判为 8 年零 6 个月。2010 年 1 月经最高人民法院核准改判，同年 1 月 16 日何鹏出狱。参见张寒：《云南“许霆”出狱：从未放弃》，载《新京报》2010 年 1 月 17 日。

④ 李昌奎案被媒体称为“赛家鑫”案，参见百度百科：赛家鑫，载 http://baike.baidu.com/view/6052273.htm。

⑤ 参见薛世君：《孙伟铭案是一个标本》，载《广州日报》2009 年 9 月 9 日；以及《佛山醉驾案主角黎景全两次被判死刑后改判无期》，载《广州日报》2009 年 12 月 23 日。

⑥ 参见《南京醉驾致五死四伤司机一审被判无期》，载《中国新闻网》http://news.sina.com.cn/c/2009-12-23/103119320775.shtml，于 2011 年 8 月 5 日访问。

⑦ 参见王鑫、李燕、田莉：《“醉悍马”案一审被判 12 年，蒋佳君当庭称不上诉》，载《成都晚报》2010 年 7 月 16 日。

暴露的“破窗效应”①。既表现为个案司法风险暴露后会诱发公众将对社会的种种不满宣泄至人民法院，全面损害人民法院司法形象，也表现为个案司法风险暴露后进一步引爆大量同类风险案件，引起风险叠加，造成较大范围社会不满情绪或不稳定。李昌奎案就是司法风险暴露“破窗效应”之典型案例。

2. 司法风险暴露评估。按照风险暴露对司法价值功能实现的损害强度，可以将案件司法风险的危害性后果概括为三方面：(1) 严重损害司法公信力，包括对司法程序公正和实体公正的负面评价，表现为严重损害司法公正、公平、权威形象。(2) 社会秩序稳定负面评价，指造成对社会公序良俗的破坏、引起了公众普遍不满，引发群体性事件，导致社会冲突、危及社会和谐稳定。(3) 社会主义民主政治、法制建设的负面评价，表现为案件司法风险暴露后造成损害我国民主、法治制度的危害后果，甚至被境外别有用心的媒体及组织利用，作为攻击我国民主、人权问题甚至政治制度的靶子。

四、对策研究：有效规制司法风险

有效防范和规制司法风险取决于司法风险管理模式的合理安排与科学设计。按照风险管理的一般理论，人民法院案件司法风险管理模式的制度建构宜由司法风险预警评估制度、司法风险管理制度和司法风险沟通制度构成，其中，司法风险预警评估系技术性制度，司法风险管理属于核心制度、司法风险沟通系支持性制度。

(一) 司法风险预警分析评估制度

司法风险预警分析评估是编制应急预案的基础。风险预警评估

---

① “破窗效应”理论意指任何一种不良现象的存在，都在传递着一种信息，这种信息会导致不良现象的无限扩展，必须高度警觉那些看起来是偶然的、个别的、轻微的“过错”。

结果不仅有助于确定风险应急工作重点、提供划分预案编制优先级别的依据，也为风险应急准备和应急响应提供必要信息资料。具体包括风险事件危害等级确定、个案司法风险危害定性定量分析等内容。

1. 司法风险事件危害等级确定。根据人民法院应对司法风险的经验，借鉴国资委《中央企业全面风险管理指引》相关内容，按照个案司法风险对社会稳定及政治秩序的危害程度，可划分为四个风险等级。（1）重大风险。指可能造成大批民众聚集闹事、游行示威、围堵党政机关、企事业单位及国家工作人员，引起地区性社会秩序混乱，严重影响党政机关工作秩序。（2）较大风险。指案件当事人可能采取行凶、杀人、爆炸、自杀等极端行为，引发群众情绪激化，严重影响特定区域社会稳定及党政机关工作秩序。（3）中等风险。指当事人可能赴省进京上访，引起连锁反应，造成恶劣影响；或者当事人情绪激烈、对抗性强，可能引发重大信访案件，对本辖区社会秩序产生明显负面影响。（4）一般风险。指可能引发当事人静坐、请愿、滞留或殴打、辱骂法官干警等行为，影响法院正常工作秩序及社会秩序。

2. 司法风险危害的定性定量分析。司法风险危害分析应结合具体案件，分析评估案件可能发生的风险事件、危害等级、危害后果，具体可以遵循以下分析思路。（见第316页表）

（二）司法风险管理机制建构

司法风险的产生和消解取决于两方面因素，一是社会的自我管理水平，二是人民法院的社会管理能力。从法院风险管理的角度讲，建立司法风险管理组织、树立风险司法新理念、培养法官应对风险案件能力、提升法院司法能力是构建司法风险管理机制的四个重要方面。

个案司法风险对实现司法价值功能影响程度的定性及定量分析表

<table>
<tr><td>定量方法</td><td colspan="2">评分</td><td>1</td><td>2</td><td>3</td><td>4</td></tr>
<tr><td rowspan="7">定性方法</td><td colspan="2">文字描述一</td><td>轻微</td><td>中等</td><td>重大</td><td>灾难性</td></tr>
<tr><td colspan="2">文字描述二</td><td>低</td><td>中等</td><td>高</td><td>极高</td></tr>
<tr><td colspan="2">文字描述三</td><td>一般风险</td><td>中等风险</td><td>较大风险</td><td>重大风险</td></tr>
<tr><td rowspan="4">文字描述四</td><td>审判工作</td><td>轻度影响</td><td>中度影响</td><td>严重影响</td><td>重大影响</td></tr>
<tr><td>司法公信</td><td>负面消息在辖区局部流传，法院司法公信轻微受损</td><td>负面消息在某地区内流传，法院司法公信中度受损</td><td>负面消息在全国各地流传，法院司法公信造成重大损害</td><td>负面消息流传世界各地，给法院司法公信造成无法弥补的损害</td></tr>
<tr><td>社会稳定</td><td>轻度影响正常社会秩序</td><td>对某地区正常社会秩序造成一定影响</td><td>对本辖区社会秩序产生较明显负面影响</td><td>引起地区性社会秩序混乱</td></tr>
<tr><td>政治秩序</td><td>轻度影响法院正常工作秩序</td><td>对某地区党政机关工作秩序造成一定影响</td><td>在本地区造成较大负面政治影响</td><td>严重影响党政机关正常工作秩序及正常社会秩序</td></tr>
</table>

1. 健全司法风险管理组织机制。一是建立司法风险管理专门机构，专职负责案件司法风险的研判、评估、管理、沟通、规制工作。综合考量法官对风险案件的亲历性、风险事件的突发性、风险发展的递增性、风险爆发的严重性以及风险处理的即时性、复杂性

等特点，司法风险管理机构宜由办案法官、审判庭负责人、院长三个层级人员构成。办案法官负责对案件司法风险做即时性研判及拟定应急预案，并将风险研判结论报庭长；庭长根据司法风险研判情况、酌定风险等级、报送院长审核及敲定应急预案。二是建立重大敏感案件司法风险研判及应对工作制度，作为司法风险管理机构的基本制度。三是建立案件司法风险研判应对责任制度，将防范司法风险作为法官职责。四是建立案件司法风险信息沟通管道。根据司法风险爆发的后果及影响范围可能超出受理案件法院的应对及责任承担能力的现实，建立案件较大、重大司法风险信息向上级法院和上级党委报送制度。

2. 树立“协商式司法”[①] 理念，积极回应社会要求。很大程度上讲，司法风险是在社会公众权利意识和参与司法的热情空前高涨的转型背景下产生的，反映了我国社会不断发展成熟和自我管理能力的不断提高。面对司法风险问题及其危害性后果，人民法院必须因应社会发展要求，“放弃自治型法通过与外隔绝而获得的安全性，积极反映社会变化回应社会现实要求，寻求司法与社会发展的适应”[②]，按照“党委领导、政府负责、社会协同、公众参与”[③]的社会管理工作要求，树立协商式司法理念，畅通司法与社会民众沟通交流渠道，创造条件引导民众理性实现参与司法的各项权利，促进“社会提高自治和协商能力”[④]，消解导致案件司法风险的各种社会诱因。

---

① ［美］P·诺内特、P·塞尔尼茨克著：《转变中的法律与社会：迈向回应性司法》，张志铭译，中国政法大学出版社 2004 年版，第 73 页。

② ［美］本杰明·卡多佐著：《演讲录：法律与文学》，董炯、彭冰译，中国法制出版社 2005 年版，第 54 页。

③ 徐京跃、李亚杰、周英峰：《胡锦涛：扎扎实实提高社会管理科学化水平》，载 http://cpc. people. com. cn/GB/64093/64094/13958405. html，2011 年 8 月 5 日访问。

④ 范愉：《调解的正当性与发展趋势》，载《人民法院报》2009 年 10 月 14 日第 5 版。

3. 司法风险案件审理“法律效果、社会效果、政治效果有机统一”。这既是法院裁判的本质属性所决定，同时，在风险司法语境下，强调“三个效果”相统一也更具现实意义，法官在裁判案件中只注重一个效果、忽视其他任何一个效果，均可能导致加大甚至引爆司法风险。

4. 统一裁判尺度，实现同案同判。一是重视和加强量刑规范化建设，二是要加强指导性案例建设，系统总结有效化解司法风险的典型案件，形成化解司法风险的指导性案例。统一裁判尺度，有效规避同案不同判导致的司法风险。

5. 培养法官应对案件司法风险能力。深化司法风险教育，强化法官司法风险意识，抓好“学习型法院、学习型法官”建设，丰富法官知识结构、拓展法官知识视野，扩大法官知识储备，提升法官文化素养和人文修养，增强法官识别、认知、应对、防范案件司法风险能力。

（三）司法风险沟通机制建设

1. 畅通司法与社会对话交流渠道，消解基于社会诱因造成的案件司法风险。“在国家与社会的关系中，社会拥有一部分自治领域及相应的自治权力”①，诸如民间协商调解、仲裁解决、自行解决等纠纷解决方式及其公序良俗等纠纷化解资源共同形成的社会自我调控机制发挥着化解民间纠纷、维护社会和谐的重要职能。人民法院应积极整合和利用好民间组织等多种社会资源，构建司法与社会相互协调配合、良性互动、多元开放的纠纷解决机制。② 完善创新与公众开展思想情感交流的工作方法，以过程性的商谈消解公众疑虑情绪，增强民众对司法过程的好感，消解司法与公众交流不畅

---

① 李艳萍：《国家与社会互动关系中的制度选择——中国社会主义法治道路探索》，http://cdmd.cnki.com.cn/Article/CDMD-10065-2003114570.htm，于2011年8月5日访问。

② 参见康宝奇：《矛盾纠纷解决机制创新中的司法能动》，载《当代中国能动司法》，人民法院出版社2011年版，第342页。

可能诱发的风险。

2. 完善民众参与司法的方法渠道，消解基于“公众判意”引发的司法风险。“民众对于权利和审判的漠不关心态度是一个坏兆头”①，法院工作必须充分尊重群众对司法的知情权、参与权、表达权、监督权。健全案件审判信息发布平台，满足群众知情权；鼓励、引导公众参与矛盾纠纷化解工作，满足群众参与权；不断扩大人民陪审员参与案件审理的范围、广度和深度，邀请公众旁听案件的审判、执行、听证工作，广泛征询旁听民众对案件裁判的意见和建议，扩大公众参与司法路径，筑牢裁判的民意基础，全面构建人民法院和公众共享案件司法风险信息、平等协商、理性沟通、共担责任的司法风险规制模式。

3. 综合运用多种诉讼资源化解纠纷，消减基于价值冲突诱发的司法风险。尊重多元价值观，使“实在法规则、原则、政策以及其他合理的语境主义理由也经常成为判决规范的根据”②，综合运用价值判断、利益衡平等多种裁判方法，灵活采取判决、调解等裁判手段乃至倡导当事人自行协商解决等方法，有效协调各方利益，消弭当事人之间以及当事人同法官之间的价值观冲突，消减特定司法风险。

结 语

今天的中国正置身于一个“风险胶囊”之中：浓缩了西方国家几百年的现代化历程，也浓缩着这一过程中的各种风险。③ 作为应对社会风险基本主体的人民法院，高度关注社会发展变化及社会治理困局，以积极有为的举措“协调社会关系、规范社会行为、

① ［美］罗斯科·庞德著：《普通法的精神》，唐前宏、廖湘文、高雪原译，法律出版社2010年版，第76页。

② 夏锦文：《现代性语境中的司法合理性谱系》，载《法学》2005年第11期，第54页。

③ 参见《高速时代尤须系好“安全带”》，载《人民日报》2011年7月25日。

促进社会公正、应对社会风险”，有效化解基于我国社会发育及其治理结构不完善所产生的复杂社会风险是其应有职责。本文仅仅粗浅描绘了司法风险的大致样态及风险管理思路，可供讨论的问题尚有很多，如能引起法院同仁对于案件司法风险的认同和认知，亦算实现了研究初衷。

敏感案件的稳妥审理与和谐社会的构建

崔　春*

【内容提要】　基层人民法院作为维护社会公平正义的最后一道防线和化解社会矛盾的前沿阵地，不仅要解决纠纷，还要努力在解决纠纷的基础上彻底化解矛盾，从根本上维护社会稳定，促进社会和谐。人民法院依法裁判的目的不能局限于作出一纸公正的判决，而更应关注纠纷是否真正得到解决，更期望案结事了、平息纷争。本文笔者通过对审判实践中所触及的敏感案例予以阐述、评析，在法院审理此类案件司法选择分析的基础上提出通过多种方式审理敏感案件，注重法律效果与社会效果相结合，以实现社会整体利益平衡的解决，最终实现和谐社会的构建。

一、敏感案件与和谐社会的内涵

（一）敏感案件的范畴

"敏感"一词，在《现代汉语词典》里指"生理或心理上对外界事物反应很快"。敏感案件目前并未有一个明确的范畴，笔者认为，那些具有群体性、政治性、公众普遍关注性、矛盾尖锐的案件，都可以泛称为"敏感案件"。具体在实践中，往往将下列案件归入此范畴：（1）群体性案件或集团诉讼案件，此类案件往往涉

---

* 西安市碑林区人民法院法官。

及当事人人数众多；（2）政策性案件，即案件本身与政策关系紧密，有较为复杂的历史背景因素；（3）特殊主体案件，如涉外案件；（4）双方矛盾尖锐，情绪对立，可能引发自杀、上访等恶性事件；（5）媒体关注的案件，指那些容易引发公众对案件处理结果热议的案件，如“药家鑫”案；（6）涉及政治、宗教、民族的案件，即案件的政治敏感度强，需要从大局出发予以谨慎处理。在某种程度上，敏感案件可以被视为折射转型时期中国司法状态的一面镜子，包括司法与行政，法律与政策、权利与权力等在内的多种存在着关联甚至对立关系的力量和资源，在这方阵地上相互角力、共同博弈。

（二）和谐社会的内涵

中共十六大报告第一次以“社会更加和谐”作为重要目标提出，中共十六届四中全会进一步提出构建社会主义和谐社会的任务，具体指：民主法治、公平正义、诚信友爱、充满活力、安定有序、人与自然和谐相处的社会。其指导思想是科学发展观。构建和谐社会是我们党和国家今后相当长一个历史时期的主要任务，对于国家的长治久安、可持续发展，提高党的执政能力、巩固党的执政基础，都有十分重大的意义。随着改革的不断深化，经济的快速发展，潜在的社会矛盾凸显出，构建和谐社会离不开司法作为体制保障，而当前敏感案件的妥善审理与否，对是否能构建和谐社会起到了非常重要的作用。

二、如何有效识别敏感案件

在敏感案件范畴的几类具体案件中，群体性案件或集团诉讼案件、政策性案件、特殊主体案件、媒体关注的案件及涉及政治、宗教、民族的案件往往从主体或案情本身容易识别，但是当事人双方矛盾尖锐，可能引发自杀、上访等恶性事件的敏感案件却有时“乱花渐欲迷人眼”。引发全国法官关注的“莫兆军案”，在持续了20个月零7天之后，最终尘埃落定。但此期间莫兆军的经历却令人唏嘘。这起因主审案件当事人喝农药自杀以示清白，法官莫兆军被以玩忽职守罪起诉，最终被无罪释放的案件，在广东高院作出的刑事裁定书上，指出："法官在审理案件时对一些案件加强一般防范和特殊防范是必要的，但虽经法官指引仍没有循合法途径寻求保护，毫无先兆突然自杀的情况已超出法官的正常预见。因此要求被告人莫兆军承担没有及时注意当事人动态并加以控制、避免当事人自杀后果发生的责任、否则就是玩忽职守的理由过于牵强。"该判决终于还莫法官一个公道。但也折射出如何有效识别、防范民事案件中的此类敏感案件，是每个法官所应提高警惕予以重视的重要工作。笔者借鉴一些长期从事审判工作的法官的工作经验，提出"望闻问切"的方法，即庭审前在送达副本、开庭传票的过程中观察当事人，了解其对案件的基本态度，开庭时仔细审度原被告在法庭上的表述，对有疑点的事项多加询问，庭审后若对案件定性的关键问题存在差异过大的分歧要慎重对待，在判决时坚持以案件事实为准绳，以法律为根据。

三、敏感案件面临的困境

（一）追求公平与正义的司法价值与服从当地经济建设大局之间的两难选择

公平和正义是司法审判的天职和生命，维护合法权益矫正非法行为，是司法公正的必然要求。但某些敏感案件往往涉及当地经济体制改革、当地经济建设和经济结构调整的大局。如政策性案件导致的企业破产、重组引发的群体性劳动争议因涉及政府行为、国有企业改制以及当地投资环境等问题，地方党委和政府极其关注，故法院在处理此类案件时一般会承受一定的压力，在司法公正与地方经济建设大局之间，往往难以找到有效的平衡点。在我国当前的转轨体制下，许多社会转型中的问题属于制度不完善或发展中的问题，不是法院通过司法手段能调解和解决得了的。

（二）矛盾冲突尖锐的案件往往难以一纸判决就能实现“定分止争”

笔者曾审理一起变更抚养关系纠纷案件，原告是女方，离异十年独自带孩子，目前因病失业，精神压抑悲观，情绪失控，一年中接连三次起诉要求变更抚养关系；被告则对孩子无情无义，既无愧疚也无责任感，十年里几乎未尽抚养义务，现在坚决不要孩子，还多次与现在妻子一起辱骂原告是因妄图复婚而进行诉讼；其子虽已14岁，但为智力残疾，与一般孩子不同，不能仅依最高人民法院《关于审理离婚案件处理子女抚养问题的若干意见》第16条规定“10周岁以上未成年子女，愿随另一方生活，该方又有抚养能力的”的法条来简单适用。若从两方现状考量，似乎都不利于孩子的成长。此类案件若简单机械下判往往难以起到很好的社会效果，真正解决纠纷。因此需要办案法官提高化解矛盾、促进和谐社会的能力。

（三）当事人因为自身法律知识欠缺导致败诉却归责于法院不公

由于当事人法律知识匮乏其往往以是否胜诉作为司法是否公正的主要标准，而不去考虑时效问题、证据问题等相关法律问题也会导致败诉的法律后果。只要败诉，就一概迁怒于法院，认为是司法不公导致，继而导致过激反应，如在人大、政府、法院门口静坐、拉横幅，借以施加压力，而不去选择上诉、申诉等正常程序去提出自己的主张。

四、对几类敏感案件如何做到稳妥审理与构建和谐社会有机结合

敏感案件的产生是现阶段社会发展过程中各个层次上社会矛盾、利益冲突的激烈反映，是现阶段社会发展和立法及司法体制发展之间矛盾的突出表现，其中蕴涵了法律与政策，法院与政府，司法与社会体制、权利保护与防止诉权的滥用等多种矛盾的冲突与协调，是我们不容回避的社会现实，而且会在一定阶段长期存在，要解决好并非易事。因此，要针对几种敏感案件从以下方面入手：

（一）敏感案件的审理应该坚持法律效果与社会效果相统一

法律效果即法律的执行、适用所产生的结果。社会效果即法律实现的效果，司法者必须从思想上高度认识到二者不仅可以而且应当是统一的。只有当判决既实现了法律效果又实现了社会效果时，才真正实现了司法正义。一个好的判决既应有良好的法律效果，同时也应追求最佳的社会效果。正如美国著名法学家罗斯科·庞德在《Law and Morals》所指出的，“法律规范有时与道德相左，或许有时必与道德相左。但是，这种情况并不值得法学家们引以为豪。就法律来说，这种情况也不是一种美德。”

（二）面对媒体压力，司法者应当以司法的公正和独立来应对

新闻舆论监督作为民主监督的一种重要形式，具有强大的社会影响力，在西方被称为继立法、行政、司法权之外的第四种权力，在我国也有“无冕之王”之称。笔者曾审理过一起物业费纠纷案件，原告是物业公司，被告是业主。第一次开庭时，有本地主流媒体记者称从原告处了解到本案，认为很有典型性，前来要求旁听审理。在告知其按规定办理相关手续后，庭审如期进行。进入原告举证阶段，因原告未带证据原件而被迫休庭。该记者在听了原告诉称和被告的口头答辩，并未对案件整个事实进行全面了解的前提下，就于次日在该媒体上刊登了千余字的报道文章，并在文末刊登了某律师对本案已然定性的个人观点。事实上，经过数次庭审和调查取证，最终的判决结果与该律师的观点大相径庭，而是结合全案案件事实予以认定被告仅需支付部分费用，后该物业公司上诉至市中院，市中院依法维持原判。在上述案件的报道中，出现“媒体审判”的现象。所谓“媒体审判”，是指新闻报道干预、影响审判独立和公正的现象，其最主要的特征是：媒体在案件审理过程中“超越司法程序抢先对案情作出判断，对涉案人员做出定性、定罪、量刑以及胜诉、败诉等结论”。超越司法程序抢先做出定性报道，或者发表带有明显倾向性的评论，导致大众对司法判决产生倾向性期待。同时，该报道未与评论分开，在报道原被告产生纠纷的

事实后，又刊发律师对案件明确的评论，也有悖媒体报道案件所应遵循的原则。葡萄牙最高法院法官佩德罗·菲格雷多·马萨尔曾说："这两者（指事实报道和对事实的评论）越来越经常地被混为一谈且不为人所察觉，书面新闻报道的标题是这样，电视及电台也是这样。在我看来，这是传媒最为严重的邪恶之一。"在这样的报道面前，办案法官无形中增添了不少压力，但要在查清事实的基础上，果断以事实为根据，以法律为准绳，作出公正、独立的判决。

（三）依靠党委、人大，借助政府资源有效解决群众的实际困难，摆脱实践中面临的司法困境

如前所述笔者所审理的这起变更抚养关系纠纷案中，鉴于原告接连起诉要求变更抚养权的具体情况，曾不下十余次调解，原告坚决要求增加抚养费，被告则不要孩子也不同意增加抚养费，双方均不同意轮流抚养孩子。原告多次来法院哭诉，称自己已失去生活信心，孩子跟着自己没有出路，其父十年未照顾孩子，应由其尽义务，孩子也会得到更好的生活。然而通过开庭，被告态度强硬，称孩子与自己已无感情可言，自己又已经再婚，法院若把孩子判给自己，自己现有家庭也会解散，自己又长期在外打工，也无法照顾孩子。其现在妻子在庭审后情绪激动，多次言语攻击辱骂原告，称其是想破坏家庭。于是，合议庭产生两种观点：第一种意见认为应驳回原告的诉讼请求。因为：抚养子女应从有利于子女身心健康、保障子女合法权益出发。原告抚养孩子已经 11 年，对孩子性格、生活习惯、兴趣爱好等有深刻了解。原告目前失业在家属实，但其提出变更抚养关系的主要原因是自身因病无力再承担抚养义务，但庭审中未能提出有效证据证明已丧失劳动能力。被告按月支付抚养费 600 元，已尽抚养义务。考虑到 11 年间，被告与孩子仅有短暂相处，无固定工作，又已成家，态度坚决不要孩子。该子又为智力残疾三级，改变抚养环境将对孩子身心发展带来不利后果，且孩子也表示最想和原告生活。故依照《婚姻法》第 36 条，最高人民法院《关于人民法院审理离婚案件处理子女抚养问题的若干具体意见》

第16条，判决驳回。第二种意见认为应该予以变更，由被告承担抚养义务。因为：根据最高人民法院《关于法院审理离婚案件处理子女抚养问题的若干具体意见》第16条第4款，有其他正当理由需要变更，法院应予支持。在本案中，原告目前失业在家，与孩子租房居住，生活艰难。尽管完全丧失劳动能力无证据支持，但原告独自抚养孩子已达11年，2009年又被邻居故意伤害导致颈椎压缩性骨折，目前接连起诉要求变更，多次来院情绪激动，称孩子与其生活没有前途，自己已失去生活信心，综合判断由其继续抚养，恐对孩子不利。被告尽管坚决不要孩子，但父母对子女有抚养教育的义务，尽管十余年来与孩子接触少，但与原告相比，现住在其母亲房内，据孩子称居住条件较好，也已成家，可以给孩子提供正常生活。其称孩子对其排斥，未有证据支持。故予以变更。

但是本案所涉及的是一个未成年智力残疾人的抚养权问题，若单纯从法律角度出发判定，抚养子女应从有利于子女身心健康、保障子女合法权益出发。原告抚养孩子已经11年，对孩子性格、生活习惯、兴趣爱好等有深刻了解。考虑到11年间，被告与孩子仅有短暂相处，无固定工作，又已成家，态度坚决不要孩子。该子又为智力残疾三级，改变抚养环境将对其身心发展带来不利后果，且孩子也表示最想和原告生活。故从保护孩子角度倾向孩子仍应由母亲即原告抚养。但是原告目前失业在家，与孩子租房居住，生活现状堪忧。如果仅是简单的下判，本案都难以出现“案结事了”的效果。考虑到原告母子的现实情况，笔者于春节前夕向原告所属社区、街道、民政局分别发出司法建议函，建议考虑其孩子智力情况予以办理低保，但未有回复。而原告的情绪越来越悲观。后笔者在审委会上将该案汇报，院领导高度重视，亲自迅速联系原告所属区政府领导，从稳定、和谐的角度向其介绍本案案情，解释法律的困境，希望能给原告母子办理低保。原告所在区领导明确表态在不违反政策前提下尽快为其解决问题，并安排笔者前往原告所在街道办事处具体协调此事，在法院的不懈努力下，社区现已经为原告母子办理了低保手续。领到第一笔低保金，原告激动地专程送来感谢信。尽管被告对孩子无情无义让她寒心，也几乎失去生活的勇气，但法院为其做的种种努力实在地解决了她所面临的生活困难，充分地感受到法院为促进和谐社会所作出的努力，让她真切地感受到了来自法院和政府的温暖。而法院本着有利于孩子身心健康、保障孩子合法权益为出发点判决驳回自己的诉讼请求，自己还是理解、感谢法院，而不要求上诉。至此这起敏感案件借助政府资源实际解决原告的困难，化解其长期压抑产生的悲观情绪，最终受到了原告的赞扬，平息了矛盾纠纷。这折射出敏感性案件在形式上虽然表现为司法问题，但究其本质而言则是社会问题，要妥善处理敏感性案件并非仅依靠法院或某个部门就能解决，往往必须通过多部门的协作。在审判实践中，相当多的敏感性案件并不能简单地归结为权利义务关系，更多的是利益之间的平衡问题。

结 语

“司法救济是社会正义的最后一道防线”。如何针对敏感案件妥善审理，从而做到定分止争、平息矛盾，构建和谐社会是值得我们深思的问题。笔者认为，针对敏感案件要以“三个至上”为核心，牢固树立裁判只有实现法律效果和社会效果的统一才真正实现司法正义的理念，在实务中善于借助党委、人大、政府等方方面面的力量构建多元化纠纷解决机制，最大程度地维护司法公正，将社会和谐的司法价值提升到一个新的层次与境界。最后，将陈燕萍法官的话作为结语，共勉之：“老百姓到法院打官司，是穷尽其他救济手段后的最后选择。我审的不是什么大案要案，但一个农民一生也许就打一次官司，对他们来说，他们的案子就是大案要案。我要让他们体会到法律的公平与正义。”

司法建议在社会管理中的困境与出路

杨克胜* 滑智文** 纪胜利***

【内容提要】 司法建议是法院能动司法、服务大众、参与社会管理创新的重要路径。近年来，各级、各地法院以司法建议作为切入点和着力点参与社会管理，为经济治理、社会和谐、服务民生做出了重要贡献。然虽有法院之不懈努力，司法建议低采纳率、贯彻率的状况未得到有效改观。究竟从何处入手，才能实现突破？本文通过调查研究、实证分析，认为在目前阶段，法院应当立足于司法的现实国情，从完善司法建议的制度建设入手，设法将司法建议工作纳入地方综合治理的轨道，借助地方综合治理等部门的权力，有条件的法院也可尝试与法学院校进行合作的方式，来推进司法建议的贯彻落实，力争使发出的每件司法建议都能获得采纳，在发挥社会管理创新中实实在在地发挥作用。

一、成败迥异：两个司法建议实例考察

司法建议A：2010年5月28日、29日，原告高某、杨某3岁的孩子小高发热生病，二原告没有挂号直接找到在被告医院工作的朋友李某（大夫）看病，李某对小高未做详细检查，即以上呼吸道感染进行治疗。5月30日小高手掌、脚心出现红色疱疹，精神

---

* 西安市长安区人民法院党组书记、院长。

** 西安市长安区人民法院党组成员、副院长。

*** 西安市长安区人民法院法官。

极不安定，被告医院正式收治小高治疗，即日转入某儿童医院，确诊为手足口病（危重症），5 月 31 日小高经医治无效死亡。二原告请求医疗损害赔偿各项损失共计 21 万余元。

日常生活中，病人直接找熟人、朋友身份的大夫，而不通过正式程序检查治疗看病的情况很常见，由于得不到全面诊治，致使病情延误，出现严重后果，此类医患纠纷多有发生，有损于大众身体健康，也不利于社会和谐、稳定。2010 年 10 月，该法院向所在的区卫生局及所辖 6 家大型公立医院、25 家街办卫生院发送司法建议，建议区卫生局强化监管，各医疗单位完善规章制度，杜绝医生私自收治病人的现象发生。司法建议发出一个月内，以上 32 家单位均书面回复严加整改，卫生局领导专门到法院表示感谢。这是一例成功的司法建议，法律效果、社会反响良好。

司法建议 B：2009 年元月 1 日，乔某与某村委会签订农村土地承包经营权出租合同，乔某承租该村 103 亩农田用于发展大棚菜、种植等，合同签订后乔某在土地上进行了大量投入。2010 年 12 月村委会单方违约，强行收回了土地，乔某损失惨重，起诉赔偿 193 万余元。由于本案所涉及的土地为基本农田，按照国务院《基本农田保护条例》规定，基本农田不得改变用途。但原告在土地上建造厂房、挖塘养鱼，栽植大量葡萄树、樱花树属于违法使用土地，其大部分损失未得到法院支持。

受经济利益驱使，没有任何手续在土地上搞养殖、房地产开发、建造“农家乐”经营场所、生态观光园等现象在本辖区普遍存在，基本农田破坏十分严重，并引发了大量的涉土地案件、农民上访事件。经该院审委会研究决定，2011 年 3 月法院向区国土资源局及区辖 25 个街办、乡镇政府发送了司法建议，建议加强基本农田清查、监管，保护有限的土地资源。但 26 份司法建议发出后全部没有收到反馈信息，回访时国土资源局领导谈到：“法院建议是正确的，但经济发展是区上定下的硬指标，本区财政收入主要依靠土地开发，不这样搞政府不答应……。”在社会管理活动中，出于自身能力的所限，法院没有办法解决所有的社会矛盾，这26份司法建议未能得到采纳，属于不成功的案例。

以上两个案例，法院主观上都是为指出社会问题，期望相关单位完善管理，司法建议A在客观上有利于医院减少医患纠纷的发生，医院采纳、贯彻的积极性自然很高。司法建议B在客观上触动了有关部门利益，故而未得到采纳。这就为我们提出了一个问题，法院在参与社会管理活动中，究竟应当怎样提出司法建议、提出什么样的司法建议？

二、困境与混乱：司法建议工作的实证考察

鉴于以上问题，笔者以西部某省会城市所辖一家基层法院近五年来发出的司法建议为样本，通过白描式分析，意在展现出基层法院司法建议工作的实际运行状况及存在的种种问题。

（一）司法建议运行状况实证研究

1. 该院①五年来发出司法建议的数量（2007～2011.5）

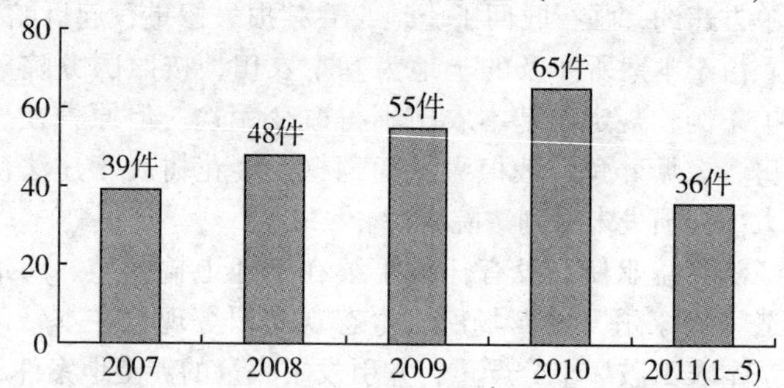

① 该法院所在的区地处该省会城市主城区南部，全区总面积1578平方公里，总人口1298030人。其中，驻区高校32所，师生310000人，是全省高等教育资源最集中的区域。区辖25个街道办事处，包括24个城市社区，671个行政村。2010年全区生产总值274亿元，但城乡二元结构矛盾突出，农业人口占全区总人口80%以上，农村区域占总区域面积80%以上，山区面积接近一半，城乡差距、居民收入差距明显，实现公共服务均等化的任务仍很艰巨。另，截至2011年6月底该法院正式在编职工146人，下辖7个基层法庭，2010年审结各类案件共6105件。

该院针对司法建议定有考核任务，每个业务庭每年提出的司法建议不得少于 5 件，5 年来发出的司法建议累计达到了 243 件，基本上占到每年结案量的 1%。但有的部门存在应付考核的现象，资料显示司法建议发送多集中于当年的 6 月份与 12 月份，这两个月份恰好是本院的半年总结和年终总结时间，而有的月份全院没有发出一篇，司法建议月份与数量的不均衡，反映了该院法官在思想上没有真正认识到司法建议工作的重要意义。

2. 该院发出司法建议的类型（5 年共 243 件）

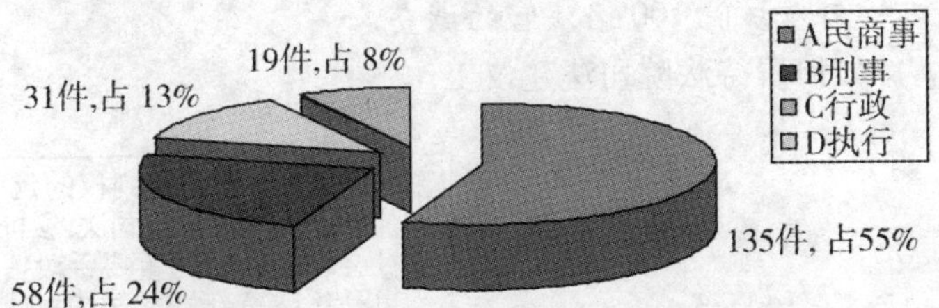

该院民事审判部门包括有三个民事庭、七个基层法庭，民、商事审判中发出的司法建议占总量的 55%，说明案件多的领域问题也多。刑事、行政、执行方面共占 45%。法律没有就刑事诉讼中发放司法建议作出规定，但刑事司法建议书已占 24%，而且在预防犯罪方面发挥了重要作用，可以说是大有作为。司法建议发往上级机关、人事机关、监察机关的只有 11 件（占 4. 5%），发往其他方面总共 232 件（占 95. 5%），说明司法建议已完全超出了法律规定的范围，成为法院在缺乏法律依据的情况下普遍实施的行为。

3. 该院司法建议的发放对象统计（5 年共 243 件）

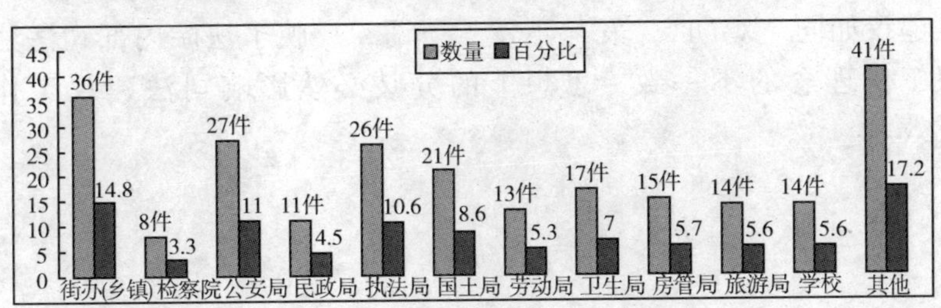

该法院所在辖区地处城市与农村结合部，城乡二元差距显著。在城市化快速进程中，行政执法、社会管理涌现出了各式各样的复杂问题，尤其刑事犯罪率较高。统计显示，行政机关是司法建议大户，排名前三位分别是街办、乡镇、区公安局、行政执法单位，“其他”包括发往消防、社保、教育、军事、计生、税务、林业、农业、保险、医院、超市等单位的司法建议，司法建议涵盖了大多数行政部门。另外，本辖区大学院校较多，大学生犯罪呈逐年上升趋势，故发往大学的司法建议数量也比较多。

（二）针对该院100名法官的调查

1. 您如何看待法院司法建议工作

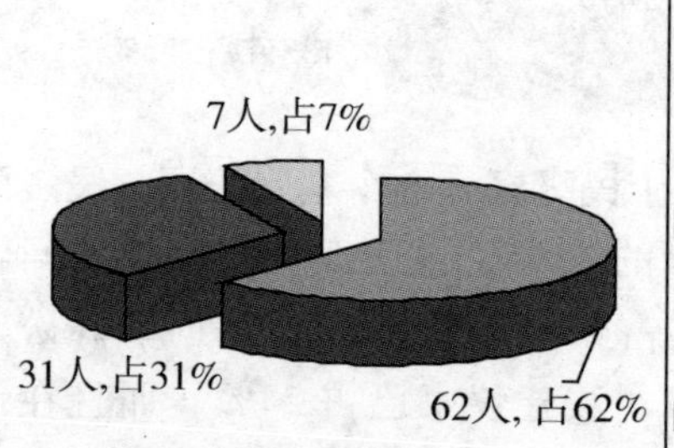

62%的法官希望通过司法建议督促行政机关及相关单位依法行政、依法执法，提高社会管理水平，从源头上减少社会矛盾的产生，从而减缓“诉讼爆炸”给法院带来的压力，促进社会和谐稳定，说明多数法官对司法建议寄予厚望。但有31%法官认为司法建议如同“鸡肋”，发与不发无所谓，反映了法院内部司法建议工作理念的不一致，思想上的分歧必然影响司法建议工作成效。

2. 您关注过自己发出的司法建议吗

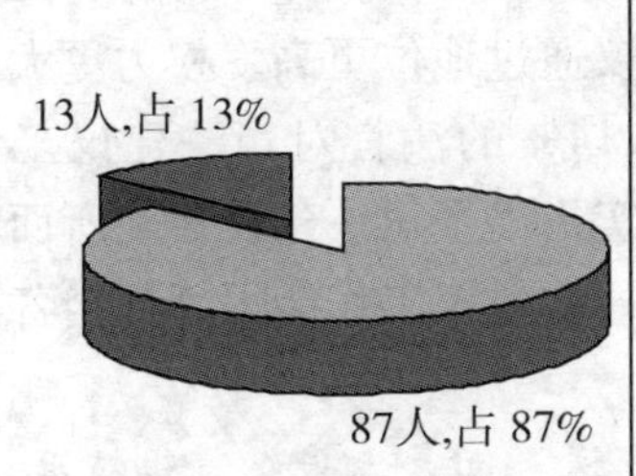

司法建议的价值不在于发出去的数量有多大，而在于建议的采纳、贯彻及落实，是否在社会管理中发挥了作用。仅有13%的法官表示会关注自己发出的司法建议，但也只是“打电话问问”，87%的法官只是把司法建议当作考核任务来完成，发出去就再也不管了。

3. 您认为司法建议工作出路在哪里

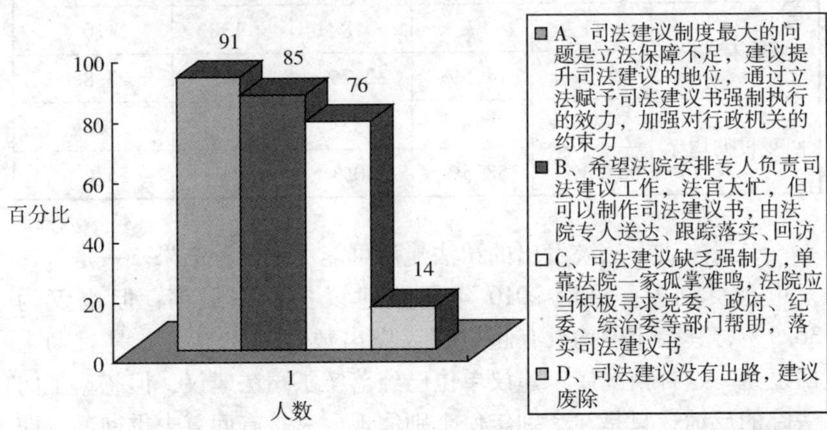

91%法官认为司法建议的法律地位不明确，没有强制执行的效力，无法制约行政机关及相关单位，建议赋予司法建议强制力。

85%法官建议司法建议可由法官制作，但由于法官太忙，应安排专人负责送达、回访等工作。76%的法官认为法院势单力薄，无法有效控制行政机关落实司法建议，建议通过地位更高、权力更大的部门转办司法建议，促成落实。还有14%的法官对司法建议工作没有信心。法官从自身角度出发，切实指出了司法建议目前所面临的困境，他们积极的建言献策，期望司法建议工作能得到社会各方面的支持。

（三）该院5年来司法建议的发送、回复、采纳贯彻情况

年份	2007	2008	2009	2010	2011（1－4）
发出（件）	39	48	55	65	36
回复并贯彻	8	13	14	22	6
	20.5%	27%	25.4%	33.8%	16.6%
贯彻未回复	0	0	1	2	0
	0	0	1.8%	3.1%	0
回复未贯彻	11	7	18	13	10
	28.2%	14.5%	32.7%	20%	27.8%
回复贯彻均无	20	28	32	38	20
	51.3%	58.5%	40%	58.4%	55.6%

一般来讲，法院发出的司法建议可能出现四种结果。一是有回复也有贯彻型。该院2010年司法建议贯彻率最高，但也仅为36.9%，其余年份均没有超过建议发出数量的30%。二是贯彻未回复型。这种情况属于建议单位已经落实了司法建议，但忽略了向法院的反馈，只是在个别年份个别体现。三是有回复未贯彻型。即被建议单位对法院有回复，但没有贯彻落实，基本占30%以下，包括两个类型：承诺贯彻落实但实际上没有落实的、落实效果不好的。四是置之不理型。除2010年外，其余年份都有五成以上的司

法建议“石沉大海”，凸显了司法建议工作面临的巨大困境。

司法建议采纳、贯彻率低原因是多方面的。一是立法不健全的原因。民事、行政两大诉讼法及2007年最高人民法院的《关于进一步加强司法建议工作为构建社会主义和谐社会提供司法服务的通知》都没有明确司法建议的适用范围、涉及内容、运作程序，没有明确司法建议究竟是法院的权力还是义务，也没有就法院不开展司法建议工作或者建议单位不反馈司法建议应当承担什么责任。导致司法建议工作的两端都处于迷茫之中，法院可做可不做，建议单位可理可不理，这也是目前司法建议工作混乱的原因所在。二是法院对司法建议制度建设不够。法官不够重视，司法建议质量不高、可操作性差、运行机制不健全，如果法院自己都不把司法建议当回事，还指望得上别人吗？三是司法权威不高的原因，建议单位对司法建议不重视、不贯彻、不落实。当然也存在客观原因，有些司法建议内容涉及到体制问题、历史问题，就如前面提到的司法建议B，牵一发而动全身，很难得到实际采纳。

三、理性与选择：找准司法建议的社会定位

（一）正确区分司法权与司法建议的作用领域

司法工作的核心是审判，法院依靠具有强制性的司法权调整社会矛盾并直接做出结果，诉讼案件主要依靠审判制度来解决，故法院应该立足于审判权化解社会矛盾。司法建议针对诉讼外存在的问题，进行间接纠正，不具有强制性，只有建议性、指导性，是司法权的补充和延伸，法院没有控制司法建议被接受的权力。司法权和司法建议关系紧密，实践中某些个案可能通过司法建议得到解决，但这并不意味着所有的诉讼案件都可以通过司法建议来解决，司法建议不可能取代审判工作，要避免出现只要审判舍弃司法建议及只要司法建议忽略审判的两个极端，司法权和司法建议应在各自领域内发挥作用，二者才能相得益彰。

（二）司法建议要“少而精”、避免“多而劣”

当前，司法建议工作出现了过热和过冷两个极端，即要么多发，要么不发，据报道山东某地法院一年内共发出了600多条司法建议①，有的法院全年甚至不发一个。司法建议的成功不在于发多少，而在于发出后是否实实在在的发挥了作用。所以，司法建议要追求“发必成，不成则不发”的境界，不是任何场合都需要制作司法建议，司法建议毕竟有其适用的条件、领域，要避免司法“万能化”的倾向。

近年来，通过不懈的努力，法院、法官在大众心目中，甚至在行政机关心目中的整体形象得到了很大的提升，司法的权威也得到了一定的提高，司法建议之所以能获得采纳，很重要的一个原因是司法权威发挥了作用，但发送不当则就有可能反被其害，所以要慎用司法建议，让司法建议在法院权威能够辐射到的领域发挥作用。法院参与社会管理不可能大包大揽解决所有的社会矛盾，司法建议没必要去涉及社会所有的部门（比如核心权力部门），而应该在适当的领域、适当的时候发生作用，量力而行，不要无谓的“碰钉子”，避免“硬碰硬”。

四、规范与借力：司法建议工作的出路设计

（一）健全司法建议工作机制

1. 破除对司法建议的“强制力”的迷信

针对要求司法建议强制力的强烈呼声，笔者并不赞同，既是“建议”，就不应强人所难。笔者认为，发出的司法建议，建议单位书面回复不能采纳并能说明理由的，司法建议工作原则上就算完成，不应苛求对方必须采纳贯彻。现行立法体制是一盘棋，立法工作是统筹规划的，司法建议获得强制权的立法必然牵一发而动全

① 成金生、陈立烽：《司法建议发力在“界外”》，载 http://www.court.gov.cn/news，于2010年4月25日访问。

身，涉及多个领域的法律修改，目前而言不大现实。其实赋予司法建议强制性，设立惩罚机制，与司法建议取得实效没有必然联系，其运行状况不一定出现很大改观。很多现行法律具有强制性，而法院却无法真正贯彻、使用就是事实。赋予司法建议强制力还可能引发行政部门广泛反感、抵制，陷法院于不利境地，法院不可能取代政府职能。同时我们也看到有些法律没有赋予强制力的部门却很权威，比如纪检委，原因是纪检制度运行的背后拥有权力的强大支持，司法建议恰恰就缺这个。所以法院要积极寻求党委、政府、人大、综治委等权力部门广泛支持，让权力为司法建议“撑腰”。

2. 强化司法建议工作的纪律考核

司法建议可在立法中正式确立下来，或以专门立法，或是在三大诉讼法中就司法建议的定位、内容、性质、适用范围、时限和程序，落实反馈机制，提出司法建议的法院和建议单位的职责作出规定。现阶段立法不宜直接赋予司法建议强制力或者约束力，但将司法建议工作设定为社会综合治理的一种解决机制，通过法院与建议单位双向、多向的互动协商，以法院倡导、引导被建议单位为指针，依靠建议单位自律及党政部门舆论导向，纪律考核合力发挥作用，赋予一定程度的约束力强化司法建议的落实。

（二）沟通与互动，做好建议单位宣传、沟通工作

司法建议的成功在于获得贯彻落实，主要取决于建议单位的态度。《人民日报》有描述：“司法建议的效果有点像舆论监督，当前法院和建议单位互动工作缺失，互动效果不良，提出的问题再有针对性，能否发挥作用也得看被建议者的态度。”①

法院对于审判中发现相关单位有违法、不作为、管理上有漏洞的，本着实事求是的态度，将发现的问题、司法建议拟定的内容、需要达到的目的，主动与该单位进行前期协商，了解问题实际情

---

① 刘晓鹏：《司法建议，为何没人接茬?》，载《人民日报》2007 年 3 月 20 日第 10 版。

况，听取建议单位意见，就司法建议中不妥当的内容加以修正、调整，避免错误，这样的司法建议就比较容易接受。无“沟”不“通”，良性互动的局面只有经过大量的沟通才有可能形成。主动沟通体现了法院的诚意与良苦用心，只有营造和谐的氛围，打消建议单位的疑虑和反感，才能打好司法建议贯彻落实的基础。

司法建议虽为业内人士所熟悉，但法院以外的单位不一定了解，突然接到司法建议，习惯地以为法院是来“找麻烦”的，这种误解和抵触心理一旦产生，司法建议就很难被接纳了。所以，法院应当利用普法宣传、人代会工作报告、综合治理会议等机会，对各单位领导进行司法建议的宣传，促使行政领导熟悉、了解它。法院还可以利用信息、简报、调查报告、新闻媒体、网络等形式，对成功的司法建议进行广泛宣传，扩大司法建议的知名度和影响力。

（三）加强司法建议制度建设

定分止争、维护稳定是法院的分内职责，广大法官应当自觉参与到社会管理、社会建设中来，本着特有的司法良知和为社会负责的态度，做好司法建议工作。司法建议制度建设仍需加强，法院应通过司法建议的成功提升司法权威，发挥司法建议在社会管理中的功能。

1. 切实提高司法建议质量

一是注重及时性，发现梳理社会管理和行政执法中存在的问题，在深入剖析原因的基础上，有理有据地提出有针对性的建议，提高司法建议的时效性。二是强调针对性，发现社会管理中存在的深层次问题，提出具体建议，确保建议内容详实、言之有据、切实可行。三是提高指导性，对普遍存在的共性问题注意调查研究，提高司法建议的指导性，力争使每一份司法建议都能发挥作用。四是提高可接受性，要善于讲究司法建议的措词技巧，把握言语尺度，提高司法建议的采纳率。

2. 规范司法建议的形式和程序

一是按照最高人民法院统一的司法建议样式，遵从其制作的格式规范和具体要求，避免随意性和简单化，把司法建议制作成严谨、规范的法律文书。二是明确制作主体，即司法建议一般应由案件承办人制作。三是签发，司法建议经过合议庭或者庭务会议讨论后，报经庭长审查并经院长或者主管院长审批同意，重要的司法建议，应由审判委员会讨论决定。四是送达，送达司法建议可能会花费一定时间，应当建立法官送达或是专人专职送达机制。五是反馈与回访，法官或法院司法建议负责人应进行必要的回访，发现建议单位“言行不一”的，督促司法建议落到实处。六是考核、奖励，对司法建议工作开展成绩突出的法官予以表彰奖励，对未完成任务的给予适当惩处，激励法官自觉有效开展司法建议工作。七是存档，法院应当建立专门档案，保存司法建议的完整资料，以备查询。

3. 建立司法建议的统筹管理机制

基层法院的司法建议工作应由办公室（或研究室）负责，中级法院研究室或者专门部门应当负责本辖区基层法院的司法建议统筹工作，做好基层上报的司法建议及本院业务庭司法建议的备案考核。基层、中级法院应在各自网站上开辟司法建议专栏，将司法建议上网，并能查询每个司法建议的运行状况，最后由省高级法院在自己的网站上对全省法院的司法建议采纳、贯彻落实状况进行全面展现，省法院可建立司法建议信息库，并从中遴选优秀司法建议，汇编成册，进一步指导和促进司法建议工作，从整体上提高全省法院的司法建议质量和效果。2009 年 6 月 26 日上海三级法院在全国率先设计软件，开通了网上司法建议信息库，该库具备“录入司法建议、司法建议查询、统计报表、信息维护和帮助五项功能①，上海法院的举措着眼全局，考虑长远，其规范化、制度化的做法值得借鉴。另就某一时期、某一类案件反映出来的普遍性问题，法院

① 参见卫建萍：《上海司法建议集约化运作之道》，载《人民法院报》2009 年 7 月 26 日第 1 版。

可从宏观角度提出系统解决的司法建议或者“白皮书”，提交党委、政府决策参考，发挥司法建议的最大效果。

（四）借力综合治理委员会贯彻、落实司法建议

2007年北京市昌平区法院联合区综治办下发了《关于将法院执行、司法建议纳入社会治安综合治理工作考核范围的意见》①，规定全区各级综治部门专人负责法院的司法建议工作，被建议单位应在1～3个月内书面回复司法建议落实情况，认为司法建议反映情况不属实的，应以书面形式提出并说明具体情况，由综治办最后决定异议是否成立。被建议单位对司法建议未提出异议，也未提出整改方案同时未向区法院书面回复整改情况的，区法院要将具体情况报送区综治办，由区综治办根据相关考核办法，在年度考核中予以扣分。该办法实施以来，昌平法院司法建议工作出现了明显改观，取得了长足的进步。

笔者认为，“昌平经验”的成功值得借鉴。在各级党委和政府领导下社会治安综合治理委员会是拥有较高政治、法律地位及号召力的综合执法单位，法院可以借助各级、各地综合治理委员会，曲线迂回，实现司法建议的贯彻、落实。具体路径是，将法院司法建议纳入地方综治工作范畴，将各行政、企事业单位确定为综合治理成员，法院和综合治理委员会就司法建议书的制作、送达、回复、反馈、落实、整改情况、责任考核机制制定专门的规范，以地方党委、政府的名义在辖区颁布施行，以综治委的名义转发司法建议（异地司法建议，直接交该地综治委送达），获取反馈意见。该路径的核心有两个，一是借力综治委的权力，二是考核约束，以此强化司法建议的落实。“法院司法建议函回复不足四成，行政机关是

① 参见李松、黄洁、崔亮：《对司法建议制止不力将扣分——北京市昌平区法院将司法建议办理纳入综治考核》，载《法制日报》2007年11月15日第5版。崔亮：《北京昌平：法院司法建议办理情况纳入社会综治考核范围》，载http://www.chinacourt.org/html/article/200711/05/273132.shtml，于2011年4月9日访问。

大户”[①]，只有建立行政一把手问责制度，使其认真重视法院司法建议工作，辅以考核措施，才能有效促成司法建议的贯彻、落实。

（五）有益尝试：与高校“法律诊所”合作，推进司法建议工作

司法建议工作的困境之一是法院人手不够，法官工作繁忙，没有足够时间回访司法建议的反馈、落实情况。2011 年 3 月该法院与坐落于本市某著名政法大学的“法律诊所”[②] 开展了司法建议工作合作机制：委托“法律诊所”完成司法建议的送达、回访、督促落实、收集反馈意见等工作。针对未被采纳的司法建议，“法律诊所”对原有司法建议作出评估，向法院提交意见书并提出具体的修订方案，拿出修订草案。该合作机制运行几个月来，已取得了初步成效，委托的 10 件司法建议全部收到了建议单位的书面反馈意见，其中采纳 6 件，4 件无法采纳，“法律诊所”就该 4 件司法建议继续调查后建议法院与相关单位联合召开司法建议论证会，促进司法建议的改进、落实。这种通过“法律诊所”完成司法建议后期工作的尝试，有效缓解了法院、法官的工作繁忙而无暇顾及司法建议落实工作的压力。双方拟定进一步拓展合作机制：由“法律诊所”完成司法建议论证，组织大型司法建议的调研，起草综合司法建议文书，参加司法建议协调等工作。这种合作方式对于吸纳社会各阶层意见和建议，论证司法建议的意义和价值，提高司法建议的质量和水平，探索民众参与社会管理的途径与方法，激发民众参与社会管理的热情，推进人民司法有着广泛而深远的意义。该项合作机制的开展还得到了相关建议单位的普遍认可。

---

① 载 http://news.china.com/zh_cn/news100/11038989/20100223/15825825_1.html，于 2010 年 4 月 10 日访问。

② 该校的“法律诊所”成立于 2000 年，由一批知名法学教授、博士组成，其学员均为该校在读的法学硕士研究生。“法律诊所”成立以来，在立法援助、司法援助等领域颇有建树，成绩斐然，多次完成该省、该省会城市人大、政府及其他部门立法贯彻意见、规章制定等工作。

结　语

司法建议工作是具有浓厚中国特色的一项法律制度，司法建议制度设计离不开中国国情，但“如果仅仅停留在理论倡导层面，就难以从根本上解决其中所有的问题。”① 当前阶段，法院要立足于司法建议的“建议”职能，克服司法建议制度不完善、贯彻落实不良的种种困难，强化司法建议的内在塑造，外借相关权力机关的帮助，适当、适时的发放发送司法建议，使得建议单位尽可能心悦诚服的采纳、贯彻，唯有如此，司法建议才能真正走出困境，获得生命力，在社会管理创新中发挥应有的作用。

---

① 刘思萱：《论功能变迁中的司法建议——中国特色司法制度的个案剖析》，载《审判权运行与行政法适用问题研究》，人民法院出版社 2011 年版，第 38 页。

社会管理创新视野下的涉诉信访案件分析
——以西安市蓝田县人民法院为样本

段红军* 张 鹏**

【内容提要】 涉诉信访是我国信访制度的重要组成部分，是我国实现和保障人民群众行使民主权利的重要形式。伴随着社会的转型，涉诉信访案件数量激增，人民法院面临着极大的压力。从中国的国情和司法实际出发，本文以西安市蓝田县人民法院为样本，通过对该院近三年涉诉信访案件的分析，归纳总结出人民法院涉诉信访案件的类型、成因，并以此为基础进一步探寻解决涉诉信访案件的应对之策。

人民法院涉诉信访，一般是指与某一具体诉讼案件相联系，针对人民法院审判和执行案件的行为或结果，要求人民法院启动司法程序、实施一定诉讼行为的人民群众的来信和来访。涉诉信访是我国信访制度的重要组成部分，是我国实现和保障人民群众行使民主权利的重要形式。近年来随着我国改革的不断深化，社会利益分配格局也在不断分化、调整，各种社会矛盾日益凸显，各类纠纷也随之进入了易发多发阶段。在这种大的背景下人民法院作为定分止争的司法机关，承担着日益增多的涉诉信访案件的处理，这些涉诉信

* 西安市中级人民法院民四庭副庭长。

** 西安市中级人民法院民四庭法官。

访案件已经成为困扰人民法院工作的一大难题。本文以一个基层人民法院为样本，力图从中分析人民法院涉诉信访案件的类型和成因，并以此为基础探寻应对之策。

一、蓝田县人民法院涉诉信访案件基本分析

毛泽东主席上世纪二三十年代在论述中国国情时指出：中国是一个政治经济发展不平衡的大国，中国革命的本质是一场农民革命。这些论断在几十年后的中国依然适用。就全国而言，既有经济发展迅速、社会文明程度接近发达国家水平的东南沿海地区，也有尚处于基本解决温饱程度的广大中西部老、少、边、穷地区。同时占我国绝大部分人口是农业人口并且生活居住在乡村，作为基层人民法院特别是县一级的人民法院每年所受理的案件基本上是广大基层人民群众之间的最为普通的民事案件，基层人民法院的境遇可能更为接近当前中国的司法实际。这也是我们选取基层人民法院为样本的出发点。

蓝田县作为陕西省省会西安市下辖的十三个区县之一，从整体上来看，其经济并不发达，县域经济仍是以农业为主，2010 年全县国民生产总值为 67 亿元，相当一部分人口尚没有脱离贫困线。与经济发展状况相适应的是该县人民法院受理的案件数量也并不多，2008 年、2009 年、2010 年三年中受理案件分别为 1348 件、1464 件、1648 件，这其中除少部分是刑事案件外，相当多的案件仍然是传统的民事案件，80% 以上是婚姻家庭、土地、借贷案件和人身损害赔偿等侵权案件，涉案标的额一般也不大。但正是这些涉及最为普通人民群众衣、食、住、行的传统民事案件，由于当事人证据意识不强，诉讼能力较差，履行义务能力很弱，而导致的涉诉信访案件数量并不少，并且有一些当事人长期进行缠访、闹访。

（一）蓝田县人民法院涉诉信访案件的特点

笔者通过对蓝田县人民法院 2008 年、2009 年、2010 年三年中全部涉诉信访案件分析，得出以下几个特点：

1. 涉诉信访案件数量逐年增多。蓝田县人民法院2008年、2009年、2010年三年中涉诉信访案件分别为13件、16件、18件。涉诉信访案件与全年受理案件数一样，大体呈缓慢增长趋势。

2. 涉诉信访案件涉及司法程序的各个阶段。涉诉信访案件涉及立案、审判、执行等多个阶段，不再以处于申诉要求复查阶段为主，并且相当多的涉及执行阶段。如2010年在全部18件涉诉信访案件中，6件涉及执行阶段。

3. 涉诉信访案件主要为传统民事案件。蓝田县人民法院涉诉信访案件以民事案件为主，2008年、2009年、2010年分别为9件、11件、12件，其主要包括人身损害赔偿、宅基地纠纷、婚姻、继承等几个方面，刑事案件只占很小的比例。

4. 涉诉信访案件处理难度较大。有一部分涉诉信访案件历时长、案情复杂，复查难度大。当事人情绪不稳定，说服劝解、息诉罢访工作难度大，而且有的当事人多头访、交叉访，使得一个案件几级法院都在处理，多个部门都要求汇报。

（二）蓝田县人民法院涉诉信访案件的类型

1. 确有问题的案件。一些涉诉信访案件，在审判和执行中确实存在问题。如原告李旺书与被告李新培、李新龙侵权纠纷一案，李旺书在砌其后围墙时被与其并不相邻的李新培、李新龙阻挡，认为其所砌墙范围已超出了其庄基范围。原告起诉请求法院判令被告不得阻挡其砌墙，但合议庭认为原告的庄基地使用证记载的后至界限不清，拟驳回原告的诉讼请求，这样将会导致原告无法砌其后围墙。原告上访后，问题得到了纠正，其后法院参照其邻居家的后围墙的界址，判令被告不得阻挡原告在与其邻居后围墙同一水平线上砌墙，双方当事人也均未上诉。

2. 缠诉不息的案件。有些案件经过一审、二审甚至是再审后，仍然久缠不息。这一部分案件，少则上访几年，多则长达十几年，因为未达到目的，而常年累月缠诉、上访。如孟正海上访一案，孟正海认为蓝田县人民政府给其颁发的土地使用证确定的其宅基地面积错误，请求判令撤销该土地使用证，由于其超过法律规定的起诉期限，被裁定驳回起诉。孟正海向市中院上诉，并向省高院申诉，均被驳回。但孟正海又两次分别以行政不作为和变更土地使用证为由起诉，但都因其起诉依据的是前一案相同的事实和理由被驳回，孟正海仍多次到各级法院和上级机关上访。

3. 无理取闹的案件。这一类的上访案件本身并无实体或者程序方面的问题，但当事人发现通过上访能对法院和基层组织造成麻烦，其也能得到一些好处，因此频繁上访。如杨德星上访一案，杨德星称另一当事人杨炳绪多占其0.18亩承包土地而多次上访，经县、乡、村各级组织多次丈量，均未发现有多占问题，后杨德星起诉要求另一当事人返还0.18亩承包土地并赔偿81000元，后又要求赔偿18万元，其诉讼请求被驳回后仍多次上访。

4. 有执行瑕疵的案件。这类案件曾经有一定程度的瑕疵，但已得到纠正，而当事人借此长期缠访、闹访甚至进京上访，给法院及基层政府制造压力，以期得到更大的利益。如杨锋涛上访一案，杨锋涛因拖欠另一当事人惠龙昌货款650.48元，在判决生效后未自动履行。当事人惠龙昌申请执行，但杨锋涛隐匿、转移现金、拒不执行，并威胁执行人员，被蓝田县人民法院司法拘留。后杨锋涛以其被拘留时受到伤害为由多次上访，并曾在市中院以跳楼相威胁。经多次反复后，市中院认为蓝田县人民法院采取强制措施正确，但在执行强制措施中行为不当，致杨锋涛人身受到一定伤害，确认执行行为违法。杨锋涛得到法定赔偿后，仍长期上访。

5. 落实政策不到位的案件。还有一类案件的解决不是单独依靠法院就能够解决的，例如张芝芳、张民虎姐弟上访案，其父辈在县城留有房产，后在政治运动中被没收。上世纪80年代落实政策，给其折价退赔几千元钱，但因其兄弟姐妹多，由于种种原因，该款项未领，房子也没有退。该房经房管所已转至农机公司。农机公司也已取得土地使用证和房产证。张芝芳、张民虎长期上访，要求落实政策，并占有了农机公司在原址上的新建房屋。农机公司起诉，由于该公司有合法的产权登记手续，法院也只能受理案件并判令张芝芳、张民虎腾房，姐弟俩仍继续上访。

（三）蓝田县人民法院处理涉诉信访案件中存在的问题

1. 处理涉诉信访案件的工作人员力量不足。蓝田县人民法院仅有两名专职工作人员处理日常的涉诉信访案件，面对数量较多的日常来信来访案件，大部分时间和精力主要用于接访和回信，处理日常事务，在进一步规范办理程序、完善制度、创新机制等方面无法有充足的精力和时间顾及。

2. 涉诉信访案件的法律规定不完善。从《信访条例》的内容来看，如办案时限、对案件的复核等规定，主要针对的是行政部门。这对于人民法院来说，由于其具有不同于行政部门的特点存在，实践中有的情况可以参照，有的情况就找不到参照的依据。如对屡次严重的缠访闹访行为没有追究其相应责任的可操作性规定，面对无理缠访闹访者往往束手无策。

3. 处理涉诉信访案件工作的权责要进一步明确。涉诉信访案件不同于一般的信访案件，其对于法律程序的严谨性、对法官的专业性要求更高。一般的信访工作人员不可能对案件进行复查和评判，而办理案件的法官对解决信访人的诉求并没有责任，只负责审理案件，办案责任与信访责任相分离，权力与责任不相适应。

4. 缺乏涉诉信访案件终结机制。涉诉信访案件中存在的许多矛盾，可以说法院已经穷尽司法手段，但是仍然不能解决问题，需要地方党委、人大、政府以及各有关部门的支持和配合。这种情况下，如何终止在法院的缠诉，还缺乏一套完整的机制予以应对。

5. 处理涉诉信访案件工作的信息化建设有待加强。上下级法院之间、法院与有关部门之间的联系和配合，需要进一步加强信息化建设，建立完善涉诉信访案件流程管理系统软件，建立一个统一的信息平台，避免多头访、交叉访带来的重复工作，从而提高工作效率。蓝田县法院受经费的制约，计算机尚没有普及，信息化建设比较落后。

二、涉诉信访案件成因分析

（一）信访制度本身固有的一些特点导致涉诉信访案件的产生

信访是目前处理社会尖锐问题和缓解社会矛盾的一种有效机制，具有很大的灵活和方便的特点。信访没有严格的程序限制，其渠道呈多头、交叉的趋势。涉诉信访案件的当事人除在受理案件的法院上访外，还不受限制的可以到上级法院、政法委、人大、党委、政府上访，通过这些部门形成领导批示和督办件的案件，就能够越过层层程序直接被重视。所以当事人认为上访比走正常法律程序、多头上访比单一上访能更好更快的解决问题。

（二）少数法官司法水平和能力欠缺，在办案中考虑法律效果多，注重社会效果少

司法公正是通过法官的司法活动来实现的，法官是正义的化身，是社会诸多矛盾化解的“钥匙”，我国的法官队伍担负着繁重的审判任务，其总体素质是好的。但毫无疑问，确有一些法官由于年龄、文化程度、身体状况等诸方面原因已不能胜任目前的审判工作；有一些法官缺少社会责任感，拘泥于刻板的“法条主义”，当事人不能接受；有一些法官的业务水平有待提高，在事实不清、证据不足的情况下急于判决，有的还违反审判程序，造成错判，损害了当事人的合法权益；也有一些法官审判作风简单粗暴，对上访群众存在推、拖现象；甚至还有个别法官贪污受贿枉法裁判。基于以上一些原因，产生了一些冤、假、错案，促使当事人走上了上访之路。“如果一个人只是个法律工匠，只知道审判程序之程规和精通实在法的专门规则，那么他的确不能成为第一流的法律工作者”。①实践证明，许多闹访、缠诉案件，都是因为法官在审理案件中没有考虑到社会效果而造成的，尽管案件判决公正，但却很难达到预期的效果。特别是对一些婚姻、赡养、相邻关系、人身损害赔偿、借

① 毛煜焕、王银江：《法官的社会责任》，载《法律适用》2008 年第 12 期。

贷、合伙、土地承包等纠纷，只要事实清楚、证据充分，能判则判，缺少耐心，不愿意做过细的调解工作，导致一些案件“官了民不了”，造成了当事人闹访、缠诉，有的甚至激化了矛盾。另外在一些执行案件中，执行标的额很小，几千元钱，甚至几百元钱，但采取执行措施时不注意方式方法，导致当事人闹访、缠诉。

（三）当事人法律观念不强，诉讼心态不正确

由于一些当事人文化水平低，观念落后，法律意识浅薄，对法院审判方式改革不理解，缺乏证据意识和正确的诉讼理念，对诉讼风险认识不足，不能正确看待法律事实和客观事实的差异，不能正确看待法律证据衔接性。法官办案主要是依据法律事实裁决，而法律事实，就是通过证据来证明的事实。可是有绝大多数当事人打官司，只强调客观事实多，却忽视了法律事实，也就是不注意收集对自己有利的证据。一旦官司输了，片面地将败诉责任归咎于法院，认为法院不公，偏袒对方，并不顾案件实情向对方当事人和法院提出无理要求。部分当事人诉讼心态极不正确，存在极端利己思想或投机心理，得不到满足就上访，固执己见，不听劝解，企图以无理取闹和长时间缠访给司法机关施加压力，达到自己的目的。“大闹大解决、小闹小解决、不闹不解决”成为许多涉诉信访案件当事人的行为预期，认为只有大闹，才能引取上级的高度重视，问题才能妥善解决、尽快解决。

涉诉信访案件的存在，无疑给法治国家的建设和人民法院审判事业的健康发展带来种种负面影响。正如有论者评价信访制度“表面上看，这种制度似乎给予了公民相当大的权利，其实，它甚至不是一项权利。因为这种个人越级上诉并不具有法律的依据。它不是一种司法程序，因而也没有法律上的保障。”① 涉诉信访最大影响是对司法权威的危害。涉诉信访当事人对既判结果的反复纠

① 梁治平等：《新波斯人信札——变化中的法观念》，中国法制出版社2000年版，第61页。

缠，表面上是对其个人权利的坚持主张，实质上是对司法既判力的挑战，这种挑战形成气候，无疑会使司法应有的权威受到极大伤害。同时由于涉诉信访终结机制的缺失、现有的惩戒措施乏力，给无视司法权威、个人利益膨胀的少数当事人有机可乘、肆无忌惮，给国家的社会管理、司法工作的正常秩序造成诸多障碍。多级多头机关的批示、转办，使具体承办涉诉上访问题的下级法院不得不花费更多的人力、财力，造成司法资源的额外消耗与浪费。现有的诉讼法在审判监督程序中，对已经生效的法院裁判可能存在的错判、误判等情况，均设置了比较明确的救济程序，但涉诉信访案件的泛滥，不仅使涉案当事人强化了上访比申诉更有用、更有利的异化思想，也给其他人对审判监督程序设置应有的作用产生怀疑，不再正视司法申诉渠道的维权功能。

三、解决涉诉信访案件的应对之策

深入推进社会管理创新，是中央部署的三项重点工作之一，也是一项重大、长期的社会公共政策，在这一大的背景之下，作为审判机关的人民法院应当通过创新人民法院的各项管理制度、管理机制促进社会管理创新。具体在解决涉诉信访案件这一问题时，应当从以下几个方面着手：

（一）树立正确的解决涉诉信访案件工作理念

涉诉信访案件的处理工作情况是人大、党委、政府及社会各个层面评价法院工作的一项重要内容，也是人民群众对法院工作是否满意的重要方面。涉诉信访案件的处理是否有效，用什么样的标准和尺度去衡量，是解决涉诉信访案件的对策之前提。首先，处理涉诉信访案件要争取实现案结事了，注重案件法律效果和社会效果的有机统一。一方面司法的本质在于公平与正义，但其根本的目的应当是定分止争、化解矛盾、维护稳定。法院的审判工作不应当只限于查明事实、分清是非、判定责任，还应当尽可能的做到案结事了、息诉服判。法官的职责就是要在过时的法律和社会迫切要求的斗争中讲出自己有分量的话①，在处理涉诉信访案件的过程中，法院要从讲政治的高度充分认识作好信访工作对维护社会稳定的重大意义，要“跳出信访看信访”，维护社会稳定是处理涉诉信访案件的最终目的，是处理涉诉信访案件要追求的社会效果。另一方面，处理涉诉信访案件又必须严格依照法律、依照政策处理，不能够突破法律底线，更不能够用花钱买稳定来代替依法处理，这是处理涉诉信访案件要追求的法律效果。其次，涉诉信访案件的复查工作不能够完全再现案件的客观真实，要把握好客观真实和法律真实的关系。由于案件的客观事实情况都是发生在过去的，无法重现，法院查明的事实是法律真实，并不能完全再现客观真实。即使法律真实并不完全符合客观真实，也必须得到相对稳定的保障。而涉诉信访案件的当事人强调的是他们经历的客观真实不是法院查明的事实，认为有“冤”，求助于信访。面对这种情况，信访工作人员必须明确，除非涉诉信访案件的当事人确有新的证据，否则，通过涉诉信访的途径亦不可能完全再现案件的客观真实，其没有证据和理由的诉求无法得到支持。最后，既要妥善处理涉诉信访案件，也要维护司法权威。妥善处理涉诉信访案件，使当事人服判息诉，是为了更好的维护司法权威，如果处理的不好，造成重复访、极端访、越级访，使上访人对立情绪严重，任事态发展，更加导致上访人和社会评价对司法权威产生怀疑和藐视。同时，处理涉诉信访案件的过程中，也要积极推进涉诉信访案件的工作制度建设，尊重司法规律，最大限度实现司法的公正和裁判结果的稳定，维护好司法权威。

（二）抓住源头治理，防止和减少涉诉信访案件的产生

从根本上解决涉诉信访案件的一个重要方面就是要防止案件在审理过程中出现实体或者程序方面的瑕疵。通过对蓝田法院的调研，确有一部分涉诉信访案件本身存在着一些问题。因而要做好涉诉信访案件的预防工作，就必须提高法官的司法能力和司法水平，

① 参见《马克思、恩格斯全集（2）》，人民出版社 1961 年版，第 274 页。

提高办案的质量和效率。首先，坚持不懈地抓教育。通过各种教育活动，使法官树立公正意识、效率意识、程序意识、服务意识、奉献意识，端正工作态度，提高分析解决问题的能力。让法官不仅具备扎实的法学功底和熟练的司法技能，也要常怀爱民之心，多做为民之事，要急当事人所急，想当事人所想，真正成为人民利益的维护者，以扎实的工作作风，赢得群众的信任。特别是基层人民法院的法官，更要真正地融入乡村、社区同广大群众打成一片，使其具备“乡土性”①。其次，严格按照《法官行为规范》、《法官职业道德基本准则》的要求，完善落实各项规章制度，通过案件流程管理、案件质量评查、规范裁判文书的制作、落实违法审判责任追究等方法，制约和查处办案中的各种不规范甚至是违法行为，有效减少久拖不立、久审不结、久执不结，要在案件审限内立案、结案，增强裁判的透明度和公开性，通过释明和说理，使当事人服判息诉。最后，要完善诉讼调解制度，加大诉讼调解力度。调解是和谐化解纠纷的最佳方式，要把调解作为减少涉诉上访的重要手段，充分发挥诉讼调解定分止争、化解矛盾、维护稳定的职能作用。坚持“能调则调，调解优先”原则，在立案、审理、执行、信访各个环节加大调解力度，同时在立案、审理阶段注重考虑案件的执行，做到寓执于立、寓执于审、寓执于调，尽量化解当事人因执行产生的抵触对抗情绪，化解当事人涉诉上访矛盾隐患，实现和谐审理、和谐执行目标。

（三）进一步完善解决涉诉信访案件的工作机制

1. 建立快速接访和处访机制，群众不仅可以通过电话反映问题，还可以通过电话预约院长接待，同时设立常规缜密接访和处访

---

① 苏力教授认为法官的乡土性可能使得某些法官更能为他所服务的本地民众所信任，乡土性还会使得法官更懂得并关注本地民众的特殊利益和特殊利益的具体表达，参见苏力：《中国农村对法治的需求与司法制度的回应——从金桂兰法官切入》，载《人民法院报》2006年3月27日第5版。

机制，法院应本着取信于民和便民、利民的原则，坚持领导带头，对来访的人民群众不推不挡，做到有访必接、有信必复，逐人逐件地予以处理。对于已经审结或执结，涉及有关程序方面等问题，或者因时间较长，暂时解决不了的，由信访部门做好登记，限定时间予以解决。目标主要由各个业务庭完成（即抓好审判质量和执行效率），要用“凸显程序每个环节，彰显实体公正”来减少信访量。不能“头痛医头，脚痛医脚”，应从源头抓起，建立信访工作流程管理，对信访工作各个环节进行有效管理，保证信访渠道的畅通。信访工作主要环节有：接待、登记、分流、审查、处理、反馈和统计，对这七个环节实行动态跟踪管理，限定各个环节的工作时间，保证信访工作的顺利进行。

2. 赋予信访部门一定的协调权、监督权和建议权。信访岗位处访过程涉及其他庭，应行使一定的协调权和监督权。对于按信访工作责任制接待处理的上访，信访部门除进行登记处，有权对办理落实情况下达接访通知单进行监督。具体承办单位应按通知时限和要求进行办理，并填写接访处理回执单，将办理情况呈报信访部门；对未及时和按要求办理的，有权发布信访工作通报，并及时报告领导研究处理；对领导接待信访决定办理的事项，有权督促有关部门落实办理；对来访内容涉及法官违法乱纪的，可直接将材料转交纪检监察部门，并协同办理。

3. 做好申诉和申请再审工作。申诉和再审是法律赋予当事人的一项权利，也是信访工作建立长效机制的突破口。但法律对申诉复查并未作详细的规定。这就给人造成“暗箱操作”的印象，以致少部分案件当事人不服裁判，反复申诉上访甚至多头上访、越级上访、重复上访，严重影响社会的稳定。为了使申诉和申请再审规范化，法院应针对当事人申请再审案件实行公开听证。如果认定不符合再审条件的，应耐心做好服判息诉工作。

4. 建立对无理缠访缠诉的处理机制。在处理缠访缠诉案件中，有的单位为了求得一时的清静，做出无原则的让步，使无理缠访缠诉人得到一些好处，这在某种程度上助长了无理缠纺缠诉人的气焰。有的缠访缠诉人达不到自己的目的和要求，就将进京到省上访、越级上访、重大节日、会议、敏感时期上访等当成向有关部门施压的手段；有的甚至聚众寻衅滋事、冲击国家机关，严重扰乱了国家机关办公秩序和社会秩序，在社会上造成恶劣影响。因此，解决缠访缠诉问题，已经成为当前信访工作的当务之急。一是要建立和推行公开听证或协调、公开答询制度。对于重大、疑难案件，特别是上访人无理取闹、缠访缠诉的案件，应邀请人大代表、政协委员、法律专家、律师和当事人及其近亲属参加公开听证和答询，依靠社会力量和群众舆论做好化解矛盾纠纷工作，达到息访息诉的效果。二是对构成犯罪的要依法予以必要的法律制裁。对以上访为借口缠访缠诉的，或者在正常信访中冲击国家机关秩序，聚众扰乱社会秩序的，应根据有关法律和法规，予以必要的行政和刑事处罚。

5. 建立大信访的工作格局。立案庭是法院主管案件复查和涉诉信访工作的主要职能部门，但是立案庭没有职权处理涉诉信访案件，一般只能催办和转办。因此要根据涉诉信访案件的性质和分类，根据各部门的职能，明确各部门在处理涉诉信访案件中的工作职责，建立纪检监察、立案及相关业务庭室各司其责，共同处理涉诉信访案件的信访格局。纪检监察负责法官违纪的涉诉信访案件，立案庭负责申诉、申请再审案件的复查处理和将案件转到各相关庭室的联络工作，加强部门之间的协调，形成涉诉信访工作的统一、协调机制。上下级法院之间进一步健全联动机制，设立专职信访联络员。上级法院也要加强对下级法院涉诉信访案件的指导、监督，发现问题，及时纠正。基层法院对工作中遇到的问题、困难，也要及时向上级法院反映和报告，争取帮助和支持。

6. 加强信息化建设，提高信访工作的科技含量。信息化建设在信访工作中有着非常重要的作用，要早日建立涉诉信访案件信息流程管理系统，实现上下级法院之间、法院与其他各部门资源信息共享，解决多头访、交叉访带来的两级法院重复办理同一事项问题。

管理推进

破解与应对：基层法院审判理论的创新之道
——以西部某省会城市中院司法调研主题活动为考察蓝本

康宝奇* 杜豫苏** 姚建军*** 黄大卫****

【内容提要】 基层人民法院如何在参与、推进社会管理创新这一重大的现实课题中大有作为？答案可谓见仁见智。面对司法实践中各地基层人民法院丰富多样的创新举措，不时生出这样的疑问：为何有的创新举措成功“突围”，有的却陷入矛盾的漩涡；有的创新举措为百姓拍手称好，有的却昙花一现；有的创新举措似常青树生机勃勃，有的却黯然出局……。成败得失的思考必是一个不可回避的问题。带着基层人民法院怎样才能卓有成效地参与和推进社会管理创新的问题，笔者用半年多的时间查阅了西部某省会城市中院每年一届的主题调研活动相关资料、文献，通过对近十年资料文本的比较研究和实证分析后认为：审判理论的不断创新是基层人民法院有效推进“三项重点工作”、积极参与社会管理创新的立足点和出发点。审判理论的创新，既能够为参与、推进社会管理创新思路、措施的形成、确立和完善提供必不可少的多元论证、理论准备和人才储备，又能够塑造出人民法院的集体创新精神，为参与、

* 西安市中级人民法院党组书记、院长。

** 西安市中级人民法院党组成员、副院长。

*** 西安市中级人民法院民四庭庭长。

**** 西安市中级人民法院研究室调研科科长。

推进社会管理创新活动提供强大的精神支持。

引言

“我们在推进改革开放和社会主义现代化建设中所肩负任务的艰巨性和繁重性世所罕见，我们在改革发展稳定中所面临矛盾和问题的规模和复杂性世所罕见，我们在前进中所面对的困难和风险也世所罕见。”① 这段话尽管是胡锦涛总书记对我国改革开放三十年所面临形势的全局性判断，但对置身其中的人民法院而言也概莫能外。作为其中一员的西部某省会城市中院，也进行着理性科学的应对与艰苦创新的变革。“思路决定出路，有为方能有位。”自2002年以来，该中院进行着全方位、多角度、深层次的变革。其中每年一届的审判理论与实务研讨主题调研活动，就是其中的一项创新举措。历经十年的精心打造，该院每年一届的主题调研活动所打造出的致力于社会管理创新的精神，所形成的特有创新方式与创新机制，无处不具有着自主创新的特质。它已经转化为基层人民法院应对社会问题、回应社会司法需求、寻找人民法院工作创新的新机制，它已经探索出基层人民法院参与、推进社会管理创新的有效路径。

限于篇幅，本文仅从基层人民法院如何参与、推进社会管理创新的角度，总结、梳理、探讨基层人民法院在创新社会管理中的基本思路和基本方式，以期为现阶段基层人民法院参与、推进社会管理创新活动有所裨益。

一、审判理论创新的形成路径：来源于司法实践，回应于司法实践

周永康同志所作的“社会管理，说到底是对人的管理和服

① 胡锦涛：《在纪念党的十一届三中全会召开30周年大会上的讲话》，载《人民日报》2008年12月19日第3版。

务”① 的论断，既是历史的高度概括，又为人民法院参与、推进社会管理创新指明了方向，厘清了思路。西部某省会城市中院近十年成功的主题调研活动正好印证了这一科学的结论。

为便于全面展示出一个时间跨度长久、涉及内容宏大的审判创新的历史画卷，笔者选用下面的表格（图表一），浓缩出该院每年一届主题调研活动的基本情况，给读者一个全方位的比较与判断。

历届主题研讨活动的基本情况（图表一）

时间届次	研讨活动主题	主题分解方式	主旨发言主题	参与研讨的人员构成
2002 年第一届	民商法理论与审判实务研究	16 个研究专题	“以人为本”，加强学习，提高民商事案件的审判水平，造就学习型的人民法院	某中院与西北政法大学联合举办，省高院、市县两级法院法官代表与西北政法大学等院校的专家、学者
2003 年第二届	审理农村集体经济组织收益分配	1 个主题	关注土地，关注农民，寻求司法衡平利益冲突的最佳点	某中院与人民法院出版社联合举办，省高院、市县两级法院、青年法官研究会法官代表及专家咨询委员会专家，最高法院专家，西北政法大学、西北大学、西安交通大学等院校的专家、学者参会

① 周永康：《加强和创新社会管理，建立健全中国特色社会主义社会管理体系》，载《人民法院报》2011 年 5 月 4 日第 1 版。

续表

时间届次	研讨活动主题	主题分解方式	主旨发言主题	参与研讨的人员构成
2004 年第三届	城市房屋拆迁及“城中村”改造法律适用	4 个专题	探索公正解决房屋拆迁纠纷的有效途径	某中院主办，最高法院和省高院、省人大法制委、市委、市政府相关部门，西北政法大学等院校的专家、学者，某高新技术开发区、长延堡村委会、部分开发商以及市县两级法院法官代表参会
2005 年第四届	裁判的方法	1 个母主题，7 个子主题	裁判的方法与司法公正	某中院主办，最高法院、省高院和西北政法大学、西北大学、西安交通大学等院校的专家、学者，市县两级法院法官代表参会。18 名专家学者进行了点评。中国社会科学院法学研究所梁慧星研究员“法官怎样裁判案件”主题讲座

续表

时间届次	研讨活动主题	主题分解方式	主旨发言主题	参与研讨的人员构成
2006 年第五届	疑难案件审判与社会和谐	1 个母主题，8 个子主题，并组建课题组	疑难案件审判与社会和谐	某中院与《人民司法》编辑部联合举办。两级法院协作调研，并扩大了与其他地区法院同仁的交流。中国人民大学民商事法律科学研究中心杨立新教授作了“‘十类’疑难民事案件的法律适用”主题讲座
2007 年第六届	业主的建筑物区分所有权暨物业纠纷审判实务与理论研讨	1 个母主题，7 个子主题	妥善化解纠纷，促进社会和谐	某中院与《中国审判》编辑部、省法学会民法学研究会联合举办。专家、学者与市县两级法院法官代表参会
2008 年第七届	专业化合议庭建设与类型化案件审判	6 个专题	合议庭专业化：对法官职业化建设的一种理性思考与实践	某中院主办，市县两级法院法官代表以及最高院、省院，有关高校等单位的学者参会
2009 年第八届	司法良知	1 个主题	司法良知：司法公正的灵魂与保障	某中院主办，市县两级法院以及最高院，省院的法官，市社会科学院、有关高校等单位的学者

续表

时间届次	研讨活动主题	主题分解方式	主旨发言主题	参与研讨的人员构成
2010年第九届	恶意诉讼的识别与治理	1个主题	规制恶意诉讼，维护司法权威	某中院主办，市县两级法院以及最高院、省法院的法官，有关高校等单位的专家、学者的参会
2011年第十届	司法视野下的社会管理创新	1个主题	社会管理创新中的法院角色	某中院主办，市县两级法院以及最高院、省法院的法官，有关高校等单位的专家、学者的参会

（一）理性的选题：始终如一地关注司法实践中的热点问题

通过图表一的比较分析，可以对历届研讨活动的主题做出基本的梳理。从社会公众的关注度分析，每届研讨活动主题的选定，无一不是社会的热点问题。所选定的主题，都直接回应司法实践需要解答的问题，落脚一个“实”字上。从研讨所涉案件的裁判与执行来看，其结果直接关系着当事人的切身利益，关系着社会行为规范价值取向的抉择，关系着社会秩序的回归与安稳。选题始终高扬着“司法必须救济权利、衡平正义、倡导文明，在推动社会精神文明建设方面发挥重要的导向作用”[①] 的旗帜。例如，第八届研讨活动所确立的“司法良知”的主题，之所以在当今的司法实务界得到了正面的热烈的响应，就在于“良知是做人做法官的底线，是司法公正的灵魂和根基”[②]，是社会期望之所在。通过仔细的比较和深入的思考，笔者认为，该院历届研讨活动确立的主题都具有

① 康宝奇主编：《征地款分配纠纷审判实务与研究》，人民法院出版社2004年版，第4页。

② 康宝奇主编：《司法良知》，人民法院出版社2009年版，第10页。

指导司法实践活动的根本性、基础性的方法论价值，彰显出科学、理性、务实的精神，却没有哗众取宠的媚俗与投机取巧的钻营。品读历届的研讨活动成果，你就不会质疑以上的断语。

（二）准确的把脉：敢为人先去解答司法实践中的难点问题

图表一的统计数据告诉我们，从研讨课题解答本身的难易程度上判别，历届研讨活动所选定的主题，没有一件属于容易解决和回答的问题。既没有现成的答案和借鉴的思路，又没有可供套用的程式，也非下发一个文件、召开一次会议就能轻而易举的解决到位与顺畅运行。解决这些司法中的难点问题，不仅费心费力，还会遇到有形的阻力与无形的困难，甚至是群众不解的谩骂、刁难与对立。从第一届围绕“审理中面临的棘手问题较多（笔者注：集中表现在表见代理，知产保护，农村征地款等新类型案件上），审理中难度加大，各方对抗激烈，社会矛盾加剧。有不少案件集中在民商法领域规定不明、不尽，在司法与学界都有争议的热点难点问题”。[①]开始，就奠定了历届主题研讨活动的选题基调。第二届“审理农村集体经济组织收益分配”，第三届“城市房屋拆迁及‘城中村’改造的法律适用”[②] 等研讨主题的确立，更是体现出“明知山有虎，偏向虎山行”的创新精神和务实作风。时至今日，八、九年前所研讨的问题，依旧是中国农村，乃至城市社会中的难点课题。重温下面这段话，足见当年该院党组决策的远见卓识。“土地征用款分配背后交揉着各种利益的冲突，传统观念与现代文明再次发生激烈碰撞，农村社会矛盾趋于激化，农村集体经济组织土地收益分配纠纷已成为当前社会各界共同关注的热点、难点问题。但因长期

---

① 康宝奇、来小鹏主编：《民商法理论与实务研究》，陕西人民出版社 2004 年版，第 1 页。

② 为了进一步说明问题，请大家参阅下面这段文字。“此类案件涉及面广，矛盾尖锐，法律关系复杂，利益冲突多元化，而相应的立法、司法解释不完备，使这类案件的审理难度加大。”参见康宝奇主编：《城市房屋拆迁及“城中村”改造的法律适用》，人民法院出版社 2005 年版，第 11 页。

以来，此类问题因不属于人民法院受理范围，而由政府处理又职责不明，农民权益一直处于悬浮状态，上访、哄闹事件频频发生……同样的问题在全国也颇具共性。如不及时处理，势必成为新的不稳定因素，影响农村稳定发展大局，并严重阻滞我国农村改革的现代化进程。”① 司法理论创新的振聋发聩可见一斑。

（三）务实的起点：从脚踏实地的一线调研做起

“问渠哪得清如许，为有源头活水来。”仅从图表一的“研讨活动主题分解方式”和“研讨活动参与人员结构”两大数据分析，可以看出，在研讨课题的形成与解答的过程中，切实贯彻了“从群众中来，到群众中去”的群众路线，发挥了民力，集聚了民智。

从研讨课题形成的逻辑顺序分析，热点、难点问题的提出，经历了如下的过程：先立足于司法实践一线中丰富的个案归纳，再经过两级法院法官的分析归类，进而上升到寻找规律的类型化研究阶段。就司法审判工作而言，研讨课题的解答过程，就是解决问题切入点选择的过程，实际上就是司法实践经验的总结、提炼、完善和提高的过程。《审理农村集体经济组织收益分配纠纷处理意见》（讨论稿）形成的全过程，就是在市县两级法院、青年法官研究会及专家咨询委员会近半年的调查研究基础上形成的主题调研成果。② 经历了大会的研讨交流，专家、学者的理论考证和与会法官的可行性论证这一缜密的解答过程，积聚了多层次的司法智慧和多元化的思想精髓，形成了有效回应司法需求的理论成果。该院近十年来出台的十余部“指导意见”研讨成果，及其有效的转化与成功的实践，就是最有力的实证。

（四）科学的决策：创新的主题乃实践与理性的结晶

一是理性中的准确定位。西部某省会城市中院历届研讨主题的

① 康宝奇主编：《征地款分配纠纷审判实务与研究》，人民法院出版社 2004 年版，第 2 页。

② 参见康宝奇主编：《征地款分配纠纷审判实务与研究》，人民法院出版社 2004 年版，第 1 ~ 2 页。

确立，是根据审判实践的需求，经过反复论证和集体研究而审慎抉择的。仔细研读和历史地比较每届研讨活动形成的会议综述和该院院长所作的主题发言，就会证明所确立的研讨主题绝非一时心血来潮的产物，而是真正源于实践而又高于实践的理性思考的结果。正是由于研讨主题的确立，根植于社会发展变化的时代大背景，才能保持研讨活动的政治敏锐性和政治坚定性，才能保持着研讨活动所形成的指导性意见的长久生命力。

二是开放中的智慧兼容。图表一的运行轨迹告诉大家，每届研讨活动共识形成的过程，展现出研讨活动对策论证机制的特点：对策论证参与主体的多元性、广泛性和论证决策过程的开放性、实践性。开放性、多元性、实践性集中表现在“开门”办会的全过程。两级法院的法官、专家与有关部门、高校的学者，在会议之前已经进行了广泛的调查研究。他们从具体案件入手，倾听公众意见，从开放、多元、兼容的视角，提出了解决司法实践问题的对策。这种方法，有利于提高司法对策命题定位的准确性、回应司法实践需求的精确性和解决司法问题的实效性。

二、审判理论创新的实现关键：把握中心，精进不懈

研讨成果的转化与拓展的过程，就是将“纸上的理论成果”转化为司法实务能力的过程。这一过程既需要广大法官的积极参与、大胆实践，更需要法院组织的修正调整和强力推进。

（一）把握成果转化的基点：服从服务于执法办案的第一要务

要“找准人民法院推进社会矛盾化解工作的结合点，推进社会管理创新工作的切入点，推进公正廉洁执法工作的着力点，以理论创新推动实践创新，充分发挥人民法院的职能作用。”[①] 这是人民法院审判理论创新的基本定位，也是研讨课题拓展的立足点，更

① 王胜俊：《以审判理论创新推动实践创新》，载《光明日报》2010年12月9日第9版。

是审判理论创新的关键所在。

历届主题研讨活动成果表现形式（图表二）

时间届次	会议成果表现与转化形式		
	会议综述	指导意见	法官专著
2002年第一届	已形成		《民商法理论与实务研究》（陕西人民出版社出版）
2003年第二届	已形成	《关于审理农村集体经济收益分配纠纷案件研讨活动纪要》，《关于审理农村集体经济收益分配纠纷案件的意见》	《征地款分配纠纷审判实务与研究》（人民法院出版社出版）
2004年第三届	已形成		《城市房屋拆迁及‘城中村’改造的法律适用》（人民法院出版社出版）
2005年第四届	已形成		《裁判方法论》（人民法院出版社出版）
2006年第五届	已形成	发布了《关于全面加强知识产权审判工作，为建设创新型社会提供司法保障的意见》《关于财产刑适用若干问题的指导意见》（试行）《关于行政审判审查标准的指导意见》《关于审理医疗纠纷案件若干问题的意见》	《疑难案件审判实务研究》（人民法院出版社出版）

续表

时间届次	会议成果表现与转化形式		
	会议综述	指导意见	法官专著
2007年第六届	已形成	《关于物业管理纠纷案件的指导意见》《关于司法对仲裁裁决审查的指导意见》	形成论文集
2008年第七届	已形成		《专业化合议庭建设及类型化案件审判研究》（第一辑、第二辑）（人民法院出版社出版）
2009年第八届	已形成	《司法良知建设纲要》《关于建立法官美德档案的实施意见》	《司法良知》（人民法院出版社出版）
2010年第九届	已形成		《恶意诉讼的识别与治理》（人民法院出版社出版）

图表二揭示了西部某省会城市中院历届主题研讨活动成果表现的主要形式和成果转化的基本方式。

对图表二的归类分析和比较分析，笔者认为，会议综述和专著的价值，更侧重于理论上的总结与思路上的借鉴。其中的3部法官专著已被最高人民法院及各政法院校图书馆收藏。而研讨活动成果转化的最有力方式，就是形成指导两级法院司法活动的“指导意见”。因为这些成果有着极强的针对性、可行性和操作性，既是审判理论创新的价值所在，也正是法院参与、推动社会管理创新的根本所在。这些指导意见既有业务方面和队伍建设的，还有审判管理方面的，但集中的表现在专业化、类型化案件的审判与执行方面，既形成了一定的司法行为规范，又提出了司法理念更新的要求。这一点图表二中反映得一目了然。下面引用的这段文字，就是进一步的注解："以专业化合议庭建设带动整个审判组织建设并推进法官职业化的理性认识进一步提高。通过对类型化案件审理，不仅便于对审判中经常遇到的疑难问题进行梳理，还便于将这些问题上升到理论进行研究，表现出了很强的专业性特点，进一步加强了一些疑难复杂和前瞻性问题的调研……提出了具有指导意义的研究成果，为全市法院审理此类案件提供了参考依据，加强了对基层法院的指导力度。"① 西部某省会城市两级法院以有力的事实回应了"化解矛盾就是社会管理"② 的理性结论。

（二）培育审判理论创新的精神：一以贯之地深化主题研究

"三项重点工作本身就是理论和实践创新，必须以创新的精神去推进，在完善制度机制上下更大的功夫。"③ 审判理论的创新需要不断进取的精神支持。

图表二还告诉我们，一次研讨活动成果的转化，不是一次性就能大功告成的，它需要在司法实践中反复地适用、不断的修正和不断的完善。西部某省会城市中院的历届研讨活动运行上呈现出环环相扣、步步推进、稳扎稳打的连续作战的进取精神。第一届具有总揽民商事审判实务全局的特点，研究的涉及面比较宽泛，但不易形成更具操作性的"指导意见"，从第二届开始，直至第七届，基本上都是类型化案件的研究，尽管第四届以"裁判的方法论"为主题，但实际研讨中也呈现出类型化的特征，这是司法实践要求的必然反映。通过类型化案件的研讨，首先从审判业务的层面推进了法

---

① 杜豫苏等：《专业化审判：构建司法权威的理念、方法与思维》，参见《西安市法院第七届审判实务与理论研讨活动及西安市中级人民法院专业化合议庭建设讨论会综述》。

② 江必新：《积极创新理念机制，有效化解行政争议》，载《人民法院报》2011年4月27日第5版。

③ 王胜俊：《人民法院工作与三项重点工作的十个结合点》，载《人民法院报》2010年4月25日第1版。

官的司法技能的建设。从第八届到今年的第十届研讨活动，则侧重于审判法官综合素养的养成，实际上是打造法官的“软实力”，补强法官的司法技能，实现法官“专业化”的长远目标。

可以断言：西部某省会城市中院的新一届研讨主题实际上是上一届，乃至上几届研讨活动主题的深化与拓展，始终贯穿着“公正与效率”的司法主题，始终秉持着“人民法官为人民”的社会主义法治理念，始终践行者科学发展观的指导思想，始终高举着实事求是，科学理性的大旗，始终彰显着一以贯之、精进不懈的创新精神。审判理论创新的实践昭示我们：科学理性的创新精神是审判理论创新的灵魂与支柱。

（三）打造理论创新的载体：发挥专业化合议庭的聚集辐射作用

审判理论的创新必须借助一定的载体才能得以实现，也才能保证理论研究成果的转化与完善。

正是基于这种考虑，从2003年开始，该中院就将专业化合议庭建设列入审判组织功能改革的议事日程。通过多年运行的实践成效分析，这一创新举措的成效是多方面的，就审判理论创新而论，专业化合议庭发挥着两大作用：

一是为审判理论的创新发挥着经验聚集的作用。专业化合议庭建设造就了一大批专业化的“专家型”法官，利于形成类型化的审判经验。而这些经验正是解决司法实践中热点、难点问题的实践素材，能够为审判理论的创新提供基本的思路和可供借鉴的对策。《关于审理农村集体经济收益分配案件的意见》、《关于审理医疗纠纷案件若干问题的意见（试行）》等十多个类型化案件审判指导意见的发布实施，不仅公正地判决了一大批焦点、难点类型化案件，而且保证了法律适用的统一，彰显了审判理论创新的效果。同时，专业化合议庭建设探索出了一系列的审判管理经验。例如为如何遵循审判规律，如何进行审判资源的科学配置，如何提高裁判质量与效率等方面积累了创新的经验，为其他兄弟法院提供了借鉴的“样板”。

二是为审判理论创新成果的适用发挥着效果辐射的作用。审判理论创新所形成的新成果要在司法实践中得以检验，还必须回到司法实践中去，需要进行必要的再修改、再完善、再创新。由于专业化合议庭具有类型化的审判特质，就容易发现审理某一类案件中容易出现的问题，也容易积累相应的审判经验和相应的裁判策略。这也为新的理论成果在司法实践中的转化搭建了实践的载体，并通过这一载体，检验新的司法解释、指导性意见或指导案例的实践效果，并能够“对类型化案件的特点、规律总结提炼，并上升为一般司法问题、法学问题及立法可预见性问题”[①]，为今后的立法、修改法律等创新性工作提供相应的建议。

三、审判理论创新的拓展根本：以人为本，理念领先

之所以论述研讨主题拓展的话题，是因为西部某省会城市中院审判理论创新的成功实践告诉我们：研讨主题拓展关乎审判理论创新的可持续性问题。“拓展”，就是深化、发展与完善，而创新人才培养与储备的成败，事关审判理论创新拓展的得失。

（一）筑牢拓展的根本：以先进的审判理念培养人才

就审判理论创新而论，理念的传播与传承有着更为久远的价值和意义，它蕴含着法官在创新中所具有的精神。一个理性而领先的审判理念，必定会开拓出审判事业的新局面。在此仅梳理出历届研讨活动主题发言中所提出的前瞻性极强的创新性司法理念。

一是理论应对的理念。这一理念早在2002年第一届主题研讨活动中已经提了出来，“理论研究的多角度、自由度、灵活性和前瞻性决定它可能也应该是走在法律实务的前面。相对滞后的法律需要法学理论去拾遗补漏，去纵横论证，去预测走向，去寻求利益平

① 康宝奇主编：《合议庭专业化——对法官职业化建设的思考与实践》，载《人民司法》2007年第2期。

衡的最佳点。”[①] 这一观点已经明确指出了理论应对的优势和理论应对的定位。同时，它又指明了审判理论创新应有的判别意识和发现目光。自此，理论应对的理念，贯穿于市县两级法院审判实务理论研究的全过程。

践行这一理念，对于审判理论创新有着极为重要的指导意义。要践行司法理论应对司法难题的理念，就必须拥有“两种意识”和“一种能力”。首先，法官要有问题意识。要关注一个地域在一个时期发生的突出的社会矛盾及其引发的法律问题，思考解决的思路，找寻法律的漏洞，补充、细化指导司法实践的规则。其次，法官必须拥有国情意识。这是对问题意识的一种时空界定，以增强问题意识的针对性、现实性。“人民法院如何实践科学发展观，司法应如何‘站在民意的土壤上’，寻找符合国情的现代司法制度切入点的深刻思考。”[②] 这段话对国情意识进行了深刻而简明的界定。在第九届研讨活动的综述中，有这样一段话同样值得思考，“通过对恶意诉讼及其与欺诈诉讼、滥用诉权、不当诉讼等概念关系的深入思考，提升了对中国司法问题的理解，深化了对现实司法语境下法官经验、智识、良知、技能等问题的认识”。[③] 同时，国情意识还是一种担当社会责任意识，是一种知难而进的创新精神。再者，法官必须拥有司法调查研究的能力。引注中这样一段论述[④]，既指明了司法调研的对象，又提出了应有的态度、方式和应该注意的问

---

① 康宝奇、来小鹏主编：《民商法理论与实务研究》，陕西人民出版社 2004 年版，第 4 页。

② 康宝奇主编：《司法良知》，人民法院出版社 2009 年版，第 16 页。

③ 杜豫苏、赵旭忠、李莉：《规制恶意诉讼，净化司法空间》，载《人民法院报》2010 年 6 月 23 日第 5 版。

④ 参见康宝奇主编：《疑难案件审判实务研究》，人民法院出版社 2007 年版，第 14 页。“这就要求法院的调研必须紧紧围绕审判实践和社会群众关注的疑难法律问题。面向社会、面向实践、面向基层审判是法院调研工作的特点，这就要求我们的调查研究必须求真务实，实事求是；必须脚踏实地，不尚空谈；必须善于钻研并注重成果的转化，确保调研成果能对解决审判实践问题产生实效。”

题，对法官个人和法院组织调查研究能力的建设都具有指导的价值。

二是能动司法的理念。“能动司法”理念的提出于2003年该院举办第二届主题研讨活动期间。与2009年开始的全国理论界和实务界对“能动司法”的含义进行大讨论活动比较，该中院“能动司法”一词的提出，领先了6年。早在6年以前，该中院明确提出了“正视问题，能动司法，正确处理农村集体经济收益分配纠纷”的观点，这一观点极具前瞻性和创新性。“由于现行法律、法规对这类问题，缺乏明确规定，形成法律上的盲区，致使人民法院处理此类纠纷时因欠缺执法依据，导致审理难度加大，影响司法的统一性，一定程度上造成司法的失衡与混乱，因此加强经验总结与理论研究，能动司法十分必要。”① 上述观点，已经对“能动司法”进行了较为清晰的界定，即能动司法是人民法院遇到法律适用的困难时，以司法经验和理论研究的成果，解决法律适用困难的一种思维方式和工作方法。正如梁慧星先生所认为的那样，“而法官在裁判案件当中，绝不是消极被动的、无所作为的，既不是法律条文的奴隶，也不是程序、证据和所谓举证责任分配规则的奴隶。”② 能动司法强调的是法官一种主动工作而非消极应付的进取意识，这种意识是实现审判理论创新所必须具有的精神品质。

三是“利益平衡”的理念。“相对滞后的法律需要法学理论去拾遗补漏，去纵横论证，去预测走向，去寻求利益平衡的最佳点。”③ 在2002年第一届主题研讨活动中已经提出了“利益平衡”的理念。在一定意义上，“利益平衡”的理念可以认为是“能动司法”理念的具体工作方法。在第五届研讨活动中，又提出了“公平理性地平衡诉讼中对抗双方的利益，倡导司法化解纠纷的法治文

① 康宝奇主编：《征地款分配纠纷审判实务与研究》，人民法院出版社2004年版，第18页。

② 康宝奇主编：《裁判方法论》，人民法院出版社2006年版，第27页。

③ 康宝奇、来小鹏主编：《民商法理论与实务研究》，陕西人民出版社2004年版，第4页。

明，以求充分发挥司法促进和谐之功效，是法院工作的基本目标"[①] 的观点，进一步将利益衡平与社会和谐结合起来。在第八届研讨活动主题发言时所能指出的"司法是职业性和专业化程度很强的工作，……它有一整套较为专业复杂的规则、程序和思维判断方式，要求法官具有对复杂社会矛盾的深刻了解及对利益冲突关系的良好平衡力。"[②] 从中可以看出，利益衡平不仅是一种裁判的理念，还是一种裁判的能力。这种能力的实现，必须借助能动的司法方式，才能得以实现。得益于利益衡平理念的明确确立，为该院重新认识和正确定位诉讼调解工作奠定了方法论的基础，从 2004 年开始，该中院率先于全国其他法院，敢为人先地力抓诉讼调解工作，至今不懈。理念的领先为司法工作注入了活力。

（二）强化拓展的载体：以调研才能的历练储备人才

通过图表三的数值变化，就可以看出西部某省会城市两级法院调研队伍发展壮大的过程。

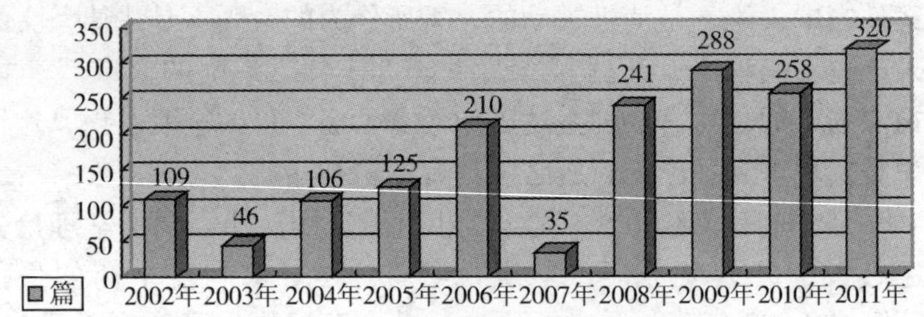

历届主题研讨活动参评论文数量（图表三）

2002 年开始，西部某省会城市中院新一届党组按照"调查研究是提高司法能力和执法水平的有效途径"[③] 的整体思路，培养人才、历练人才、发现人才、选用人才。近十年始终如一的主题研讨

① 康宝奇主编：《疑难案件审判实务研究》，人民法院出版社 2007 年版，第 14 页。

② 康宝奇主编：《司法良知》，人民法院出版社 2009 年版，第 13 页。

③ 同注①。

活动，历练了一大批中青年法官，培养和储备审判人才，构建起了两级法院的人才梯队。“巧妇难为无米之炊”，人才的储备，为审判理论创新的拓展提供了有效的运行载体。“推行专业化审判以来，许多法官感受到了自己知识积累的不足、结构的不合理，主动寻找机会提高自己的理论素养。深谙国情、学养深厚、经验丰富的专家型法官不断涌现，不但成为审判中坚力量，有的还走上领导岗位。”① 为了验证这一判断，笔者专门翻阅了第一届、第二届主题研讨活动的专著的作者名单，发现近乎一半的作者已经成为两级法院的审判骨干，相当一部分进入了两级法院的领导班子。这一结论进一步证明了该中院党组人才培养思路是符合司法审判部门人才成长的基本规律。司法实践的历史告诉我们，要完成审判理论创新拓展的任务，就必须拥有一批求真务实、脚踏实地、不尚空谈、学养深厚的优秀法官人才。

至于审判理论创新所取得的成果，笔者认为真真切切的转变，实实在在的业绩，就是最好的回答。

结　语

西部某省会城市中院成功的主题调研实践活动告诉我们：社会管理创新是由一个个细节，一个个环节，有机联接而融为一体的。人民法院参与、推进社会管理创新绝不是一时的权宜之计，而是为着实践“公正、廉洁、为民”的理念，不懈奋斗的一种恒久的坚持与理性的坚守。

写到此处，深切地感悟到：我们在借鉴别人先进经验的同时，不妨静下心来，发掘已有的被实践证明是行之有效的创新思路和创新举措等资源，此乃为创新社会管理思路和举措的一条十分重要而便捷的路径。

---

① 康宝奇主编：《专业化合议庭建设及类型化案件审判研究（第二辑）》，人民法院出版社 2010 年版，第 4 页。

论执行权分权运行控制机制的建构

闵合平[*]　吕艳红[**]

【内容提要】　法院内部执行长效机制的建立应从改变既有的执行权高度集中的结构入手，以提高执行权的运行效率为核心，以程序公正为制约条件，以分权制衡为技术手段，建立起对执行权运行控制的长效机制，通过对执行权中不同性质权力的分立和相同性质权力关键环节的分立，达到执行权行使中权力之间的相互制约和当事人权利对执行权的制约。借鉴控制论的成果，应当选择能以最小的控制成本获得执行制度功能最大化实现的方案，最终达到控制机制与执行权的权力结构的优化，使得执行权的运行由集中走向分立，这种优化了的权力结构，同时又会使得对执行权的运行容易控制，并且控制效果最优。具体路径选择上可以建立执行权分权运行控制机制，将一个执行案件分为调查控制、处置兑付、评价结案三个流程阶段，各阶段规定一定的完成时限，分别由法院内部不同执行庭室的执行法官来实施，以实现整体上对案件执行时间的控制和各流程阶段执行权行使的相互监督制约以及执行程序的公开透明。为使分权运行控制机制更具科学性，需要确定一些例外规则，在分权的原则性和相对性之间寻找平衡，并需要对各个阶段的目标任务进行精细化界定和建立相应的责任倒查追究制度，以防止因分权带来的部门之间的对抗，减少协调成本，还需要建立相关的对当事人

---

*　西安市莲湖区人民法院党组书记、院长。

**　西安市莲湖区人民法院法官。

的告知和权力救济等配套制度，以保障当事人的知情权和监督权。

引 言

“执行乃法律的终局和果实”，民事强制执行制度承载着实现债权的使命，所以，“公平、有效率、成功的强制执行，无论是针对私人的，还是针对政府机构的，对于发展法律文化与司法独立是特别重要的。民事判决的执行甚至被认为是法治的基本支柱……”① 但在我国，民事强制执行的效率低下、效果不佳却一直是一个不争的事实。笔者认为，在现有的执行工作机制中，因执行权的运行缺乏合理有效的控制而导致的执行效率低下、执行程序不公开是影响民事强制执行制度功能实现的最重要因素，也是当事人强烈质疑的最主要原因，因而法院内部执行长效机制的建构应当以对执行权的运行控制为核心。本文试图从执行权的运行现状入手透视缺少有效控制的执行权运行中的问题，探索执行权运行控制中的理念和路径，以期为执行权运行控制机制的科学建构提供一些感性的素材和理性的思考。

一、执行权运行控制机制建构的现实需要

（一）现行体制下执行权的运行特点：高度集权缺失控制

根据我国现行《民事诉讼法》第 205 条、第 216 条至第 233 条的规定，可以看出我国现行执行权运行机制具有以下特点：（1）属于职权主义运行模式。执行程序启动后，对执行程序的推进的决定权在于执行员。（2）呈现出高度集权的特点。执行员多种执行权力集于一身。从权力种类上说，有对被执行人财产的调查权、控制权、

① Keith Henderson, Angana Shah, Sandra Elena, Violane Autheman, Regional Best Practices: Enforcement of Court Judgments Lessons Learned From Latin America. 转引自严仁群：《民事执行权论》，法律出版社 2007 年版，前言第 2 页。

处置权、兑付权，有对案件的中止权、终结权；从权力性质上说，包括了执行实施权和裁决权。（3）权力运行中缺失控制。在权力运行中，没有审级监督、当事人监督，更没有对权力运行过程中的控制。

（二）现行执行权运行机制的设计起点：过于理想缺少现实根基

在职权主义运行模式下，执行权主体对执行程序的推进具有主导性地位，在没有对权力进行控制的前提下主导地位的赋予，必然带有对权力主体的理想化色彩，将制度设计的逻辑起点建立在了权力主体系完全利他的“道德人”① 的理想状况下。这种制度设计要求权力主体：一是具有高度勤勉的责任感。毫不懈怠、完全利他，为了申请人利益积极地推进执行程序；二是具有高超的业务水平。在对执行措施的选择、判断和实施上非常理性，完全正确；三是具有良好的道德和良知。高度自律，不存在为了私欲而滥用权力的道德风险。实际上，这种制度设计本身是没有现实根基的：一是违背了人性的特点；二是忽视了目前执行从业人员素质良莠不齐的现状；三是造成了权力主体行使多种权力的“角色混同”。

（三）执行权运行的现实效果考察：两大反差凸显效率效果不佳

笔者采用定量和定性考察的方式，调查了西部某基层法院三年来的执行案件收结案情况、信访督办执行案件情况以及法院所采取的措施，并通过问卷形式调查了公众对执行权运作方式的评价，试图客观呈现现行机制下执行权运行的效果，反映缺失控制的执行权运行机制中存在的问题。

---

① 英国古典经济学家亚当·斯密在《道德情操论》中阐述了人性不同于“经济人”的另外三个方面：同情心、正义感、行为的利他主义倾向。他的思想被发展为“道德人”理论。参见夏若江：《斯密的“经济人”和“道德人”》，载 www.sinoth.com，于2008年5月6日访问。

1. 定量分析：反映出高申请执行率、执结率和低实执率之间的巨大反差

（1）2006－2008 年度执行案件收结案情况

	民商事案件判决调解结案数（件）	执行案件受理数（件）	执行案件结案数（件）	执结率（%）	实结率（%）
2006 年	1748	1111	1104	99.37	34.26
2007 年	1750	1207	1202	99.50	33.16
2008 年	1038	977	970	99.28	48.38

上表说明：a. 判决和调解的案件自动履行率较低，绝大多数进入了执行程序，强制执行制度的威慑力较差；b. 进入执行程序的案件能实际执行的比率较少，绝大多数是程序性结案，执行权运行的效率低下。

2. 定性分析：反映出法院对执行工作的高重视与公众的低认同之间的巨大反差

（1）2006－2008 年度执行信访案件情况

年度	信访督办案件	信访执行案件	执行不力（久执不决、不认可程序性结案）		执行异议		执行根据错误		干警违法	
	数量	数量	数量	%	数量	%	数量	%	数量	%
2006 年	79	38	29	76.32	8	21.05	0	0	1	2.63
2007 年	61	44	33	75.00	7	15.91	1	2.27	3	6.82
2008 年	44	24	20	83.33	2	8.33	1	4.17	1	4.17
合计	184	106	82	77.36	17	16.04	2	1.89	5	4.72

上表说明，从当事人的视角看：a. 大多数债权人不接受自己债权不能有效实现的结果，认为其债权未能有效实现是由于执行人员主观方面的不尽责造成；b. 一定比率的被执行人或者第三人认为存在忽视或者侵害其权益的执行乱作为；c. 执行中存在少数违法乱纪的现象。

（2）公众评价

笔者对100名包括法官、申请人、被申请人、第三人、律师、学者及其他公民进行了有关执行权运行效果的调查，有65名被调查者不满意目前执行案件由一个执行员“一包到底”的执行方式，认为该执行方式亟待改变。对于该模式的弊端，其中，36%认为执行效率不高，34%认为执行过程不公开，30%认为其中执行法官权力过大、缺少监督制约。

（3）法院的作为

与当事人和其他公众低评价形成巨大反差的是，执行工作一直是笔者所调查法院的重中之重，其中，历年的人大报告中都提到“执行效率不高，执行难未能有效解决”的问题以及改进意见。而且每年都在开展“集中执行，深夜法官捉老赖”等旨在提高执行效率的专项整治活动。但是，这些积极作为并没有得到应有的社会认同，上列高的信访督办案件以及问卷调查的情况就是例证。“公众对司法的社会认同是指广大人民群众在社会普遍奉行的道德标准和主流价值观的引导下，根据自身对司法活动的了解和认知状况形成的一种综合评价体系。”① 众所周知，强制执行的有效实现既取决于执行权力主体的积极作为，也取决于被执行人的执行能力，在因被执行人执行能力所限执行客观不能的情况下，法院需要得到认同的是：积极地推进了执行程序，已经穷尽了可能的执行手段，执行中没有违法行为……但调查中执行信访案件的比例居高不下，说

① 李后龙：《努力增强人民法院司法审判的社会认同度》，载《人民法院报》2008年8月27日第3版。

明公众对此存有不满和合理的怀疑，这将最终削弱执行权和司法制度的权威性。

从上述对执行权运行机制的特点分析和现实效果考察可以看出：高度集中缺少控制的执行权运行机制并不能很好地实现执行制度的目的，也不能得到应有的社会认同，其中体现的矛盾和问题属于执行权运行中“经常性、具有一定倾向性的制度性障碍”①，亟须通过科学构建执行权运行控制机制、优化执行权结构加以治理。

二、执行权运行控制机制的建构

（一）制度建构的理念：通过分权制衡优化执行权结构体现效率与公正

1. 以提高效率为中心价值

国家设置民事强制执行制度的目的在于威慑或迫使债务人履行在民事审判程序中确认的债务以实现债权人的债权，所以，快速经济地实现债权是民事强制执行制度首要的价值追求，效率也应是执行权运行控制中需要考虑的优先目标。提高效率的中心价值要求对执行权的运行控制既要有利于积极推进执行程序、迅速而有效地实现债权，也要力求以最小的资源投入获取最大的效益，即对执行权的控制在合理调配现有资源和条件的基础上实现，而不是无限制地进行资源投入。

2. 以体现程序公正为制约条件

效率优先并不是要否定公正，“公正与效率是正义的两个维度，它们是法治社会中不可或缺的重要价值目标，失却效率的公正与失却公正的效率都是与法治精神背道而驰的……只有通过一定公

① 谭秋桂：《民事执行权的配置方式与民事执行体制的建构》，载《法律适用》2006年1~2期，第61页。

正合理的程序实现的效率，才是具有正义性的效率。”[①] 执行程序必须体现独立的价值功能：一是穷尽执行手段。鉴于执行债权的有效实现受到被执行人的行为配合和财产状况等客观因素的制约，所以，不能将执行结果作为衡量执行行为是否公正的唯一标准，而要看是否穷尽了执行手段。因为我国执行权的运作模式属于职权主义模式，所以，执行手段的穷尽不能仅以债权人提供的财产线索为限，还必须依职权积极作为，只有穷尽了上述两个方面的执行手段，才能认为执行程序是公正的；二是程序公开透明。程序的公正以公开为前提，执行程序的公开透明对于保障当事人的权利，提高社会认同具有重要意义。保障当事人对执行程序的知情权是执行程序公开的必然要求，当事人对执行程序的知情权包括能通过查询和被告知等形式随时了解执行情况，以实现对执行程序的有效参与和亲历感，增强职权模式运行中的民主性。三是救济权保障。公正的执行程序还应当包括严密的救济程序，以防止执行人员怠于行使或者不当行使执行权可能造成的对债权人、债务人或者案外人合法权益的侵害。这种救济程序的保障是当事人和案外人权利保护的需要，也是通过当事人权利制约执行权力的需要。

3. 以分权制衡为技术手段

“一切有权力的人都容易滥用权力，这是万古不易的一条经验。”[②] 所以，“人性自身的缺陷与弱点的存在决定了种种主观上的谨慎和防范不能靠人本身，必须借助客观化了的人性，即合乎人性的法律与制度”。[③] 而在对权力运行控制理论中，分权制衡被西方的宪政实践证明是科学而有效的。笔者认为，在执行权运行控制机制中，通过对其中不同性质的权力相区别，同一性质的权力相制

① 谭秋桂：《民事执行权的配置方式与民事执行体制的建构》，载《法律适用》2006 年 1～2 期，第 62 页。

② ［法］孟德斯鸠：《论法的精神（上）》，商务印书馆 1961 年版，第 154 页。

③ 陈文兴：《司法权配置的两个基本问题》，载《法学杂志》2007 年第 5 期，第 86 页。

约，以实现“权力制约权力、权利制约权力”的分权制衡原则应当是制度设计的基本理念。通过对执行权运行过程的分权制衡，改变传统执行权运行体制中权力角色的高度混同、权力的过度集中可能导致的懈怠和滥用等缺陷。具体而言，在执行运行控制机制中要实现：(1) 执行权中不同性质权力的分立。尽管学界对执行权的性质有司法权说[①]、行政权说[②]、司法行政权说[③]、相对独立的国家公权力说[④]几种不同观点，但几种观点都不否认，在执行权中包含了司法权和行政权，现行司法解释也以此将执行权划分为执行实施权和执行裁决权。在对执行权的运行控制中，首要的是对执行权中这两种不同性质的权力进行划分，分由不同的执行庭室（法官）行使，以实现不同性质权力之间的分立和制约。(2) 执行实施权中关键环节的权力分立。现行执行权运行机制中，执行实施权仍体现出权力高度集中不宜控制的特点，特别是对执行标的调查控制权和处置兑付权集于一身极易导致“暗箱操作”和当事人的合理质疑，实践中的执行违法行为多发于此。因此，笔者认为，对执行实施权中关键环节的权力进行分立，也是对执行权运行进行控制的应有之义。(3) 当事人的权利对执行权的监督和控制。对执行权进行有效控制，还需要将执行权力置于当事人尤其是债权人的监督之下，以当事人的权利制约执行权力，因为“公民多一项权利往往也就意味着国家机关多了一项义务或少了一项权力”。[⑤] 具体地，可以通过在各执行阶段中增设对当事人知情权的保护和对其受损害权利的救济程序来增强执行程序的公

① 参见江伟、赵秀举：《论执行权的性质与执行机构的设置》，载张启楣主编：《执行改革理论与实证》，人民法院出版社 2002 年版，第 75 ~ 77 页。

② 参见谭世贵主编：《中国司法改革》，法律出版社 2000 年版，第 294 页。

③ 参见常怡、崔婕：《民事强制执行立法研究》，载田平安主编：《民事诉讼程序改革热点问题研究》，中国检察出版社 2001 年版，第 526 页。

④ 参见谭秋桂：《民事执行原理》，中国法制出版社 2001 年版，第 23 页。

⑤ 严仁群：《民事执行权论》，法律出版社 2007 年版，第 186 页。

正性和当事人的认同度。

（二）路径选择：建立以内部控权为主的执行权分权运行控制机制

1. 对执行权控制的主张

目前我国对执行权控制的主张主要有：一是对执行权运行的外部监督控制。认为内部监督属于自我纠错，难度大、效果差，故应采用外部监督控制，其中代表性的主张有：（1）检察监督。认为应当通过检察建议的形式对执行权支持、纠错，达到执行当事人的满意，使监督和被监督单位获得共赢和共进；① （2）执行实施权分由行政机关行使。认为执行实施权属于行政权，应由司法行政机关来行使；② （3）陪审员监督。认为人民陪审员作为司法民主化的重要形式，理应参与到执行程序中…陪审员参与执行行为为执行监督打下良好的基础。③ 二是对执行权运行的内部监督控制，认为外部监督成本大，具有事后性、不便捷等弊端，因而应当主要采用内部监督的做法。主张有：（1）通过上下级法院之间的监督来实现；④（2）建立民事执行内部监督审查制度，通过对被执行人财产实施签认、告知和签证制度以及通报、听证制度实施对执行过程的监督以及通过建立案件报结制度对执行结果进行监督；⑤ （3）法院执行庭室之间的监督制约，包括执行实施权和裁决权相分立的两权分立机制和执行决定权、实施权和裁判权相分立的三权分立机制以及包

---

① 参见杨荣馨：《略论强制执行的检察监督》，载《诉讼法学、司法制度》2007年第10期，第14页。

② 参见李明霞、万学忠：《建议执行工作交司法行政部门负责》，载《法制日报》，2003年3月16日第3版。

③ 参见邱新华：《关于人民陪审员参与执行的设想》，载 www.chinacourt.org，于2006年10月12日访问。

④ 参见叶庆章：《对完善我国执行监督制约机制的思考》，载 www.chinacourt.org，于2008年10月17日访问。

⑤ 参见田平利、张工：《论民事强制执行程序内部工作机制的重构》，载安东主编：《新视角下的审判实践辨析》，陕西人民出版社2009年版，第99页。

含了执行裁决权、实施权分立和执行实施权关键环节权力分立的分权运行控制机制。①

2. 路径选择中需要考虑的因素

如何选择对执行权控制的最优路径，是执行权运行控制机制建构的核心问题。“根据控制论的一般原理，控制是作用者对被作用者的一种能动作用，被作用者按照作用者的这种作用而行动，并达到系统的预定目标。”② 对执行权运行过程的控制本身是一种为了最大化实现执行制度功能的手段。所以，路径选择首先也应考虑能否最大化地实现执行制度功能价值这一预期目标和收益。笔者认为，就执行权的运行现状和执行制度的功能实现来看，通过控制权力运行需要达到的预期目标是：（1）激励和约束权力主体为债权人利益积极主动地行使执行权，积极推进执行程序，使程序顺畅运行，提高执行效率。（2）促使权力运行过程公开透明，保障当事人的知情权和救济权，执行结果获得当事人的认同，减少执行信访案件。

围绕这一预期目标，在路径选择上应当考虑选择能以最小的控制成本获得执行制度功能最大化实现的方案。“按照控制论的基本观点，一切控制系统所共有的基本特性是信息的交换和反馈过程，利用这些特征可以达到对系统的认识、分析和控制的目的。”③ 所以，控制成本主要取决于控制系统内的信息交换和反馈成本。具体应包括：（1）控制过程中的信息交换和反馈成本；（2）对控制过

① 审判实践中的一些做法。从2003年开始，许多法院都设立了执行综合办公室实施执行裁决权，实现了执行权的两权分立机制。也有一些法院在两权分立的基础上，执行措施的决定权由院、庭长通过审批决定，形成了三权分立的执行权监督控制形式。从2007年开始，个别法院如北京市第二中级人民法院开始尝试执行分权运行机制，在两权分立基础上进而实现了对执行实施权关键环节的权力分立。

② 吴水澎、邵贤弟、陈汉文：《企业内部控制理论的发展与启示》，载 http://sjj.sh.gov.cn/node2/node9/node32/ula7141.html，于2009年6月30日访问。

③ 王志华、王晋华：《浅议内部控制理论的主要流派及其耦合》，载 www.chinaacc.com/new/287-289/2009-3-5-wa 846111758539002125 4.shtml，于2009年6月9日访问。

程中的冲突解决的协调成本；（3）更为重要的是，控制机制作为“一种制度安排，要发生效力，必须是一种纳什均衡，否则，这种制度安排就不成立。……决定一项制度能否构成纳什均衡，最深层的原因就是制度背后的权力格局”①。所以，执行权的运行控制机制要有效发挥作用必须与执行权运行结构保持一种动态均衡，也就是说，通过运行控制机制能促使执行权力结构的优化，使得执行权的运行由集中到分立，这种优化了的权力结构，同时又会使对权力的运行容易控制，控制成本降低，并且达到对权力运行过程的控制而非仅是对运行结果控制的最优效果……通过上述不断反复的博弈，最终形成一种最优化的权力结构和与权力结构保持平衡的控制机制。

从以上因素进行考量，相比内部控制而言，外部监督控制的路径信息获取成本高，冲突解决代价大，收益缺乏稳定性，因而，是应当被抛弃的。从内部控制的具体主张和做法看，上下级法院的监督是以结果为依据的监督，具有事后性的特点，而且冲突解决周期长，成本高；内部审查制度以现有高度集中的执行体制为基础，不能起到优化和改变现有高度集中的权力结构的作用，因而，也不是最优的方案。

3. 执行分权运行控制机制的建构

笔者认为，对执行权运行控制的最优路径是建立执行分权运行控制机制，即将一个执行案件分为三个执行流程阶段：调查控制阶段、处置兑付阶段、评价结案阶段，分别由执行局三个单列部门的执行法官在一定时限内来实施（根据执行案件的审限要求以及各阶段的工作量，第一阶段应控制在两个月内完成，第二阶段控制在两个月内完成，第三阶段控制在一个月内完成），各阶段的主要目标任务是：调查控制阶段完成统一查找财产线索、统一对财产进行控制；处置兑付阶段完成对已经控制的财产进行评估拍卖等处置并

① 张维迎：《博弈论与信息经济学》，上海三联书店 1996 年版，第 14 ~ 15 页。

对债权人进行兑付；评价结案阶段完成对执行过程中需要裁决的事项的裁决，并对所有执行案件结案情况进行审查，征询当事人意见后作出评价。通过上述制度设计实现对一个执行案件总体执行时间的控制、对执行权实施过程中权力的控制和各个阶段执行程序的控制。该机制的优势在于能以最小的控制成本实现执行制度功能的最大化。从控制收益看：（1）改变了现有高度集权的执行权结构，防止了权力角色的混同和权力滥用，实现了对执行权实施过程的有效控制；（2）通过同一性质的权力关键环节的相互制约和当事人权利对执行权力的制约，使得执行过程公开透明，有利于执行权运行中的程序公正；（3）对每个阶段目标任务的确定和相应的时限规定有利于对执行时间的控制和效率的提高。（4）执行人员集中办理执行案件同一环节的事宜，有利于节约执行资源。从控制的成本看：（1）执行各阶段中的执行员（或法官）既是控制的主体又是控制的客体，既对其所负责的执行权力实施控制，又受到其他阶段中执行员或（法官）的控制和监督，按照博弈论的观点，如此的制度安排会使得博弈主体按照制度以外规则行事的积极性降低，而能动行使执行权的积极性提高，这意味着控制成本将会下降；（2）相对于外部控制，在一个法院内部庭室之间的信息交换、反馈比较便捷，冲突易于协调和解决，成本较低。

4. 执行分权运行控制机制建构中应注意的几个问题

（1）例外规则的确定

执行分权运行控制机制要达到预期的目标，分权必须具有科学性，既符合执行案件的特点和运作规律，又不因为分权而人为地造成程序的过度拖延和当事人的诉累。所以，要在分权的原则性与相对性之间寻求平衡点。笔者认为，在分权的大原则下，要实现科学性，必须具有例外规则，例外规则是衡量一项法律制度是否成熟的重要标准。根据执行案件的特点，下列案件应存在例外，不应一律经过三个流程阶段：a. 执行标的为非金钱债权的执行案件。因为该类案件的申请人仅是要求被执行人为一定的行为来满足其权利实现，所以，如果将以行为为执行标的案件分段执行，则人为地割裂了对行为执行的完整性，故此类案件应当直接进入第二阶段执行后由第三阶段作出评价；b. 已足额保全的案件。在诉讼阶段已经完成了对财产的调查控制，故应当直接进入第二阶段执行后，由第三阶段作出评价；c. 调查控制阶段能够直接确定结案的案件。此类案件无需转入处置兑付阶段，而应直接转入第三阶段评价结案。例如非诉裁定不予执行的案件；经过督促当事人自觉履行了义务的案件；经过调查确认被执行人无履行能力的案件；当事人在执行中和解的案件；当庭及时清结的案件等；d. 被执行人在异地的案件。如果分段则会造成执行成本过大，应当确定调查控制和兑现同时进行，故第一阶段完成两个阶段的执行后应当直接转入第三阶段；e. 直接参与受偿的案件。无需划分阶段，应看案款在哪个阶段就直接进入该阶段执行后，转由第三阶段结案。f. 在部分兑付的案件中发现新的财产线索由第二阶段一并完成对新线索的调查和兑付后转入第三阶段。通过这些例外规则的存在，实现原则性和灵活性的结合，使分权运行机制更具科学性。

（2）分权运行控制机制中冲突的解决

在分权运行控制过程中执行局庭室的关系变得竞争，必须防止或考虑能以较低代价解决因分权引起的部门利益之间的冲突，防止因部门对抗发生的阻碍制度功能实现的情况发生。笔者认为，解决冲突的方法主要是对各个阶段的目标任务的精细化界定以及配套的对未完成目标任务的责任倒查追究制度的建立。据了解，在实践中确实存在着因主客观原因未完成阶段目标任务直接转入下一阶段的情况，如果此种情况大量出现会使分权运行流于形式，不但达不到分权控制的预期目标，反而会使执行效率低下。有鉴于此，首先需要界定清楚各阶段目标任务的完成标准。例如在调查控制阶段，为了实现调查控制与申请执行标的基本相适应的可供执行的财产的阶段目标任务，需要界定清楚以下事项：a. 调查范围。包括当事人提供的财产线索，也包括依职权查询的线索。b. 对调查结果的处理方式。有财产可供执行的，依法控制与执行标的相适应的可供执行之财产；有部分财产可供执行的，根据相关规定，除被执行人及其所扶养家属生活所必需的房屋、生活用品、费用或其他不得查封、扣押、冻结的财产外，其余财产依法控制；无财产可供执行的，被执行人不申报财产或者申请人无法提供被执行财产线索的，借鉴中央政法委和最高人民法院《关于规范集中清理执行积案结案标准的通知》精神，执行人员应分别情况处理：被执行人是法人的，到有关部门进行“四查”：查银行存款、房地产登记、股权、车辆手续等；被执行人是自然人的，应当向被执行人所在单位及居住地周边群众调查了解其财产状况或线索。查清了以上情况并做了相应处理才能认为完成了第一阶段的目标任务，方可移交第二阶段兑付或者第三阶段评价。对于未完成阶段目标任务的，为了不对当事人利益造成损害，由下一阶段完成上一阶段的目标任务，但要建立责任倒查和追究制度，使权力主体无法从不按制度行事的行为中获利。

（3）配套制度的建立

一是建立对当事人在各个执行阶段的情况告知制度，如在执行立案阶段进行风险告知、执行流程告知、案件查询告知、联系法官告知等，在执行程序中，每个阶段的情况都需要告知当事人，听取其意见，尤其是结案阶段，必须征求当事人的意见，接受当事人的评价监督，以实现执行程序的公开透明和当事人权利对执行权的监督制约。二是赋予债权人、债务人、第三人对执行员不当行为提出异议之诉权。借鉴“日本《民事执行法》第 11 条的规定，对于执行官的处分及其怠慢，可以向执行法院提出异议”①，以保障当事人或案外人的监督权。

① 严仁群：《民事执行权论》，法律出版社 2007 年版，第 190 页。

结 语

通过改变现有权力结构加强对执行权的控制是提高执行效率和提高社会认同的现实需要，从集中走向分立的执行分权运行控制机制是优化执行权力结构的有效途径，是实现执行制度使命的必然要求，也是控制机制建构的最优路径。对此，执行实践中的探索才刚刚起步，要使执行权分权运行控制机制顺畅运行并发挥出应有的功能，还需要我们在理论上的深入探讨和实践中长期不懈的努力。

人民法院参与社会管理，创设城管巡回法庭的法律思考

翟俊杰[*]　陈丽娜[**]

【内容提要】　根据我国法律，人民法院负责城管行政处罚案件的非诉审查执行，从近些年执行的实际情况来看，存积的社会矛盾比较突出，城管执法保障机制不够健全，对城管执法所需的专门法律法规没有明确规定，导致其自身行政执行乏力，暴力抗法现象突出；虽然法律规定城管执法部门可以行使行政指导等执法方式，但现实是城管部门主要通过行政处罚来实现其管理目标，由于城管部门集中了原政府7个部门的近60项行政处罚权，致使行政处罚案件大量涌入法院，从而使得司法资源稀缺性与司法需求扩张性之间的矛盾尤为凸显。因此城管行政处罚案件的非诉执行已成为法学界和实务界不可不研究的新问题。本文以城管行政执法、人民法院非诉审查执行现状以及存在的问题为切入点，结合大量的司法统计和实证比较，梳理当今法院受理城管类行政处罚案件审查执行中各个层面存在的问题和缺陷，如司法审查流于形式、司法审查与执行严重脱节、申请执行成本低廉引发新的诉累等一系列问题。针对存在的问题，笔者以所在法院创设的全国首家城管专业化法庭为观察视角，着重从法庭设立初衷与法庭异同到强化司法功能、追求法律

---

* 西安市莲湖区人民法院法官。

** 西安市莲湖区人民法院法官。

社会效果、防止司法万能化等几个方面予以理论和实践方面的研究。以期引起各位同仁的关注与思考，更为日后深入完善城管行政处罚案件非诉执行模式作有益尝试。

当代中国正在经历向法律社会管理的转变过程，这也就在客观上催生和促进了法律或司法控制的发展。在这一历史性转型时期的重大命题面前，人民法院作为参与社会管理创新的能动主体，参与社会管理的角色越来越重要，参与社会管理的介入度越来越深化。审判执行工作是人民法院的第一要务。依托审判平台，能动化解社会矛盾，转化消极因素，维护社会稳定，是人民法院参与社会治理的重要内容。司法的基本任务是充分发挥审判职能明是非、断责任、解纠纷，司法制度为解决社会矛盾纠纷，抑制后续矛盾的发生，提供了常态化手段和重要支撑。守护法律规范、调控社会秩序是人民法院通过运用法律解决社会纠纷，以维护社会秩序和法律权威的司法目标，这也正是法院参与社会管理的核心。

城市管理是创建文明城市、打造精品城区的基础。点多面宽也是城市管理工作的实际情况。但是城市管理部门在执法过程中，可能出现不规范执法和暴力抗法等现象，城管部门作出行政处罚决定后，也存在执行时间较长、执结率较低等问题。

为了创新社会管理，能动司法，进一步加大对城市管理行政执法的支持力度，同时也是为了提高对行政相对人的合法权益的保障力度，在人民法院行政审判庭内成立一个专门处理涉及城市管理执法非诉讼审查执行案件的专业法庭，是十分必要的。

引言：从《人民日报》的报道说起

2009 年 11 月 24 日《人民日报》以“城管开罚单，法庭来执行”为题从社会效果等方面高度评价了某市辖区法院成立全国首家城管专业化法庭一事，引起了社会各界极大的关注和议论。议论主要围绕两个问题：一是对城管行政执法、人民法院非诉审查执行现状及存在的问题能否彻底解决的期待；二是对法院如何衡平审判资源与执行成本、公正与效率等综合因素的质疑。笔者以所在法院创设的全国首家城管专业化法庭为观察视角，从法庭设立初衷与法庭异同到强化司法功能、追求法律社会效果、防止司法万能化等几个方面予以理论实践研究，旨在抛砖引玉，求教于大方。

一、我国城管行政执法、非诉执行现状及问题评析

（一）城管行政执法现状及存在的问题

《中华人民共和国行政处罚法》（以下简称《行政处罚法》）于1996年10月1日施行，其第16条确立了“相对集中行政处罚权”制度。1997年4月经国务院批准，北京市宣武区在全国率先启动城市管理领域的相对集中行政处罚权试点工作。国务院于2002年8月22日发布了《关于进一步推进相对集中行政处罚权工作的决定》，授权省、自治区、直辖市人民政府批准在本行政区域内开展相对集中行政处罚权工作的决定，随后我国城市管理领域的相对集中行政处罚权制度在全国全面铺开。由于开展相对集中行政处罚权城管工作在我国属于新生事物，其执法难、执行难的问题引起学者及大众极高的关注。举例来说，如果在人行道违章乱停乱放车辆，城市管理行政执法部门下达处罚决定书后，个别当事人可能会不予理睬，那么他在6个月后会收到法院强制执行的裁定书。此外，由于法律、法规没有规定城市管理部门拥有限制人身自由的行政处罚权，遭遇暴力抗法时没有刑事拘留权，行政相对人拒绝履行行政处罚决定时，也没有有效的强制措施，只能申请人民法院强制执行。这个过程如果过于繁琐、漫长，往往达不到执法效果。城管巡回法庭的成立，正可以改善这种局面。

城管工作执法难、执行难问题有以下几个原因：首先，城管执法缺乏法律保障机制，所需的上位法并没有明确规定。截至目前，全国还没有一部关于城管执法的专项法规，城管执法的依据仅是《行政处罚法》中关于相对集中行政处罚权的规定。这样，城管执

法的法律效力和法律地位的不足，致使城管执法主体在行政执行过程中处于一种尴尬境地，使得自身行政强制执行乏力。① 其次，由于部分群众的法律知识缺失，对城市管理行政执法行为产生误解。第三，部分城市管理执法局在城市管理工作中，存在着乱处滥罚、不按照程序执法等行为，或是不同程度存在执法方式简单粗暴、执行行为生硬刻板、缺乏人性化的情况，最终导致暴力抗法的流血事件不断发生，加之部分新闻媒体为追求关注度，刻意放大城管执法中的不足，更加削弱了城管执法在大众心中的正义性和合法性。第四，部分行政处罚相对人属于社会弱势群体，缺乏履行罚款的能力，因此对行政执行行为产生极强的对抗情绪。

（二）法院受理城管行政处罚案件现状及存在的问题

当前，我国正处于社会转型和矛盾多发期。越来越多的城市管理行政处罚案件进入司法领域，法院受理城管行政处罚案件存在的问题也初步显现。

第一，非诉审查执行案件审查流于形式，难以全面实行司法审查权。行政机关申请法院强制执行一般需要两次立案：首先要立的是非诉行政执行审查，之后是立非诉行政案件强制执行，分属于法院行政庭、执行庭办理，城管类案件也不例外。依据《行政处罚法》第51条之规定：作出行政处罚决定的行政机关对不申请行政复议或者不提起行政诉讼而又逾期不履行行政处罚决定的当事人，可以直接向法院申请强制执行。随着城管行政机关执法力度的加大，向法院申请非诉执行的案件数量也急剧增多。② 以笔者目前的资料来看，2009年度，全国各级人民法院总共受理行政非诉案件200085件；新收行政诉讼案件154313件，审结154916件。以上数

① 参见马怀德、车克欣：《城管行政处罚具体行政行为的司法审查问题》，载《行政法学研究》2008年第2期，第54页。

② 参见莫于川：《城管执法工作法治化的基本路径》，载《中国人大》2006年第1期，第33页。

据显示全国非诉执行案件已远远超过全国各级法院受理的行政诉讼案件。从笔者所在法院 2009 年案件受理情况来看，行政处罚案件非诉审查数量已远远超过了行政诉讼案件，其中城管类占到行政处罚案件非诉审查九成以上，以下图为例：

某市基层法院案件数量

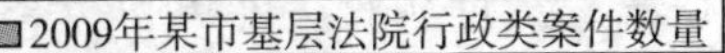

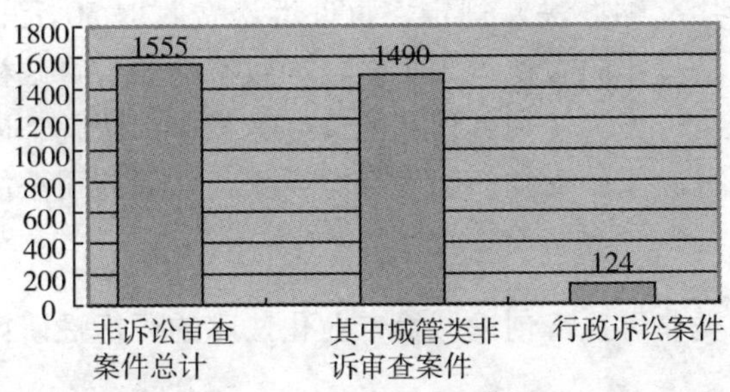

图表一

由于法院对于行政机关申请强制执行的案件通常采用形式审查而不进行实质审查，使很多城管类申请执行案件的审查流于形式，使得司法权对行政权的监督功能无法充分保证；同时，也直接影响到行政诉讼案件的质量与数量，案件数量大增，严重占用了司法资源，司法资源稀缺性与司法需求扩张性的矛盾日益凸显。①

第二，非诉审查与非诉执行严重脱节。城管行政处罚的相对人，因其自身流动性大，尤其是乱贴广告、宣传单和随意占道摆摊经营的人，其固定住所难以寻找，联系方式经常变更，且部分违法行为人有可能在法院一个月非诉审查期内迅速转移财产，这些都加大了执行的难度，可能因此丧失最佳执行时机。而行政庭审查非诉执行案件时侧重于程序审查，并不考虑日后执行如何到位等问题。

---

① 参见王毅：《相对集中行政处罚权制度发展研究——以城市管理领域为例》，载《法学》2004 年第 9 期，第 13 页。

执行庭在执行过程中也可以以被执行人下落不明或无执行财产等原因迫使行政机关同意中止执行或撤回执行申请，因此城管行政机关对法院办案意见也颇多。①

第三，申请非诉执行案件成本低廉，导致城管类行政处罚案件数量剧增。一般城管类行政处罚案件执行标的额较小，2009 年笔者所在法院受理城管类非诉执行案件，平均个案执行标的仅为 431 元。按照《诉讼费用交纳办法》规定，每件诉讼费收取 50 元，加之执行费不预交而是直接向被执行人收取，导致有的城管行政机关把向法院申请非诉执行视为实现其权利的最终途径，但法院却因案件数量的增加、执行成本的增加而引发新的诉累，从而使司法能力的发挥受到限制。

二、针对城管类非诉执行创设城管专业化法庭的可行性研究

从上可知，城管类非诉执行案件在立法技术层面和法院审查执行方面都不是十分完善，使城管非诉执行案件的实行陷入了困境。笔者以所在法院城管专业化法庭为平台，从法庭创设初衷、法庭异同、优化司法职权配置等方面予以可行性分析研究。

（一）城管执法专业化法庭的创设初衷与传统巡回法庭的异同

笔者所在法院创设城管专业化法庭，是由于近年来申请法院执行的城管类行政处罚案件大量增加，为了探求解决出路，缓解案多人少的矛盾，在遵循司法规律的前提下，整合庭室资源，强化司法功能，以尽可能少的诉讼成本来实现尽可能大的法律价值，同时也是对司法手段的不适应采取的补救措施。设立专门的巡回法庭来处理城市管理类非诉行政执行案件，可以实现处理此类案件的专业性、快捷性、便利性。有利于快速审查和执行城管机关申请的非诉行政执行案件，便于减少对抗，提升司法效率，并有效规范行政机

① 参见车克欣：《城管综合行政执法的问题与前景研究》，载《城市管理与科技》2007 年第 4 期，第 21 页。

关的城市管理工作，以此推动城市管理执法效能提升，促进市容市貌的改善。

2009年5月13日，笔者所在法院通过深入调研，成立了全国首家城管执法巡回法庭，内设审查、执行两个合议庭，专司城管非诉案件审查执行问题。城管执法巡回法庭名称虽然有待商榷，但其做法已初步具有专业化法庭的雏形，具有很强的借鉴作用。其现实价值在于巡回审查、就地执行、简化程序、提高效率、降低审查执行成本解决纠纷。根据最高人民法院《关于人民法庭若干问题的规定》第18条规定，人民法庭根据需要可以进行巡回审理，就地办案。传统的巡回法庭一般是深入乡、镇、村等交通不便地方，就地收案、就地立案，然而现在大中城市的情况已不尽相同。例如笔者所在辖区位于省会城市的主城区，经济发展迅速，2009年GDP（国内生产总值）335.47亿元、全市人均可支配收入32351元，城区交通便利，辖区已无农业耕地和农业户口。因而，专业化法庭与传统巡回法庭的设立背景既有相近之处又有明显区别。具体来说，针对治理城市环境“脏、乱、差”的城管行政处罚案件，开展巡回办案更有必要。因为上述案件主体单一、到庭率低、案件数量大、执行标的小、人民群众抵触情绪大、社会存积矛盾比较突出，开展巡回执行，深化诉讼与非诉讼衔接机制才能降低法院非诉执行成本，缓解案多人少现象，同时也可以缓和群众抵触心理，抑制矛盾激化。

笔者所在法院城管专业化法庭2009年5月至12月共执行完毕340件城管行政处罚案件，其中，采取强制措施的仅为27件。专业化法庭从实际运行中来看所采用的强制措施较少，说明法庭在巡回审查取证有效的情况下，受行政处罚的当事人自觉履行率会明显提高，执行成本亦会随之降低。因此，尽管城管专业化法庭的创设较显稚嫩，但毕竟已迈出第一步，同时从法治建设长远目标看，城管专业化法庭在提高执法质量、节约司法资源、树立法律权威等方面有着重要作用，其发展趋势是极其可观的。

（二）强化司法功能、优化司法职权配置

第一，司法审查多元化，可以强化非诉执行案件审查功能。依据最高人民法院《关于执行〈中华人民共和国行政诉讼法〉若干问题的解释》第93条的规定，人民法院受理行政机关申请执行其具体行政行为的案件后，应当在30日内由行政审判庭组成合议庭对具体行政行为的合法性进行审查，并就是否准予强制执行作出裁定；需要采取强制执行措施的，由本院负责强制执行非诉行政行为的机构执行。但在专业化法庭的司法实践中，城管类非诉案件审查应克服“机械司法”的做法，在把好程序审查这一关的同时坚持实体审查。尽管从法律层面来看，司法机关秉持着行政和司法分离的原则，不得干涉行政机关作出的处罚决定，但其在执行时对行政处罚进行实体审查的步骤，有助于警醒行政机关依法行政，规范其执法行为，使城管部门在做出处罚前充分调查以达到事实清楚、证据充分、定性准确、处罚得当的效果；同时也给予了被执行人充分的申辩机会，使其可在合理的期限内陈述自己的理由。[①] 另一方面，有了司法机关的参与，在城管部门处罚不合法时，有助于维护行政处罚相对人的权利，在处罚合法时，其权威性在一定程度上也强化了行政处罚的效力。专业化法庭在审查时从执法目的、主体、事实证据、法律适用、执法程序、行政文书及送达方式、执行期限等多方面进行多元化审查，从以前单方审查行政机关申请执行的具体行政行为的方式，变为对双方全面的审查，有效增强了司法审查的透明度和公众的认可度。

第二，以提高效率为中心价值，强化审查执行衔接功能。专业化法庭受理了城管行政机关的非诉执行申请后，在30日的审查期内，应先对行政机关的具体行政行为做合法性审查，看其是否采取了相应程序，并遵守了相应的形式要件。然后可以向被执行人发出

① 参见宁静：《“运动式”行政执法案件司法审查的理念与方法——以能动司法为视角》，载《广西政法管理干部学院学报》2011年第1期，第56页。

执行通知书，被执行人对行政处罚决定无异议并自觉履行的，则无需出具准予执行裁定书；反之，如果被执行人提出异议，审查合议庭再进行审查，依旧认为符合执行条件的，则作出准予执行裁定。同时，对于明显缺乏事实依据、法律依据及其他明显违法并损害被执行人合法权益的，则裁定不予执行。在审查阶段既极大地过滤了需要强制执行的案件数量，又促使行政机关在执法源头上依法行政，自行监督审查。同时专业化法庭整合了庭室审判执行资源，配备专门的审判执行人员，对非诉审查阶段转移财产行为果断采取保全措施，这样从根本上解决审查执行分离所导致的衔接不力的问题。专业化法庭内设审查、执行两个合议庭，合议庭之间在衔接的过程中相互监督，既相互制约又相互配合，审查执行人员责任明确，不易产生推诿现象，以此达到司法资源的最佳配置。

第三，遵循控制理念，规范非诉执行的流程功能。从实践看，城管专业化法庭的设立可以有效地控制立案、审查、执行、结案、归档等程序性工作。[①] 所有程序全部向当事人公开，合议庭职权配置明确，流程管理更加科学，当事人能够享有更多的知情权和监督权，借此有力地防止权力滥用，实现对非诉执行有效地控制。[②]

第四，构建执行和解及加处罚款减免适用机制，完善人性化司法功能。法律制度实效的首要保障是它能为社会所接受，而强制性的制裁只能作为次要的和辅助性的保障。[③] 笔者根据所在法院城管专业化法庭的实践，认为有必要对行政非诉执行案件中执行和解的适用及加处罚款的减免进行全面完善。执行和解在民事强制执行中

---

① 参见信春鹰：《我国的行政强制法律制度》，载《中国人大》2005 年第 8 期，第 18 页。

② 参见杨书文：《论城管综合执法与城市管理体制创新》，载《城市管理与科技》2008 年第 4 期，第 41 页。

③ 参见阿计：《城管立法，不仅约束执法权》，载《政府法制》2009 年第 3 期，第 33 页。

时有发生，亦为法律所允许，然而在非诉行政执行案件中能否和解仍存在较大分歧，主要原因是《行政诉讼法》没有关于此类和解的明文规定。但是笔者通过对大量的非诉行政执行案件的调研后，认为主张非诉行政案件的执行和解有其存在的基础。首先，行政强制措施是从民事强制执行脱胎而来的，民事强制执行允许双方当事人和解；其次，行政机关既然有权对管理相对人进行处罚，也当然有权收回其处罚处理决定。假如法院受理了行政机关申请强制执行后，行政机关又要求与被执行人和解，法院应准予其和解，行政机关和解后可撤销其行政处罚决定，这样既可达到处罚的警醒效果又可缓解行政机关与民众间的矛盾。由于我国立法上对行政非诉执行案件的规定比较笼统，导致人民法院在执行过程中，很容易出现加处罚款与被执行人履行能力差距过大，导致无法有效执行的问题。如《行政处罚法》第51条规定，当事人逾期不履行行政处罚决定的，作出行政处罚决定的行政机关可以按每日增加罚款数额的3%加处罚款。根据这一规定，被处罚对象收到处罚决定后如果既不申请复议也未起诉，待其法定起诉期届满，行政机关立即申请执行的，加处罚款已是主罚的2.25倍；若等到申请执行期限届满时申请执行，其加处罚款就高达主罚的7.65倍。由于法律没有确定加处罚款的最高限额，那些主罚金额较大的逾期滞纳金数额庞大，有时已超过本金甚至是本金的数倍，使被处罚人无法承受，也不符合处罚的本意，执行起来难度很大。对此城管执法巡回法庭的法官依据人性化司法的指导原则完善司法功能，对被处罚人生活困难或者庭外自觉履行的减免加处罚款，以促进其自觉履行义务，既节约了司法资源又达到了执行目的。① 与此同时，专业化法庭在审查中应落实被执行人的权利义务告知制度，使被执行人明白其拒不执行的法律后果。通过与被执行人充分沟通，进而引导其合法经营，有利

① 参见尹强：《行政非诉执行案件中执行和解的适用》，载 www.chinacourt.org，于2011年3月17日访问。

于从根源上解决其行政违法的问题。

三、从实行效果评判城管执法巡回法庭的存在价值

专业化法庭废弃惯用的分两次立案的做法，实行一次立案一庭式办公的做法，产生了三方面法律效果：其一，可以简化非诉审查执行程序；其二，可以提高非诉审查执行效率；其三，妥善处理非诉行政审查执行内部衔接程序。具体来看，以前由于城管部门自行执行，其力度得不到保证，常常因人手不足、法律依据不充分而执行不力，极大地影响了其自身威信。专业化法庭自 2009 年 5 月 13 日成立以来，截至 2009 年底共集中审查完毕了 1555 件涉及城市管理类行政处罚案件。其中当事人自觉缴纳罚款、执法机关撤回执行申请 1212 件，法庭核发准予执行裁定 340 件，核发不予执行裁定 3 件，执行完毕 340 件，审结率为 100%，执结率为 100%，执行到位率 94%。在案件处理过程中实现零投诉零上访，全面实现案结事了。

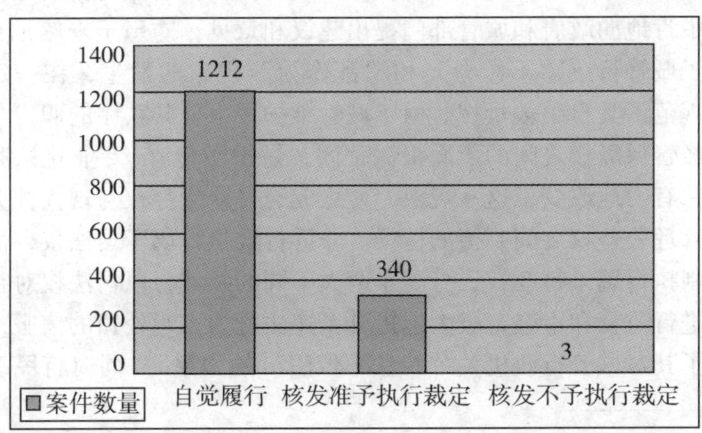

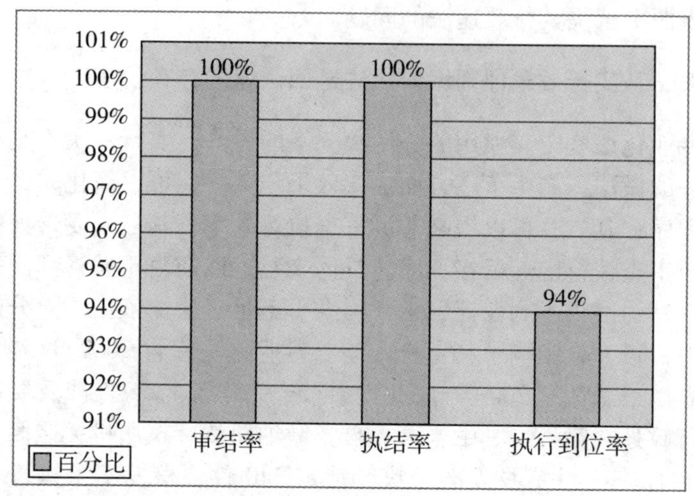

图表二

专业化法庭通过对案件的审查和执行，以司法的角度来检验城管行政执法的执法行为。同时，就发现的苗头性、倾向性问题，及时而中肯地向政府和城管部门提出建议和意见，防患于未然，有效减少了城管行政“不作为”和“乱作为”现象的发生，在一定范围内规范了其自由裁量权。由于城管维护城市公共秩序的职责与摊贩的经营保障权之间的矛盾根深蒂固，易于激化。[①] 专业化法庭的成立，有力地改变了这一现象，使之成为民众生存权与现代社会的城市管理公益权之间制衡的桥梁。非诉行政执行属于司法权，而行政强制执行属于行政权，分属于两大不同的领域，以司法权对行政权利进行监督和审查，极大地提升了违法行为人对处罚的信服，也改变了其对城管行政机关“执法不依法”的印象。[②] 同时将民事执

① 参见黄冬松：《试论非诉行政执行案件的合法性审查》，载《安徽农业大学学报（社会科学版）》2000 年第 4 期，第 36 页。

② 参见贾庆霞：《行政非诉执行案件审查与执行若干问题》，载《法律适用》2006 年第 7 期，第 35 页。

行和解制度及减免加处罚款办法引入到非诉行政执行案件中，在法律原则内尊重城管行政机关以及行政相对人对自己权利的处理。将人性化执法贯彻执法过程的始末，以达到平息纠纷缓解矛盾的目的，维护社会和谐稳定。

构建专业化法庭已产生了明显的法律效果和社会效果，但笔者也有堪忧之处，从深层次讲就是社会的无度需求与司法的有限性之间的矛盾以及如何平衡法律效果与社会效果的统一性，对此我们将会更加关注。

四、对现今城管行政处罚案件非诉执行中防止司法万能化的再考量

创设城管专业化法庭可以说是对城管行政处罚案件审执程序的一次创新。在实践中既树立了司法行政权威，又在社会上扭转了民众对城管的传统印象和认知，体现了司法资源有效配置，彰显了司法公正性与合理性。但是任何事物都具有两面性，例如江平教授在谈到城管专业化法庭时认为，“某市城管的做法我当然持肯定态度，其在一定程度上缓解了执法人员与小商贩们之间的冲突矛盾。但延伸开来讲，我个人认为行政部门的惩罚措施，要区别哪些是法律赋予的，哪些是必须向法院申请执行的。比如《行政强制法》，它就赋予了行政机构在某些方面的强制权。因此我并不认为行政机关所有的强制措施都要由法院来执行，这样无形中就把自己的权力给主动放弃了，这样没有必要，也不正确。”[①] 这番话揭示了一个重要问题，就是城管执法由于缺乏统一有效的法律规范，致使执法随意性很大，缺乏相应的法律依据。城管饱受非议的根源在于执法主体及执法行为的合法性，城管改革的核心是厘清行政权力的边界，要通过完善法律，真正明确城管的职责。[②]

---

① 朱狄敏：《行政强制法：寻求公权与私权的平衡》，载《浙江人大》2009 年第 10 期，第 22 页。

② 参见朱启：《行政强制权应“高设”》，载《中国人大》2009 年第 2 期，第 37 页。

行政强制通过行政主体的行为，实际落实对特定行为或特定义务人的强制，使法律规范在特定场合下得以实现，并借以维护法律的一般性权威。2011 年 3 月 10 日，第十一届全国人民代表大会第四次明确指出，制定《行政强制法》是今年常委会的立法工作。目前常委会已经将行政强制法草案向社会公布，公开征求社会各界的意见建议，各方在对第三次的草案进行讨论，但是，“谁来设置行政强制”等问题上，依然存在争议。既然行政强制法的主要立法意图在于限制和规范权力，那么对于行政强制事项的设置自然应当从严掌握。草案规定，行政强制措施由法律设定。然而，在这条看似严格的规定之外，草案又针对尚未制定法律、行政法规的情况，为行政机关和地方打开了设定行政强制措施的口子。这实际上抵消了前款关于行政强制措施只能由法律设定的严肃性，很有可能导致行政强制被滥用。尽管草案后文还增加了设定行政强制的听证制度，但是根据听证制度的现实执行情况来看，它能在多大程度上遏制行政强制的滥用，还是一个让人忧心的问题。① 此外，争议还存在于强制执行到底采取法院主导模式或是行政主导模式等方面。

行政管理的强制执行，在我国的历史并不长，但可以参考外国一些成熟的强制执行模式。按照美国三权分立体制的特点，为了有效控制行政行为，防止权力滥用，对公民权益极易造成损害的强制执行权历来从属于司法权而非行政权。法国采用由司法机关对违反行政义务者施加行政刑罚的方式，确保行政决定的落实。这种机制的有效性源于义务人对刑罚的恐惧感。在法国，行政机关也可以动用强制力直接执行行政处理决定，但必须符合明文法定的条件。德国模式由 1953 年德国行政强制执行法确立，在强制执行依据上，直接根据法律规定采取强制执行的做法应该被摒弃。在执行主体上，以作出行政决定的机关为主，并可以部分或全部委托下级机关

① 参见李利军：《城管行政强制权研究与立法建议》，载《人大建设》2010 年第 3 期，第 19 页。

代为之。[①] 他山之石可以攻玉，对域外理论和制度的借鉴，可以为建立和完善我国的行政强制制度提供有益的经验。

笔者认为，行政强制执行的执行内容是具体行政行为所确定的权利义务，而不是司法行为确定的权利义务。换句话说，行政强制执行权应当解释为对具体行政行为的强制执行权，而不是对司法行为的执行权。[②] 行政强制执行权是基于实现具体行政行为所确定的相对人义务的需要，行使该权力的基础是具体行政行为具有最终的法律效力。这里还需进一步明确的是已经生效的具体行政行为可以是行政诉讼法规定的超过复议或诉讼时效的具体行政行为，也可以由人民法院判决、裁定所维持的具体行政行为。

同时应尽快制定《城市管理法》和相关条例，明确划定城管部门的执法范围、执法程序、执行程序、处罚措施等，使城管部门执法有据，执法相对人有法可依，这才是治本之策。在此基础上，清楚界定司法执法位置，城管部门与人民法院的关系必须明确，既不能以司法权取代、干预行政权，也不能放弃司法审查权而听命于行政权；既不能为审查的目的而去审查，以至于全盘推翻城管部门的认定，而导致法院在执行中浪费大量的人力、物力、财力，也不能迷信城管部门的调查过程和处罚情况，而放弃审查，错误执行，最终导致不必要的后果。[③] 笔者认为，结合我国的具体情况，我国应当建立城管类型案件这样一种执行模式：承认行政机关享有行政强制执行权，赋予行政机关紧急情况下采取直接强制执行措施的权力（如对无营业执照、占道经营的流动摊贩的管理）。如果行政机关通过自身的强制执行手段仍无法实现行政行为内容，或该执行行为涉及相对人重大人身权和财产权时，行政机关需向法院提出执行

---

① 参见傅士成：《行政强制研究》，法律出版社2001年版，第75页。

② 参见张婧飞，任峰：《行政强制权属性研究》，载《长春理工大学学报（社科版）》2007年第4期，第8页。

③ 参见姜明安：《法律规范行政强制行为的意义和途径》，载《法学家》2006年第3期，第46页。

申请，法院对该申请进行审查并作出是否执行的裁定，由法院执行机构依据法院裁定负责实施行政强制执行。

可以说，创设城管专业化法庭为城管类非诉执行案件起到了很好的保障和推进作用。然而还有一个重要前提就是如何减少需要司法机关执行的案件数量。这需要我们的城管执法行为更为细致、处罚内容更加明确、处罚依据更加充分、处罚方式更加人性化，并辅以相应的舆论引导；对违法者予以批评谴责，对守法者予以褒奖弘扬，使得民众自觉减少违规违章行为，在面临执法行为时，能够理解并支持执法者的行为，才能进而减少执行难的问题。

结　语

行政机关是承担社会管理职责的重要主体，其社会管理行为的效果决定着整个社会管理目标的能否实现。唯有以法治理念为指导，以法制体系、法治程序和规范为支撑，推进社会管理创新才能真正实现最佳的政治、经济和社会效益。人民法院通过依法审理行政案件，监督、促进行政机关依照法定权限履行社会管理和公共服务职能。社会管理是一种人性化的规则之治，法官作为裁判权的行使者，在处理案件时会通过裁判行为完成对规则的选择适用，在某些情况下会创制规则和引领风尚。通过支持合法性行政行为，保障行政机关依法履行社会管理的职能，推动社会管理创新的制度化、规范化和法制化，推动司法和行政的良性互动。

从城管的行政执行到法院的城管专业化法庭非诉执行，这一执行方式的转变，意味着我们的社会管理方式有了创新和提高。我们希望这一模式能发挥出更大的威力，使这个武器运用得更为得当有力，从这方面讲，城管专业化法庭需要做出的努力还很多。

论法治的社会教育功能
——兼谈司法中的德位相配

高俊岗*

【内容提要】 审判权的积极运行要求法官力戒德不配位，其中之根本在于法官要不断增强德性修养，并通过深厚的德性进而发挥司法的社会教育功能，使之能够对基础教育、社会教育的欠缺做出补救，与社会道德遥相呼应，相得益彰。强制力不应该是审判权的内在组成部分，而只是外在的支持条件。司法的灵魂应该是权威。实现司法权威的根本或者关键的途径是要保证法律与道德在方向上一致。司法的社会教育功能正是通过这种一致实现社会的和谐，树立司法权威。社会公平正义的实现、和谐社会的实现，离不开审判权的道德成就。面对兼具理论和实践意义的司法的社会教育功能，本文尝试通过具体的司法活动和其在社会法治进程中显现出的螺旋式前进，即交织了理智与情感、规则和规矩、法律和道德的迷茫和困惑，突出那些具有社会教育意义案件所取得的社会效果，来探寻、亮化司法权威的树立途径。同时对建国以来我们社会相继出现的代表中国法治进程的三种司法模式即“压制型法”、“自治型法”、“回应型法”进行梳理和反思，着眼于理论上的无所适从和实践中的迷茫困惑，旗帜鲜明地指出只有通过实现法律和道德的统一，突出司法惩恶扬善的社会教育功能，我们才能在根本上赢得

* 西安市中级人民法院民二庭法官。

社会的尊敬和信任，逐步树立司法权威。

关系我们幸福指数的根本性问题是国民的素质，而决定国民素质的根本在于教育、教化。审判权的积极运行要求法官司法的能动性不断深入，其中最为根本的一个环节就是要充分发挥司法的社会教育功能，使之与国民的基础教育、社会教育遥相呼应，相得益彰。建国六十多年来，我国审判权的制度安排，虽然有国家司法政策调控的痕迹，但法治化的轨迹依然清晰。我们社会相继出现的代表中国法治进程的三种司法模式即“压制型法”、“自治型法”、“回应型法”，我们对此进行回顾、梳理和反思，旨在使实质正义与形式正义统和在一定的制度框架下，通过缩减中间环节和扩大参与机会的方式，在维护普遍性规范和社会公共秩序的同时，按照法治的固有逻辑去实现人们不断增长的物质和精神的价值期望。“回应型法”旨在突出司法的社会教育功能，从中国法治的进化过程来看，这种“回应型法”的出现是具有某种必然性的。司法模式直接关系着司法权威，关系着国家审判权的积极运行。我们社会中日渐显露的道德危机、法律信仰危机，应该引起我们对司法实践中治标不治本的短视进行深刻反思。其实司法的社会教育功能并不排斥法官精准地运用法律规则，而是在准确地理解了法律精神之后，精准地运用法律规则来化解社会矛盾，这其中离不开法官的社会经验和对社会伦理和风俗习惯的深刻理解和把握。

一、司法中德位相配的意义

我们社会特殊的法治历程和司法环境现状以及对“压制型法”、“自治型法”的反思，让笔者深切感受到现阶段社会管理需要的是“回应型法”，需要突出司法的社会教育功能。只有实现了法律和道德的统一，突出司法惩恶扬善的社会教育功能，挑战司法权威即意味着挑战社会道德之时，司法才能从根本上赢得社会的尊敬和信任，才能真正树立司法权威。“就实践而言，人都注定是地方性的……但他的思考应当大气且无所偏倚。他应当有能力批评他所尊敬和热爱的。”① 西方法律文化是支配现代法律世界的文化，这是我们不能否认的事实。西方的法律精神，在于能够使人们对规则秩序、对各种法律现象存在的普遍范畴与特殊法则、对法律思维所遵守的逻辑规律，都易于把握和操作，因而西方所形成的社会秩序更加理性。这也是吸引我们建设法治社会的原动力。但在我国依法治国的进程中，指导中国法治的理论和审判功能的变迁总给人一种亦步亦趋于西方法治演变道路的印象，我们似乎从来没有相信过自己。西方法治所展示给我们的法律事实以及程序正义、形式正义，虽然有助于我们理解法治所追求的社会价值和现代法治，但有一点不容忽视的是我们社会的传统法律文化却一直在追求客观真实和实质正义。中国社会对诉讼的这种传统理解，使得西方法治文化所倡导的法治内在合理性在我们国家司法实践当中，在当下着力化解社会矛盾、解决实际纠纷、应对各种复杂矛盾的社会期待面前明显现出不相适应。我们的司法改革、社会管理创新应当立足于中国国情这一主体意识，解决我们社会当前亟待解决的迫切问题。

（一）突出司法的社会教育功能是补救社会基础教育出现的问题的重要手段，是正确引导和从根本上解决人们不断的形成和发展的现代法律意识，积极解决厌讼和健讼两种价值背反法律现象的根本途径

教育问题一直以来是中国社会的根本问题。我们传统社会的基础观念是礼治，是无讼，是大公无私，崇尚无争与和谐，加上建国初期“文革”中的砸烂“公检法”，一度使中国的法治建设沉入谷底，除了刑事案件需要解决以外，民事诉讼鲜有所闻。普通老百姓

① Oliver Wendell Holmes, Jr., “John Marshall,” in The Mind and Faith Holmes, His Speeches, Essays, Letters and Judicial Opinion, sel. and ed. by Max Lerner, The Modern Library, 1943. 转引自苏力：《道路通向城市——转型中国的法治》，法律出版社 2004 年版，第 249 页。

一般是不愿意撕破脸面去打官司的，就是今天，诉讼在中国目前仍是一种比较极端的解决纠纷的方式。然而，随着我国社会现代化的进程加快，相应的现代法律意识也在不断的形成和发展。人们已经开始强烈地意识和主张权利，已经开始频繁地把诉讼作为实现权利的手段加以利用。我们社会厌讼和健讼两种价值背反的法律现象同时存在。人们虽然已经开始强烈地意识和主张权利，但相应的法律文化、法律素养和法律中的人文精神却没有跟上，缺乏证据意识、缺乏程序观念，更令人堪忧的是缺乏道德的法律概念和司法过程中诚实信用的缺失。这直接导致了法官认定案件事实难度加大，司法的社会效果和司法的权威面临严峻的考验。目前司法实践所反映出来的种种问题，提醒我们绝不能忽视法治的道德建设和司法的社会教育功能。现代法律文化在西方，而和谐文化则在中国，对司法社会教育功能的强调，有助于我们深刻理解司法人民性、能动性本身所具有的深度和广度，有助于我们对司法能动性进行深入研究。司法的社会教育功能直接关系着司法权威，关系着国家审判权的积极运行。

（二）审判功能的变迁，即从“压制型法”到“自治型法”，司法的德不配位，导致社会对法律的信仰在理论上无所适从，在实践中的迷茫困惑。司法社会教育的功能先天不足，司法权威的树立缺乏坚实的基础

上世纪80年代末期兴起的当事人主义，法官庭审纠问的方式被居中裁判所替代，法官主动调查收集证据的情形越来越少，在司法实践上转向了程序正义的方向，即“致力于建立和完善更加细致、精密、复杂的程序和诉讼制度”。[①] 与之相应的审判方式的改革对法官的司法理念产生了深远的影响，突出程序、严格的法条主义以及法律真实，法官更多的关注程序公正和诉讼效率，强调法律的强制性，认为只要能够充分地保障法律的强制性，司法权威就可

① 张卫平：《回归马锡五的思考》，载《现代法学》2009年第9期。

以树立，这种认识至今为许多执法人员所推崇。至于纠纷是否从根本上得到了彻底的解决在所不问，司法的社会教育功能基本进入不了法官的思考。以至于出现了司法实践当中大量存在的治标不治本，案结事未了，社会中的道德危机、法律信仰危机日渐普遍和恶化。人们往往将上述问题归结为社会的变革，认为这是社会转型期的必然现象，忽略了司法社会教育功能在这样的社会转变时期可以发挥的积极作用。法治是人依法而治，并非没有人的因素，法治是良法之治，并非排斥道德。在意识到了“压制型法”的副作用之后，我们的司法政策开始了“自治型法”，即为了树立司法威信，我们的司法实践开始了从相对封闭形成目前开放的体系，允许民众参与和批评法律，在涉及公共政策的问题上，强调大局意识，法律和政治没有了严格的区分，在一定程度上动摇了法官原来在办案过程中形成的“有法必依”的信条。直接导致了法律信仰在理论上无所适从，在实践中的迷茫困惑。我们的司法状况在应然层面上并没有完全适应我们的社会，道德危机、法律信仰危机没有从根本上得到遏制。有效的解决上述问题，必须高度重视司法过程中道德的作用，必须高度重视司法过程中传统文化的作用，必须对司法的社会教育功能重构。我们也必须要认识到近现代西方法律文化在其突飞猛进、长足发展的过程当中，也明显暴露种种人性之间的冲突。西方求真、东方求善；西方倡导私有权利神圣不可侵犯，追求的是利益最大化，东方注重精神，追求的是和谐，东方传统文化的精髓才是构建和谐社会的根本。所以法官不能只是简单地就个案平衡利益，裁量曲直，而要注重惩恶扬善；注重在司法的过程中，促进我们社会的法律道德意识、人文环境意识深入发展，推动民主法治建设。人的欲望是无止境的，我们的这种和谐文化在科学技术不断制造出人类新的欲望而人们的精神世界却一片荒凉的今天，更显出其光辉的一面。

（三）现代法律文化的局限和我们社会接纳法律文化的现状决定了现阶段必须突出司法的社会教育功能，一方面要求必须遵守法律，但另一方面隐含法律可以被讨论，权威可以被批评，旨在共同发现道德的法律

我们在提出建设民主与法治国家之初，理论界甚至司法界多少有些膨胀了法律的力量，过于强调法律的强制力。其实强调法律的强制力还只是表面，真正对法律文化理解的误区，在于膨胀扩张了法律文化在社会发展过程中的影响力。法律文化强调的是实践理性，法治社会正是想把这种理想观念普遍化，却忽略其他文化尤其是传统文化与我们社会的特殊性。这种认识上的误区在很长一段时间内造成我们法官对其他文化不免缺乏足够深入的了解，而且不能真正从我们社会自身发展的要求中去看其他文化对于法律文化的价值。现代法律文化在西方，而和谐文化则在中国，法律文化所追求的终极目标也是社会的有序和谐，因此我们应该对自己的传统文化有信心。社会的稳定有序依赖于法治，而社会的和谐发展却植根于传统。司法的社会教育功能必须依靠我们的传统文化，必须依靠准确地适用法律。依靠传统文化可以对人的内心加以约束调适，而依靠法律则可以让人们由内到外融入普适的社会规范当中。所以在强调法律自身的价值和守法的绝对性、主张法律相对独立于政治的同时，一定要积极地回应社会。我们要认识到，中国法治所面临的改革课题、社会管理模式创新绝不是孤立的、偶发的，法律与道德、政治、强制的关系不能分别讨论，我们应该考虑的是这些关系在什么状况下产生，以及在多大程度上互为因果。所以不应该把强制力作为审判权的基本标准，司法过程的核心应该是权威。社会公平正义的实现、和谐社会的实现，离不开司法的道德成就。法官应当通过司法的社会教育功能更好地树立司法权威，不仅要高度重视传统文化对人内心的约束调适，更为重要的是必须高度重视司法的道德建设。

二、司法的社会教育功能在司法实践中的两面性，即交织了利益与妥协、理智与情感、规则和规矩、法律和道德的迷茫和困惑，使其在社会法治进程中显现出螺旋式前进，但发挥好司法的社会教育功能才是树立司法权威的根本途径

司法的社会教育功能是在适用法律时融入社会的道德判断，既包括了法官对法律的适用，也包括法官的德性，即法官如何善良地引导当事人在法律事实和客观事实之间、法律规范和道德规范之间、程序正义和实体正义之间寻找诚实信用，共同发现人们乐意服从的法律。

（一）法官有义务纠正诉讼参与人在司法过程中不正确的价值追求

目前司法实践当中存在这样一种状况，许多律师更喜欢做被告一方当事人的代理人。因为从最现实的角度也就是单从经济角度考虑，在接受当事人委托之前，律师只需要客观的、实事求是地依据法律向当事人分析案情和可能出现的最坏的法律后果，仅凭社会经验和生活常识当事人就可以认同律师分析出来的可能出现的最坏的法律后果。然后律师提出风险代理，以此后果（即可能的判决结果）为底线，当事人除支付正常的代理费之外，高出此底线的收益部分和律师按比例分配。而案件在审理过程中，代理律师甚至不必耗费过多的精力去收集反驳证据来达到动摇法官心中的确信，因为现实情况往往是即便法官内心已经确信的情况下，被告一方当事人以没有经济偿还能力变相威胁，或者故意拖延诉讼，甚至无理缠讼，许多法官会选择返过头来给原告做工作劝其让步以便促成案件调解，高出判决结果以上的利益法官会自觉不自觉和被告代理律师并肩为作为被告一方的当事人争取。在司法实践当中，作为被告一方的当事人或代理律师不正当地拒绝履行法定义务，通常会采取如下做法：有的当事人或者律师通过玩弄诉讼技巧来获得法律之外的利益，表现为当事人明知自己的主张不是事实但却通过利用对自己有利的证据、或者对方的证据不够充分或对方在诉讼方面存在失误

等，故意扰乱视线，歪曲事实，使法官在认定事实时陷入僵局，从而达到通过玩弄诉讼技巧来获取法律之外的利益的目的。有的当事人或者律师非法利用程序，明显没有合法理由也不是为了追求诉讼本身的目的，但为了达到另一个不恰当的目的而非法利用诉讼程序，诸如随意提出管辖权异议，要求法官回避，要求延期审理等。有的当事人恶意抵赖债务，因欠对方债务被告上法庭后采取编造事实、提供虚假证据、阻碍对方收集证据或者坦言没有经济偿还能力等，以期达到无故减少债务的目的。如果我们法官都在盲目追求调撤率，抛弃了法律的刚性而无原则地妥协、退让去调解案件，那么律师一味追求经济利益也就无可厚非了。笔者担忧的是我们作为职业共同体所担负的社会责任又从何体现呢？如果我们不担负起这种社会责任，最终损害的是法治事业，损害的是对法律的信仰。德不配位本来就是危险的事情，司法过程中如果德不配位对社会而言就是凶险了。

（二）司法的社会教育功能必须体现在实现法律和道德的统一，突出惩恶扬善

司法的社会教育功能说到底是在法律文化的基础之上吸收中国文化中以心性、和谐为一切价值根源的理论。我们的传统文化以知进而不知退为人生的险境、事业潜藏的危机，所以在纠纷中看重互谅互让、以和为贵。而刚性的法律文化却增加了社会的安全感、行为的可预测性与纠纷解决上的坚韧性。现代法律文化多表现为法律概念、法律术语，这些概念术语是法律知识必需的条件，如果我们运用法律知识去看待社会生活中的冲突和纠纷，什么事情似乎都可以是透明无碍、清楚了然的，即便这不过是理想状态，即便法律知识本身和我们社会生活的具体状态、事理运行有很大的距离，即便这一局限可能造成司法审判和普通群众理解上存在一定的阻隔，我们还是可以通过法律知识找到问题的症结。法律知识是用理智、用理性认定事实、处理纠纷，方式方法都是笔直的、刚性的、方正的，那些普遍的法律概念、法律原理是抽象的，所以应用到具体的

事情上，必然会对具体事情的有些方面，有所忽略，有所抹杀。因此便不能穷尽事情的特殊性与个性。而司法的社会教育功能应该是一种圆而神的智慧，是与方与智对应。在司法的社会教育功能中，我们可以运用深厚的法律素养、丰富的社会阅历长期积淀而成的洞悉人生百态智慧，随着每一起具体案件特殊的、单独的变化，而与之细致稳妥的周旋，这种智慧的运用，最初是不执着于法律知识，而是把法律知识融化入社会情理，使得法律知识接受或者说至少不排斥社会情理，但是接受了社会情理的法学理论，却是人们容易接受和服从的。人们在接受用融入社会情理的法律知识处理完纠纷后又会自觉乐意服从法律。如果说法律知识是直线，那么司法的社会教育功能就是运用这条直线围绕具体案件的中心旋转，运转而成圆，这就是圆而神的智慧。司法的社会教育功能和高超的法律适用都应该注重运用这种圆而神的智慧。

（三）司法中的德位相配要求审判实践必须考虑公共政策，范围和限度必须符合社会经验道德和法律逻辑，必须最终以司法的社会效果保证其具有可检验性和可矫正性

司法的社会教育功能与占主导地位的社会认识有密切关系，司法的权威性在于法官的判断要能够适应并反映证据与事实之间，也就是证明根据与证明目的之间逻辑关系的多样性，要能够适应并反映影响事实判定各种因素的复杂性。司法的性质决定了司法独立首先是知识的独立而不是简单的强调权力独立。司法机关是社会系统中的一个组成部分，一定要与社会密切联系。社会长足发展了，但我们的法律文化建设却没有跟上；法官审理案件的难度、工作压力增大了，法官的司法能力、法院的建设却没有跟上。妥善的处理社会冲突、减少社会矛盾，需要法官具备很高的法律素养，需要通过司法实现社会的教化。而目前我们的司法却缺少了这样的功能。片面地强调法律至上、司法独立是不能从根本上解决我们社会的所有问题的。我们不能任其自然推移，我们要求有中国本位的法律文化建设！

三、司法社会教育功能之重构

司法的功能是减少社会冲突，道德也一样；法律的价值在于实现社会的公平正义、人与人和谐与自由，道德还是一样。所以从最终的价值意义来看，法律和道德所追求的是一致的、统一的。所以要正确认识法律和道德的关系，是突出司法社会教育功能的关键。

（一）法官要不断增强自身的德性修养

目前我们社会普遍存在的道德危机、法律信仰危机，应该引起我们对司法功能的深刻反思。目前的司法状况没有完全适应社会的发展，道德危机、法律信仰危机没有从根本上得到遏制再次告诉我们，缺乏道德的司法是行不通的。有效的解决上述问题，必须高度重视司法过程中道德的作用。长期以来，我国法律和现实生活之间存在一种紧张关系。人们常常感到法律无法回应自己朝夕相处的现实生活，感到法律无法连接现实生活的过去和将来，感到法律看不到生活是怎样走过来的，也看不到生活将怎样走去。①

（二）必须高度重视司法过程中传统文化的作用

法律文化在西方，但法律所追求的和谐文化却在东方，我们对自己的文化要有正确的认识，要有足够的自信。我们对东西方文化都应该深思，我们人类社会真正想要的究竟是什么？哪个才是根本？我们需要和谐社会，需要爱。和谐社会更多需要的是“善”和“义”，追求的是社会福祉，而不仅仅是“真”和“利”，不仅仅是个人利益。所以实现了司法和道德的统一，抗拒司法即意味着挑战社会道德，司法的权威便打下了坚实的社会基础。

（三）司法必须关注人本身，要以人为本，着力落实能动司法

法律是为社会、是为人服务的。诉讼是各种社会冲突的具体表现，诉讼中的人们精神上是痛苦的，而妥善解决好各种纠纷就是司

① 参见余华：《余华作品集》之《活着》，中国社会科学出版社 1995 年版；见《活着》前言，余华谈作品与现实的关系。

法以人为本最直接的体现，关键在于法官要通过自身的正和善来突出司法的社会教育功能，坚持正确的司法伦理观，讲良心、讲诚信、讲理性，任何时候背离社会常理的观点，都必须承担论证的负担，说明背离的理由。

（四）司法应该实现善法之治，法官可以熨平法律的皱折

从根本上解决名利之争、利义之别的诀窍则在于解决纠纷的方法要与天理、人情相符合，守国法、和人情、顺天理的社会无疑会是一个稳定的社会。法官的社会经验无疑是非常宝贵的，它体现着法官的司法德性。霍姆斯在一句现已成为经典的话中说过，“法律的生命一直并非逻辑，法律的生命一直是经验。”“霍姆斯并没有告诉我们当经验沉默无语时应当忽视逻辑。”[①] 法官在法律真实与我们的社会经验严重背离时，可以通过职权主义的优势地位，透过法官的智慧、司法技巧、对法律规则的自如运用、长期训练的逻辑推理直指当事人心理，使法律真实最大限度的逼近客观真实。

（五）应该在法律逻辑内，尽量使道德靠近法律，规矩接近规则

现代社会已经进入一个陌生人的社会，基于利益、观念的争执，社会冲突可以说是无法避免的。熟人社会的种种习惯仍然发生着深刻的作用，虽然社会传统养成的行为方式处处产生了流弊，但交易安全、权利保障的需求迫使人们转向司法。人治之弊国人有了切肤之痛，法治已经提到历史日程。现代司法理念看重的是程序、是时效、是证据，相对中国人所讲的良心，对程序正义同样看重，法律对权利的保护远比规矩来得直接、实际，所以我们的司法一定要务实，一定要为民。司法是规则之治，但规则并不一定与规矩格格不入，法律与道德也并非互不搭界，法官一定要努力寻找二者的结合点。

---

① ［美］本杰明·卡多佐著：《司法过程的性质》，苏力译，商务印书馆2001年版，第17～18页。

（六）在注重道德教化力量的同时，坚持有法必依，坚决依法办事

对目前的司法状况，有这样的批评调侃，说“中国的法治建设就是从原先的无法可依到现在的有法不依”。这是一种极不负责的批评。社会从来就是没有法律也依然有法，虽然世事无常，颠倒常在一瞬间，但是世道有轨，从来没有逆轨时。注重道德的力量不是仅仅依赖内心体验和直觉感悟，避免误导人们滑入淡漠权利意识，习惯性地把别人看作是“义务人”，而非“权利人”，这种观念造成人们获取利益的途径不是争取权利，而是期求他人无私奉献。“我为人人，人人为我”，其超越功利的崇高的道德精神，当然有积极的一面，但未免对人的要求过于苛刻，不利于人们接受和服从。而“人人为我，我为人人”的现代民法精神人们则乐而从之。自私自利是人的本性，因此，人们首先会选择为自己的权利而斗争，期求别人发善心来满足自己利益需求本身就是懦弱的，与真正的道德精神背离。既然人是自私的，我们就不能轻率、盲目地倡导“毫不利己、专门利人”的精神，而应该肯定利己，进而互利。应该树立这样一种道德精神：自己该得的东西可以放弃，但不能要求别人也要放弃；不该得的东西他人不能窃取，自己同样也不能窃取。国人习惯于在奉献中求利益，把他人视为义务人，把争取、捍卫权利视为羞耻之事。在这种传统文化氛围下，以权利为核心的法治理念还有相当的阻力，对此我们必须要有清醒的认识，戒骄戒躁，坚韧谨慎地打破这种阻力，树立人们对法律的信仰。

（七）法律不仅是一个规则体系，同时也是一个意义体系，即正义、道德和社会福利，正是这意义体系决定了法律的成长方向

规则之治的优点在于“法律不能使所有人平等，但在法律面前人人是平等的”。司法是中立于社会各方的，当事人可以通过说理的方法论证，接受并服从法律的统治，在陌生人社会中法律代表了它本身可获得普遍的同意，也正是基于此才产生新的公平的理念和正义的力量。司法德性不同于普通的德性，它有其职业的烙印，

严密的逻辑推理，严格的依法办事；就是保护弱势群体，也依然要在法律制度的框架下进行，不能够超越法律。司法德性正是在这种意义上，为法律的远行积蓄力量。

（八）司法的灵魂应该是权威。实现司法权威的根本或者关键的途径是要保证法律与道德在方向上一致

一个良好的司法过程可以对一个人如何行为产生指引作用，使人们完全可以知道自己应该干什么和不应该干什么，可以干什么和不可以干什么，从而把人们的行为纳入社会共同认可的范围之内。科学的法治理念应当是引导人们客观公正地去评价他人的行为，接受法不禁止即自由的理念，树立不干涉他人、不把自己的意志强加于人的观念，持续紧张的社会冲突会在新的道德观念下达成共识进而逐步得到缓解。有德性的司法会对让人们通过法律对相互之间的行为产生预测，从而可以减少冲突的发生、降低解决冲突的成本；通过实施善法，教育公众和惩戒不法行为而树立与社会相适应的新的道德观念。日本学者谷口安平主张，应该将实体法的诚实信用原则直接适用于民事诉讼。①

（九）司法必须是善良而公平的，司法过程中的德不配位对社会而言非常凶险

司法是减少社会矛盾和冲突的一种手段，是社会现实中的正义。良好的司法是救济和医治的技术，与医生这一职业最相类似。作为法官审理案件，我们目的在于使诉讼不再发生，使那些试图隐瞒真实情况的当事人不敢花言巧语，使当事人对司法敬服，这才是抓住了根本。正如有德性的医生不是希望人人得病，而应该希望人人健康、免于病痛一样，法官的德性应该是引导人们如实陈述讼争的病因、找准病根，开出对症的良方，使人们远离纠纷。良好的司法更多是表现为一种光明正大、使人敬畏的力量；司法的谨慎，则

① 参见［日］谷口安平：《程序的正义与诉讼》，王亚新、刘荣军译，中国政法大学出版社1996年版，第137～147页。

要求法官密切注意自己的言行，包容一切与诉讼有关的各种利益。司法的价值追求就是为了让人不为恶，名利以道取之，实现社会的和谐，谋求社会福利。

结　语

从古至今，一直就有埋头苦干的人，有拼命硬干的人，有为民请命的人，有舍生取义的人，他们才是中国和我们社会的脊梁。中国的司法改革需要沉着、勇敢、有辨别、不自私这样的一群人，需要对西方司法制度和中国司法传统进行审慎的判断和创造性的继受，密切结合我们中国的审判实践，积极探寻科学、理性的法治道路，实现社会纠纷最终归于司法解决的良性循环。从对法官德性的探讨，我们可以感觉到社会和法官群体在目前这一特定历史阶段所置身的方位和处境。笔者坚信，夜晚遮风挡雨的客栈尽管不是我们旅行的目的地，但它却为我们提供了养精蓄锐的条件，让我们的思考与研究就像客栈一样，为法律的远行积蓄力量。

参与社会管理创新的拓展路径：司法伦理建设初探

——以最高人民法院最近两年工作报告回顾的问题为切入点

严秋亚*

【内容提要】　司法伦理在世界范围是一个古老的话题，但在我国却刚刚起步，作为问题与成绩同在的时代，传统的司法参与社会管理创新的基本路径仍是形式层面上的改革，仍是由外向内的一厢情愿的改革，对法官而言仍是受动性的、被动性的改革，要将法官受动性、被动性的改革转变为法官能动性、主动性的改革，应致力于法官职业伦理的塑造与构筑，以拓展司法参与社会管理创新的基本路径。其实，司法伦理建设的必要性还源于其伦理观念的历史渊源性，法律的伦理性、法律的适用性及司法的权威性、权力的易腐性和社会管理创新的主动性等特征。司法伦理建设如何构建，笔者提出了五项举措：筑牢伦理基础教育，夯实司法伦理之基；创建司法伦理体系，构筑司法伦理框架；提高法官准入门槛，建设高素质法官队伍；强化司法伦理意识，稳固法官行为规范；加强司法伦理宣传，争取支持监督制约。其中在司法伦理体系构建上，笔者提出以下建议：第一要确立司法伦理观念和构成要素。第二要完善司法伦理制度建设。第三要广泛宣传司法伦理建设的必要性和重要

* 西安市临潼区人民法院监察室副主任。

性。第四要将司法伦理建设作为队伍建设考量的重要指数。第五要健全对违反司法伦理建设的惩戒制度。

一、问题提出：成绩与问题同在时如何推进社会管理创新

2010 年 3 月，最高人民法院院长王胜俊在全国人代会第十三届三次全会上作工作报告，回顾了人民法院过去工作中存在的五点不足：一是最高人民法院对地方各级法院的监督指导还不够及时有力，针对性、有效性有待进一步增强。二是一些法官的司法理念不端正，为民意识、法治意识、责任意识不强，依法独立公正审判、维护法治权威的自觉性不高。三是一些法官的业务素质不能适应新形势、新任务的要求，化解矛盾纠纷的能力不强，工作处于被动应付状态。四是一些法官职业道德素质不高，司法作风不正，工作方法简单，一些案件久拖不决，群众意见较大。五是少数法官司法不公、不廉，枉法裁判、徇私舞弊；个别法院领导干部特别是高级领导干部违法犯罪问题影响恶劣，严重损害了人民法官的形象和司法公信力。[①] 2011 年 3 月，王胜俊院长在第十三届四次全会上报告指出，“面对新形势，我们清醒地认识到，人民法院工作中还存在不少问题和困难：一是审判工作还不完全适应经济社会发展的要求，特别是对新情况新问题的认识、研究和把握还不够深入，司法应对措施还有待完善，一些案件的诉讼难、执行难问题尚未得到解决，涉诉信访问题仍较为突出。二是一些司法改革措施落实不到位，内部、外部监督制约机制尚不完善，审判质量和效率有待进一步提高。三是一些法官司法能力不强，化解社会矛盾、处理复杂疑难案件的水平不高。四是有些法官群众观念淡薄，司法作风不文明、行为不规范、工作不细致，群众意见较大。五是少数法官司法不公、

---

① 参见王胜俊：《最高人民法院工作报告》，载《人民法院报》2010 年 3 月 12 日第 3 版。

不廉，以案谋私，徇私舞弊，贪赃枉法，严重损害司法公信力。”[①]

比较两个工作报告，不难发现，2010 年，各级法院在最高人民法院的业务指导下，深入贯彻落实科学发展观，严格履行宪法和法律赋予的职责，紧紧围绕“五个更加注重”[②] 和“三项重点工作”[③]，大力加强审判、执行和自身建设工作取得了新成就。主要表现是，司法的主动性和能动性明显增强，为大局服务、为人民司法意识明显加深。

司法的主动性和能动性增强问题。首先，2010 年前司法缺乏主观能动性的问题基本解决，2011 年工作报告再没有出现：“……监督指导不够及时有力……”，“……意识不强……自觉性不高”和“工作处于被动应付状态”的问题。其次，2011 年工作报告对司法能动性认识观念和目标要求有了新突破。报告概述问题时，将“存在的不足”变为“存在不少问题和困难”，建树了积极应对的思想观念；列举问题时，（1）提出了审判要适应经济社会发展，积极认识研究把握应对新情况新问题，积极解决诉讼难、执行难、涉诉信访问题的要求，（2）提出了落实司法改革，完善内外部监督制约机制，进一步提高审判质量和效率的要求，（3）明确了积极提升司法能力，提高化解社会矛盾，处理复杂案件水平的目标。

为大局服务、为人民司法意识加深问题。首先积极提升司法能力，提高化解社会矛盾，处理复杂案件水平的目标，就是着眼于为大局服务的根本要求。其次从“群众对司法的不满”发展状况看，已从对法官的态度不满，“作风不正、方法简单、久拖不决”，转

① 王胜俊：《最高人民法院工作报告》，载《人民法院报》2011 年 3 月 12 日第 3 版。

② 2010 年 10 月 18 日胡锦涛在中共十七届第五次全会上强调“更加注重以人为本，更加注重全面协调可持续发展，更加注重统筹兼顾，更加注重保障和改善民生，促进社会公平正义”。

③ 2009 年 12 月 18 日，中央政法委书记周永康在全国政法工作电视电话会议强调指出，深入推进三项重点工作。

变为对法官的劣习不满，“群众观念淡薄，司法作风不文明、行为不规范、工作不细致”。可见人民法院主动司法、司法为民的意识加深。

另外，司法廉洁意识明显增强问题。首先，领导干部违法犯罪问题影响恶劣，严重损害人民法院的形象和司法公信力问题，再未在2011年工作报告中出现。其次，“枉法裁判”行为有所收敛。之前，“枉法裁判”可能为利、为义或为显弄特权，行为有任意性，现在是“以案谋私、贪赃枉法”，会因目的遮掩行为。

以上分析可见，2010年人民法院极力弘扬司法核心价值观，着力履行历史使命取得了显著成就。然而成绩与问题同在，因此，王胜俊院长在扎实贯彻落实全国人大十一届四次会议精神的电视电话会上对全国法院提出了五个“紧紧抓住……在……有更大作为”。“一是紧紧抓住经济社会发展的司法要求，在服务经济社会又好又快发展上有更大作为；二是紧紧抓住人民群众对有效维护自身合法权益的关切期待，在落实以人为本、司法为民上有更大作为；三是紧紧抓住中国特色社会主义法律体系形成的重大契机，在确保司法公正，维护社会公平正义上有更大作为；四是紧紧抓住开展创先争优活动和主题实践活动这一有效载体，在全面提升队伍素质上有更大作为；五是紧紧抓住完善监督制约机制建设这一关键环节，在接受监督上有更大作为。”①

王胜俊院长提出的五个“紧紧抓住……在……有更大作为”，符合经济社会发展及党和人民群众的要求，具有很强的时代精神，为了实现预期效果，笔者着力考量司法现状，提出拓展司法参与社会管理创新的基本路径——开展司法伦理建设探讨。下面笔者从理论联系实践角度，用逻辑推理方法加以论述。

---

① 王胜俊在最高人民法院学习贯彻十一届全国人大四次全会精神电视电话会议上要求“认真学习贯彻十一届全国人大四次全会精神，扎实开展两项活动，有效推动三个提升”，载《人民法院报》2011年3月17日第1版要闻。

二、历史回放：司法参与社会管理创新的基本路径

深入推进社会矛盾化解、社会管理创新、公正廉洁执法三项重点工作，是党中央对政法系统作出的，具有辩证法思想的工作部署，加之"在法治条件下，司法是国家通过法律管理社会的重要渠道和有效手段"①，所以各级法院竞相踊跃参加、积极应对、着力实践司法参与社会管理创新的基本方法，总汇大致如下：

（一）强化能动司法，提高服务水平

开展法律"五进"、法官"1+3"活动、法官大走访活动，设立专业合议庭，创建"八四能动司法模式"，开通"绿色诉讼通道"、开展审判"白皮书"活动等，着力化解经济发展中的矛盾纠纷，着力解决影响社会稳定的突出问题，积极为社会提供便捷有效的司法服务，提高司法服务水平。

（二）强化便民措施，彰显人文关怀

加强立案信访文明窗口建设，关注妇女、儿童、老年人、残疾人等困难群体诉讼需求，推广远程立案、巡回审判、预约办案，推行执行"110"、民事案件速裁、微小刑事案件民事化处理等，最大限度地为群众提供方便，彰显司法人文关怀。

（三）强化审判管理，促进司法公正

设立案件审判管理办公室，创建审限预警、审限内结案和案件归档考核考评机制，细化案件管理标准，大规模开展案件评查，强化案件管理理念，增强案件审判质量与案结事了意识，倡导均衡结案，促进司法公正。

（四）强化司法公开，推进司法民主

推行裁判文书上网，邀请群众旁听庭审，征询旁听群众意见，推行法院开放日制度，完善"执行案件信息管理系统"、阳光执行

---

① 王胜俊：《扎实推进三项重点工作，努力实现人民法院工作新发展》，载《人民法院报》2010年7月16日第1版要闻。

制度，探索民意沟通机制，完善人民陪审员工作机制方法，强化司法公开，推进司法民主。

（五）强化案件调解，注重矛盾化解

推广“金桂兰办案模式”[①]，学习人民法官陈艳萍[②]，开展“大调解”，聘请“和谐使者”、专家学者、德高望重人士等参与调解，探索调解方法，提高调解技能，完善调解考评与“诉调对接”机制，强化“调解优先、调判结合”意识，积极推进社会矛盾化解。

（六）强化信访工作，实行标本兼治

狠抓信访积案清理化解，建立“一访一案、一案一档”，疑难案件领导包案、重点督办等制度，实行院长接访、初访初信案件信息管理等，积极探求信访案件源头治理，努力完善有利于信访工作健康发展的长效机制。

（七）强化执行工作，提高执行水平

大力规范执行行为，改进执行工作，完善“执行不能”确认机制，着力解决规避执行、消极执行、执行程序不严格、行为不规范，委托评估拍卖随意，委托执行不力等问题，完善快速反应机制

---

① 金桂兰：黑龙江省宁安市人民法院东京城人民法庭法官，“金桂兰办案模式”就是将社会主义法治理念融入地方乡土民俗，把法律精神融入乡村人的血脉，最终使法律变成习俗。许多农民听不懂法官讲的法言法语，像“诉讼请求”、“回避”、“送达”、“诉讼风险告知”等，金桂兰将其转化为群众能够接受的通俗、朴素生动的语言，如“你要解决什么事?”，“我们审你的案件行不行，要不要换人?”，认真研究学习金桂兰审判方法对人民法院特别是在基层人民法庭工作的法官加强诉讼调解能力，为建设社会主义新农村作贡献有着特殊的意义。冯小光：《调解制度的本土化属性》，载《人民法院报》2011年3月16日第5版。

② 陈燕萍：江苏省靖江市江阴工业园区人民法庭法官。陈燕萍工作法的精髓是“情法辉映，曲直可鉴”。核心是将党的群众路线落实到具体的审判实践中。王胜俊院长曾讲过，陈燕萍同志将党的群众路线和中国特色社会主义司法制度的内在规律有机结合，总结出一套以“用群众认同的态度倾听诉求，用群众认可的方式查清事实，用群众接受的语言诠释法理，用群众信服的方式化解纠纷”为核心内容的工作方法。冯小光：《调解制度的本土化属性》，载《人民法院报》2011年3月16日第5版。

与执行款管理制度，提高执行水平。

（八）强化制度建设，推进改革创新

最高人民法院加强司法解释和指导性意见建设，“先后制定涉及金融期货、外商投资、劳动争议、旅游纠纷等领域的20个司法解释和43个指导性意见”[①] 各级法院不断完善反腐倡廉建设、纪律作风建设及法院文化建设等各个方面的制度创设，着力推进改革创新。

（九）强化队伍建设，确保公正廉洁

坚持“党建带队建，以队建促审判”的方针，深入开展“人民法官为人民”主题实践活动、反腐倡廉警示训诫教育活动和纪律作风教育活动，实施廉政监察员和司法巡查制度，弘扬“公正、廉洁、为民”核心价值观和“为大局服务，为人民司法”意识，严格落实“五个严禁”，确保司法廉洁。

三、未来展望：社会管理创新要引进司法伦理建设

上述法院参与社会管理创新的基本路径，可谓花样繁多，加之“个案监督制”，“错案追究制”，“院长负责制”等不一而足的举措，从结果来看，的确对社会矛盾化解及社会管理创新起到了一定促进作用。如全国法院共查处违纪违法人员同比下降1.51%。其中，受到政纪处分与因贪污、贿赂、徇私枉法被追究刑事责任的同比分别下降4.09%和17.52%。[②]“但是当我们将司法问题置放于法治国家建设的宏阔背景上，将目光聚焦于能够担当法治重任的法官的塑造上时，我们就会发现上述改革仍是形式层面上的改革，仍是由外向内的一厢情愿的改革，对法官而言仍是受动性的、被动性的改革。而要使司法改革真正走出形式主义的花样不断翻新、关键问题原地不动的局面，使之真正成为我国法治化运动的策源地，就

① 2010年最高人民法院工作报告，载《人民法院报》2011年3月16日第5版。

② 2011年最高人民法院工作报告，载《人民法院报》2011年3月12日第3版。

必须将法官拥获完善人格、职业智慧、中立地位、职业理性纳入到司法权建设的中心地带。也就是说要将法官受动性、被动性的改革转变为法官能动性、主动性的改革。而法官对司法体制的能动的、主动的改革将开始于法官职业伦理的塑造与构筑。"[①] 这就是说，有必要拓展司法参与社会管理创新的基本路径——开展司法伦理建设。

司法伦理，即司法职业伦理，一般是指法官在其职务生活和社会生活中所应遵循的道德行为准则。将司法伦理引入司法实践领域，其必要性还与伦理观念的历史渊源性，法律的伦理性、法律的适用性及司法的权威性、权力的易腐性和社会管理创新的主动性等因素有关。

（一）伦理的历史性

从历史文化看，伦理与道德密切相连。早在春秋时代，儒家始祖孔子就创新地诠释了人的原始合群本能，使"仁"成为人的性智共识，从而在政治文化之外引出伦理文化的新视野。[②] 战国时期的孟子，继承并发扬了孔子的思想，被合称为孔孟之道，其著作《孟子》从"性善论"出发，深刻论述了"仁政"、"王道"、"德治"等以德治国思想。《道德经》作为最有影响力的具有朴素辩证法思想的著作，其思想结构也是：道是"德"的体，"德"是道的用。[③] 与孟子几乎相同时代的亚里士多德所著的《尼各马克科伦理学》，也对伦理学作了重要论述[④]，另外，西周立法主导思想"明德慎罚"中的"明德"，也是提倡审判官要具有高尚的道德风尚。汉以后，法律逐渐儒家化，"引经决狱"、"论心定罪"、"心情析

① 《司法权的伦理与监督》，载 http/：www. president. sdu. edu. cn/news/news/szwz/2011 - 01 - 18/1295332980. html，于2011年3月25日访问。

② 参见 http：/ baike. bai du. com/ view/34033. htm，于2011年3月26日访问。

③ 参见 http：//baike. baidu. com/view/2237. htm，于2011年3月27日访问。

④ 参见张庆庆：《善：符合德性的活动——读〈尼各马科伦理学〉》，载 http：/article. chanalawinfo. com/ArticleHtml/Article - 57480. shtml，于2011年3月27日访问。

狱”等现象十分普遍。同时，《唐律疏议》将“德礼为政教之本，刑罚为政教之用”作为刑法原则，承袭的也是伦理思想等等。其实，伦理观念除却具有悠久的历史渊源性外，还具有文化的传承、熏陶、引领和潜移默化作用，思想因文化而亘古流传。

（二）法律的伦理性

伦理性是法律固有的属性和永恒追求。如各国民法制度赖以建立的基础是特定的社会伦理观念和伦理规则，其观念和规则也是评价民法制度优劣的标准；[①] 刑法产生、发展，乃至实现的内在基础是伦理；[②] 婚姻法调整的是具有法的意义伦理的爱[③]等等。其实，民法规定的不当得利之债与无因管理之债，侵犯名誉权或荣誉权民事责任，刑法对不满刑事责任年龄、精神病人、又聋又哑或盲人等特殊人群犯罪刑事责任的规定，刑事诉讼法对怀孕妇女不适用死刑的规定，婚姻法对离婚损害赔偿的规定等，无不体恤法律对社会伦理行为和特殊弱势群体的伦理关爱。黑格尔认为，抽象的、形式的法是客观的，道德是主观的，只有伦理才是主客观的统一。由于现实生活中人类认识的有限性和语言的局限性，导致法律在体现社会伦理道德的客观真实上有差距，因此，司法中需要发挥主观能动性予以补充完善，即强化司法解释或发挥法官的理性推理作用。司法解释最高人民法院已相当重视。理性推理，一般表现在个案中，由于“人民法院最重要的机能不仅在于个案的解决，还在于通过纠纷确立一种权威性。”[④] 因此更需对法官司法伦理能力培养，以着

---

① 参见赵万一：《论民法的伦理性价值》，载 http://wenku.baidu.com/view/7d6ecb08763231126edb11a5.html，于2011年4月6日访问。

② 参见田宏杰：《宽容与平衡：中国刑法现代化的伦理思考》，载 http://www.chinalawedu.com/new/16900a173a2011/201139lifei162429.shtml，于2011年4月6日访问。

③ 参见崔喜婷：《论婚姻法的伦理性》，载 http://www.jcrb.com/jcpd/jcll/201102/t20110222_500593.html，于2011年4月6日访问。

④ 全国两会期间，记者采访对全国人大代表左宗国所说。《司法焦点》，载《人民法院报》2011年3月15日第6版。

力解决制约司法发挥作用的瓶颈问题。如某离婚案，被告申请亲子鉴定，原告拒绝，法官根据查明的事实：被告与孩子ABO血型不符，原告在生活很艰辛且负债较多的情况下愿独自抚养孩子，运用逻辑推理和日常生活经验，推定被告与孩子不存在亲子关系，并类推适用《婚姻法》第46条规定，判决原告支付被告一定数额的离婚损害赔偿金，弘扬了司法伦理作用。

（三）法律的适用性

沈家本先生曾指出："夫法之善者，仍在有用法之人，苟非其人，徒法而已。"吴邦国委员长在许多场合都谆谆告诫，"法律的生命在于实施。中国特色社会主义法律体系的形成，总体上解决了有法可依的问题，在这种情况下，有法必依、执法必严、违法必究就显得更加突出，更加紧迫，这也是广大人民群众普遍关注，各方面反映强烈的问题。"常言道，"天下之事，不难于立法，难于法治行之。"① 法律的适用性极为重要，重要的关键在哪？王胜俊院长指出，司法的核心价值观是，公正、廉洁、高效。人大副校长王利明教授说，"司法机关是社会的平衡器，最主要的责任就是司法公正。"美国现行的《司法行为准则》开篇就阐明了司法伦理建设的基本价值和核心理念。所以，司法的关键是：有一个品行高尚、知识渊博、理性至上、刚正不阿的职业法律家集团的存在。

同时，由于司法伦理不仅关涉着具体个案的裁判公正度，更为重要的是它关涉着法治政府的形象，关涉着人们对法治的信任度，关涉着人们对社会正义的信仰度②，因此，加强法官职业伦理建设被郑重地提上议事日程。正基于此，某法院党组曾"把加强法官司法良知培育作为提升法官品格和公正司法自觉性的'金钥匙'，

① 马守敏：《中国特色社会主义法律体系形成立法史上的奇迹》，载《人民法院报》，2011年3月11日第5版。

② 参见徐显明、齐延平：《司法权的伦理与监督》，载 http/ :www. president. sdu. edu. cn/news/news/szwz/2011 -01 -18/1295332980. html，于2011年3月25日访问。

采取多种措施在全市两级法院大力开展司法良知教育，提升法官司法良知：如将‘司法良知’作为全市法院审判实务与理论研讨会主题；举办司法良知专题讲座；组织干警收看影视片《法官老张轶事之审牛记》”[①] 等。

但良知是做人的底线，开展司法良知教育，只能从形式上解决“司法感情淡漠，职业道德观念不强，衙门作风”[②] 等问题，而伦理作为一定社会的规则系统，可以从实体法、程序法，法的层面和法官职业行为、生活行为，行为规则方面解决问题，为法提供价值标准，特别是，“没有信仰的法律将退化成将死的法条”[③]，法律的适用才更能表现特定社会关系的伦理，因此，司法伦理建设更应成为法院建设不可或缺的重要组成部分。

（四）司法的权威性

司法的权威性，又称司法的尊严，是指司法机关应该享有的权威和公信力。“公生信、廉生威”。司法的权威性，来源于人民的亲身感受和心理认同；来源于对公平公正解决纠纷的信赖与期待。最高人民法院法官蒋惠岭指出，“在民主程度逐渐提高而法治理念尚未深入的时期，司法的命运在一定程度上掌握在社会公众手里”。[④] 然而，倘若做自己的法官、对当事人双方不同等关注、从事营利性兼职活动、单独会见一方当事人及其代理人、对有损司法独立的外来势力曲意迎合、言行不端庄、不检点，司法的权威性岂可言之？坦率地说，世界各国都从不同角度为法官的职业伦理划定了不可逾越的行为界限。我国颁布《法官法》、《法官职业道德》、《法官行为规范》、《人民法院文明用语基本规范》、《人民法院工作

---

① 康宝奇主编：《西安市法院第八届审判实务与理论研究会“司法良知”》（内部资料）第1页。

② 同上书，第3页。

③ 《中国特色社会主义法律体系形成立法史上的奇迹》载《人民法院报》2011年3月11日第5版。

④ 蒋惠岭：《和谐司法要正确理解》，载《人民法院报》2007年1月9日第3版。

人员处分条例》、“五个严禁”，加强党性党风党纪教育、廉政警示训诫教育、司法纪律作风教育等具体做法也取得了一定成效，但由于司法伦理建设始终没有形成整体规划、宣传力度也不够，导致法官干警对其认识不足①，更没有内化为行为习惯，司法过程中损害群众利益、伤害群众感情的事仍时有发生。因此，应当整体规划司法伦理建设。

（五）权力的易腐性

胡锦涛总书记在中纪委十七届六次全会上讲到，“党风廉政建设和反腐败斗争仍然面临一些突出问题，需要引起我们高度重视。一是权力集中部门和岗位腐败案件依然多发，一些干部利用……司法权……等权利谋取私利……”由此可见，司法权的腐败已引起党中央高度重视。众所周知，司法腐败有其主、客观双重因素。主观方面因素是观念问题；客观方面因素有二：其一，法官对“查询、冻结、提取、划拨当事人存款，查封、评估、拍卖当事人财物，采用裁判、调解划分当事人利益，给罪犯定罪量刑”等有极大的自由裁量权。其二，一些当事人、律师、代理人处心积虑地寻求各种关系、运筹各种手段拉拢腐蚀法官。无论主观还是客观方面因素，都需要仰赖培养理想信念、构建司法伦理机制两种方式解决。原山东大学校长徐显明说，“司法职业伦理宏观上，它涉及两个领域的三种伦理关系……三种伦理关系是指存在于法官职务与自身利益之间的伦理关系、法官与当事人之间的伦理关系、法官与社会之间的伦理关系……三种关系的实质是利益关系……主要表现为当事人双方之间的利益冲突、法律利益与当事人利益之间的冲突。这两种利益冲突还要叠加进法官自身的利益。”② 正是由于这些复

① 笔者向45名法官，30名群众问卷调查，只有2名、4%的法官听说过司法伦理的概念。

② 徐显明、齐延平：《司法权的伦理与监督》，参见http//：www.president.sdu.edu.cn/news/news/szwz/2011-01-18/12953-32980.html，于2011年3月25日访问。

杂的利益关系，需法官选择与判断，特别是在经济飞速发展，利益关系与环境因素更加复杂，诱惑力更强的今天，选择与判断的难度更大，因此更有必要强化司法伦理建设。

（六）管理的能动性

王乐泉强调，“科学高效的社会管理，不仅能够创造稳定的社会环境，而且能够创造良好的发展环境。”① “社会管理创新是运用现有的资源和经验，对传统管理模式、方式、方法手段进行改造和变革，建构新的社会管理机制和制度，以实现新的社会管理目标的活动或过程。”② 一名法官说得好，“司法为公平正义而存在，有着明确的价值追求，而这些价值集中体现为两种功能：一是实现法治；二是促进社会和谐。”③ “法院最重要的功能之一，是调整社会关系，而不是把所有矛盾揽在怀里。”④ “在过去的一年里，从基层法院到最高人民法院，很多法院都紧紧围绕区域特点和社会热点以审判‘白皮书’的形式，通过对案件审理中发现的问题进行总结、沟通，不断延伸审判职能，参与社会管理，发挥司法服务的能动作用……审判‘白皮书’……它融合了典型案例、类案分析、司法动态、风险预警、对策建议等综合信息，研究的问题更具普遍性，更能反映制度漏洞、管理漏洞，说服力更强，提出建议的社会意义更大，这是人民法院落实能动司法理念，积极参与社会管理创新的

① 中共中央政治局委员、中央政法委副书记、中央综治委副主任王乐泉在天津调研时强调，高起点规划高标准推进社会管理创新。载《人民法院报》2010 年 7 月 16 日第 1 版要闻。

② 山东高院院长周玉华：《法院在社会管理创新中的作用》，载法制网—法学院，于 2011 年 2 月 12 日访问。

③ 蒋惠岭：《法治“刀刃”必须用好钢铸造》，载《人民法院报》2011 年 3 月 11 日第 6 版。

④ 王春田：《构建法院与非诉讼纠纷解决部门的良性互动机制》，载《山东省青年管理学报》2007 年版，第 5 页。

重要内容。"[1] 事实上，审判"白皮书"只是司法参与社会管理创新的一种方式，但它足以说明司法对社会管理创新的重要作用。

综上所述，引入司法伦理建设是拓展司法参与社会管理创新基本路径的必要选择。

四、方法探讨：司法伦理建设的基本策略

（一）筑牢伦理基础教育，夯实司法伦理之基

"伦理是最为稳定、持久和基础的一部分道德，是人与人之间处理事务与满足自身的基本行为准则，其载体是绝大多数民众的善恶意识。"[2] 将伦理教育纳入中小学教育之中，筑牢伦理基础教育，既有利于弘扬中华民族优秀的文化传统，又有利于创设理性化司法环境。"人类花了近两千年，才慢慢找到了一些权且解脱的出路：伦理、宗教、法治和人身法。这是自现代性发生以来，人类在一万个不幸中所求得的唯一的一个有幸——理性的救济。"[3] 理性化观念来之不易，传承和发展更需全社会的共同努力，加之，夯实司法伦理建设，需要基本伦理道德观念的积淀和社会大环境的有力支持，因此，非常有必要在基础性教育之中进行伦理教育。

（二）创建司法伦理体系，构筑司法伦理框架

大教育家陶行知 1934 年 7 月更名"知行"为"行知"，在于主张"行使知之始，知是行之成"[4]。我国的司法伦理研究起步较晚，尚未形成理论体系，各级法院可先根据自己的实际情况确定实施方案，以给司法伦理体系框架构筑提供有力实践经验。为了能更好地指导实践活动，笔者提供以下参考建议：第一要确立司法伦理

---

① 马守敏：《司法参与社会管理的创新之举》，载《人民法院报》2011 年 3 月 15 日第 6 版。

② 张武举：《刑法的伦理基础》，法律出版社 2008 年版，第 4 页。

③ 法哲学 http：/ baike. bai du. com/ view/34033. htm，于 2011 年 3 月 26 日访问。

④ 唐文权：《陶行知与江青》。参见章立凡主编：《记忆：往事未付红尘》，陕西师范大学 2004 年版，第 114 页。该书有陶行知手迹"行使知之始，知是行之成"。

观念和构成要素。第二要完善司法伦理制度建设。创建司法伦理体系将“制度改革和完善放在首位，以免出现‘头痛医头，脚痛医脚’的弊病。”[①] 第三要广泛宣传司法伦理建设的必要性和重要性。争取法官认同与群众支持。第四要将司法伦理建设作为队伍建设考量的重要指数，情况许可条件下，可建立司法伦理教育室，使其成为法院精神文化的传承点。[②] 第五要健全对违反司法伦理建设的惩戒制度。

当然，司法伦理体系构建，需要立法、司法等各方面共同努力，如对刑法，以谦抑的态度完善行为入罪的伦理性，对某些群众公认的基本伦理，取消过于苛刻的限制条件，充实资格性，完善管制刑等。[③] 刑事诉讼法对不自证其罪、沉默权的保护等，同时，无论实体法或程序法司法伦理的构建，“一个重要的内容就是对立法机关所指定的法律进行司法解释，这也是我国当前解决司法实践中的难题所常用并行之有效的手段。”[④] 如《关于对配偶子女从事律师职业的法院领导干部和审判执行岗位法官试行任职回避的规定（试行）》和《关于在审判活动中防止法院内部人员干扰办案的若干规定》都彰显了司法伦理性。

另外，可操作性的《司法伦理准则》制定也是亟待解决的问题，它可以规范司法伦理审查、惩戒等。[⑤] 有学者认为，我国司法伦理建设的应有之义，达到特定的伦理水准是一个法官司法权力正当性、合法性的重要基础。无论一个法官的业务能力如何，也无论

---

① 何兵：《法院工作报告：向人民报细账》，载《人民法院报》3月12日第5版。

② 参见从玉华、张国：《第334个名字》，参见《青年文摘》2011年第5期，第44页。该文从社会视点的角度，记载了天津医科大学为遗体捐献者设立“生命意义展室”的情况。

③ 参见袁庆远：《关于刑法论理性的思考》，曲阜师范大学2007年硕士学位论文。

④ 齐文远、周详：《刑法、刑事责任、刑事政策研究——哲学、社会学、法律文化的视角》，北京大学出版社2004年版，第49~53页。

⑤ 参见蒋惠岭：《法治“刀刃”必须用好钢铸造》，载《人民法院报》2011年3月11日第6版。

一个法官的不伦理是否导致了案件的不公正，法官的不伦理事实本身就足以导致该法官所审理案件的无效和法官资格的丧失。①

（三）提高法官选任门槛，提升法官队伍素质

“最高权力机关制定法律，体现民意，描绘出中国特色社会主义法律体系的蓝图。但是，在地图上可以找到湖泊片片，发现良田万顷，但并不能解除你现实的饥渴。在地图上可以找到自己家的住址、门牌号，但你还得回到现实中来，到温暖的家中御寒。司法就是把法律中蕴涵的抽象的正义，落实到具体裁判的那个人。”美国联邦党人在立宪之初即对法官的任职智力资格作了十分朴素的说明：“浩瀚之法典乃是关系自由政府优点的必然现象。为防止法庭武断，必有严格的法典与先例加以限制，以详细规定法官在各种案情中所应采取的判断；由此易见，由人类天生弱点所产生的问题，种类繁多，案例浩如瀚海，必长期刻苦钻研者始能窥其堂奥。所以，社会上只能有少数人具有足够的法律知识，可以成为合格的法官。”因此，提高法官准入门槛，建设高素质法官队伍，是司法活动的本质要求，也是司法伦理建设的基石。

（四）强化司法伦理意识，稳固法官行为规范

司法伦理意识不能一撮而就，是各种因素相互作用的结果。因此，首先要建立正确的“法治天下”概念。马怀德教授说，“法治天下，就是法比天大，要实现宪法、法律、规则之治”。让不受证据与程序约束的信访行为及权大于法的不正常状况成为历史。其次司法要适度自谦，争取各方面力量的支持配合。陕西省西安市中级人民法院院长康宝奇、副院长杜豫苏通过问卷调查分析，在感受多元化纠纷解决机制“冷”与“热”的表征后，提出实现均衡发展的进路，“司法的积极推动力与适度自谦抑要相谐；重视传统方法与发展现代专业手段应兼备；尊重自由选择与积极鼓励倡导宜并

---

① 徐显明、齐延平：《司法权的伦理与监督》，载 http/：www. president. sdu. edu. cn/news/news/szwz/2011－01－18/1295332980. html，于2011年3月25日访问。

举；积极沟通与寻求多方支持需互动。”[①] 范愉教授指出，“法院要在社会中获得较高地位，就不仅需要法律意识形态，而且需要政治意识形态的支持。”

（五）加强司法伦理宣传，争取支持监督制约

“道德意义上的行为规范一般不具有强制性，是法官可任择的领域；而一种道德行为规范一旦进入职业伦理领域就具有了外在的强制性，法官如果违反了伦理规范就会受到相应惩戒。”[②] 加强司法伦理宣传，对法官提升司法伦理意识，争取社会各界的支持监督制约有不可估量的作用。

结　语

康德提出了“理性作为人性自律成熟的启蒙概念”[③]，“沟通的理性不是对自然的征服，而是人们之间的共识，而这种共识是在一个新型的公共领域中通过理性——批评式的观点交换达成，并且独立于绝对主义的权力”[④]，因此有必要强化司法伦理建设，让司法者充满使命感和道德感怀[⑤]，并以此抗拒人类社会对于风险的恐惧、对于财富的贪婪，从而建立一个具有“文明、有序、和谐”内在品质的法治政府。

① 康宝奇、杜玉苏：《对当前矛盾纠纷多元化解机制构建的与展望》参见《西安建设国际化大都市法治论坛论文集》第 323 页。

② 徐显明、齐延平：《司法权的伦理与监督》，载 http/：www. president. sdu. edu. cn/news/news/szwz/2011 －01 －18/1295332980. html，于 2011 年 3 月 25 日访问。

③ ［英］佩里·安德森著：《思想的谱系——西方思潮左与右》，袁银传、曹荣湖译，社会科学文献出版社 2010 年版，第 144 页。

④ 同上书，第 145 页。

⑤ 姜丽勇、许懿达：《牛津法学和菲利普·伍德》（《国际金融的法律与实务》译者序），载北大信息网——法学论文 http：//article. chinalawinfo. com/Article_Detail. asp? ArticleID =58042，于 2011 年 4 月 6 日访问。

能动司法：创新社会管理的基本路径
——西安市法院第十届审判实务与理论研讨会综述

杜豫苏*

9月28日，以“司法视野下的社会管理创新”为主题的陕西省西安市中级人民法院第十届审判实务与理论研讨会召开。来自最高人民法院、陕西省高级人民法院、西安市委政法委等单位的领导，社科院西安分院、西北政法大学的专家学者以及全市法院法官代表500余人参加了本次研讨会。研讨会共收到全市法院法官提交的论文323篇，评选出60篇优秀论文进行大会交流。20位法官作了主题发言，6位专家学者进行了精彩点评。通过法官之间的热烈讨论和深入交流、法官与专家学者之间的激情互动与思想碰撞，整个研讨会气氛活跃、内容丰富、高潮迭起，形成了广泛共识。试综述如下：

找准功能定位，践行能动司法。审判权是国家权力的重要组成部分，司法是社会管理的重要方式。人民法院参与社会管理的范围十分广泛，作用的空间也很大，其角色功能集中体现在通过审判工作化解社会矛盾、规范社会行为、协调社会关系、解决社会问题、应对社会风险、促进社会公正的维护社会稳定功能以及通过司法裁判实现社会的法律治理，还原和实现法律精神的法律规制功能等方面。人民法院作为推动社会管理创新的基本主体，其推动社会管理创新的基本路径是能动司法。坚持能动司法必须正确处理司法能动与被动的关系。一是司法能动不能突破司法权的边界。必须通过司

---

* 西安市中级人民法院党组成员、副院长。

法审判自身独有的方式，回归审判机关的本质，借助审判权的行使参与社会管理，展现其独特的社会管理功能，不能因为要参与社会管理就逾越司法的界限。既要避免超越司法职能搞越位创新，也要避免脱离司法手段搞越权创新，做到在可为与可不为、能动与克制、延伸与限缩中把握恰当的度，体现司法的智慧与理性。二是司法能动要符合司法规律。司法权的独立性、中立性、被动性，是司法自身的规律，是司法职能得以发挥的必要保障，司法能动手段的运用、职能的延伸，都不能脱离司法权最基本的属性和司法规律，不能对体现司法本质的“不告不理”、“中立裁判”、“公平正义”等有所动摇和放弃。人民法院既要积极主动，又要审慎稳妥地行使司法职权，适时开展法律释明、权利告知、风险提示、调查取证等诉讼指导活动，促使当事人正确行使诉讼权利，承担诉讼义务，依法维护自身权益。

立足审判工作，维护社会和谐。执法办案是人民法院的第一要务。人民法院审理每一起案件，都是参与社会管理的具体实践，对每一起案件的正确审判，都是对社会的一次微型管理。人民法院参与和推动社会管理创新必须以执法办案为出发点和立足点。与会代表立足社会转型时期产生的可能引起立法和司法变革、引起公共政策改变、检验法治原则、影响公众法治观念、促进公民权利保障的热点和难点案件，分别从审判方式和审判管理机制创新等不同角度阐述了人民法院审判实践中的创新举措和实践探索。加强创新审判执行机制的探索，比如设置城市社区法庭专门审理社区民事案件。城市社区的矛盾纠纷具有诉讼主体紧密关联性、诉讼目的的自我保护性和维权性、诉讼请求复合性、矛盾纠纷长期性等特征，人民法院应针对社区案件的特点，创新审判工作机制，设立城市社区法庭，建立派驻社区法官制度，有针对性地开展城市社区民事审判工作，规范社区民事案件审判方式，形成社区民事案件审判的良性机制，推动城市社区管理纠纷解决制度创新。再比如构建司法风险防范预警机制。人民法院在审判工作中运用风险管理理论，建立健全以司法风险预警评估制度、司法风险管理制度和司法风险沟通制度为核心的司法风险管理机制，培养法官应对案件司法风险能力，全面规避、消解导致司法风险的各种内部诱因，不断提高防范和应对案件司法风险能力。

延伸审判职能，拓展参与空间。创新社会管理方法，人民法院的视野不仅要聚焦于审判工作，还应放眼审判工作之外，着力思考如何实现自身职权优势与社会期望的对接，在常态化的审判中有效参与社会规则体系构建，强化司法与其他社会管理机制的联动与协商，按照“党委领导、政府负责、社会协同、公众参与”的社会管理工作要求，主动延伸审判职能，找准司法与社会管理的外部结合点，使法院司法职能辐射、渗透到社会管理的方方面面。以全局观念和整体思维，从社会管理的宏大层面与多维视角出发，以能动和创新的方式探索一些看得见摸得着的措施，使得司法功能的延伸与社会管理的创新之间形成一种良性的互动与交融，为社会管理创造和谐、稳定、有序的外部环境。完善创新司法解决矛盾纠纷工作机制。在社会自治功能日益强化、社会主体思想日益多元的当前，人民法院应当充分尊重社会和市场力量自我解决纠纷的意愿和能力，人民法院应积极整合和利用好街办社区、人民调解组织、司法所、企事业单位等各种社会资源，完善人民调解、行政调解和司法调解相互衔接、相互配合的大调解格局，创新诉讼与非诉手段有效衔接的制度及方法，形成社会管理合力，更好地化解矛盾，维护社会稳定和谐。全面加强司法建议工作。以司法建议为延伸社会管理服务的触角，具有独特的优势和功效：一些法院紧紧围绕区域特点和社会热点适时向社会发布审判白皮书，成为司法参与社会管理的重要媒介和有力实践；对全市法院在审判过程中发现的涉案单位管理缺失或疏漏，积极向其发出改进管理、堵塞漏洞、完善制度等司法建议，或者就审理某一时期、某一类案件时集中反映出来的带有普遍性、倾向性的问题，向有关单位提出具有前瞻性和可操作性的司法建议，有助于这些单位发现自身管理薄弱环节，解决管理漏洞，完善管理机制，促进社会管理健康成熟。构建司法吸纳民意工作机制。转型时期，人民法院要坚持以人为本，树立协商式司法理念，以回应和满足公众的司法知情权、参与权、表达权为出发点，以建立和完善公众的诉求表达机制、利益协调机制、权益保障机制、审判公开机制等为切入点，畅通司法与社会民众沟通交流渠道，创造条件引导民众理性实现参与司法的各项权利。加强案例指导制度建设。应当全面建立民商事、刑事、行政审判中疑难、复杂、新类型案件的指导性案例制度，系统总结法官适用法律的方法、经验与智慧，提炼裁判规则，指导审判实践，统一法律适用和裁判标准，推动社会诚信价值体系建设。要研究解决指导性案例的发布主体、载体、法律地位、案例格式体例等问题。

强化自身管理，蓄足创新动力。司法参与社会管理，首先要加强自身的管理。法院内部管理既是社会管理的重要组成部分，也是参与社会管理的有力支撑。通过一系列机制与制度的管理创新，强化法院自身的管理与创新，强化内部监督制约，加强队伍建设管理，解决司法能力不足、公信力不够等问题，以司法子系统的组织结构和功能优化促进社会管理大系统的完善与优化。人民法院队伍建设工作机制创新。法官队伍建设必须突出司法伦理教育，教育引导法官德位相配，实现司法和道德的统一。应遵循确立司法伦理观念和构成要素、抓好司法伦理建设宣传教育、健全违反司法伦理建设惩戒制度、确立具体考核指标的具体进路加强法官司法伦理建设。加强法官司法调研能力建设。法官司法调研能力塑造了人民法院的创新精神，深入细致扎实的司法调研工作是培养法官综合能力的基本路径、提升司法理念的根本前提、推进社会管理创新的重要方法。抓好法官司法调研能力建设，除了领导应具有前瞻性眼光、战略性思维外，更需要一套科学完善的司法调研工作机制，对司法工作在经济社会发展中可能遇到的矛盾纠纷主动开展调查研究，及时提出前瞻性司法对策，做到未雨绸缪，超前谋划，提前应对，提高司法服务能力。

“司法视野下的社会管理创新”研讨综述

杜豫苏*

加强和创新社会管理工作是党中央在总结新形势下党的执政规律和社会主义建设规律基础上做出的重大战略决策。为创造性地落实好中央这一重大战略部署，积极参与和推进西安市社会管理创新和综合试点工作，2011 年初，西安市中级人民法院将因应社会转型时期不断涌现的新情况、新问题，准确认识和界定人民法院的职能定位，立足自身实际推进社会管理创新作为全市法院的重点工作任务，在认真研究的基础上，确定“司法视野下的社会管理创新”作为研讨主题，并于 9 月 28 日召开了“司法视野下的社会管理创新”主题研讨会。

整个研讨可以概括为四方面：一是研讨主题立意深远，充分展示了司法的历史担当和法官的社会责任。二是参与范围广泛多元。研讨会有 500 多人参加，300 多篇研讨论文，21 位法官大会交流，5 位嘉宾、专家学者精彩点评，来自全省 10 个地市以及甘肃、宁夏两省、自治区中级法院的法官和研究室主任，包括人大代表和政协委员参与了这次研讨会。三是发言点评精彩纷呈。法官和学者视角不同、观点多元，提供了一个思路开阔、互动多元，而且非常有助于启迪我们思考的难得机会。四是研讨成果丰富持久。参加会议的法官和专家、学者围绕“司法视野下的社会管理创新”主题，

---

* 西安市中级人民法院党组成员、副院长。

汇集、交流、碰撞，交流经验做法，知识和信息容量大而密集，不但拓宽了知识视野，激发了思考，同时也厘正了一些模糊认识，有力展示了法官的办案能力和学术风采，影响持久而深远。通过这种交流研讨，碰撞法官思想情感，积聚司法智慧，共商前瞻对策。这也再次印证了交流是一种沟通，更是一种知识的再创造，研讨是一种态度，更是一种理念和精神。大会研讨交流的内容分四个部分：

一、人民法院参与社会管理的理念和角色定位

审判权是国家权力的重要组成部分，司法是社会管理的重要方式。人民法院参与社会管理的范围十分广泛，作用空间也是很大，集中体现在通过审判工作化解社会矛盾、规范社会行为、协调社会关系、解决社会问题、应对社会风险、促进社会公正等方面。主题发言的法官们普遍认为，人民法院审判工作具有政治、法律、社会这些多重属性，承担着社会管理创新的“参与者”、“保障者”、“引领者”、“推动者”等重要角色。也有法官提出，法院还应当承担管理者的角色。担任点评的两位教授对法院到底应当充任一种什么样的角色形成了非常有趣的观点争鸣，这也反映出这个问题的复杂性，留下了继续思考和讨论的余地和空间。从政治视角来看，法院审判权与政府行政权一样，是党和人民管理国家与社会事务、创新社会管理方式，推进民主政治建设的基本力量。从法治视角来看，人民法院是依法治国、建设社会主义法治国家的一个中坚力量。人民法院在社会管理创新中的基本职能就是坚持公正司法，解决诉讼纠纷，规制权力，实现社会公平正义。从社会管理的视角来看，人民法院既是各种利益诉求的平衡者和利益冲突的裁判者，同时也是社会秩序的维护者和社会事务的管理者。从市场经济的视角来看，人民法院不仅要注重通过个案去化解市场经济中的矛盾纠纷，维护公正秩序，还要注重运用司法手段参与和服务经济社会的发展。从司法功能变迁视角看，司法不仅是把法律适用于具体事实的程式化活动，更在于通过审判发挥对社会主体行为引导、示范、

评价和规制等社会功能，实现社会整体利益。

大家认为，当前审判工作面临法律问题和社会问题相互交织、个体利益与公共利益相互冲撞的社会转型背景，越来越要求人民法院去洞悉社会发展变化，关注社会治理中的一些困局，积极回应社会对司法参与社会治理的这么一种需求，要有一定的司法能动性，将司法活动与社会管理有机融合，以对人民群众的高度关切，主动为党和国家工作大局服务。在司法的能动性关系方面，也有法官非常清醒地认识到并提出，能动司法必须把握司法权的基本边界，人民法院通过立足审判、通过能动司法去参与社会管理，必须把握司法的基本规律，不能超越司法自身的边界，既要避免超越司法职能搞越位创新，也要避免脱离司法手段搞越权创新，做到能动但不盲动，到位而不越位，在能动与克制、延伸与限缩中把握恰当的度，通过司法审判独有的理性与智慧参与社会管理，展现其独特的社会管理功能。

二、人民法院参与社会管理创新的着力点

人民法院参与社会管理，常态化的审判职能是最重要的路径。因为，处理案件本身就是发现社会问题、弥补管理漏洞的过程。同时，司法的过程就是将法律中包含的公平、秩序理念以裁判方式救济权利、制约公权、终结纠纷，从而实现法律对社会的控制，实现对社会公众行为的引导、示范、评价、宣示和规制，实现对社会的有效管理。可以说，人民法院对每一起案件的正确审判，都是对社会的一次微型管理。

大家普遍认为，人民法院参与社会管理创新应该牢牢立足审判这一基本职能，坚守司法这个阵地。人民法院参与社会管理创新必须要回到司法的原点，要按照司法的本质和功能进行社会管理创新，这是人民法院参与社会管理创新的一个基本的界限和着力点。法官们从各自所从事的不同审判工作出发，从民事、刑事、行政、执行等不同角度，对人民法院怎么参与社会管理创新提出了一些有

思考、有深度、可以借鉴的提法和做法。

民商事法官认为，司法参与社会管理创新要把焦点集中在一些容易引发社会矛盾的群体性的纠纷，例如拆迁安置、破产、劳动争议等等这些方面的纠纷案件里面，这是法官在民商事审判活动过程当中参与社会管理创新非常重要的一个着力点，通过发挥司法智慧，运用诉讼技巧很好地平衡各方的利益，妥善解决各方面的利益平衡和关系，从而彻底地、比较平稳地化解影响社会稳定、影响社会管理的一些比较突出的社会矛盾。还有一些法官提出，应根据城区民商事纠纷诉讼主体的特性，比如诉讼请求的复合性、矛盾纠纷的长期性、诉讼主体的紧密关联性等等方面特征，设立城区专门人民法庭。社区管理是社会管理的一个非常薄弱的环节，通过设立城区特别的专门人民法庭，对于解决城区社区管理的薄弱环节会发挥一定作用。

刑事法官提出，刑事审判工作参与社会管理要体现多元协同的视角，不仅仅是注重刑事审判本身，还要有一种综合治理的观念，要注重刑事审判工作和其他的司法部门、行政机关和社会力量的协同配合，去延伸司法参与社会管理的触角，推动法院与社会的良性互动。与司法局、公安局、检察院及社区试点社区矫正工作、做好特殊人群帮教工作；在刑事审判中推行刑事和解，建立犯罪之后怎么去融入社会、回归社会、消除社会对抗的机制，在刑事审判中也能够发挥其应有作用。

行政审判法官认为，行政审判除了发挥自身的行政审判职能作用之外，还有许多向社会延伸的一些触角和功能。比如行政机关怎么去做好行政白皮书、司法建议工作，以及探索行政争议的综合调处机制等，去搭建司法服务社会的平台。

还有法官从规范城管部门城市管理执法工作的角度提出，设立城管案件专业的巡回法庭。莲湖法院在这方面进行了有益的探索，通过法院适度的延伸和积极主动的作用，引导、支持城管部门规范执法，化解目前非常突出的城管和公民之间非常剧烈的城市管理方面的矛盾和冲突。

执行法官建议要规制恶意规避执行行为、严重损害社会诚信的行为，通过执行联动机制以及诚信体系的建设，加大对恶意规避执行工作的不诚信行为的惩治力度，从而提升整个社会对诚信的信守和尊重。还有的法官主张，针对执行工作高风险的特征，应当将心理学的观点方法适用到执行当中，通过一些恰当有效的语言交流还有心理沟通方式，去消除当事人之间的情绪对立，实现执行和谐或者说风险的防范。

三、人民法院参与社会管理的延伸空间

创新社会管理方法，人民法院的视野不仅要聚焦于审判工作，还应放眼审判之外，着力思考立足自身职权优势与社会期望对接，在常态化的审判中有效参与社会规则体系构建，强化司法与其他社会管理机制的联动与协商，按照“党委领导、政府负责、社会协同、公众参与”的社会管理工作要求，主动延伸审判职能，找准司法与社会管理的外部结合点，完善创新相关工作机制，适度延伸司法参与社会管理的空间，探索一些看得见摸得着的措施，使法院职能辐射、渗透到社会管理的方方面面。

第一个方面是协调社会力量构建多元开放的社会纠纷解决机制。也就是通常所说的诉讼纠纷的替代解决机制，即发挥除了司法之外的、社会自治力量去共同化解社会矛盾，建立一个多元、完善、成熟的社会化解防范矛盾纠纷的机制。比如现在倡导的行政调解、诉讼调解、司法调解三位一体的大调解格局，形成社会管理合力，共同推动矛盾纠纷有效化解，这些都是人民法院参与社会管理创新的有效机制。当然，也存在很多问题需要进一步思考和完善。

第二个方面是通过司法建议去延伸司法参与社会管理的触角。司法建议是人民法院向社会延伸司法服务的一个非常重要的连接点，是人民法院司法工作和社会管理工作的一个重要平台和纽带。延伸司法建议功能有很多方法，法官们在这些方面也做了非常好的

探索和思考。对于司法建议怎样发挥在社会管理中重要、独特作用方面，也有法官提出，司法建议不在于数量、不是越多越好，关键在于它的质量，在于能否实实在在地产生积极成效，而不是实践中被虚置和弱化。

第三个方面是广泛地吸纳民意去增强司法的透明度和公信力。有效的社会管理，离不开社会协同、离不开广大公众的积极参与。人民法院必须不断建立和完善公众的诉求表达机制、利益协调机制、权益保障机制、审判公开机制等，鼓励、引导公众参与矛盾纠纷化解工作，满足群众参与权；健全案件审判信息发布平台，建立司法同媒体、网络虚拟社会等的良性互动机制，不断提高司法民主、公开、透明化程度，满足群众知情权；不断扩大人民陪审员参与案件审理的范围、广度和深度，邀请公众旁听案件的审判工作，广泛征询旁听民众对案件裁判的意见和建议，维护弱势人群的表达权，畅通司法与社会民众沟通交流渠道，广泛而理性地吸纳民意，才能有效增强司法公信力和权威。西安法院多年来探索了许多司法民意的沟通机制，扩大司法的民主化程度，增强司法的透明度，增强与群众之间的感情联络和信息的沟通，显著增强了司法的透明度和公信力。实践证明，民意沟通还有司法权威、司法公信力的增强最终还是要靠法官公正地审理案件去实现它，这是根基。

第四个方面是加强案例指导，发挥裁判指引、规范社会行为的作用。最高人民法院已发布了建立强化案例指导、法律适用等方面作用的专门文件，为全面发挥典型案例，尤其是指导性案例对于引领和规范社会公众行为方面的作用起到了非常重要的保障作用。人民法院所有的活动都集中在案件审判上，集中在具有公信力和说服力的案件上。如果典型案例能够在这些方面起到重要的作用，那么它比其他任何方面的说服力都更为重要，因为司法的裁判文书是司法公信力、审判所有活动、法官所有思想、所有理念和所有的裁判方法，包括它里面所承载的法官品质可能都会在裁判文书中，在这么一个具有影响力的典型案例中得到集中的展示。

第五个方面是关注重点领域的风险防范，构建司法风险预警机制。现代社会管理为什么出现这么多的问题？实际上就反映出社会管理有很多由于矛盾问题没有得到有效解决就会产生社会风险。现代社会已进入到风险社会，而风险社会实际上意味着在全球除了经济全球化、文化全球化、金融全球化以外，现在还面临着风险的全球化。怎么应对风险全球化的到来，我想应该是更多地防范社会风险、社会管理中存在的潜在风险。人民法院在社会管理中同样面临着很多的风险，通过构建比较切实有效的司法预警机制，在防范诉讼风险之外，也能够有利于对整个社会风险的防范和稳控。

第六个方面是要向社会开放诚信信息体系，促进社会诚信体系建设。人民法院在促进诚信体系建设方面有很多的经验和做法，比如说，现在社会诚信在诉讼活动中恶化的一种表现就是恶意诉讼和诉讼欺诈，怎么去防范恶意诉讼和诉讼欺诈，实际上就是在法院内部对于这种不诚信的诉讼行为通过有效的制裁去治理，这样就能够促进诉讼诚信体系的构建。同时，人民法院在诉讼活动中还可以建立畅通有序的信息平台，把恶意诉讼、虚假诉讼的不诚信信息让社会共享，方便有关部门去了解、去查询，便于他们知道当事人的相关不诚信行为，这样可以节省社会管理的成本，而且有助于督促整个社会提升信用的意识、提升社会管理的效能。

四、人民法院参与社会管理创新的能力和素养

人民法院自身管理是社会管理的一个子系统。通过加强法院自身内部管理，以社会管理子系统本身功能的完善和优化去实现整个社会管理大系统的优化和完善，这是互相关联的两个方面。同时，社会管理是对人的管理，人民法院参与社会管理重要的是做表率法官，法官怎样提升参与社会管理的能力水平，关键在于法官的综合素养。法官综合素养的提升在于多个方面，但是学习、思考是一个非常重要的途径，通过学习思考才能够全面深入了解现在的问题状况是什么，才能够去系统地思考、有效地应对。通过学习和思考，

提升了法官对问题的系统把握能力和分析问题的全局性视角，在这种长期的过程中，不光提升了法官参与社会管理创新能力，对于法官审判工作能力等其他各方面的能力都是一个重要的提升。美国《时代周刊》网上8月26日有一篇报道，说的是中国的门户网站之一——网易2010年10月在网络上推出了一些公开课，人们没有想到的是，在那么多林林总总可供选择的公开课里面，有两门非常抽象的课即“幸福课”和“公正课”被纳入人们的视线并且从所有课程中脱颖而出，所以美国《时代周刊》的网站就评论说，没有想到关于幸福和公正的课在中国受到如此的热捧。这说明随着GDP的快速发展，人们已经开始思考幸福、安宁与经济的快速发展是否完全成正比，不断增长的财富是否能够给人带来幸福和公平的感受，以及希望通过幸福和公正去建立一个更美好社会的渴望。而维护公正、保障幸福恰恰是司法的价值所在，是法官的职责。当前正处于经济体制、政治体制，包括人们的思想观念等等方面都处于深刻变动时期，社会矛盾又如此居高不下，利益冲突又非常尖锐，在这种情况下，社会公众对于人民法院实现权利和保障公平正义，从而让人们能够更加自由地去追求幸福具有更强的渴望和需求。法律是一种实践的事业，是一个关注社会需要的事业，法官需要懂得社会、懂得人民的需求，必须回应社会的普遍关注，通晓法律、精于事理、长于审判、善于平衡、品行端正。除此之外，法官还必须胸怀全局、高瞻远瞩，能够深刻了解民生需求，了解社会人性，能够更好地回应社会、面向社会。

社会管理关键在于法治，法治使社会管理创新的路更加权威，而且有一种方向感和归属感。在这方面，所有我们的研讨都应该落脚在怎么样通过我们的审判去弘扬法治，确保司法的权威和公信力，去满足人民群众对司法、对人民法官能够给他们带来公正幸福这些人类追求基本价值的基本情感需求。

对问题的关注意识和思考方式决定了我们的眼光和解决问题的实际效果，虽然研讨交流时间非常短暂，但是研讨方向和内容使这一缺憾得到弥补，尤其是主题发言法官的大会交流和专家学者的精彩点评，展示了他们的开阔视野、理性思辨以及面向审判实践的务实性思考，还有利用详实的数据、案例样本支撑的实证调研方法和科学的求证精神，这些都是此次研讨会的精神财富和丰硕果实。回顾西安中院十年历程，每一次研究、调研、思考都是紧紧围绕审判需求来进行，都是脚踏实地、孜孜以求、严谨认真的这么一种研究风格，一种做学问、做法官、做人做事的风格。通过十年来这种探索、持之不懈的追求，我们深刻地感受了法官的社会责任感和浓厚的职业情怀，也使每一届研讨会能够得到全市法官的积极参与和支持。西安市两级法院法官通过这种面向实务的思考和研究，不但找到了解决实践中突出问题的一些方法和路径，同时这个过程也历练了法官能力，丰富了法官经验，开拓了法官智慧，使法官们能够站在一个更高的平台上去思考诸如像此次研讨会这么深刻、重大、有影响力的课题，也为法院发展、人才培养、知识积淀都奠定了深厚的基础。

《西安市中级人民法院关于加强和创新社会管理工作的实施意见》

一、目标任务和指导原则

（一）目标任务

按照全市总体部署、具体要求及任务划分，结合法院工作实际，坚持“为大局服务，为人民司法”工作主题，研究并遵循司法规律，把构建能动司法与参与社会管理创新相结合，搭建社会管理服务新平台，探索社会管理服务新举措，规范司法程序，促进司法公正，树立司法权威，化解矛盾纠纷，调控社会秩序；积极参与综合治理，维护社会稳定，深入推进我市社会管理创新综合试点工作，为我市经济社会又好又快发展提供更加有力的司法保障，全面推进人民满意城市和国际化大都市建设。

（二）指导原则

1. 强化大局意识。坚持党的领导，紧扣全市中心工作，找准人民法院积极参与社会管理创新与保障、服务大局的结合点、着力点，充分发挥人民法院对社会管理创新的促进和保障作用。

2. 坚持司法为民。人民法院参与社会管理创新要把“司法为民”作为所有工作的出发点和落脚点，坚持群众路线，运用民主、协调、沟通、引导等方式，兼顾衡平多方社会利益，最大限度地增加和谐因素，最大限度地减少不和谐因素。

3. 积极主动参与。人民法院作为中国特色社会主义事业的建设者和捍卫者，既是社会建设主体，也是社会管理主体，所以必须积极主动参与社会管理创新，通过发挥审判职能实现对社会的指引、评价、教育和规范的管理功能。同时要通过审判促进和保障社会管理创新。

4. 立足审判工作。人民法院审判案件的过程就是参与社会管理创新的过程，是实现社会管理的重要途径。所以，应立足审判工作，充分发挥审判职能作用，实现协调社会关系、化解社会矛盾、解决社会问题、规范社会行为、应对社会风险、维护社会稳定和分配公平正义之社会管理职能。

5. 坚持能动司法。就是要充分发挥人民法院法官的主观能动性，积极主动地为大局服务，为经济社会发展服务，在办案中自觉融入国情、民意等考量因素，使裁判适应社会发展变化的需要。通过审判、调解以及司法主导的各种替代性纠纷解决方法，有效解决社会纠纷和案件，努力做到“案结事了”。

二、组织领导

（一）领导机构

成立以院党组书记、院长康宝奇为组长，副院长常西岭、杜豫苏为副组长的社会管理创新工作领导小组，下设办公室，办公室主任由研究室负责人高伟担任，副主任由研究室副主任杨凤生、办公室副主任董刚、宣传处副处长张宝成担任，其他各庭、处、室负责人为办公室成员，研究室综合科科长庞疾风为联络员。

（二）分工负责

将社会管理创新作为法院整体工作部署，纳入审判管理、司法改革、队伍建设、法院干警绩效考核等各项工作。各部门要按照工作职能分工，围绕工作重点，根据本《实施意见》确定的工作目标，细化工作任务，落实工作责任，明确完成时限。同时，各部门要分工负责、相互协作、密切配合、形成合力，优质高效地完成工作任务，推动社会管理创新工作扎实有效地开展。

三、工作重点

（一）立足审判工作充分发挥审判职能，积极参与社会管理创新

"执法办案是人民法院的第一要务"，因此，人民法院参与社会管理创新首先要紧紧围绕经济社会稳定发展大局，全面履行审判职能，提高司法能力和执法水平，更好地以审判、执行工作调节社会关系，规范社会秩序。

1. 通过严厉打击犯罪发挥刑事审判指引、评价、规范和教育管理功能。充分认识目前刑事犯罪高发的严峻态势，切实贯彻落实宽严相济的刑事政策，扎实推进量刑规范化工作，严格执行刑事证据规则，依法严惩各种犯罪行为，发挥刑事审判的指引、评价、教育和改造的管理功能；在依法打击各种犯罪活动的同时，加强对被告人的教育感化工作，寓教于审，教育被告人认罪伏法；加强对非监禁型罪犯在移交前的法制宣传教育，增强罪犯回归社会、重新做人的意愿和信心；与社区矫正相关各部门密切配合，形成社会合力共同帮教的局面。

2. 通过民商事审判调节社会利益关系、规制市场经济秩序。人民法院审理民商事案件的过程，就是通过调节社会利益关系，规制公民、法人、社会团体以及市场经济秩序的过程，就是参与和推进社会管理创新的过程。通过审理婚姻、继承等民事案件，依法化解纷争、促进家庭、社会和谐；通过妥善化解农产品买卖、农民工追索劳动报酬、农村土地承包等矛盾纠纷，保护农民权益，促进农业发展，维护农村稳定。通过妥善审理金融纠纷案件、企业破产和公司清算案件，维护企业生产经营秩序，促进现代产业体系的发展完善；通过依法审理消费、投资、外贸等领域的纠纷案件，平等保护各类市场主体，维护市场经济秩序；通过加大对侵犯知识产权和制售假冒伪劣商品行为的打击力度，促进科技进步和自主创新等等。通过民商事审判的有效参与，调整和修复被破坏的社会关系，

形成和维护规范的社会秩序。

3. 通过行政审判积极促进依法行政、调整官民关系，直接参与和推进社会管理创新。“行政审判工作本身就是一种独具特色的社会管理手段”，通过妥善审理劳动就业、社会保障、教育等领域的纠纷，切实维护群众切身利益；通过审慎处理土地征收、房屋拆迁等行政争议，统筹兼顾支持地方发展并保护行政相对人合法权益；通过及时向有关行政部门通报或发出司法建议，促进行政机关完善管理措施，依法行政。

4. 通过执行工作切实维护公民、法人及其他组织的合法权益，维护社会主义经济秩序。通过对生效裁判文书的执行，切实维护公民、法人及其他组织的合法权益，维护社会主义经济秩序。进一步创新执行工作机制和方法，建立与公安、工商、金融、国土等部门信息共享的执行联动威慑机制，限制诚信缺失人员的经营活动范围，切实加大解决执行难的力度和措施，推动社会诚信体系的建立。

（二）继续加大调解力度，推动多元化纠纷解决机制建设

1. 进一步做好民商事纠纷调解工作。

2. 加强轻微刑事案件、刑事自诉案件以及刑事附带民事案件的调解工作。

3. 积极探索行政诉讼协调解决机制，倡导必要的庭外协调。

4. 探索在诉前、诉讼各个阶段推进调解、和解化解社会矛盾的审判方式。

5. 探索完善诉讼与非诉讼相衔接的纠纷解决机制，完善诉讼程序与仲裁、行政调解、人民调解等非诉纠纷解决方式的协调配合，主动加强与有关部门的协作，积极推进“大调解”格局的建立和完善。通过法定程序对人民调解协议、行政调解协议、仲裁裁决、公证文书等进行审查，并赋予其相应的法律效力，从而为其他纠纷解决方式提供法律支撑。指导和协助人民调解组织做好人民调解工作；进一步激活调解资源，依法引入社会力量协助法院调解，

发挥工会、妇联、街道办、村委会、交警队、派出所等单位和部门的作用，委托专家进行调解等，通过业务指导、协调对接和监督等方式，推动多元化纠纷解决机制建设。

（三）创新司法服务机制

人民法院要立足社会发展现实，建立适应本地文化、符合本地特色的司法服务机制，让人民群众通过诉讼服务感受、了解、理解、尊重、认同司法，让人民群众真实地感受到人民司法制度的优越性，保障人民法院参与和推进社会管理创新工作的实效性。

1. 通过深入开展“发扬传统、坚定信念、执法为民”和“人民法官为人民”、“千名法官干警下基层、访民意、听民声”、“执法为民、满意政法”等主题实践活动切实增强法官的服务意识。

2. 通过建立诉讼案件“绿色通道”，方便群众诉讼。通过开通网上预约立案服务系统，完善老年人、孕妇、残疾人立案绿色通道，积极推行网上公告、网上办公服务、网上公开裁判文书等，落实便民措施，细化诉讼服务工作，做好司法服务和保障。

3. 通过开展巡回审判办千案、排查化解千件案、指导调解千人次、评查案件过千件、业务培训千人次、法院开放迎千人、千名干警大走访、千件信函征诤言及普法宣传千人次活动实施“九千”措施，深入群众，联系实际，服务群众，提升人民群众对法院工作的满意度。

（四）健全民意沟通表达机制，以“司法公开”促社会管理完善

从民意的沟通、征询、转化、反馈、外部协调等方面，建立完善的民意征询及司法表达机制，以“司法公开”促社会管理完善。

1. 继续推进立案公开、庭审公开、证据采信公开、事实认定公开、判决理由和结果公开、执行过程公开，方便群众了解审判、执行信息。

2. 进一步开展审判进农村、进社区、进企业、进军营、进学校的“五进”活动。完善“巡回审判”、“带案下访”、“院长接访

日”、“庭长接待制度”、“法院开放日”等活动。

3. 完善裁判文书网上公开制度。除了依法不应公开的文书外，法律文书应上网公开。

4. 实行委托鉴定、拍卖、指定破产管理人统一立案制度，向当事人发放对外司法委托风险提示书、申请司法委托须知等。

5. 探索合理有效的“判后答疑”制度，由主审法官、合议庭、监察室人员共同进行判后答疑，扩大答疑的深度、广度和有效性。

6. 畅通信访窗口诉求渠道，稳妥处置化解涉法涉诉信访案件。严格按照“分级负责，属地管理”原则，充分发挥信访工作“缓冲带”、“减压阀”作用，实行首问负责制，热情接待、耐心听取、详细解释和说服，公开涉诉信访案件处理程序，实行涉诉信访工作处理结果告知、反馈制度，强化从源头上控制涉法涉诉信访案件数量，增加和谐因素。

7. 加强人民陪审员工作，建立使人民陪审员制度切实发挥作用的机制。

8. 主动邀请人大代表、新闻媒体、社会公众全程参与、全案监督社会影响大、百姓关注的案件；率先在全市开展网上直播庭审，并同时直播人大代表对庭审的意见、建议。

（五）加强司法调研，预警社会风险，加大对重大、敏感案件风险评估预警和妥善处置

1. 通过司法调研预警社会风险，加强案件社会稳定风险评估。制定《重大敏感案件风险评估和处理办法》，完善庭审安保措施，制定突发事件防范处置预案，及时消除不稳定隐患。

2. 运用法院新闻发布平台，及时发布权威的案件审判消息，争取舆论主动权，消除不稳定因素。

3. 对重大、敏感案件审理情况，及时向党委、政府和上级法院进行汇报，取得支持和协作，防止发生影响地方社会稳定的重大事件。

4. 对经过风险评估发现的涉及面广、矛盾突出的突发性、群

体性案件，要联合相关行政执法部门、党委、政府组成联动，形成合力，妥善化解。

（六）加大参与社会治安综合治理和平安建设力度，维护社会稳定和谐

1. 积极参加社会治安综合治理，加强与有关部门的协调配合，切实发挥司法的规制、宣传和教育功能。

2. 加强涉诉矛盾纠纷排查工作，建立社会矛盾排查等工作机制，及时发现、妥善处理可能影响社会稳定的苗头性、倾向性问题；分析社会稳定的形势，引导社会提高自我管理和调节的能力，促进社会和谐稳定。

3. 通过健全涉诉信访工作制度，公开涉诉信访案件处理程序，实行涉诉信访工作处理结果告知、反馈制度，强化从源头上控制涉法涉诉信访案件数量。

4. 积极争取专项资金，加强对刑事被害人救助工作，在惩戒罪犯的同时，用司法手段弥补犯罪行为对社会和被害人造成的部分损失。

5. 探索建立特殊人群管理机制，通过积极开展案件回访、参与跟踪帮教、规范监外执行完善社区矫正制度等形式，促进特殊人群的帮教管理创新。

6. 通过妥善处理网络犯罪、运用网络沟通民意等形式，促进虚拟社会管理创新。

7. 通过加强少年法庭建设、探索在区县法院设立少年法庭的试点工作，积极开展优秀“青少年维权岗”创建，建立“预防青少年违法犯罪教育基地”，加强对青少年的法制宣传工作。注重与有关职能部门、社会组织和团体的协调合作，建立和完善工作机制，努力调动社会力量，推动未成年罪犯的安置、帮教措施的落实，确保未成年人案件得到妥善处理，推动涉诉未成年人救助制度的建立和完善。

8. 通过进一步加大司法宣传工作，宣传、普及法律知识，弘

扬法治精神，从源头上预防和减少犯罪。

9. 通过发布典型案例，发挥典型案例的规范、指引作用。通过编写和发布典型案例，对全社会进行示范和教育，起到审理一案、教育一片、规范管理的积极作用。

（七）加强和规范司法建议工作，推动社会管理创新

1. 开展“千件司法建议”活动。对全市法院在审判过程中发现的涉案单位在管理方面存在缺失或疏漏的，积极向涉案单位发出协调处理、善后自行纠错、改进管理、堵塞漏洞、完善制度等“个案”司法建议；对在审理某一时期、某一类案件时集中反映出来的带有普遍性、倾向性的问题，向有关单位提出具有前瞻性和可操作性的司法建议。

2. 开展优秀司法建议评选活动，进一步加强和规范司法建议工作，完善司法建议工作程序和工作机制，提升司法建议工作的实效，推动社会管理制度的进一步完善，提高科学化社会管理水平。

（八）加强和创新法院内部管理，保障和促进审判职能发挥

1. 探索审判精细化管理的有效机制、促进审判质量效率提升。通过加强宏观层面的审判质量评估，建立常态化的案件质量评查机制；通过加强微观层面的案件质量评查，完善评查标准，在深化十大机制的基础上，不断完善和深化案件质量评估体系。全面、客观、公正地评价审判、执行工作，进一步提高办案质量。

2. 加强和创新审判效率管理，促进审判效率提升。

（1）推进法官均衡结案管理。通过加强案件审判流程管理和均衡结案管理，按月、季进行动态考核、通报；建立案件信息数据库，科学评估工作量，全面掌握各部门和每名法官月、季均衡审判情况，发现问题及时解决；召开季度审判工作运行分析会，将办案数量、质量与考核奖惩直接挂钩，形成符合审判工作规律的收结案动态平衡机制。

（2）推进案件繁简分流。进一步明确简易案件与疑难复杂案件的分类标准，完善简易案件速裁工作机制。

(3) 推进审判管理规范化建设。从立案、庭审、执行过程中的细节抓起，依照法官行为规范要求，严格工作标准，树立立、审、执、监一盘棋思想；强化节点管理，实现审判、执行、信访等工作的有序运转；强化审限监控，建立审限动态监控机制，加强对延长审限等案件的管理；强化程序监督，建立健全科学的分案机制；强化对审判行为和过程的监督，确保司法公正廉洁。

(4) 推进立执结合、审执结合。建立健全立案、审判、执行相衔接的工作机制，促进案件在立案或审判阶段就得以化解，减轻执行压力和群众诉累；探索建立执行联动机制、威慑机制等，兑现判决结果，提升司法公信力。

3. 推进信息基础化建设，不断提高司法保障水平，推动科学管理、民主管理、依法管理。

4. 通过加强法院队伍建设，促进审判职能发挥。

(1) 完善激励机制。通过完善审判绩效管理的激励机制、人员的分类管理、廉政纪律管理等推进法院队伍建设，使法官更好地履行职责、发挥职能，促进公平正义的有效实现。

(2) 深化法官职业道德和司法良知教育。进一步加大法官职业道德教育和司法良知教育，并按照全市法院《司法良知建设纲要》提出的“崇法尚正、循理恤民、明德致公”核心价值、目标导向，校正司法理念，提升裁判方法，改进审判作风。建立《法官干警美德档案》，并将其作为考评、奖惩、晋职、晋级的重要参考。

(3) 加强培训，提高执法能力。进一步加强法官培训工作，同时通过开展业务考试、庭审观摩、办案技能竞赛，举办法学研讨会、法官论坛等形式，总结推广审判、执行工作的新经验，全面提高法官干警的工作能力和办案水平，增强群众工作能力，规范执法能力。

(4) 进一步加强反腐倡廉建设。健全完善廉政工作制度，加强对案件的监督力度，构建“不能为”的反腐工作机制。严格落实“五个严禁”、“六个不准”及《人民法院监察工作条例》、《人民法院工作人员处分条例》，严肃查处违法违纪行为，纯洁法官干警队伍。

四、工作要求

（一）统一思想，提高认识

要深刻认识开展社会管理创新活动的重要意义，切实增强紧迫感和责任感，把活动抓紧、抓好、抓出成效。

（二）搞好结合，务求实效

要把社会管理创新活动与法院全面建设结合起来，与解决当前法院工作的突出问题、提升审判质量和效率结合起来，力争使各项工作取得新成效。

（三）强化督查，狠抓落实

社会管理创新活动领导小组及其办公室要加强对各部门制度创新的督促检查，及时掌握活动进展。对领导重视、制度创新突出、所订制度科学实用、制度贯彻落实到位、制度创新促进工作实效明显的部门和在活动中表现突出的个人，及时进行表彰；对走过场、效果差、问题多的部门和个人进行通报批评，直至取消全年评先评优资格。

（四）创新载体，增强效果

要依据《实施意见》结合本部门、本单位的实际，积极探索行之有效的活动载体，在求新、求活、求实上下功夫，努力使人民法院加强和创新社会管理工作取得显著实效。